RETORNO À CONDIÇÃO OPERÁRIA

Stéphane Beaud
Michel Pialoux

RETORNO À CONDIÇÃO OPERÁRIA

investigação em fábricas
da Peugeot na França

Tradução
Mariana Echalar

Copyright © Boitempo Editorial, 2009
Copyright © Librairie Arthème Fayard, 1999

Título original: *Retour sur la condition ouvrière: enquête aux usines Peugeot de Sochaux-Montbéliard*

COORDENAÇÃO EDITORIAL	Ivana Jinkings
EDITOR-ASSISTENTE	Jorge Pereira Filho
ASSISTÊNCIA EDITORIAL	Elisa Andrade Buzzo
TRADUÇÃO	Mariana Echalar
PREPARAÇÃO	Frederico Ventura
REVISÃO	Alessandro de Paula e Angélica Ramacciotti
CAPA E DIAGRAMAÇÃO	Silvana Panzoldo
FOTO DA CAPA	Lucas Lacaz Ruiz / Imagemlatina
PRODUÇÃO	Marcel Iha

CIP-BRASIL. CATALOGAÇÃO-NA-FONTE
SINDICATO NACIONAL DOS EDITORES DE LIVROS, RJ

B352r
Beaud, Stéphane, 1958-
   Retorno à condição operária : investigação em fábricas da Peugeot na França / Stéphane Beaud, Michel Pialoux ; tradução Mariana Echalar. - São Paulo : Boitempo, 2009.
   (Mundo do Trabalho)
   Tradução de: Retour sur la condition ouvrière
   Inclui bibliografia
   ISBN 978-85-7559-139-0
   1. Peugeot S.A. - Empregados. 2. Trabalhadores da indústria automobilística - França. 3. Sindicatos - Eleições - Trabalhadores da indústria automobilística - França. 4. Ciências sociais. 5. Antropologia. I. Pialoux, Michel, 1939-. II. Título. III. Série.
   09-3615.   CDD: 305.56209444
                                                                 CDU: 316.334.22(44)

                                22.07.09   27.07.09   013989

Cet ouvrage, publié dans le cadre de l'Année de la France au Brésil et du Programme d'Aide à la Publication Carlos Drummond de Andrade, bénéficie du soutien du Ministère français des Affaires Etrangères et Européennes.
"França.Br 2009" l'Année de la France au Brésil (21 avril – 15 novembre) est organisée :
- en France, par le Commissariat général français, le Ministère des Affaires Etrangères et Européennes, le Ministère de la Culture et de la Communication et Culturesfrance;
- au Brésil, par le Commissariat général brésilien, le Ministère de la Culture et le Ministère des Relations Extérieures.

Este livro, publicado no âmbito do Ano da França no Brasil e do programa de auxílio à publicação Carlos Drummond de Andrade, contou com o apoio do Ministério francês das Relações Exteriores e Europeias.
"França.Br 2009" Ano da França no Brasil (21 de abril a 15 de novembro) é organizado:
- na França, pelo Comissariado geral francês, pelo Ministério das Relações Exteriores e Europeias, pelo Ministério da Cultura e da Comunicação e por Culturesfrance;
- no Brasil, pelo Comissariado geral brasileiro, pelo Ministério da Cultura e pelo Ministério das Relações Exteriores.

É vedada, nos termos da lei, a reprodução de qualquer parte deste livro sem a expressa autorização da editora.

1ª edição: setembro de 2009

BOITEMPO EDITORIAL
Jinkings Editores Associados Ltda.
Rua Pereira Leite, 373
05442-000 São Paulo SP
Tel./fax: (11) 3875-7250 / 3872-6869
editor@boitempoeditorial.com.br
www.boitempoeditorial.com.br

Liberté · Égalité · Fraternité
RÉPUBLIQUE FRANÇAISE

Para Christian e Claude C.

SUMÁRIO

INTRODUÇÃO 9

AGRADECIMENTOS 17

PRIMEIRA PARTE
AS TRANSFORMAÇÕES DA FÁBRICA 21

Primeira apresentação do "campo" 23

1. O que fazer com a herança taylorista? 25
2. Estratégias patronais e resistência operária 51
3. O bloqueio da mobilidade operária e a exacerbação das
   lutas de concorrência..79

SEGUNDA PARTE
A SALVAÇÃO PELA ESCOLA 111

"Bagagens" um pouco pesadas 113

4. A "desoperariação" do ensino profissionalizante 115
5. Pais desorientados..143
6. A fuga para a frente 169

Epílogo 199

TERCEIRA PARTE
A DESESTRUTURAÇÃO DO GRUPO OPERÁRIO..............205

7. As contradições de um jovem monitor 207
8. A crise da militância operária..235
9. Enfraquecimento do grupo operário e tensões racistas 265

CONCLUSÃO
OS OPERÁRIOS APÓS A CLASSE OPERÁRIA......................293

Anexo 1
OS DESAFIOS DO MÉTODO DE INVESTIGAÇÃO:
O TRABALHO DE CAMPO..301

Anexo 2
QUADRO CRONOLÓGICO 313

BIBLIOGRAFIA 323

SOBRE OS AUTORES 333

INTRODUÇÃO

Por que escrever sobre os operários hoje? Eles não são sobreviventes de um velho mundo industrial em via de extinção? Já não se disse tudo sobre o fim da "classe operária"?

O que mais acrescentar aos balanços desiludidos que lhes foram consagrados a partir do início dos anos 1990[1]: desemprego em massa (os operários são as primeiras vítimas), fim dos bastiões tradicionais (o Norte, a Lorraine, o Loire, o pequeno cinturão da periferia parisiense), a derrocada eleitoral do Partido Comunista Francês (PCF) e a crise dos sindicatos operários, precarização das condições de vida das classes populares? A classe operária tal como se constituiu no século XIX – "[como] uma referência estável, um problema capaz de mobilizar por muito tempo espíritos e corações"[2] – desapareceu. O que restou dessa "classe"? À primeira vista, indivíduos isolados, atomizados, divididos entre eles, cada vez mais submetidos à intensificação do trabalho[3] e que parecem ter renunciado à ação coletiva[4]. Os operários do setor privado não são, de fato, os grandes ausentes dos principais movimentos sociais dos últimos três anos: greve de novembro–dezembro de 1995 dos ferroviários e dos assalariados do setor público, reivindicação de setembro de 1996 dos "sem-documento" na igreja Saint-Bernard, movimento dos desempregados de dezembro de 1997? Assim, os "excluídos" e os "imigrantes" ocuparam pouco a pouco o lugar deixado vago pelos operários no espaço público. É como se, nesses

---

[1]   "Où en est la classe ouvrière?", perguntam Jean-Noël Retière e Olivier Schwartz em *Problèmes politiques et sociaux*, Paris, La documentation française, n. 727, mai. 1994. A revista *Autrement* dedica um número aos *Ouvriers, ouvrières: un continent morcelé et silencieux*, jan. 1992. Gérard Mauger, em sua longa introdução ao relato de fábrica do jornalista Lionel Duroy, evoca "Un monde défait", em *Actes de la recherche en sciences sociales*, n. 114, set. 1996. Essa lista é parcial. Ver a bibliografia por assunto no fim deste volume.

[2]   Michelle Perrot, "La cause du peuple", *Vingtième siècle*, n. 60, out.–dez. 1998, p. 10.

[3]   Para uma demonstração estatística desse fato, ler o conjunto de trabalhos de Michel Cézard, Michel Gollac e Serge Volkoff.

[4]   Se desconsiderarmos o conflito dos operários da Peugeot de Mulhouse e de Sochaux entre setembro e outubro de 1989 e alguns conflitos menores (CGE-Alsthom, Moulinex), que nunca estiveram nas manchetes dos jornais, os operários do setor privado não fazem mais greve; a chantagem do emprego, que não para de crescer em todos os meios profissionais, pesa mais sobre eles.

10   *Retorno à condição operária*

últimos dez anos, os operários tivessem se recolhido, se reduzido ao silêncio por força das circunstâncias e pela maneira como nos calamos a respeito deles. Desde então, uma espécie de véu encobre suas condições de trabalho e de vida, como se preferíssemos não saber o que acontece dentro das fábricas: o importante é que os "operadores" – esse é o nome que se dá aos operários não qualificados – não comprometem a competitividade da indústria. É claro que, esporadicamente, eles reaparecem no espaço público por ocasião de greves isoladas, que revelam à opinião pública a degradação das condições de trabalho nas empresas. Como, por exemplo, a greve dos operários da fábrica Maryflo, no Morbihan, pela demissão de um gerente de produção tirânico que os perseguia e humilhava no trabalho, ou ainda a dos caminhoneiros, em protesto contra os ritmos desenfreados. Uma vez esquecidos esses episódios, faz-se novamente silêncio sobre o mundo da fabricação de bens.

1. Operários que se tornaram "invisíveis"

Como explicar que os operários ainda constituam o grupo social mais importante da sociedade francesa e que sua existência passe cada vez mais despercebida? Por que o grupo operário tornou-se de certo modo invisível? Nesse fim de século XX, a "classe operária" tradicional não está mais presente fisicamente: as grandes fábricas e as grandes concentrações operárias desapareceram da paisagem, os bairros operários não são mais do que "bairros" (eufemismo cada vez mais empregado para designar os "conjuntos" HLM˙), os "imigrantes" não são mais considerados trabalhadores, mas antes de mais nada definidos por sua origem. De certo modo, os "operários" desapareceram da paisagem social[5]; hoje, quem vai a seu encontro, é para reviver a

---

˙   Conjuntos habitacionais subvencionados pelo poder público. (N. T.)

[5]   Um belo exemplo desse fenômeno é a subestimação do número de operários, em especial por parte dos "jovens". A história a seguir, que se passou numa faculdade de sociologia de Paris, é, a nosso ver, muito significativa. Em janeiro de 1997, num curso de bacharelado, após três meses de aula em que se tratou muito do trabalho operário, sentimos necessidade de fazer um pequeno acerto estatístico. Perguntamos: "Na opinião de vocês, existem quantos operários na França, estatisticamente falando?". Após um longo silêncio, uma estudante mais corajosa arriscou: "200 mil". Vários estudantes protestaram: "Não, é pouco". Outro aumentou para 2 milhões. Discussão geral. Lembramos que os desempregados são incluídos na população ativa. Após alguns minutos de algazarra, chegou-se a 1,5 milhão. Três dias depois, num curso de pós-graduação de Ciências Sociais (um nível mais elevado, vários estudantes haviam feito dois ou três anos de curso preparatório para a ENS ou de Ciências Políticas), indicamos os números obtidos no curso de bacharelado. Não escondemos nossa surpresa. Então perguntamos: "E vocês, o que diriam?". Mais seguros, eles responderam com mais rapidez e facilidade. Uma estudante arriscou 300 mil. Começou a discussão. Outro estudante aumentou para 3 milhões. A discussão foi confusa, mas o número final girava em torno de 2,5 milhões. Eles tinham uma ideia relativamente precisa da população total da França e do número de ativos, que situaram entre 20 e 25 milhões. Quando tomaram consciência desse total, sentiram-se tentados a aumentar o número de operários. Portanto, eles tendem sistematicamente a minimizá-lo. Ficaram confusos quando demos os números "reais", os do censo de 1990 (cerca de 6,5 milhões), convidando-os a refletir sobre o significado sociológico dessa subestimação e, em especial, sobre os discursos sustentados nos últimos quinze ou vinte anos a respeito da desqualificação do grupo operário e da condição de sobrevivente a que foi relegado; sobre a desvalorização simbólica de que foi objeto e a maneira como essa desvalorização foi vivida, sentida.

"memória operária", estudar, com desassossego e precipitação, o "enigma" do voto operário a favor da Frente Nacional*.

Em resumo, os operários existem, mas não os vemos mais. Por quê? O processo de reabilitação da empresa, em ação desde o início dos anos 1980, e que coincidiu precisamente com o "adeus ao proletariado" de numerosos intelectuais "marxistas", fez com que os operários aparecessem como um obstáculo à modernização da indústria, como herdeiros de um passado acabado, os quais necessariamente travam guerras de retaguarda. Progressiva e insensivelmente, saíram do horizonte de pensamento dos formadores de opinião (intelectuais, jornalistas, políticos etc.). E isso num momento em que, pelo próprio enfraquecimento das formas de resistência coletiva, o trabalho nas oficinas se intensificou, as relações sociais no trabalho se deterioraram, os operários foram transformados, por assim dizer, em simples variáveis de ajuste, reduzidos a um elemento da massa salarial que precisa diminuir cada vez mais. No decorrer dos últimos quinze anos, a "questão operária" foi de fato recalcada.

Os porta-vozes dos operários (sindicatos operários, representantes de fábrica**, militantes associativos, o "Partido"), que tinham vocação para representá-los no espaço público, perderam consideravelmente sua influência. A imagem que o grupo operário fazia de si mesmo tornou-se opaca. Essa crise de representação contribuiu fortemente para a não visibilidade do grupo. Digamos a cru: os operários, que tinham a seu favor a força do número, aos poucos deixaram de meter medo e não assustam mais os dirigentes. Trata-se aqui de uma ruptura importante na história das relações de classe. Significa que os diques construídos ao longo dos anos pelo movimento operário com o intuito de opor-se à exploração, de dotar o grupo de uma consciência de classe e de resistir melhor à dominação simbólica romperam-se largamente. Resultado: soberba, arrogância e diversas formas de menosprezo dos "dominantes", durante anos refreadas pela existência de uma cultura política operária (institucionalizada), foram liberadas e hoje são muitas vezes exibidas sem complexos. Por exemplo, só podemos nos impressionar com a importante desvalorização sofrida nos últimos quinze anos pelos representantes ou porta-vozes operários no campo midiático.

Por que continuar a estudar a realidade operária? Porque acreditamos que tal questão é cada vez mais atual, e porque é preciso continuar a ir às fábricas para ver como se trabalha ali, ainda que as "boas novas" que anunciam uma mudança radical no modo de gestão ("gestão participativa", "empresa inteligente", "apelo às competências dos assalariados") se esforcem para dissuadir os pesquisadores. Tentamos reformular, em termos sociológicos, problemas importantes da economia política: as condições sociais da obtenção de ganhos de produtividade, a melhoria da qualidade, com a preocupação de levar em conta aspectos que frequentemente os economistas do trabalho deixam de fora do campo da reflexão (os efeitos da escola, as disposições dos assalariados...).

---

* A Frente Nacional [*Front Nacional*] é um partido político francês de direita, marcado por ideias nacionalistas e anti-imigratórias. Foi fundada em 1972 por Jean-Marie Le Pen, seu principal líder político. (N. E.)

** Trata-se de representantes dos funcionários de cada setor da empresa escolhidos por eleições profissionais em que os candidatos são indicados pelos sindicatos. (N. E.)

12   Retorno à condição operária

2. Estudar em conjunto o trabalho e o sistema escolar

Nossa investigação tem por objeto a região operária de Montbéliard, a fábrica de produção de automóveis de Sochaux e seus fornecedores, e mais precisamente as transformações nas oficinas de montagem. Quando se fala desse tipo de trabalho, as palavras "robotização", informatização da produção, "fluxos tensos", "objetivo qualidade" e "pane zero" vêm imediatamente à cabeça. Elas compõem uma nova "imagem de Épinal" do universo industrial. A expressão "trabalho em cadeia" parece designar uma realidade arcaica e residual. Ora, mesmo com o risco de decepcionar aqueles que acreditam na "modernidade", a investigação etnográfica e estatística lembra que o "trabalho encadeado" (como se dizia antigamente) continua a existir, e não de forma marginal. É claro que o vocabulário do trabalho mudou – os "operadores" trabalham em "linhas", vestem macacões verde-limão, são incentivados a tratar os chefes por você –, porém o trabalho operário continua fortemente opressivo, e cada vez mais. Os operários sentem isso na pele todos os dias.

A originalidade de nossa investigação nos parece estar no fato de oferecer uma visão diferente do universo das oficinas de produção e, de maneira mais fundamental, de reintroduzir a questão da dominação no trabalho, porque:

> [hoje] formas novas de dominação simbólica vêm somar-se às antigas formas de exploração. Os assalariados sentem-se em situação de vulnerabilidade objetiva e subjetiva e trabalham com medo, por eles mesmos e por seus filhos. A ameaça do desemprego e da precariedade pesa sobre o conjunto dos assalariados, e ainda que as mulheres, os jovens e os operários sejam os mais atingidos, todas as categorias de assalariados receiam perder seus empregos. A pressão do desemprego exerce-se sobre aqueles que trabalham não apenas diminuindo suas exigências com relação ao trabalho, mas também aumentando sua carga de trabalho.[6]

Para fazer o leitor entrar nesse universo, resolvemos evocar "histórias de oficina" a respeito de desafios que só parecem menores aos olhos daqueles que não passaram por eles: desafios financeiros em primeiro lugar (o bônus coletivo de 70 francos, os pontos de classificação que permitem ganhar 150 francos a mais por mês...), desafios de dignidade também (os conflitos e os "bate-bocas" com os chefes).

Para compreender as diversas atitudes no trabalho e, sob esse aspecto, as diferenças entre gerações, é necessário fazer um desvio pela escola. É por essa razão que nosso estudo relaciona estreitamente as transformações no trabalho às transformações no sistema escolar. Esse modo de proceder nos levou pouco a pouco a nos distanciar de certo tipo de sociólogo do trabalho que, durante muito tempo, privilegiou como objetos de pesquisa a empresa e a oficina, os postos de trabalho, o "momento trabalho", as mudanças técnicas e seus efeitos sobre as relações no trabalho, as relações de poder nas oficinas. Muito frequentemente, essa perspectiva separa o que acontece na empresa daquilo que está em jogo fora dela e, em especial, isola a situação dos trabalhadores das trajetórias seguidas por eles. Ora, estas últimas remetem às origens (sociais, geo-

---

[6]   Gabrielle Balazs e Michel Pialoux, "Crise du travail et crise du politique", *Actes de la recherche en sciences sociales*, n. 114, set. 1996, p. 3.

gráficas, nacionais), ao espaço de vida, aos modos de categorização dos indivíduos. A sociologia do trabalho tende a estudar de maneira separada as decisões tomadas pelos gerentes e seus efeitos na empresa, de um lado, e as características socioculturais dos assalariados, de outro. Não vê como projeto estudar em conjunto a maneira como essas decisões e essas características "se ajustam". Pensamos, ao contrário, que as mudanças ocorridas numa oficina e a maneira como são percebidas não podem ser apreendidas fora das relações de forças sociopolíticas, tais como se constituíram no trabalho através da história de uma empresa específica, por meio igualmente da constituição de uma "cultura de classe" e de um trabalho incessante de construção política, cujos efeitos não se dissipam de repente. Enfim, a sociologia do trabalho ignora a questão das formas de socialização primária, confiando seu estudo a outros setores da sociologia. Ela desconhece o papel desempenhado pela família, as grandes instituições, a escola, o Estado-providência e o sistema de proteção social, que estruturam a vida em sociedade e determinam as grandes relações de forças que, precisamente, serão retomadas e "trabalhadas" pela empresa. Tende a ver os assalariados apenas no trabalho. Ora, se existe uma socialização no e pelo trabalho, existe outra, anterior e simultânea àquela que se dá no interior da fábrica.

Do mesmo modo, a investigação sobre a escolaridade dos filhos de operários nos fez tomar certa distância da sociologia da educação, que hoje se reduz cada vez mais a uma sociologia da escola. Tínhamos de sair do quadro único da instituição escolar para analisar a "demanda escolar" das famílias operárias a partir de fora do sistema educacional, isto é, a partir da fábrica e do bairro. Essa mudança de perspectiva fez surgir a demanda operária por uma escolarização prolongada como reflexo inverso das transformações na fábrica. Constatamos assim que uma investigação etnográfica longa, que abarque os diferentes campos sociais, permite trabalhar nas fronteiras das sociologias especializadas; e, melhor ainda, pôr em questão os recortes institucionalizados de certos campos da sociologia, em especial os que existem entre uma sociologia da educação centrada na escola, e amplamente desligada do mercado de trabalho, e uma sociologia do trabalho ou da empresa centrada na fábrica, e afastada da instituição escolar.

Nas diferentes esferas da sociedade, a posse de um capital escolar tende a tornar-se um elemento decisivo, aquilo que permite conquistar um valor social e econômico. Portanto, o que está em jogo em torno da escola (os diplomas, os certificados de competência, mas também a questão da dominação pela e na cultura, pela e na passagem pela escola) é essencial para compreender as novas formas de legitimação da dominação. Nos anos 1990, foi a ausência de qualquer perspectiva de futuro profissional operário que rapidamente levou as famílias, em especial aquelas cujos pais eram operários especializados (OE), a orientar os filhos para estudos longos e indeterminados. Ora, os trabalhadores da Peugeot não estavam preparados para essa nova configuração, porque durante muito tempo o paternalismo local garantiu emprego aos seus filhos. De modo que essa mudança significa antes uma "fuga" do ensino profissionalizante do que uma adesão positiva ao modelo dos estudos superiores. Trata-se, portanto, menos de uma estratégia educacional elaborada com bastante antecedência (em função das transformações do campo escolar) do que uma adaptação, lance por lance, à evolução do mercado de trabalho local e às transformações na fábrica tal como os pais as percebem.

Não se mede de maneira satisfatória o custo moral e afetivo que representou para os pais operários a entrada, fosse como fosse, na competição escolar (no ensino fundamental e sobretudo no ensino médio, em que se esforçam constantemente para decifrar um universo que para eles é opaco) e também a desvalorização do ensino profissionalizante. Antes, este representava não só um caminho de ascensão escolar, mas também um lugar onde se construíam (ou se reforçavam) a cultura técnica, o orgulho de ser operário, as disposições contestatórias[7]. O modelo dos estudos superiores, sob a forma atual de fuga para a escola, gera disposições absolutamente diferentes. Do ponto de vista das famílias (operárias, em particular), o prolongamento indefinido dos estudos transforma profundamente as relações entre as gerações. Na falta de uma socialização escolar bem-sucedida, a maioria dos filhos de operários tende a se ver no ensino médio em compasso de espera. Relegados com frequência às carreiras "ruins", acabam duvidando de seu futuro. Os pais, que se sacrificaram financeiramente – dado a estagnação dos salários operários e o orçamento familiar cada vez mais apertado –, assistem desamparados a esse progresso escolar "no papel", e não sem medo de ver seu investimento pago em ouro de trouxa.

Ao mesmo tempo, a sucessão de gerações operárias foi fortemente perturbada pelas transformações no mercado de trabalho dos jovens (a criação de "estágios" e a elevação da idade em que se pode contar com um emprego estável) e pelo prolongamento da escolaridade das crianças. Em muitas famílias operárias, os filhos não "dão continuidade" mais aos pais. Quando se sabe o que representa nas famílias burguesas (burguesia econômica e burguesia intelectual) a soma de esforços e de energias mobilizados em proveito dos filhos para conservar o nível (social e cultural) e garantir sem contratempo a transmissão da herança, pode-se imaginar, *a contrario*, nas famílias operárias, a forma de sofrimento social – sofrimento calado, reprimido, mas incessantemente remoído – que é produzida pela perda de uma herança que seria legada aos filhos, e o distanciamento sociocultural destes últimos. Paradoxo da situação atual: é no exato momento em que a família ganha legitimidade e papel crescentes no meio operário (casa, normalização das relações familiares, tempo mais longo de residência dos pais com os filhos, conflitos menos brutais etc.) que a transmissão filial não ocorre mais.

3. O que restou do "grupo operário"?

Ainda que nossos objetos principais de pesquisa empírica sejam a fábrica e o sistema escolar, este livro se constrói não em torno da empresa, do trabalho ou da escola, mas do grupo operário, de sua história, de seu modo de construção e de desconstrução. Antes de mais nada, tentamos compreender as práticas dos operários em seu enraizamento histórico – e isso em diferentes níveis: a história coletiva da oficina em que são tomadas

---

[7] Ver Claude Grignon, *L'ordre des choses: les fonctions sociales de l'enseignement technique* (Paris, Minuit, 1971); e, para o caso inglês, ver Paul Willis, "L'école des ouvriers", *Actes de la recherche en sciences sociales*, n. 24, nov. 1978.

as relações entre operários, a história das diferentes gerações, a história dos grupos profissionais, assim como as histórias individuais imbricadas nessa série de histórias coletivas –, porque a história "forma", no sentido forte da palavra, as atitudes dos operários, a percepção que eles têm das mudanças tanto em suas oficinas como no sistema escolar. O que a investigação mostra é a maneira como esse "grupo" enfrenta uma situação que, sob muitos aspectos, lhe é desfavorável (novas tecnologias que desqualificam os antigos saberes, derrocada do comunismo no Leste, crise da esquerda em geral) e, ao mesmo tempo, como continua a existir (ainda que muito enfraquecido) e a se defender, lançando mão das armas que a tradição histórica lhe legou. É claro que tal postura se dá com certa aflição e hesitação, com uma consciência cada vez mais aguda da erosão de suas antigas estratégias e do problema da sucessão das gerações no interior do "grupo". Nesse sentido, trazer para o centro da pesquisa, da oficina e da escola, a questão da sucessão das gerações foi uma de nossas maiores preocupações. Não se trata de contrapor "grupos em si" (por exemplo, operários especializados [OE] a operários profissionais [OP] ou técnicos), mas grupos definidos por certa posição na sucessão das gerações.

Nossa perspectiva também traz à tona o trabalho político e ético, o qual durante muito tempo contribuiu para a existência do grupo operário, e seu processo de desconstrução, iniciado há vinte anos: crise de crenças, perda de confiança nos antigos modelos de resistência, dissolução brutal da esperança comunista (a queda do Muro de Berlim abalou fortemente os militantes[8]). A desvalorização simbólica desse grupo atinge em seu conjunto, como dissemos, a imagem que os operários fazem de si mesmos, de seu lugar presente e futuro na estrutura social, assim como o orgulho do grupo. Os antigos valores operários (solidariedade, dedicação, senso do concreto) são pouco a pouco depreciados e parecem "caducos". Ao mesmo tempo, formas de resistência continuam a existir. Localmente, numa fábrica de Sochaux, as formas de militância dos velhos tempos, centradas nos OP, praticamente desapareceram em proveito de um sindicalismo sustentado pelos OE, menos ideológico e mais próximo da defesa dos interesses imediatos. Somos levados, portanto, a refletir sobre a herança da cultura política operária e, em particular, sobre a maneira como ela enfrentou as transformações do mercado de trabalho e a precarização dos status.

A partir de uma investigação etnográfica, encontramos muitos dos problemas que Robert Castel levantou em *As metamorfoses da questão social*[9], baseado este numa investigação sócio-histórica que vai do século XV ao XX: o desmoronamento da sociedade salarial, a erosão das proteções que beneficiavam os membros do grupo operário, a "desestabilização dos estáveis". Só pode nos impressionar a maneira como, hoje, a angústia, o medo, o sentimento de vulnerabilidade ressurgem no grupo operário, inclusive entre aqueles que ainda gozam – por quanto tempo? – de certa segurança.

---

8   Ver Michel Pialoux, "Le vieil ouvrier et la nouvelle usine", em Pierre Bourdieu (org.), *La misère du monde* (Paris, Seuil, 1993), p. 331-48. [Ed. bras.: *A miséria do mundo*, 5. ed., Petrópolis, Vozes, 2003.]

9   Robert Castel, *As metamorfoses da questão social* (4. ed., Petrópolis, Vozes, 2002, col. Zero à esquerda). Mais exatamente, os dois últimos capítulos, nos quais o autor aborda o problema da constituição da "sociedade salarial" nos anos 1950.

16   *Retorno à condição operária*

A partir daí, não existe mais uma linha clara de divisão entre os operários que estariam do "lado errado" e aqueles que estariam sólida e definitivamente protegidos contra a adversidade social.

É somente contra esse fundo estrutural de enfraquecimento do grupo operário, tanto em sua base material como em sua capacidade de resistência coletiva, de fragilização de seu sistema de valores, de derrocada das crenças políticas (que atinge sobretudo o grupo de militantes), que se pode compreender a atração crescente que a Frente Nacional exerce sobre os meios operários. Nesse contexto, insistiremos no seguinte ponto: a questão das relações entre franceses e imigrantes não existe em si, mas deve ser estudada em estreita relação com o que se tornou hoje a condição operária[10] – ou seja, um futuro mais do que incerto, o fim das esperanças de progresso profissional ou social.

Na primeira parte, centrada sobretudo na fábrica de Sochaux, descreveremos as condições de trabalho dos OE nas cadeias de produção; tentaremos analisar o tipo de relação que se trava no trabalho, apoiando-nos antes de mais nada no relato minucioso da transferência (que se estendeu por quatro anos) dos operários da antiga para a nova fábrica de carrocerias (capítulos 1 e 2[11]). Em seguida, insistiremos no "bloqueio da mobilidade operária dentro da fábrica" (capítulo 3), tão característico da condição operária hoje. A segunda parte é dedicada às mudanças da relação desses trabalhadores com a escolaridade de seus filhos, e os efeitos sociais do prosseguimento dos estudos nessas famílias: marginalização do ensino profissionalizante (capítulo 4), desorientação dos pais nas escolas de ZEP* (capítulo 5), mal-entendidos e conflitos entre pais e filhos, agora colegiais (capítulo 6). Na terceira parte, as transformações conjuntas do trabalho na fábrica e da relação das famílias operárias com a escola levaram a nos perguntar sobre o devir desse grupo ou o que chamamos de sua desconstrução, analisada aqui em três situações diferentes. As contradições do jovem monitor (capítulo 7) nos farão apreender a questão do conflito de gerações na fábrica. Em seguida, a aflição dos representantes de oficina, que não conseguem mais fazer funcionar nas fábricas o sistema político à moda antiga, baseado numa cultura de oposição enraizada nas práticas de trabalho (capítulo 8), nos permitirá abordar a crise da militância operária. Enfim, tentaremos mostrar (capítulo 9) que o crescimento das tensões racistas na fábrica, mas sobretudo fora dela, só tem sentido contra um pano de fundo da concorrência no trabalho, e que expressa a desestabilização simbólica do mundo operário em sua totalidade.

---

[10] Outros pesquisadores em Ciências Sociais disseram isso antes de nós. Pensamos em especial nos trabalhos sobre a imigração na França do sociólogo Abdelmalek Sayad e do historiador Gérard Noiriel.

[11] Inserimos "boxes" no fim de cada capítulo: trata-se, em sua maioria, de trechos de entrevistas que permitem esclarecer ou aprofundar as análises feitas no capítulo.

* Zona de Educação Prioritária; ali se tomam medidas especiais para evitar o fracasso e o abandono escolar. (N. T.)

AGRADECIMENTOS

Esta longa pesquisa é fruto de numerosas colaborações entabuladas durante as diferentes fases da investigação em Sochaux e de contínuas trocas com colegas no regresso de nosso trabalho de campo.

Antes de mais nada, queremos reconhecer nossa enorme dívida com todos aqueles que, em campo, nos permitiram conduzir a investigação, realizar observações e entrevistas enquanto esta durou. Em primeiro lugar, a Christian e Claude Corouge, que ao longo desses anos foram não apenas "aliados", cujo papel foi determinante para o desenvolvimento da investigação, mas também anfitriões extremamente acessíveis e acolhedores, apesar da sobrecarga que isso representou para eles em alguns momentos. Em segundo lugar, a todos os operários, militantes ou não, que se envolveram fortemente na investigação, os quais nunca negaram seu tempo ou hesitaram em pôr a nossa disposição material de pesquisa (panfletos, boletins, jornais, atas de reuniões...) e recordações pessoais. Com eles, e de múltiplas maneiras, aprendemos muito. Por não podermos citá-los todos, faremos referência em particular àqueles com os quais estabelecemos relações mais próximas: Bruno Lemerle, Hubert Truxler, Paul Grux, Jean Cadet, Loris D'allo, Bernard Cuny... Queremos agradecer também ao conjunto dos diretores e professores, em especial a toda a equipe pedagógica do liceu Niepce. A investigação também se beneficiou da ajuda preciosa de diferentes membros de instituições locais, entre eles Annie Dechaux, do distrito urbano, e Richard Torrès, diretor do Centro de Apoio ao Emprego, assim como os conselheiros do trabalho. Enfim, a investigação sobre a escola e o bairro só pôde se realizar graças à colaboração ativa dos membros das associações de pais de alunos da FCPE* e de jovens colegiais, em especial os do bairro Grandval (Mehdi e Mehmet, entre outros).

Se essa investigação pôde chegar a sua conclusão, foi também porque nos beneficiamos do apoio constante de nossas instituições de ensino e pesquisa. De fato, para realizar uma investigação desse tipo, é preciso dispor de meios materiais e, sobretudo, de tempo para ir a campo. De um lado, como professores pesquisadores

---

* Federação dos Conselhos de Pais de Alunos. (N. T.)

18 *Retorno à condição operária*

de universidade, devemos muito a nossas instituições de ensino, que nos concederam o tempo necessário para a realização da pesquisa. Stéphane Beaud fez sua tese como professor plantonista na Escola Normal Superior (ENS). Por isso, queremos agradecer em particular, de um lado, a Jean-Claude Chamboredon, por sua orientação de tese atenta e calorosa, e, de outro, aos diferentes diretores da ENS e a Christian Baudelot, diretor do Laboratório de Ciências Sociais, pela confiança que teve em nós durante todos esses anos. Além deles, o Centro de Sociologia da Educação e da Cultura foi para nós um local riquíssimo de discussões e trocas.

Pudemos efetuar nossa investigação graças a contratos de pesquisa assinados sucessivamente com a Mipe (Missão Interministerial de Pesquisa e Experimentação, dos ministérios do Trabalho e da Pesquisa) e o Serviço de Investigações Estatísticas (mais tarde Direção da Animação de Pesquisa, Estudos e Estatísticas, do Ministério do Trabalho). Esses contratos nos permitiram financiar várias estadas em campo e a transcrição de certo número de fitas cassete. Se fazemos questão de agradecer à Mipe, em particular, é por possibilitar aos pesquisadores elaborar o projeto, conduzir a investigação e publicar em prazos razoáveis.

De regresso do trabalho de campo, tiramos enorme proveito das numerosas discussões que se seguiram à exposição de nossos resultados, no âmbito dos diferentes seminários de pesquisa na França (no Comitê de Educação para a Saúde e a Cidadania, no Laboratório de Ciências Sociais, no Centro de Sociologia Urbana etc.) e no exterior, ou em defesas de tese (DEA[*] de Ciências Sociais de Paris e Nantes). Ao longo desses anos, também aprendemos muito em conversas formais e informais com os membros dos dois centros de pesquisas aos quais somos ligados. Permitimo-nos agradecer a Pierre Bourdieu pelo apoio e pelo estímulo que sempre nos manifestou, a Gabrielle Balazs e Jean-Pierre Faguer pelas frequentes discussões a respeito de nossos respectivos campos, a Jean-Claude Combessie e Francine Muel-Dreyfus pelo apoio sempre ponderado e amistoso, e também a Michel Gollac e Serge Volkoff, Odile Henry, Gérard Mauger, Louis Pinto, sem nos esquecer de mencionar aqui a lembrança, ainda muito viva para nós, de Abdelmalek Sayad.

Ao longo desses últimos anos, ganhamos muito com as trocas, de um lado, com Armelle Gorgeu e René Mathieu e, de outro, com um grupo de pesquisadores brasileiros – Afrânio Garcia, Sérgio Leite Lopes, Lygia Sigaud – que realizou um estudo pioneiro sobre as transformações nos modos de dominação no Brasil. Gostaríamos de incluir nesses agradecimentos nossos colegas de Nantes, em especial Philippe Alonzo, Gilles Moreau e Jean-Noël Retière, pesquisadores do Centro de Sociologia de Nantes – ao qual há um ano um de nós se associou –, também envolvidos em investigações sobre as classes populares nos dias atuais.

Nosso trabalho deve muito igualmente ao trabalho coletivo do quadro de estudantes de DEA de Ciências Sociais (ENS e Escola de Altos Estudos em Ciências Sociais), à colaboração estreita que estabelecemos com Florence Weber, Alban Bensa, Christian

---

[*] Diploma de Estudos Aprofundados, equivale a uma pós-graduação. (N. T.)

Baudelot, Benoît de l'Estoile, Éric Fassin, Gérard Noiriel e ao ambiente de pesquisa fecundo e convivial que se instaurou no Laboratório de Ciências Sociais da ENS.

Não podemos esquecer de citar aqui os editores das revistas de Ciências Sociais – em especial *Actes de la recherche en sciences sociales*, *Critiques sociales* e *Genèses* – que publicaram nossos artigos e aceitaram vê-los novamente publicados, sob uma forma sensivelmente modificada, nesta obra.

Agradecemos também a Marie-Hélène Lechien e Olivier Masclet por terem relido, com atenção e complacência, diferentes capítulos do manuscrito. Nossos próximos – Cordula e Hélène, Sylvie – releram o manuscrito em sua última etapa e contribuíram largamente para melhorá-lo. Enfim, gostaríamos de agradecer em especial a Francine Muel-Dreyfus e Florence Weber pelo apoio constante que nos deram em cada etapa da investigação e pelo tempo dedicado à releitura do texto completo. O estímulo e a generosidade de sua leitura nos foram preciosos.

As últimas palavras vão para Olivier Bétourné, que editou este livro em francês e acreditou neste projeto. Agradecemos pela paciência, pela leitura estimulante e exigente do manuscrito, pelas propostas de alterações sempre judiciosas.

PRIMEIRA PARTE

AS TRANSFORMAÇÕES DA FÁBRICA

PRIMEIRA APRESENTAÇÃO DO "CAMPO"

A região de Montbéliard é o berço do grupo industrial Peugeot. O centro de Sochaux – fábrica pequena de automóveis e caminhões, construída por volta de 1910, ampliada em 1917 para a instalação da forja e da fundição e desenvolvida, sobretudo, em 1926 para a anexação da fábrica de carrocerias – tornou-se nos anos 1930 o lugar de referência dos automóveis Peugeot. Foi em Sochaux que se realizaram as inovações técnicas e organizacionais, se fabricaram os modelos "históricos" da marca e também se deram as lutas políticas e sindicais mais duras, os conflitos mais implacáveis. Aqui, história industrial e história social do grupo operário estão estreitamente entrelaçadas. A fábrica, que conheceu um período excepcional de expansão no decorrer dos anos 1960 e 1970 (passou de 25 mil assalariados em 1960 para pouco mais de 40 mil em 1978, dos quais 30 mil são operários), não foi atingida de imediato pela crise de 1974. Em especial, até 1979 continuou-se a contratar jovens que saíam sem formação do sistema escolar para trabalhar na cadeia de produção, como OE, com contrato de duração indeterminada. Nessa data, as perspectivas se turvaram bruscamente, a admissão de operários foi suspensa e – um símbolo para todos – aquilo que se chamava localmente de "escritório de contratação" (onde os jovens que queriam trabalhar na fábrica se apresentavam regularmente) fechou as portas. No início dos anos 1980, a conjuntura econômica se deteriorou, os modelos vendiam cada vez menos (graves defeitos de qualidade), a empresa perdeu muito dinheiro e localmente corriam boatos insistentes sobre a ameaça de fechamento da fábrica de Sochaux. Durante esse período, entraram em cena os planos de redução de pessoal. Os cortes que ocorreram durante toda a década de 1980, e acarretaram a saída de milhares de imigrantes, foram realizados sem a implantação de nenhum plano de demissão "a seco"*. A fábrica de Sochaux não contava com mais do que 18 mil assalariados em 1998, em sua maioria operários (cerca de 12 mil[1]).

---

* Em francês, "*plan de licenciement 'sec'*". Expressão utilizada para designar um plano de demissão realizado pela empresa por meio do fechamento de vagas de trabalho de uma só vez. (N. E.)

[1] As mulheres representam 12,5% dos assalariados e são pouco numerosas nas oficinas, ou mesmo em certos setores como as oficinas de guarnição. O peso dos imigrantes na fábrica diminuiu considera-

24 *Retorno à condição operária*

No decorrer desses últimos vinte anos, com o fechamento das fábricas metalúrgicas e têxteis, a zona de emprego, povoada por cerca de 120 mil pessoas, tornou-se quase monoindustrial: ao lado da Peugeot-Sochaux, encontram-se grandes fábricas com milhares de assalariados, diretamente ligadas à Peugeot (Ecia, Peugeot Cycles), e numerosas subcontratadas, na maioria das vezes recém-instaladas. Por outro lado, a fábrica de Sochaux deixou de ser uma fábrica "completa" ou "integrada" (uma de suas especificidades, o que também fez seu renome industrial) e tornou-se quase exclusivamente uma fábrica de montagem, isto é, um centro de encaixe de peças que são produzidas fora, em particular nas PME* subcontratadas. Assim, as "joias" industriais da fábrica foram desaparecendo aos poucos, em especial uma parte importante da fábrica de mecânica (bastião dos OP), cuja produção de motores foi transferida em 1979 para o norte da França. O processo de desengajamento industrial se acelerou nos anos 1990: como prova, os símbolos operários da velha fábrica, como a parte de fundição e a oficina de "guarnição" (preparação e instalação dos assentos), não foram modernizados e parecem fadados a desaparecer rapidamente.

A singularidade da região de Montbéliard em comparação com outras regiões industriais, como o Norte e a Lorraine, deve-se ao fato de a fábrica de Sochaux e, de maneira mais global, a indústria de automóveis local não terem desaparecido. As transformações se deram *in loco*, a modernização da velha fábrica ocorreu graças à construção das novas fábricas de carroceria e pintura.

---

velmente (constituem cerca de 10% do pessoal, ao passo que se aproximavam dos 20% no início dos anos 1980) em consequência das saídas, estimuladas pelo Estado e pela empresa, em 1984 e 1985.

* Pequenas e Médias Empresas; possuem em geral menos de cinquenta empregados. (N. T.)

1

O QUE FAZER COM A HERANÇA TAYLORISTA?

A partir do início dos anos 1980, diante do crescimento da concorrência internacional e do esgotamento dos ganhos de produtividade oriundos do taylorismo, os construtores de automóveis franceses tiveram de modificar profundamente seus métodos de produção. Precisaram romper em poucos anos com a organização mais taylorista do trabalho e adotar o "modelo" japonês, que se tornara mais eficiente em termos econômicos[1]. No fim dos anos 1970, ao menos era isso que se proclamava como absoluta necessidade, bem como aquela correlata de velar pela qualidade do produto[2]. O novo modelo exigia operários, que logo foram batizados de "operadores", quer fossem "cooperativos", "participativos" ou "disponíveis", mas dotados de iniciativa para prever as panes, detectar os defeitos e controlar a própria produção. Essas novas exigências sociais contrastavam fortemente com as qualidades que essa mão de obra possuía nos tempos do taylorismo triunfante. E esta foi a pergunta que se colocou,

---

[1] Esse novo modo de organização do trabalho repousa, de maneira esquemática, no princípio da gestão da produção em fluxos tensos ("estoque zero", "pane zero") e na imposição de normas de qualidade muito estritas ("defeito zero"). A partir daí, a competitividade da indústria de automóveis baseia-se na rapidez de adaptação à demanda (diz-se que "o mercado entrou na fábrica") e na confiabilidade dos carros. Nesse sistema de produção, em que um carro produzido é um carro encomendado na concessionária, o objetivo consiste em utilizar da melhor maneira possível as diferentes empresas subcontratadas (os chamados "fornecedores") que entregam dia a dia as peças para a montagem dos veículos. A direção de cada oficina – no quadro do controle do fluxo da produção – tem a meta de garantir o ritmo sem atropelos da produção, graças à informatização das diferentes atividades ao longo de todo o processo de produção.

[2] Em Sochaux, o ano de 1981 foi proclamado "ano da qualidade". Em 1980, a direção do centro declarou que a era do taylorismo estava definitivamente acabada e que era preciso eliminar o mais rápido possível suas últimas escórias.

26   Retorno à condição operária

nos últimos vinte anos, aos dirigentes das fábricas de automóveis, em especial de Sochaux: o que fazer com essa herança taylorista, que após ter prestado bons serviços parece agora ter se tornado um estorvo? Como adaptar à nova ordem produtiva que se esboçava operários majoritariamente não qualificados ou sem diploma – franceses e imigrantes, homens e mulheres, de origem operária e rural –, que foram admitidos em massa vinte ou trinta anos antes e agora estavam envelhecendo?

O ponto de vista que adotaremos em relação estreita com o método de investigação etnográfica escolhido aqui (ver anexo metodológico) procura reintroduzir sistematicamente as transformações da organização do trabalho e da gestão da mão de obra numa história social mais ampla[3] – porque a herança do modo de produção taylorista não é apenas material, mas está presente também "na cabeça" tanto dos operários como dos executivos. Estes últimos têm hoje interiorizada, de forma ampla, a ideia de que esses velhos operários pertencem a um mundo arcaico, aderem a valores ultrapassados (a "luta", o conflito) e não se reciclarão com facilidade: são "inconversíveis" [*inconvertibles*] (esse é o termo que os operários próximos do polo militante começaram a empregar por autoderrisão e para denunciar o olhar de menosprezo que a direção tem sobre eles). As palavras a seguir, vindas de um executivo da fábrica (com trinta anos de serviço na empresa) e recolhidas em 1989, exprimem bem esse estado de espírito:

> Sabe, aqui em Sochaux ainda estamos no tempo das marmitas. Os operários continuam trazendo as marmitas que as mulheres preparam em casa, e eles preferem comer nas oficinas, nos seus postos de trabalho, em vez de vir para cá [*self-service* da fábrica]. E não se pode fazer nada, não conseguimos mudá-los...[4]

Num primeiro momento (segunda metade dos anos 1980), as diversas tentativas para reconverter intelectualmente os operários da fábrica – concentraremos a análise no caso dos OE das oficinas de carroceria – esbarraram num certo tipo de resistência operária. Diante das dificuldades para mudar as atitudes no trabalho dos OE, a admissão de jovens temporários (entre 1987 e 1990) pareceu ser o meio de resolver as contradições ligadas ao peso do passado. Como essa experiência foi abortada por razões, em parte, conjunturais (guerra do Golfo e dispensa dos temporários), a empresa terá de entrar em acordo com o aspecto talvez mais decisivo da herança taylorista: o desgaste no trabalho e o envelhecimento social dos operários dessas oficinas.

1. As oficinas de OE nos anos 1970

O setor de carroceria, com seus 7 mil operários, em sua grande maioria OE, em média mais jovens que os operários das outras oficinas e também com mais imigrantes,

---

[3]   Embora existam trabalhos de historiadores sobre a empresa (Jean-Louis Loubet) ou a introdução do taylorismo nos anos 1930 (Yves Cohen; ver a bibliografia no fim deste volume), é forçoso constatar que a história social do grupo operário local, após 1945, foi muito pouco explorada. Documentos empolgantes são apresentados no livro de história oral de Jean-Paul Goux, que reconstitui tal história a partir de testemunhos diretos de operários da fábrica (*Mémoires de l'enclave*, Paris, Mazarine, 1986).

[4]   Stéphane Beaud e Michel Pialoux, "L'esclave et le technicien", *Autrement, Ouvries, ouvrières*, jan. 1992, p. 44-65.

era considerado nos anos 1970 um dos setores mais "duros", mais "combativos" da fábrica. Comportava vários departamentos (guarnição, chassi, acabamento, pintura), mas, afora essa divisão em subsetores, aparecia como uma fábrica dentro da fábrica e reinava ali, segundo opinião geral, um estado de espírito particular, uma mentalidade original. A Confederação Geral do Trabalho (CGT) instalou-se nesse setor mais solidamente que nas outras oficinas. Foi a carroceria que em 1968, ao lado da fundição, formou o bastião da ofensiva e, em seguida, da resistência operária. Foi nessa oficina que estourou, em outubro de 1981, pouco após a chegada da esquerda ao poder[*], um movimento de greve que depois se estendeu a uma parte da fábrica.

No trabalho conduzido por Christian Corouge[5], um de nós se preocupou em mostrar, para ir além do estereótipo do "operário fordista", o que se pode chamar de face oculta da oficina: as modalidades de auxílio mútuo nos postos de trabalho (um OE pode temporariamente "fazer o posto" do vizinho na cadeia de produção que saiu para "fumar um cigarrinho", ou ajudá-lo a "subir a cadeia" quando está com dificuldade para manter o posto etc.), a distância que se toma em relação às instruções do departamento de métodos, os macetes de trabalho e as técnicas para preservar os "segredos" (em especial para se proteger do olhar dos cronometristas, encarregados pela direção de examinar com atenção e medir os movimentos no trabalho para tentar amealhar tempo em benefício da empresa), as condições de aquisição do *know-how*[6] etc. Em favor da estabilização dos coletivos de trabalho nos anos 1970 e das lutas travadas nas oficinas, desenvolveu-se pouco a pouco, consolidando-se em seguida, o que se pode chamar de sistema cotidiano de solidariedades práticas, no qual estava inserido o trabalho político conduzido pelos representantes de oficina (esse ponto será desenvolvido em detalhe no capítulo 8). Com seu trabalho, dia a dia, estes últimos contribuíam para manter a oposição entre os "puxa-sacos", que estavam do lado do patrão, e os "companheiros".

É particularmente interessante observar nessas oficinas tayloristas a maneira como se instaurou ao longo do tempo uma espécie de compromisso entre operários e pequenos agentes de controle. Estes não podem impor de fato seu poder, devem entrar continuamente em acordo com aqueles. Os representantes desempenham um papel muito importante na construção desses acordos. Eles são os abonadores (na má-fé, no não dito, no mal-entendido), os que defendem o operário (na carga de trabalho, em seus "direitos"), realizando, como dizem eles, um "trabalho de assistente social". Grosso modo, existem nesse tipo de oficina, contra um pano de fundo de estrito respeito oficial pela ordem técnico-social, muitas (pequenas) transgressões que não

---

[*] O Partido Socialista Francês elegeu em maio de 1981 François Mitterand como presidente da França. (N. E.)

[5] Ver Christian Corouge et Michel Pialoux, "Chroniques Peugeot", *Actes de la recherche en sciences sociales*, n. 52-53, 54, 57, 60, 1984 e 1985.

[6] Uma abordagem etnográfica do trabalho em cadeia mostra também que, se é visto como cansativo e odiado, com frequência também é pensado como um trabalho *complexo*, que exige várias semanas de aprendizado, uma forma específica de iniciativa e de inteligência, o domínio de muitas habilidades, de muitos macetes, em resumo, a posse de um "ofício".

28 Retorno à condição operária

podem ser intoleradas pelos agentes de controle, tanto no campo do trabalho *stricto sensu* como nos momentos que cercam e se estendem ao trabalho: às vezes, o "chefe" dá um pouco de liberdade, deixa alguma margem de ação para os operários, tolera que utilizem o tempo fora do trabalho como bem entendem[7]. E aquele que negociou oficialmente procura, em reunião de representantes de oficina, com o acordo dos outros operários, trazer o agente de controle para o seu lado, ou ao menos estabelecer relações de forças tais que, diante dos gerentes, os agentes de controle serão os melhores advogados de seus operários. Os chefes transigem. Portanto, o poder dos representantes é frequentemente reconhecido, ou melhor, reconhecido e ao mesmo tempo contestado.

Para evocar a maneira como se instaurou uma cultura de oficina[8] nos setores de OE da fábrica de Sochaux, dispomos de um documento bastante excepcional, que pode ser utilizado de maneira quase etnográfica, a respeito do "ambiente" de oficina no setor de carrocerias (mais precisamente as oficinas de acabamento) nos anos 1970. Trata-se do livro de Marcel Durand, *Grain de sable sous le capot*, escrito após a greve de 1989[9]. A primeira parte do livro, que cobre os anos de 1973 a 1977,

---

[7] Nessa resistência multiforme à ordem da empresa, as afinidades sociais (ligadas aos hábitos de origem) são mais importantes que a solidariedade que nasceria no trabalho ou o medo percebido como sentimento simples. Se alguns agentes de controle pactuam com os operários, é porque não se sentem tão distantes deles, porque tal chefe de equipe é casado com uma operária etc.

[8] Precisemos que, contra a tentação de construir uma teoria atemporal da cultura de oficina, é preciso insistir na necessidade de considerar o tempo, a maneira como num determinado local de trabalho, com o passar dos meses e dos anos, as técnicas patronais de vigilância e de promoção dos operários se reorganizam, o modo de coesão e de resistência do grupo se altera, as relações sociais se reestruturam.

[9] Ver Marcel Durand, *Grain de sable sous le capot* (Paris, La Brèche, 1991). Na época em que foi lançado, fizemos um resumo (que retomamos em parte aqui) na revista *Politix: travaux de sciences politiques*, n. 13, 1992. Se esse livro é bastante excepcional, é porque se trata de uma obra de operário, escrito por um OE de Sochaux que passou vinte anos na cadeia de produção. Seria tentador, portanto, "reduzi-lo" a um simples testemunho militante, feito em tom de denúncia. Ora, o que faz a raridade e a profunda originalidade desse livro é o fato de ele dar voz ao que ficaríamos tentados a chamar de "operário comum", aquele que de hábito não é ouvido porque não tem um título específico (nem militante, nem especialmente politizado, nem "boca dura", nem "mártir"...) ou de legitimidade particular da qual se valer para tomar a palavra. O livro é composto de três textos de naturezas diferentes: a primeira parte retraça as mil e uma troças e brincadeiras de um grupo de amigos OE em torno da cadeia de produção de uma oficina de acabamento no início dos anos 1970 ("o clã do painel"); a segunda parte é dedicada à greve dos OE da carroceria em 1981; e, por fim, a última parte, nitidamente mais sombria, lembra a resistência nos anos 1985 a 1988 de uma minoria de OE mais velhos dessa mesma oficina à introdução da gestão participativa e ao aumento de ritmo na cadeia de produção ("a resistência dos 'hein-hein'"). Esses textos eram destinados, em primeiro lugar, a divertir um pequeno grupo de OE que trabalhava no mesmo setor do autor; a fazer rir, a alegrar por alguns instantes (eles circularam na fábrica primeiro em forma mimeografada). O grupo de compadres sentiu uma espécie de felicidade coletiva por participar desse esforço que visava essencialmente revelar a face oculta da oficina, pôr os chefes em situações ridículas. Para a terceira parte do livro, as anotações foram feitas primeiro no próprio local de trabalho (durante os intervalos e a manutenção), o que poderíamos chamar de texto escrito no "calor" da ação, não propriamente durante a ação, mas logo depois, já que era feito em seguida. O conjunto dos textos foi retrabalhado e enriquecido com uma espécie de leitura coletiva de alguns OE do grupo. As próprias condições de redação e leitura desses textos fazem com que todo

relata as aventuras no trabalho de quatro OE de cadeia de produção que formam o "clã do painel". São "heróis" de múltiplos esquetes da cultura de oficina em que pipocam piadas, gracejos e inversões simbólicas das relações de forças. Vemos emergir aí alguns personagens centrais da oficina: a hierarquia e os "chefes" (o contramestre, os chefes de equipe apelidados de "Zebra" e "Nó"); em seguida, o grupo de pessoas que transmite as ordens, passa o trabalho ou vigia os operários (cronometristas, reparadores, operadores de máquinas transportadoras), sempre suspeitos de exagerar em sua submissão aos chefes e de terem mais ou menos "se garantido"; e, por fim, os outros colegas (bons ou maus) de trabalho. Esses personagens são todos cobertos de apelidos sugestivos ("Gordo", "Grandão", "Gringo", "Baba-ovo", "Marselha", "Queridinha"). Nas oficinas, as palavras são sibiladas, chiadas, cuspidas, ao invés de pronunciadas; irrompem brincadeiras e piadas; os virtuoses da palavra, em especial aquele que faz os chefes rirem, estão sempre em busca de anedotas. Descobrimos não só as habilidades e os macetes dos OE no trabalho, mas também a mecânica complexa das relações de poder: a "guerrinha" cotidiana com os chefes, a marcação de território pelos OE, a luta para conquistar e defender pequenos espaços no trabalho contra a hierarquia, a onipresença e a violência das brincadeiras, das piadas, das peças que se pregam nos chefes, mas também as brincadeiras com os colegas de trabalho (ritos de passagem dos recém-chegados). Pela invenção de barulhos próprios para encobrir o barulho da oficina, pela importação de objetos familiares vindos de fora da fábrica e pelo desvio quase sistemático dos objetos de seus usos tradicionais, podemos ver os esforços contínuos e multiformes desenvolvidos pelos operários para "se apropriarem" desse mundo um tanto selvagem e violento que é a fábrica. Essas práticas, longe de serem irrisórias, devem ser restituídas em sua lógica social e em sua coerência, pois constituem uma verdadeira cultura de oficina[10], que opõe radicalmente o "nós" do grupo operário ao "eles" dos outros, dos que não participam dessa cultura e a rejeitam violentamente, e por isso são caçados (os "puxa-sacos", os chefes e os "engravatados", isto é, os executivos).

Nesse universo de trabalho em que os OE aparecem objetivamente dominados (o tempo sempre contado, o trabalho repetitivo, a ascendência das relações hierárquicas), a questão central é: como defender a própria dignidade? Vemos que é por meio de

---

um grupinho de colegas de trabalho se reconheçam, se vejam neles, e ficaríamos tentados a dizer que se reconhecem por inteiro e sem maquiagem, em toda a verdade social da condição de OE.

[10] Ver Paul Willis, "L'école des ouvriers", *Actes de la recherche en sciences sociales*, n. 24, nov. 1978. No livro de Marcel Durand, essa cultura de oficina é descrita no momento de seu apogeu, e vemos bem que ela só poderia se desenvolver a partir de certas condições objetivas: no nível do trabalho de OE, pouca idade dos OE, possibilidade de produzir defeitos, controle não integrado e não informatização da produção; no âmbito das condições econômicas gerais, ausência de desemprego e relativa despreocupação desses jovens operários, que podiam se permitir passar provisoriamente pela situação de OE. No entanto, se esses jovens OE puderam de fato estabelecer uma espécie de contracultura – a qual só existe de modo reativo e negativo, mas deve ser entendida também de modo positivo –, é evidente que isso não significa que o pessoal "se divertia" nas cadeias de produção naquela época: essa "felicidade de momento" era frágil, devia ser continuamente conquistada, só existindo de fato contra um fundo de violência.

uma luta de todos os instantes, uma sucessão de batalhas por "pequenos" ganhos de poder que permitem aos OE marcar território, escolher aliados e inimigos, enfim, serem respeitados. Para chegar a esse compromisso com o controle de baixo [chefes de equipe e monitores], é preciso saber usar as armas de que se dispõe e mostrar criatividade ao manejá-las no "calor" da ação: o riso, o humor, a grande brincadeira, mas também as palavras que ridicularizam, o senso do desafio e da provocação (saber ir longe o suficiente para avançar na fronteira do outro campo, mas não demais para não se expor a sanções demasiado fortes), a invenção ou o proveito de situações que invertem simbolicamente a ordem das coisas etc. Essas pequenas batalhas parecerão mesquinhas – por exemplo, não cumprimentar o chefe quando o grupo dos OE se reúne no intervalo –, essas pequenas vitórias parecerão irrisórias – tomar sistematicamente o café preparado e servido por um colega de trabalho, e nunca o do distribuidor oficial – apenas para aqueles que nunca passaram por isso. Elas permitem reforçar a frente de resistência do "nós". É pelo e no acúmulo desses desafios bem-sucedidos que se consolida a identidade do grupo. Essa guerrinha no cotidiano, à qual todos assistem e da qual cada um mede os riscos, é o grupo dos OE em sua totalidade que a trava e se alinha atrás dos franco-atiradores contra a hierarquia. Por essa luta palmo a palmo contra o "inimigo", procura-se também forjar uma moral, fortalecer simbolicamente o campo do "nós", porque ali também se aprende que a dignidade se ganha, se conquista dia após dia. Portanto, no interior dessas grandes oficinas da fábrica, o processo de socialização operária dos OE, em especial dos de origem rural ou imigrantes, ocorria ao mesmo tempo contra um fundo de integração nessa cultura de oficina e de politização por intermédio dos representantes. Nesses anos de "luta", o sentimento de indignidade cultural podia ser dirigido contra os chefes, de modo que, entre aqueles que eram treinados nessa forma de cultura, estabelecia-se uma espécie de relação "feliz" com a condição operária em razão do acordo entre as disposições desses jovens e as posições tomadas na fábrica. Nesse período de pleno emprego, o grupo operário ainda podia se pensar em termos de classe: dotado de representantes na fábrica – os militantes eram personagens respeitados nas oficinas –, ele oferecia um quadro de identificação e de socialização aos recém-chegados no grupo.

Portanto, não podemos reduzir o "taylorismo" à questão única da organização técnica do trabalho. Ele envolvia também certo tipo de relação social que se construía ao longo do tempo a partir das características dos operários e dos agentes de controle da fábrica. É esse complexo de relações que será profundamente desestabilizado no momento em que a empresa, no início dos anos 1980, tentará introduzir um novo modo de gestão da produção e de organização do trabalho. O caso privilegiado aqui será o da fábrica de carrocerias.

2. Autocontrole e autovigilância

Durante anos, e considerando sua história, a direção viu a "carroceria" como uma ilha de resistência e arcaísmos. É compreensível, portanto, que, de 1981 a 1982, tenha evitado tomar iniciativas nessa oficina que, no contexto de pós-greve de 1981,

O *que fazer com a herança taylorista?* 31

pudessem parecer provocações. Preferiu deixar as coisas como estavam porque, em certos setores, a relação de forças podia pender a favor dos representantes sindicais*. Contudo, por volta de 1984-1985, a preocupação era tanta entre os assalariados (plano de pré-aposentadoria aos 55 anos, demissões em massa de imigrantes, rápida diminuição do pessoal, receio de dispensas temporárias, confrontos violentos em outras fábricas do grupo PSA, como em Poissy e Aulnay) que a direção pôde fazer uma série de mudanças organizacionais: instituição do autocontrole, criação de novos "grupos" em torno da figura do "monitor" para impedir aqueles que se formavam naturalmente em torno dos representantes de oficina, e implantação de um sistema de pequenos bônus coletivos (que correspondiam a quantias de 70 a 100 francos por operário) para mobilizar os "operadores".

Denis Guigo, etnólogo, descreve como o setor de controle de qualidade da oficina de carroceria foi modernizado entre 1981 e 1983:

> Esse setor era considerado um setor "duro", com fortíssima concentração de "revolucionários". O novo chefe constata: "Por uma coisa de nada, vinham com reclamações, ajuntamentos", era um "barril de pólvora". Além do mais, o setor, encarregado de filtrar os defeitos de fabricação, desempenhava particularmente mal seu papel, já que apenas 35% dos defeitos eram detectados. A mesma constatação foi feita por um conselho que estava realizando uma auditoria na fábrica nessa época: nesse setor "eles ganhavam 30% dos postos só para olhar", mas o método brutal era impensável. A descrição do controle do setor era feita, em 1981, em termos de impaciência e impotência. O chefe de oficina pratica um estilo de comando militar e mostra claramente suas simpatias políticas pela extrema direita. Mas essa rigidez cai no vazio, pois abaixo dele os contramestres e, mais ainda, os chefes de equipe são incapazes de dirigir o trabalho; submetidos à ameaça constante de um "movimento", não se atrevem a fazer nada sem a aprovação dos representantes da CGT ou da CFDT** (os representantes dos outros sindicatos são postos "contra a parede" se fazem alguma reivindicação), os chefes de equipe são desresponsabilizados.[11]

No quadro dessa reforma organizacional, convém insistir na introdução de práticas de autocontrole em 1984-1985. O controle não era mais entregue a um controlador, mas ao próprio operário da montagem. Um gerente da fábrica de Sochaux, que trabalhou durante muito tempo nas oficinas, lembra os efeitos dessa nova organização da produção sobre o trabalho desse operário:

> Existe um enriquecimento do posto de trabalho na medida em que, quando o carro chega ao posto, o operário deve verificar num papel grande fixado na carcaça que tipo de carro é, que tipo de coisa ele vai ter de montar. Depois ele escolhe nos contêineres (ao lado da cadeia de produção) o que deve montar. Em seguida, monta a peça, faz o controle e picota. Portanto, tem a provisão, a escolha das peças, o trabalho e também o controle. Não tem mais controladores no final... Isso é um enriquecimento. Porque, tradicionalmente era um

---

* Os representantes sindicais, ao contrário dos representantes de oficina, não são eleitos pelos funcionários, mas indicados pelos sindicatos para ocupar a seção sindical no interior da empresa, que deve reconhecer legalmente tal cargo. Para diferenciar as duas categorias de representantes, já que ambos estão vinculados aos sindicatos, sempre estará indicado quando se tratar dos representantes sindicais. (N. E.)

** Confederação Francesa Democrática do Trabalho. (N. T.)

[11] Denis Guigo, "L'empire du consensus", *Les annales des mines*, n. 6, mar. 1987.

tal de [imitando o tom caçoador do operário de cadeia de produção]: "Vamos, vamos, vamos! Deixa passar, o controlador pega!". Eu ouvia isso, eu ouvi isso não sei quantas vezes nas oficinas... Agora acabou... Bom, nem tanto! Se passar, passou. Agora o controle está integrado diretamente na produção. Isso significa que, agora, o nosso pessoal tem de saber ler, simplesmente entender o francês. Tem uma folha, números, ele tem de escolher tal coisa... é um comecinho de abstração. Enquanto que antes era só: "Bom, vou montar tal peça". Não precisava nem saber francês.

O que é posto aqui como "enriquecimento" do trabalho representa em geral um aumento da carga de trabalho do OE: de um lado, a alternância de modelos (um modelo 205, um 405, com todos os opcionais) obriga cada operário a olhar a ficha colada na carcaça do carro para efetuar um trabalho diferente em cada um deles e, de outro, a "caça ao tempo morto" se intensifica. O autocontrole traduz sobretudo a pressão "moral", por assim dizer, que obriga cada operário a sentir-se responsável pela "qualidade" do produto acabado e por seu próprio trabalho. Essa pressão moral adquire toda a sua eficácia por meio da reorganização de equipes em que o poder do antigo "controle de baixo", que subsiste, é substituído (e ao mesmo tempo contestado) pelo poder dos jovens BTS[*] e dos "monitores" (novo escalão intermediário entre operários e chefe de equipe). Ao mesmo tempo em que desaparece a antiga proximidade, que às vezes autorizava certa cumplicidade entre chefes de equipe e operários, o sistema de bônus (individuais, mas sobretudo por equipe, que deixam de valer se um dos membros efetua "mal" seu trabalho) estabelece dentro da equipe uma lógica de concorrência e de controle recíproco. Não compreenderíamos seu alcance se não víssemos, ao mesmo tempo, que cada operário se sente individualmente ameaçado de demissão e sabe que será incapaz de encontrar trabalho rapidamente. Esses novos grupos de trabalho (ou "módulos") desenvolvem um novo espírito, baseado na "responsabilidade" (inclusive financeira, ainda que relacionada a uma parte pequena do salário) de cada operário em relação à equipe e desta em relação ao produto acabado. A busca obsessiva pelo "defeito zero" e pela qualidade perfeita tende a reduzir, de maneira objetiva e subjetiva, a margem de ação para esses trabalhadores, principalmente, de ação sobre o tempo.

Para funcionar, esse novo sistema de trabalho exige uma forte coesão dos novos grupos, os quais se viram encarregados de tarefas antes atribuídas aos controladores e à hierarquia, em especial as repreensões pelos membros do próprio grupo aos "desviantes", que, num sistema desse tipo, tendem a ser impiedosamente marginalizados. Essa nova organização é em si geradora de uma nova solidariedade de trabalho, forte e extremamente opressiva para os membros do grupo. Traz em si a marginalização dos que não querem aceitar as formas mínimas de participação, requeridas de maneira imperativa. Além dessa lógica de integração pelo novo "grupo", uma individualização dos salários baseada, sobretudo, na distribuição arbitrária de "bônus à escolha" por parte do controle de baixo (uma "unidade de aumento" valia cerca de 50 francos no fim dos anos 1980) tira o sentido do antigo sistema de classificação. Esse sistema de bônus é muito eficiente para dividir os operários: os OE que se recusam a "entrar no jogo" correm o risco de serem vistos pelos outros como "egoístas", "aproveitadores"

---

[*] Diploma de técnico de nível superior, obtido após dois ou três anos de estudos superiores especializados. (N. T.)

ou "traidores". Há, portanto, uma inversão do antigo modo de solidariedade operária no trabalho, considerada uma perversão pelos "antigos", os quais começam a nos falar da "degradação do ambiente" nas oficinas.

Só muito devagar e com muita dificuldade é que a maioria dos OE aceita aderir à nova cultura "reformista", centrada na ideia de gestão e frontalmente oposta à antiga maneira de ser na oficina. Os que se recusam a entrar no jogo da empresa – segundo eles, "na lógica do patrão" – pertencem a uma geração formada na "cultura de oposição" dos anos 1970. Paralelamente à transformação da organização técnica do trabalho nos anos 1980, a direção empenhou-se em eliminar pouco a pouco o que se pode chamar, numa primeira abordagem, de espírito ou cultura de resistência – as formas de solidariedade (passivas ou ativas) que se desenvolveram nas oficinas –, isolando os operários, separando-os dos representantes sindicais para conseguir, de certo modo, que a solidariedade de oficina funcionasse em proveito da direção. É esse, em especial, o objetivo buscado pelos novos dispositivos que visam a participação dos trabalhadores: *briefings*, intervalos, círculos de qualidade e grupos de avanço. As mudanças de nome que eufemizam a duração de vida no trabalho seguem o mesmo objetivo: não se deve mais dizer "cadeia", "equipe", "OE", mas "linha", "módulo", "operador" etc. Nesse contexto, a resistência dos OE formados na cultura de oposição dos anos 1970 organiza-se primeiramente no nível das palavras, as quais oferecem uma primeira linha de defesa, como comprova a persistência em empregar velhos termos ou a necessidade de apegar-se a símbolos de autonomia no trabalho como, por exemplo, a possibilidade de personalizar a caixa de ferramentas:

> Por mais que as caixas de utilidades sejam de plástico Gilac, são todas padronizadas e de um cinza de dar depressão. A caixa de utilidades (caixa de ferramentas no jargão dos OE) não é um objeto pessoal. Mesmo assim, a gente passa o dia juntos, merda! É quase uma companheira, então a gente personaliza, transforma. Fazendo um furo aqui para colocar uma chave de fendas. Tirando uma tampa para acomodar mais peças, acrescentando compartimentos. Os puxa-sacos vão lá e colam o adesivo distribuído pelo chefe como última gratificação. Os hein-hein [os que de modo consciente fingem não compreender] preferem colar *slogans* recortados de panfletos ou jornais: "Não somos gado"; "Pessoal reduzido, salário minguado e ritmo acelerado". Falta espaço para colar uma mulher inteira. Bicos de seios e traseiros redondos se ajeitam com jeitinho. As colagens na caixa de utilidades mudam conforme o achado. Animais (porco, macaco, vaca, carneiro), desenhos humorísticos, praias, pôr do sol, tudo que faz sonhar. Mas mesmo essas coisinhas de nada somem. Racionalização do trabalho. Só os cartazes da direção são permitidos. Um exemplo? O chefe escreve num quadro grande o número de defeitos bem ao lado do nome do culpado.[12]

Ficaríamos tentados a dizer que a única forma de resistir que os OE "incorruptíveis" encontraram foi, grosso modo, "bancar o imbecil", "bancar o bobo" diante dos representantes da empresa: eles se veem assim como "os últimos dos moicanos", organizando uma resistência de "desesperados" diante de um processo de depreciação da antiga cultura[13]. No entanto, não se deve exagerar o impacto e a força dessa re-

---

[12] Marcel Durand, *Grain de sable sous le capot*, cit., p. 181.

[13] No entanto, é preciso ter em mente que essas diferentes formas de resistência emanam do círculo dos operários "antipeugeotistas", que participam de longa data dessa cultura de oposição. Embora entendam

34   *Retorno à condição operária*

sistência. Esses OE não podem fingir para si mesmos que se trata de uma resistência "passiva" que faz mal a quem a pratica, pela qual as pessoas se desgastam e em nome da qual muitos golpes são permitidos. Tanto que aqueles que a praticam não creem muito nela, parecendo que tudo já está perdido: resistência não dita, resistência de malandros, organizada por indivíduos que não têm mais futuro. Ao menos é assim que ressoa na mente dessas pessoas o menosprezo, a arrogância dos chefes. Poderíamos dizer então que a única arma que resta aos "inconversíveis" é a derrisão[14] ou formas individuais, um tanto desesperadas, de resistência ao trabalho, como quando é para lutar, à maneira deles e espontaneamente, contra a pressão do grupo gerada pela política da "caça aos defeitos". É o que mostra aqui Jean, operário de acabamento, numa conversa ocorrida em julho de 1987:

> É incrível, agora tudo é anotado... Eles vigiam cada vez mais as pessoas individualmente... Por exemplo, em relação aos defeitos, o chefe tem um gráfico... Na sexta-feira, justamente, fui convocado, a gente discutiu porque ele não acha normal que os defeitos aumentem na minha ficha: "Janeiro foi tanto, depois tanto..." Aí eu disse: "É trabalho demais, chefe, é trabalho demais..." "Ah! Pode ter certeza de que não, mas vamos ter de encontrar uma solução..." Eles ficam observando a gente, é insano... Porque, na minha cabeça, se você não produz defeitos, é porque trabalha bem e, se trabalha bem, eles vão passar mais trabalho para você no outro mês... Então eu penso: "Bom, hoje eu não esqueci nada", porque em geral, como faço sempre o mesmo serviço, é raro, acontece, mas é raro eu esquecer alguma coisa, então eu penso: "Bom, hoje eu também não esqueci nada..." Aí eu esqueço de propósito alguma coisa para manter a minha linha, a minha mediazinha de defeitos, porque senão...
>
> *É o sistema de freagem: quando as pessoas trabalhavam por tarefa, a equipe freava sozinha...*
>
> Mas agora vou ter de começar porque é um chefe novo. Bom, esse vai ter de entrar na linha... No começo, mas o chefe não sabe de nada... Um defeito por dia, em cem carros, com todo o trabalho que a gente tem, um ou dois defeitos... Mas eles dizem o tempo todo que não é para produzir defeito nenhum, mas, numa equipe de trinta caras, chega a ter cinco ou seis caras que produzem defeitos, bom, sem querer, ou talvez dois que fazem de propósito, como eu. Mas os outros, não fazer defeito nenhum, é insano. Mesmo nos postos mais duros que o meu, isso significa que eles estão fazendo o jogo deles, enquanto se todo mundo deixasse um pouco de defeito... Bom, eles fariam alguma coisa, mas os outros seguem mesmo a ótica do patrão. A gente não tem mais tempo de conversar, não sobra tempo nenhum...

---

que o encontro de certa conjuntura com as práticas da direção produz efeitos de desmoralização muito profundos, não percebem (nem podem perceber) certo número de mudanças nas oficinas: grosso modo, justamente tudo que não está no campo de visão dos OE, como as transformações tecnológicas, sobre as quais guardam um silêncio, e também tudo que diz respeito à transformação da posição dos OE e dos técnicos.

[14]   Que no livro de Durand chegará "milagrosamente" ao estágio da expressão, não só verbal, mas também escrita. Podemos nos perguntar sobre as condições sociais da emergência desse riso "swiftiano" (poderíamos dizer "reiseriano") e em especial sobre sua função social. Seria preciso analisar mais longamente a situação objetiva desses "inconversíveis" – subjetiva e objetivamente livres de qualquer esperança de promoção ou formação e que, em sua maioria, não têm outro futuro além do declínio material –, que permite a constituição dessa espécie de olhar vazio, desse riso que constrange porque é sempre meio "dirigido contra si mesmo" (e ao qual não sabemos responder).

Mas teve um tempo em que o controle não era assim...

Não, o chefe era um cara que trabalhava em cadeia, então ele já conhecia o serviço [...] que tinha passado por aquilo, que tinha subido no escalão. Até os contramestres, os chefes de oficina tinham sido no começo, na base de tudo, trabalhadores de cadeia de produção. Já agora a gente nunca sabe de onde o chefe veio, pior ainda o contramestre... Depois você repensa, ninguém sabe de onde eles caíram... Bom, eles têm ideias... Pode estar certo de que têm, porque devem ter alguma coisa na cabeça, mas a papelada, essas coisas, as normas, isso está no papel. Além disso, tem um ranço de paternalismo, mas disfarçado, por baixo: "Olha, se você tiver algum problema, e tudo mais, é só dizer". [...] Admitindo, por exemplo, que o cara esteja com um problema e vá falar com o chefe, o chefe vai enrolar: "Sim, mas veja..." E, no fim, ele não vai fazer nada pelo cara, mas vai saber tudo que o cara contou para ele, vai agir diferente, pode ser ruim para o cara, ou para os companheiros em volta dele... É por isso que eu e o chefe, o mínimo de relações... O menor desvio de conduta é interpretado, anotado, então quanto menos ele souber, melhor... Antes tinha mais franqueza... Bom, a gente tinha uma conversa franca com o chefe, mas, enfim, ficava nisso... Já agora é dissimulado, é ruim porque é lá dentro. Eu sempre penso: "Bom, é melhor tomar cuidado, não posso dizer isso porque ele vai me ferrar".

Operários como Jean, formados e politizados nos anos 1960 e 1970, adquiriram disposições então que, no quadro das atividades comuns da vida no trabalho, tornaram-se algo como "reflexos" sociais. Estes fazem com que rejeitem de imediato a maioria do que o "patrão" lhes propõe (círculo de qualidade, sistema de sugestões etc.). As diversas tentativas de reforma organizacional empreendidas pela direção buscaram combater essa espécie de "inércia" e de "resistência" operária, esforçando-se em especial para mudar a função do controle de baixo, que está em contato direto com os operários nas oficinas.

3. A invenção do monitor

Durante muito tempo, as tarefas do agente de controle nas grandes oficinas eram relativamente claras: gerenciar, organizar o processo de produção no dia a dia, garantir a melhor divisão do pessoal nos postos de trabalho e a colaboração dos serviços técnicos em caso de acidente, verificar o nível de qualidade. Os agentes de controle, na maioria das vezes antigos operários que "vestiram a camisa", estavam fisicamente presentes na oficina; próximos dos "seus" operários, tinham poder sobre eles, em especial pela possibilidade de transferência para um posto mais ou menos difícil. A partir da metade dos anos 1980, tendencialmente, as coisas mudaram:

A competência técnica reconhecida ou a capacidade de avaliação substituiu as prerrogativas hierárquicas tradicionais. Enquanto o agente de controle tradicional age no curto prazo, o novo agente de controle situa-se no médio ou longo prazo. O funcionamento da oficina no dia a dia é supostamente delegado ao coletivo operário e o agente de controle deve se dedicar, cada vez mais, a melhorar o desempenho da oficina, o que exige a implantação de ferramentas de análise cujos resultados serão explorados mais tarde.[15]

---

[15] Ver Anne Labit, "La maîtrise de production, une catégorie charnière", Berlim, Centre français de recherche en sciences sociales, 1994, p. 11.

36 *Retorno à condição operária*

Ele tende a tornar-se o administrador de seu setor de produção. Seu papel vai agora muito além de uma vaga "animação" do coletivo operário, como lhe era proposto nos anos 1970, nos primórdios da gestão participativa. A partir de agora, ele tem a responsabilidade quase total de uma "unidade de produção". Portanto, exige-se dele, em primeiro lugar, um verdadeiro saber técnico. É por aí que ele deve impor respeito, em especial aos operários qualificados. Seu poder direto sobre os OE diminui pouco a pouco: a tarefa de distribuir bônus, por exemplo, cabe cada vez mais ao gerente de recursos humanos.

Já que agora o chefe de oficina, o contramestre e, em menor medida, o chefe de equipe, intervêm mais nos níveis técnico e de gestão de conjunto, é necessário que alguém "acompanhe" de muito perto os problemas dos operários de base, alguém que seja um instrutor, um "dinamizador", em particular nas oficinas cuja população operária esteja envelhecendo. Trata-se de conceder algum poder – mas não muito – a esse personagem, que deve permanecer muito próximo do operário e ao mesmo tempo aceitar entrar no jogo da novidade organizacional. O monitor, que aparece nos organogramas em 1984, fará esse papel que se tornará fundamental na segunda metade dos anos 1980. Ele é a via concreta pela qual os projetos de autocontrole e participação são postos em prática. Em contato direto com os operadores "de base", está na intersecção dos problemas de comando, trabalho e sociabilidade.

Nos anos 1985 a 1988, que correspondem ao que se pode chamar de "primeira onda" de monitores, as tarefas que se exigiam deles não eram muito diferentes daquelas que os "reparadores"[16] executavam anteriormente: auxiliar os colegas em dificuldade e treinar os recém-chegados. O que se esperava deles era, antes de mais nada, a capacidade de trabalhar rápido em novos postos de trabalho[17]. "No começo, a direção seduzia um pouco os caras, mas depois o fato de ser meio responsável pela garotada, virar chefinho..."; "Pessoas que conheciam a área... meio puxa-sacos, na linha do chefe!". Eles deviam conhecer bem os colegas de trabalho e ser estimados por eles.

> Os caras [reparadores] em geral faziam dois ou três carros, substituíam o pessoal enquanto iam mijar, podiam substituir você tanto às 13h30 como às 16 horas... Era muito serviço

---

[16] Nas cadeias de produção tradicionais, antes da implantação do "*just in time*" e dos "fluxos tensos", existiam "reparadores" e "super-reparadores" (sem falar de outras categorias que em certos momentos intervinham na cadeia de produção ao lado dos OE), cuja função principal consistia em suprir a ausência momentânea de um OE de cadeia de produção ou socorrer um operário que "descia" a cadeia, isto é, não conseguia acompanhar o ritmo. Esses reparadores eram sempre antigos OE, de 35 a 40 anos, experientes, que conheciam vários postos, eram capazes de aprender rapidamente e ambicionavam subir um pouco mais na hierarquia, sem atingir o topo. Não se exigia deles que efetuassem tarefas de gestão de pessoal ou dominassem técnicas particularmente complexas.

[17] O trabalho específico do monitor consiste mais precisamente em fazer controles de diversas maneiras para verificar a qualidade dos produtos (controle unitário, controle sequencial, isto é, seis controles de três carros por dia), auxiliar os montadores quando estão em dificuldade, substituí-los no posto quando estão com algum problema técnico, alguma dificuldade, ou quando querem se ausentar por alguns minutos (problema, por exemplo, do representante que pede para abandonar a cadeia de produção) e, por fim, mudar os contêineres ao longo da cadeia quando estão vazios e manter contato com os chefes de equipe para garantir que seja feito o abastecimento.

pequeno... Eles ganhavam talvez 100 francos a mais que os outros operários. [...] O monitor devia saber trabalhar, devia poder substituir qualquer um, assumir dez ou quinze postos, e isso não era nada fácil! Não era para qualquer um... Precisava ter as manhas. Era impossível manter realmente um posto se você não tivesse as manhas. [...] O monitor fazia o serviço do reparador... Ele fazia realmente todo tipo de serviço... mas fazia mais uma coisa: toda a merda que precisava ser feita entre o operário e o chefe, ou seja, preencher os formulários, refazer as operações malfeitas e tudo isso...

Durante esse período, a direção nomeou, em geral, reparadores, mas também alguns OE que tinham mais ou menos a mesma idade e perfis semelhantes[18]. Ora, os velhos reparadores logo se viram perdidos diante da complexidade e da multiplicidade das tarefas que se exigiam deles, assim como de sua relativa novidade. Eles se perguntavam se a contrapartida estava realmente à altura da pressão sofrida.

Tinha também o problema do monte de papelada, de fichas técnicas. Um pouco pesado para os caras! [Ele ri.] Com as mãos, eles sabiam trabalhar, mas com a papelada e tudo mais, não era fácil! Era até um quebra-cabeça para muitos deles. Dava para ver. Enfim, eu não era monitor! Mas o cara em geral coçava a cabeça, mas o que é que isso quer dizer? Ele não entendia direito todos os novos gráficos, tinha de afixar todos os defeitos, saber usar o computador, registrar todas as informações... Tinha um fichamento tremendo de cada operário... No fim do dia, o monitor levava quinze minutos, meia hora para fazer um gráfico. Via os defeitos: tec, tec. Além disso, às vezes ele vinha até um cara, levava-o para o escritório no fim da linha e dizia: "Você viu o seu trabalho hoje! Tec, tec... Você produziu cinco defeitos", e ao mesmo tempo ele tinha de saber fazer os retoques! Tinha de conhecer o serviço!

É fácil compreender que muitos reparadores encontrem dificuldade para equilibrar, para passar de um tipo de trabalho para outro. Ele deve registrar, ao mesmo tempo, as falhas humanas e os defeitos técnicos. Deve ter sempre em mente o problema da prevenção e o da intervenção corretiva. Esses velhos reparadores, em geral, se sentem pouco à vontade, incapazes de repreender os operários de sua idade, de fazer um sermão. Embora aceitem mostrar disponibilidade, logo começam a achar que se exige com frequência demais que façam pressão sobre os outros assalariados. Pouco a pouco, perdem o entusiasmo. As contrapartidas que esperavam demoram muito a vir. Muitos recuam e em seguida pedem demissão, como se não se sentissem à altura das tarefas que lhes são exigidas. Outros são rebaixados, isto é, enviados novamente para a cadeia de produção. Os monitores mais velhos (quarenta anos) são fortemente impelidos à demissão e os jovens, recém-contratados, são solicitados para substituí-los.

Já no nível do trabalho, da disponibilidade, os jovens levavam vantagem. E depois, no nível da redação, eles conheciam melhor as palavras. Sabiam se virar melhor. Os métodos de gestão, o acompanhamento dos arquivos, tudo isso... Sabiam de cara usar um teclado.

---

[18] São sobretudo os contramestres que escolhem os monitores, após consultar os chefes de equipe. Leva-se muito em consideração a "disponibilidade" e a proximidade do domicílio dos monitores: "Porque em geral a gente fazia horas extras no sábado. Então, o monitor precisava estar presente e ficar. Não podia morar muito longe, tinha de ter carro, porque se precisasse pegar ônibus... Ele tinha de poder se deslocar com facilidade".

38   *Retorno à condição operária*

Registravam as coisas diretamente... Foi aí que muitos dos velhos foram embora, alguns foram demitidos. E teve muitos que desanimaram e que num certo momento disseram: "Parei... Se é assim, prefiro voltar para a cadeia de produção".

O monitor é, sobretudo, aquele que faz o "trabalho sujo", que os agentes de controle tradicionais – velhos, cansados de todas essas "modas" da gestão e sempre dispostos a se entender com os operários do setor para frear as reformas da hierarquia – não têm mais vontade de fazer: o trabalho de vigilância, às vezes de pressão sobre os OE da cadeia de produção para manter o ritmo de trabalho, seguir a cadência e limitar o absenteísmo. É, pois, pela intermediação do monitor que o grupo tende a se vigiar, a se autocontrolar. Nesse período (1985 a 1989), o grupo de trabalho é constituído em torno da personalidade do monitor. Compreende tanto os operários que continuam a resistir à nova ordem como os operários que, em nome de seus próprios interesses individuais, estão dispostos a admitir os valores da empresa e não fazer obstrução sistemática ao trabalho. Esse grupo é mais frágil, mais instável que o antigo grupo dos anos 1970. O sistema de "envolvimento" dos operários, do modo como é organizado, cria e implica uma espécie de divisão, de rixa, de inveja estrutural. É nesse contexto de tensões crescentes no interior dos grupos de trabalho que se pode compreender a esperança depositada na seleção de jovens operários no fim dos anos 1980.

4. Os "jovens" contra os "velhos"

Um fato fundamental para compreender a evolução da fábrica nesses últimos vinte anos é o envelhecimento objetivo e subjetivo dos operários. Com a suspensão das contratações em 1979 e a renovação muito tardia e parcial da mão de obra a partir do fim dos anos 1980, a média de idade dos operários aumentou de maneira contínua no período (47 anos em 1995). No início dos anos 1990, a questão da diminuição da média de idade da mão de obra em Sochaux (como em todas as fábricas de automóveis da França) torna-se uma questão crucial[19]. Nos voltaremos de maneira mais detalhada aqui à tentativa feita nesse sentido no período de forte retomada econômica de 1987 a 1990, quando a empresa apelou maciçamente aos temporários para ocupar os postos de OE. Essa experiência de diminuição da média de idade desses trabalhadores não durou, já que foi bruscamente interrompida pelas consequências econômicas da guerra do Golfo. Em julho de 1990, havia 3,5 mil temporários na fábrica, ou seja, quase um terço dos operários não qualificados de Sochaux. Esses temporários (muitos dos quais selecionados no norte e no oeste da França) constituíam então uma espécie de viveiro para a gestão, que esperava poder tirar partido das novas disposições, muito diferentes daquelas dos antigos operários. Desde o primeiro dia de trabalho na fábrica, eles são destacados para as cadeias de produção; um operário do setor mostra-lhes o trabalho e eles aprendem, em um dia, a manter o posto (se para isso algumas horas são suficientes, para aprender os movimentos adequados e não "descer a cadeia" são necessários vários

---

[19]   A implantação em 1992 da fábrica de Sevelnord, com base no modelo das fábricas inglesas, cuja média de idade é de 24 anos, realizou-se com a contratação de operários com menos de 30 anos (em geral ex-desempregados com "ambição").

dias). Alguns, assustados com a intensidade do trabalho, não ficam mais do que um dia; outros se seguram por mais tempo, na esperança de conseguir uma contratação (um contrato de duração indeterminada). Quando assumem pela primeira vez seus postos de trabalho, não são apresentados aos outros membros da equipe. É significativo que, em geral, o temporário do grupo de trabalho não seja designado pelo nome – é chamado de "temporário" – e, alguns anos mais tarde, muitos "antigos" continuam a utilizar esse termo para designá-lo. Na verdade, há pouco convívio entre os velhos OE e os jovens, como se todos estivessem na defensiva, numa espécie de desconfiança mútua.

Empregados sobretudo nos setores de montagem e acabamento, os temporários ocupam os postos que têm fama de ser mais "duros", que exigem resistência física e, ao mesmo tempo, rapidez de execução; postos que os "antigos" têm cada vez mais dificuldade para manter nesse período de forte crescimento de ritmo. Aziz, 25 anos, filho de um OE argelino da fábrica, trabalhou alguns meses como temporário na carroceria, em 1989. Recusou a contratação como "fixo". Nós o conhecemos no centro de apoio ao emprego, onde, acompanhado da namorada (caixa), foi procurar estágio com o intuito de conseguir uma qualificação (ele abandonou os estudos no fim do ensino fundamental). Neste trecho da entrevista, ele cita as dificuldades que teve para manter seu posto de trabalho:

Aziz – Demorei quinze dias para aprender meu serviço... mas era um posto difícil, era montagem de cabos elétricos. Eu tinha de montar os cabos nos motores. E depois regular os freios traseiros também. Para pôr os cabos, eu tinha de aprender um número. No começo, eu me perdia, me atrapalhava. Era horrível! E aí você começa a atrapalhar o outro [no posto vizinho], você se atrasa um pouco, eles gritam, a coisa não anda! Você não imagina a confusão, era demais! Porque nós, os temporários, nós somos muito malvistos, eles [os operários] não gostam de nós! [...] Quando chamam a gente, é: "Ô, temporário!" [Silêncio.] Eu fui meio na maldade, foi por isso que eles largaram do meu pé, mas vi muito temporário [risos] se dar mal. Eu disse para eles: "Parou! Só quero fazer o meu trabalho". [Silêncio.]

No seu setor, não tinha militantes, você não via representantes...?

Aziz – Não... Eu só via os cabos! Não tinha tempo para ver outra coisa. [Risos.] Imagine! A coisa vai tão rápido que... No começo, quando cheguei, fiquei assustado, não via os caras trabalhar... Ah! Era o caos! Pancada de todo lado, era demais para mim. Vi que não ia conseguir passar o resto da minha vida daquele jeito. Três meses! Eu saía para trabalhar, voltava, comia, tomava banho e dormia. E só acordava para ir trabalhar! Não podia fazer mais nada durante a semana...

Namorada – Tinha mais desvantagens do que vantagens... Qual era a vantagem na Peugeot?

Aziz – Nenhuma!

Namorada – Carteira assinada... contrato. [Silêncio.] A segurança...

Aziz, com violência – Eu não acho que aquilo seja trabalho! É um trabalho de cão! Não é trabalho...

Você já tinha ouvido falar de pessoas que trabalhavam em cadeia de produção?

Aziz – Já, eles diziam que era duro. Diziam para mim: "Vai lá, você vai ver! Você vai entender como é. Vai ver o que é trabalhar em cadeia".

Namorada – E depois, eles bebiam. Terminavam tudo para beber... Bom, por aí você vê...

Aziz – É, eles enchiam a cara no meu setor! Não sei como conseguiam ficar de pé... Quando tem um buraco na cadeia, um motor atrasado... o pessoal bebe uma...

Agora há pouco, você disse que podia ter ficado, mas quem propôs que você ficasse?

Aziz – Eles se baseiam no seu trabalho, viam que eu trabalhava, que era trabalhador, então pensaram: "Esse aí é bom". Mas eu não estava interessado! Tem gente que vem aprender o serviço dois dias e depois se manda... Eles [os chefes] já estão acostumados... Porque, por semana, não sei quantos temporários entram na Peugeot, mas têm muitos... Entram, saem, entram... Quando veem o trabalho... E receber uma miséria para fazer um serviço daquele, ninguém aceita! É normal! É, o serviço é muito duro...

Namorada – Viram escravos...

Aziz – É, é isso mesmo! Mas de qualquer jeito...!

Namorada – Escravos... escravos... [ela procura a palavra adequada] civilizados...

[Voltamos à escolaridade de Aziz.]

Aziz – Quando eu estava na escola, pensava: "Quero trabalhar, quero comprar um carro, quero uma corrente, quero me divertir..." E quando vi o trabalho... Se é para trabalhar assim, não estou interessado. Depois eu acordei! Pensei: "Prefiro continuar a estudar, sair com dois ou três diplomas e ficar numa boa...".

Ter o respeito pelo seu trabalho...

Aziz – É isso! Pelo menos, fazer alguma coisa que a gente mais ou menos goste, que tenha respeito pela pessoa. Porque trabalhar assim, eu digo que é escravidão! É horrível. Ah, não! Para ficar doente o tempo todo... Eu acho que não se tem mais vida... Não se vive, a gente trabalha, dorme, acorda, trabalha. É dormir, trabalhar, dormir. Só isso! [Silêncio.] Nada de lazer, de esporte, de nada... Eu gostava muito de praticar esporte, jogava futebol, andava de bicicleta, fazia um pouco de tudo. Mas o trabalho suga toda a nossa energia. Eu não conseguia fazer mais nada... Dormia mais de dez, doze horas por dia para compensar as horas trabalhadas. Era demais... Porque assim é que as coisas funcionam na Peugeot! A gente trabalha duas horas e não para... A gente não para e tem cinco minutos de descanso, trabalha duas horas, faz um lanche de vinte minutos e aí começa a trabalhar, e não para, não para. [...] Eu não tinha tempo de conversar, de nada... Eu só montava o cabo, o número de cabo, pegava no armário, tudo isso... A gente tinha de se abaixar, montar, subir. Não podia errar porque tinha de seguir o ritmo, senão começava a se atrasar, atrapalhava o vizinho! Ele ficava irritado porque... "Você está me atrapalhando, vou ficar atrasado, você vai me atrasar, o outro vai atrasar e toda a cadeia vai atrasar." E era eu que levava... E depois, como temporário, o que notei é que a gente ficava com o posto mais difícil... [Silêncio.] O mais duro... Só sei que mesmo os contratados reclamavam, mas não tinham escolha. Quando a gente entra, a gente é obrigado a manter o posto até o fim... [Silêncio.] É por isso que prefiro retomar os meus estudos, entrar numa área de que eu goste...

Compreende-se que, embora tenham sido utilizados como reserva de mão de obra para suprir o brusco crescimento da demanda, os temporários permitiram sobretudo que se fizesse frente à elevação do ritmo de trabalho. Nesse período de dois a três anos em que velhos OE e jovens temporários trabalharam lado a lado nas cadeias de produção, para muitos OE, os temporários simbolizaram o rebaixamento, a desqualificação de suas habilidades. De certo modo, eram a prova viva de que os velhos OE podiam ser substituídos de uma hora para outra por assalariados sem formação, cuja única vantagem era a juventude e o "frescor" físico. A presença dessa força de trabalho jovem e disponível ao lado deles tornava seu envelhecimento ainda mais visível e inelutável para eles mesmos.

Paralelamente a essa concorrência dos jovens temporários, organizada como uma espécie de aguilhão para os velhos, a direção mobilizou jovens de nível bac* para elevar o nível dos OE, procurando tirar proveito das possibilidades "milagrosamente" oferecidas pela evolução do sistema escolar. Esses jovens estão "disponíveis", querem arrumar trabalho, estão dispostos a "se dedicar" à empresa e ao mesmo tempo possuem certo nível de conhecimentos gerais, competências verbais e capacidade de aprendizado rápido. Contratando jovens de nível bac ou com "bac no limite", que não se arriscarão a enfrentar um primeiro ciclo universitário e se sentem muito felizes por conseguir uma carreira na fábrica, a direção pensa matar dois coelhos com uma cajadada: diminuir a pressão social exercida fora da fábrica e dinamizar a grande massa de operários não qualificados que estão envelhecendo. Na primavera de 1989, o responsável pelo centro de formação da Peugeot de Sochaux nos explicou que a empresa, que naquele momento via o futuro com otimismo, planejava contratar jovens oriundos das camadas populares, formados pelo novo sistema escolar. Em sua opinião, os interesses da empresa (que torcia o nariz para a contratação dos BTS, caros demais) e os dos jovens recém-formados são perfeitamente compatíveis, desde que estes últimos não se mostrem muito "gulosos" e não aspirem a subir rápido na empresa.

> Nós consideramos muito a sério a possibilidade de contratar jovens com bac para o controle de baixo, pessoas já formadas. Você sabe que vamos ter mais gente com bac numa faixa de idade, vamos levar progressivamente 60%, 70%, 80% das pessoas ao bac, bem, eu acho que isso corresponde efetivamente à evolução tecnológica dos empregos como nós os vemos na empresa. Mesmo assim, ainda temos de adaptar a ferramenta de formação ao que se vai preparar. [...] O reitor da universidade de Besançon nos disse isso, e nós respondemos: "Veja, nós preferíamos ter gente com bac". Fazia muito tempo que vínhamos refletindo sobre isso, pensado: "No fundo, um jovem com bac A ou bac G não tem muita saída... Mas um garoto ou uma garota com um bom bac A ou um bom bac G sabe raciocinar, já tem alguma cultura! Se aceitasse entrar para a empresa como um dos nossos, será que não daria um bom agente de controle? Sem dúvida, ele teria de aceitar se submeter a uma formação técnica, mas o essencial não é ter uma boa cultura geral, no sentido daquilo que eu disse: saber raciocinar, saber expor um problema, saber se expressar, saber fazer síntese? Vamos tratar de pegar pessoas com esse perfil e dar a elas, com o acordo delas, é claro, uma formação técnica que, aliás, elas vão assimilar logo, porque esses caras raciocinam direito". A técnica não mais complicada do que fazer uma dissertação em francês, hein? Em geral se opõe uma coisa à outra, mas não existe nenhuma razão para opor uma coisa à outra. [Ele menciona em seguida os "colegas de PME", que, segundo ele, têm necessidades comparáveis às suas.] O setor de plásticos, que vem se desenvolvendo rápido hoje em dia, ali também eles precisam de condutores de instalação. Ali também eles precisam de gente de nível bac, um nível de cultura geral... Não se sabe como será o amanhã. Se você não tiver uma boa

---

* Abreviação de "*baccalauréat*", diploma de ensino médio. Esse diploma pode ser geral, tecnológico ou profissionalizante; segundo a carreira escolhida, é obtido após três ou quatro anos de estudos. Com ele, o aluno pode pleitear uma vaga em qualquer universidade francesa, exceto nas Grandes Escolas (Escola Normal Superior e algumas Escolas de Engenharia e de Comércio). (N. T.)

42 *Retorno à condição operária*

cultura geral para poder, eu diria, mudar de orientação, você não vai conseguir. [...] Então nós propomos à universidade de Besançon lançar a título experimental, já naquele início de ano letivo, uma formação de caráter profissionalizante, dirigida a pessoas que tivessem o bac, em geral um pouco mais velhas que as outras, mas que tivessem falhas ou tivessem digerido mal os conhecimentos de outras carreiras. Como eu disse, caricaturando: a gente pegou, empurrou, eles passam raspando pela ignorância! Eles chegaram do outro lado, não sabem muito bem aonde estão, mas enfim a cabeça deles é assim... Então, nós pensamos: "Bom, essas pessoas nos interessam porque, se forem encaminhadas diretamente para um DEUG* ou alguma coisa assim, vai ser uma catástrofe, elas vão empacar...". É como mudar de marcha. Mas pensamos: "Nós vamos pegar e propor a essas pessoas uma formação de quinze meses que, de início, vai começar com uma aproximação com a empresa", isto é, vamos dizer a elas: "Essa é a formação que nós propomos a vocês, com o objetivo de formar vocês para um emprego, então, no começo, vocês vão conhecer todos os cargos que são possíveis de ocupar na fábrica com essa formação". Temos muita tendência a julgar em termos de diploma, temos tendência demais a pegar gente com BTS ou DUT**. Esses caras custam muito caro... Por enquanto, pegamos gente com um bac leve, já que o pessoal com bac C e E se encaminha para ciclos mais longos; o pessoal com um bom bac D pode ir para qualquer lugar, mas poderia vir para cá, se estiver no limite e não for muito exigente.

Se bem gerida, a contratação desses jovens deveria permitir igualmente a "regeneração" do antigo controle, que estava preso a seus hábitos e certezas e muitas vezes parecia bem pouco maleável. Com esses jovens, conseguia-se um meio de fazer pressão sobre ele. É compreensível, portanto, que nas oficinas de OE não se pudesse falar de uma simples justaposição entre velhos e jovens, que seriam confrontados a uma mesma lógica de modernização. Tratava-se antes de uma confrontação em que, sem dúvida, cada subgrupo jogava com trunfos diferentes, mas que, comparativamente e psicologicamente, envelhecia os OE (os "antigos", como começaram a chamar a si mesmos nesse período) através da dura prova da concorrência no trabalho e do contraste que se revelava na forma física.

5. Desgaste no trabalho e envelhecimento social dos OE de cadeia de produção

O que mais nos impressionou nas numerosas entrevistas que realizamos em intervalos regulares ao longo dos anos 1988 a 1992 com os operários de fábrica[20] era essa espécie de tristeza velada, de cansaço, de resignação que transparecia em suas palavras, se excluirmos os poucos meses seguintes à greve de 1989. A maioria dos operários entrevistados, sobretudo não militantes, fazia um verdadeiro esforço para evocar diante de nós os diferentes aspectos do trabalho na fábrica (o trabalho, o ambiente, o futuro...) e da vida fora da fábrica (os filhos, as dificuldades de dinheiro), sobre os quais sentíamos que não desejavam falar espontaneamente. A situação de entrevista obrigava-os a "mergulhar" de

---

* Diploma de Estudos Universitários Gerais, obtido após dois anos de estudos superiores. (N. T.)

** Diploma Universitário de Tecnologia, equivalente ao de tecnólogo. (N. T.)

[20] Sobretudo OE de carroceria cuja idade varia entre 35 e 50 anos e alguns OP.

novo num mundo que, de certo modo, se tornara para eles estranho, hostil: um mundo que preferiam esquecer, quando voltavam para casa. Todos os relatos desses OE mostram o sentimento muito vivo de um agravamento das condições de trabalho[21]. Pouco a pouco, o desgaste toma conta dos que trabalham "na cadeia" há mais de vinte anos e que encaram seu futuro na fábrica com angústia, como demonstra Jean, nascido em 1945, com quem tivemos várias conversas entre 1986 e 1991.

> No setor em que estou, a gente veste o carro, coloca para-choques, vidros... A gente faz a montagem... Aliás, eles também estão trocando os nomes: agora não é mais cadeia, é linha; não é mais equipe, é módulo; logo, logo não vai ser mais acabamento de chassi, vai ser roupagem de veículo... Enfim, nós nos sentimos mais importantes assim, não somos mais OE, somos agentes de fabricação, puxa, de cara a gente já se sente mais importante! [E no nível do trabalho] virou um inferno, uma insanidade, a verdade é que faz dois anos que ele vem se acelerando a um ritmo... Cansaço e tudo mais, e a pressão por trás: nenhum defeito [...] E depois, a produção na cadeia muda todos os meses, por exemplo: este mês a gente faz 100 carros, no próximo mês a gente faz 102, depois faz 98 ou até 20 a mais ou 20 a menos, com isso o nosso trabalho muda o tempo todo, a gente tem operações ou de mais ou de menos para fazer... Além disso, os modelos também mudam. Por exemplo, tem os "USA", os "Suécia"... [carros exportados para os Estados Unidos ou para a Suécia] Conforme o tipo de carro, é diferente. Mas, mudando a produção todos os meses, eles põem ou tiram operações da gente... E à medida que o tempo passa, a gente se dá conta de que o trabalho só aumenta, entende, são coisas introduzidas sorrateiramente, é traiçoeiro... Durante três dias, a gente não consegue manter o posto, mas depois entra no ritmo. [Citamos a entrevista de um técnico em *L'enclave*, obra de J.-P. Goux, e lembramos que, segundo ele, a partir de 1983-1984, com a chegada de escritórios de consultoria alheios à fábrica, os tempos foram sistematicamente revistos.] Mas o pior nem é isso, são as operações diferentes, por exemplo: colocar uma cavilha aqui, fixar um fio ali... Tudo isso... E quando eles cronometram, fica entrecortado: colocar a cavilha, depois colocar não sei o quê, e a gente, para ganhar tempo, porque já está sobrecarregado... Para ganhar tempo, a gente inventa um macete, junta as duas operações, por exemplo, e esse tempo ganho, que a gente aproveita para ter uns minutinhos para a gente, eles também metem a mão. Ou seja, uma operação que já era cronometrada, eles cronometraram de novo para aproveitar a habilidade que a gente ganhou...

> *Mas como os cronometristas conseguem isso, o que acontece, vocês aceitam...?*

> Bom, de todo jeito a gente não tem escolha. Tem gente que vê isso, tem medo, entra em pânico e trabalha mais rápido do que costuma, é insano, e tem gente como eu que, ao contrário, procura defeito em tudo... Mas até isso o cronometrista vê, se a gente força demais a mão, ele vê. Uma vez, teve um que foi falar com o meu chefe para dizer que eu trapaceava... Ele não quis me cronometrar, e como é um posto duplo [ele faz um carro a cada dois: "Faço o primeiro carro, pulo um, faço o terceiro carro..."], ele foi falar com o outro e, enfim, é um puxa-saco. Ele pisa no acelerador e eu tento... Quando a gente

---

[21] As investigações estatísticas realizadas em nível nacional pelo Instituto Nacional de Estatística e Estudos Econômicos estabelecem que, a partir da metade dos anos 1980, houve realmente uma intensificação do trabalho. Ver em especial Michel Gollac e Serge Volkoff, "Citius, altius, fortius. L'intensification du travail", *Actes de la recherche en sciences sociales*, n. 114, set. 1996. Os dois números dessa revista coordenados por Gabrielle Balazs e Michel Pialoux são dedicados ao tema da "dominação no trabalho".

está trabalhando, eu desço, ou seja, não consigo acompanhar o posto. Com ele, não tem problema, vai tudo bem. [Risos.] [Julho de 1987]

Três anos depois, reencontramos Jean, num período no qual os operários entrevistados pareciam todos muito desanimados:

Só sei que, quando estou cansado, não tenho mais reação, não consigo nem pensar. Por exemplo, antes eu lia um bocado, lia muito até, mas agora não consigo mais, não tenho mais vontade de ler, não tenho mais vontade de fazer nada, estou completamente esbodegado...

De um lado, os caras estão envelhecendo; de outro, os ritmos estão aumentando cada vez mais, à medida que o tempo passa...

É. Além disso, além disso... A política atual, então, é... [Longo silêncio.] O cara que se rebela, que é contra o sistema, é obrigado a acompanhar porque, se você tem 30 caras que entram no jogo, o 31º vai ser obrigado a entrar também. Bom, ele está sempre atrasado em relação aos outros, mas é obrigado a... Antes, por exemplo, eu produzia 15 defeitos por dia, mas de propósito, né! Como eu faço um trabalho automático, não tem como eu errar ou... Está claro que eu errava, mas voluntariamente, para ficar numa média de defeitos, eu produzia 15 defeitos por dia. Mas agora, com todos os caras trabalhando no máximo, e muito, muito bem... Senão vou acabar no olho da rua. Sou obrigado a acompanhar. [Silêncio.] Vou ficar doente com mais frequência... E os caras vão dizer: "Aquele lá exagera. Ele enche o saco. Está sempre doente". É insano! Ou então o cara vai receber um posto um pouco mais fácil do que outro e vão dizer ao chefe: "Aquele lá não está com trabalho suficiente". É insano.

E isso não existia antes?

Não! Como a história de sexta-feira à noite, ou seja, dois dias atrás: bom, teve uma ordem de greve da CGT às 9h30. E eu, como sempre, quando tem uma ordem de greve, eu vou embora. E o chefe sabe disso. Bom, ele tinha arranjado um cara para me substituir e tudo. Mas um outro cara, que trabalha não muito longe de mim, disse ao chefe que também ia embora. Bom, aí: "Como? Como?". E o chefe: "Como? Como? O que aconteceu? Vamos conversar". E o cara: "Não. Se é para conversar, fica para amanhã, eu vou embora". O chefe telefonou para o chefe de pessoal. Demoraram uma eternidade... Não foram direto, são realmente traiçoeiros. Ficaram dando voltas. O chefe mandou chamar o cara. Bom, o chefe sumiu, o chefe de pessoal foi falar com o cara: "O que aconteceu? Você está com algum problema?". Para pressionar, intimidar... Para ele não ir embora e ficar até à 1h30. Mas o cara foi embora assim mesmo... Se isso tivesse acontecido há quinze anos, toda a equipe, mesmo se não quisesse ir embora, só pelo fato de o chefe de pessoal vir encher o saco do cara, toda a equipe teria ido embora, só para protestar contra esse tipo de coisa. [...]

E agora eles estão aumentando o ritmo do trabalho... Regularmente?

Sim, regularmente... A gente percebe porque, bom, todos os meses a gente tem dois carros a mais, ou uma operaçãozinha a mais, mas sobe todos os meses.

Graças a uma mudança de modelo, quando vocês mudam um pouco o trabalho...

A gente faz a mesma operação há três, quatro meses, bom, foi tudo cronometrado. E depois, o cronometrista passa e mede o tempo de novo! No começo a gente não tinha muito o hábito do posto, então não conhecia os macetes e tudo. E, como a cadeia é rápida, a gente tem de pegar as manhas para conseguir acompanhar, por exemplo: em vez de pegar uma peça de cada vez, a gente pega duas ou dá um jeito de ganhar tempo. O cronometrista volta e toma esse tempo que a gente poupou. E a próxima operação vai ser feita nesse novo tempo. Então, o ganho que a gente teve ele rouba de novo da gente. Com isso, a gente está sempre... Cada vez mais. É por isso que a gente está cada vez mais esbodegado. E, de tempos em tempos, o chefe dos cronometristas passa e vê o cara que está na folga ou então que trabalha rápido, e quando descobre um cara que é mais tranquilão, ele manda um cronometrista e aí... [Silêncio.] Não tem mais como escapar... Porque antes a gente meio que trapaceava com os cronometristas, via defeito em tudo... E todo mundo fazia isso. Agora, se eu faço isso, ele cronometra o meu colega, que faz melhor o serviço, e vai ver três pontos de desvio... É impossível! Além disso, não dá mais porque tem trabalho para fazer. Então, mesmo não querendo, você é obrigado a correr para acompanhar a produção. Não é fácil. Se eles cronometrassem a gente fora da cadeia, seria... Isso nem passa pela cabeça deles, porque a gente trabalharia cinco vezes mais devagar! Porque, agora, eles não cronometram um posto inteiro, é muito raro, eles cronometram uma operação do posto. E como você está preso ao jogo do posto completo, bom, você desembesta, você trabalha mais rápido. E tem outro fenômeno que tem acontecido agora: você quer ir à enfermaria, não tem ninguém, nunca tem ninguém para substituir você, enquanto antes tinha sempre um substituto e tudo mais. Ninguém. Às vezes é o chefe que assume o posto ou...

É, antigamente os chefes de equipe tinham sempre uma reserva de substitutos, mas agora economizam tanto no tempo...

Eles também estão desenvolvendo a ideia de que cada equipe tem certa autonomia, forma um núcleo, e por isso tem de se virar. Vire-se com os seus operários, o trabalho tem de sair. Eles estão desenvolvendo essa ideia. Logo logo a gente vai ter, por exemplo, tantos carros para fazer... Bom, a gente tem tantos operários: "Virem-se. Organizem-se entre vocês como quiserem, mas..." Então o cara vai ficar doente e os outros vão virar a cara para ele porque vão ser obrigados a arcar com o trabalho. [...] Não faz muito tempo, eles implantaram o *briefing*. Então, a gente pega à 1h18, dá 2h15, paf! A cadeia para 5 minutos, todo mundo corre na direção do chefe e o chefe faz o balanço do dia. Mas aí eles eliminaram momentaneamente o *briefing* porque tem de ter produção, produção... A cadeia parava 5 minutos e a gente recuperava essa parada depois, acelerando a cadeia. [...] Bom, tem dois ou três que não vão ao *briefing*. Mas é igual, o chefe e o contramestre vão atrás deles. Então, eu perguntei: "Afinal, é obrigatório ou não?". "Ah... Sempre tem alguma informação interessante", ele me disse.

Sempre tem algum recalcitrante.

Pois é. Principalmente os antigos. Os antigos combatentes da casa. Mas os que vão ao *briefing*, é porque estão com medo também... [Julho de 1989]

Não se pode compreender os efeitos sobre os operários das novas formas de organização do trabalho nas oficinas se não se tiver em mente o fenômeno central do envelhecimento, ao mesmo tempo físico e social, objetivo e subjetivo, individual e coletivo. Envelhecer "na cadeia" é um sofrimento indissociavelmente físico e moral. É na vida cotidiana que os OE percebem, de uma maneira dura, que sua resistência física no trabalho está diminuindo, que os horários de "dobra"[22] são cada vez mais

---

[22] A maioria dos OE trabalha "em equipes", em turnos de 2 x 8 (das 5 horas às 13h18, das 13h18 às 21h30); os outros trabalham em "horário normal", durante o dia. Uma semana, eles trabalham "de manhã"; na semana seguinte, "de tarde". Esses horários de trabalho determinam o ritmo de grande parte da vida das famílias operárias. Por exemplo, o operário que "está de manhã" precisa da sesta para se recuperar.

46 *Retorno à condição operária*

difíceis de suportar, que eles precisam de mais tempo para se recuperar e descansar. As novas formas de trabalho ligadas à informatização da produção fizeram crescer seu sentimento de espoliação. Além disso, com a crescente transparência das relações de trabalho dentro dos novos "grupos", eles têm cada vez menos a possibilidade de esquivar-se, ainda que temporariamente, da ordem da fábrica. Todas as possibilidades que permitiam ganhar tempo (as poucas dezenas de segundos que, acumuladas, dão chance de tomar fôlego), as antigas formas de relativo "atraso" no andamento do trabalho, tudo que podia constituir um "nicho" de proteção contra o domínio total da fábrica, as modalidades específicas de apropriação do espaço no trabalho desapareceram pouco a pouco. É característico do sofrimento dos OE em processo de envelhecimento o fato de suas vidas estarem cada vez mais sujeitas à influência da oficina e marcadas pelos ritmos desta (os horários de entrada e de saída da fábrica, a expectativa dos tempos de conserto e de intervalo...). A defesa de si mesmo depende então de uma luta diária para construir uma relação de forças que ao menos marque os limites do domínio da fábrica. Diante da imposição das novas obrigações de trabalho, muitos OE procuram se proteger contra qualquer invasão em seu tempo livre, salvaguardar o tempo "deles" dentro e fora da oficina, impor à hierarquia o estrito respeito dos horários de trabalho. Tudo que possa parecer uma violação da fronteira entre o tempo de trabalho e o tempo para si (como a imposição do trabalho "voluntário" no sábado de manhã ou o quase dever de fazer horas extras em certos períodos) é visto como uma forma de atentado à vida familiar, que ainda é o momento privilegiado da existência social operária. Proteger seu tempo livre da influência da fábrica constitui a última linha de defesa que se contrapõe ao espichamento crescente do tempo de trabalho (testemunho disso é a recusa obstinada dos últimos "resistentes" a fornecer ao controle seu número de telefone residencial, para que possam ser chamados em caso de emergência).

Infalivelmente, portanto, a intensificação do trabalho repercute na vida dos OE fora do trabalho. Nas entrevistas, muitos insistem no fato de que estão se tornando cada mais irritáveis não só na fábrica, mas também "em casa", no fato também de se pegaram trancados em casa nos fins de semana, pois parecem ter perdido pouco a pouco o gosto de ver gente. Muitos operários que moram em conjuntos habitacionais dizem que suportam com cada vez mais dificuldade o barulho, a coabitação no interior dos "blocos", e que sonham em "construir". Outros se dão conta de que quase não têm mais vontade de "sair", viajar nas férias, praticar as atividades a que, antes, se dedicavam – caçar, pescar, caminhar, ler, fotografar. É como se o que antes era "amealhado" na vida fora da fábrica e compensava o cansaço (fazendo parte das "pequenas" alegrias da vida) tivesse perdido a graça à medida que o cansaço se acumulou. Eles se sentem esgotados, e o cansaço, que é coletivo ("todo mundo dorme no ônibus", observam para nos dar uma prova tangível desse cansaço que os derruba), se lê nos rostos, se embrenha nos corpos, no andar, que com o tempo se tornou mais lento e pesado. Muitos chegaram a um ponto em que têm a impressão de não poder mais lutar contra o cansaço, contra a vontade de desistir. Um antigo OE de carroceria – 35 anos, passou 10 na cadeia de produção e em 1988 tornou-se condutor de instalação após um estágio AFPA* de 6 meses –, depois de evocar as dificuldades que enfrentou para seguir uma formação, volta às razões que o levaram a querer muito sair da cadeia de produção:

> Não se deve, principalmente, se enterrar, continuar OE, não dá... Não é o fato de ser OE, porque também sou OE... Enfim, a única coisa que mudou foi que me profissionalizei... Mas continuar na produção em cadeia, enfiar cavilha [ele faz um gesto de horror, cobre o rosto com as mãos], quando a gente é OE, não tem mais tempo de ler, porque a carga de trabalho... Antes [alusão aos anos 1979 a 1983], a gente sempre tinha um livro para emprestar, uma dica, um panfleto dessa ou daquela empresa, a coisa circulava, mas agora tudo isso acabou. A carga de trabalho é tão grande que mesmo o pessoal da produção não consegue mais conversar entre eles... No fim, eu não aguentava mais, não vinha mais trabalhar... Nessa lógica, chega uma hora que a gente age na maldade, não tem mais consciência do que faz, age conforme é influenciado pela fábrica, e isso não é nada bom, porque a gente acaba tendo reflexos que são todos dirigidos contra a Peugeot. A gente trabalha por raiva e trabalha bem por raiva. Eu não queria entrar nesse esquema. Porque não tem nada melhor para a Peugeot do que um operário que trabalha por raiva. [...] No setor em que estou agora, trabalho com BTS, é um pessoal que, com certeza, tem uma inteligência mais desenvolvida, é mais apto para analisar as coisas do que um OE que trabalhou dez anos na cadeia de produção. Depois de dez anos de cadeia de produção, a gente não analisa muita coisa, se não for sindicalizado ou não militar; a gente vira um zumbi, recebe o contracheque, o pagamento é depositado diretamente na conta, a gente não sabe nem como foi calculado. Conheço gente com 25 anos de casa que não sabe ver no contracheque quanto tempo tem de casa, nem quantas horas trabalhou.[23]

Na verdade, muitos OE são assombrados pela perspectiva de fraquejar, de "não aguentar mais", de ver suas forças físicas abandoná-los[24]. Por vezes, há bruscas tomadas de consciência do envelhecimento, momentos de "crise" em que ficam obcecados pela visão dos que "afundam" ou de repente "piram". Mas é em geral pelo viés de outras considerações (a respeito dos filhos, do lazer, da vida em família) que revelam o sofrimento ligado ao envelhecimento, ao estreitamento do horizonte social e intelectual, ao sentimento de naufrágio. Causa pouca surpresa, então, ver os "velhos" OE da fábrica, assim como os OP, desejarem a pré-aposentadoria[25]. Todos aqueles que se aproximam dos 50 anos falam a respeito dela muito antes do tempo, cada plano social de início de ano é amplamente acompanhado e discutido nas oficinas, os sindicatos são mobilizados, é um tema que preocupa não só os que podem requerer a pré-aposentadoria, mas também os que têm entre 40 e 50 anos. A pré-aposentadoria é vista antes de mais nada como um "direito", um "devido" de parte da fábrica. Para

---

* Associação para a Formação Profissional de Adultos, mantida pelo Estado e por empresas do setor privado. (N. T.)

[23] Stéphane Beaud e Michel Pialoux, "L'esclave et le technicien", cit., p. 49.

[24] No momento do chamado período de recuperação, ligado à invasão da fábrica em fevereiro de 1990 (todos trabalhavam aos sábados, o ritmo da cadeia de produção era acelerado etc.), três operários (cuja idade ia de 45 a 55 anos) faleceram de parada cardíaca em seus postos de trabalho.

[25] Ainda mais agora que deixou de valer o costume que se tinha nos anos 1960 a 1970 de "tirar os velhos da cadeia de produção" por volta dos 40 anos.

os operários hostis à Peugeot (chamados localmente de "antipeugeotistas"), isso não basta para compensar tudo o que eles próprios pagaram, tudo o que a fábrica tomou deles (não só sua força de trabalho, sua saúde, mas também, após a crise, sua honra, suas esperanças e suas ilusões) e tudo o que continuará tomando para além, até, de sua vida no trabalho. Um dos temas mais recorrentes nas entrevistas é a morte prematura de numerosos operários da fábrica que partiram antes dos sessenta anos ou pouco depois da aposentadoria e não puderam desfrutá-la plenamente.

O medo de perder o emprego (que ressurge periodicamente, a cada piora da conjuntura) e a consciência de estar preso a um futuro pouco promissor, de estar "confinado" na empresa, reforçam a impressão de ter "envelhecido" antes do tempo. Esse envelhecimento social dos OE também está ligado ao sentimento de que a fábrica estendeu seu domínio sobre os operários, recuperou o terreno que foi obrigada a abdicar depois da luta dos anos 1960 e 1970, e de que os operários perderam grande parte dos antigos meios de resistência coletiva que possuíam "antes". O medo, que é uma dimensão constitutiva da vida fabril, reapareceu e reinstalou-se nas oficinas. Esse medo é multiforme: medo de perder o emprego, sempre presente nos operários sem qualificação, medo de não conseguir mais manter o posto de trabalho ou de mantê-lo com cada vez mais dificuldade, medo de ser transferido para um posto "ruim" (um posto mais difícil quanto às exigências físicas), como também o medo mais difuso de ter que enfrentar o universo da nova fábrica.

A gestão da pesada herança taylorista não se deu, ao longo de toda a década de 1980, sem importantes contradições. De um lado, a observação atenta, etnográfica do trabalho operário desmente as diversas profecias que há vinte anos não cansam de anunciar o fim do taylorismo e a eliminação do trabalho de execução. Ao contrário, a intensidade do trabalho cresceu sob o efeito da diminuição drástica da porosidade do tempo de trabalho por meio da caça aos tempos mortos e sobretudo da redução dos tempos de deslocamento dos OE (provisão das peças *in loco*, em contêineres ao lado da cadeia de produção). A busca de produtividade intensificou-se, assumindo formas mais "amenas": embora os cronometristas tenham desaparecido da maioria das oficinas, a apropriação por parte da hierarquia das habilidades e dos macetes dos operários (que permitem ganhar um pouco mais de tempo) pôde se desenvolver, em especial, graças às "sugestões" e às reuniões dos círculos de qualidade. De outro lado, as inovações organizacionais implantadas nos anos 1980, contra um fundo de medo, desgaste e envelhecimento dos OE, minaram em parte as bases do "contrapoder" operário, produzindo "curtos-circuitos" nas possibilidades de ação dos representantes de oficina junto do controle de baixo. No entanto, as bases de uma resistência operária no dia a dia não foram completamente abaladas. Tendo sido interrompida a experiência de renovação da população operária por meio da admissão de jovens, vamos ver no capítulo 2 como a direção, graças à construção da nova fábrica de carroceria, tentou tirar partido da renovação técnico-organizacional que veio em seguida para reformular profundamente o sistema de atitudes dos assalariados. Ou antes, para acelerar essa transformação, que já havia sido iniciada nos anos 1985 e 1986.

O que fazer com a herança taylorista? 49

BOX 1 **A formação vista por um supervisor da fábrica**

O tema da formação dos OE foi um tema debatido durante a greve?

Mito! [Muito lentamente e em tom de ironia.] É um grande mito, a formação dos OE. Um grande mito. É preciso saber que tem um monte de gente que só se sente bem na cadeia de produção e que, principalmente, não quer sair da cadeia de produção. Não se pode esquecer isso. Porque pessoas que queiram aprender, voltar para a escola e depois "meter a mão na massa" quando for preciso, não são tantas assim. E para simplesmente passar de posto em linha, isto é, pessoas que queiram adquirir as competências dos outros postos (na mesma linha) para se tornarem polivalentes, não são tantas assim. Porque as pessoas estão atrás da lei da mínima aporrinhação! Quando se acostumam à sua vidinha, à sua maneira de ser... [Depois de refletir.] Bom, claro, ganham o que ganham. Muitas vezes elas têm a reação de "brigar", de engrossar por isso ou por aquilo, mas tentar subir no escalão, por seu próprio esforço, nem pensar... De novo, não são tantas assim.

Mas os mais novos poderiam tentar sair dessa situação pela formação?

[Baixa a voz.] Não sei se querem isso. Eu não acredito. Em todo caso, não pela formação. A cadeia de produção é um lugar que, para executar um trabalho, exige certas ações, certas competências e, quando adquirem isso, as pessoas esperam outra coisa do patrão. Pensam que, para o que fazem, são mal pagas, e ponto final! Para elas, no pensamento delas, não é: "Vou me formar para subir para esse ou aquele posto", mas: "No que faço, tenho muito mais trabalho que a hierarquia, que o pessoal do escritório, que não faz porcaria nenhuma, e eu é que sou mal pago". É muito mais nessa linha de pensamento, e esse é o pensamento na oficina. Todas as pessoas que conheço nas oficinas de fabricação têm uma péssima imagem do sujeito que está no escritório, porque ele é aquele que não faz nada, que teve a sorte de ser selecionado... Se enfiou no escritório e está sossegado. Não é ele que se cansa. [Com ironia.] É mais do que sabido que o chefe nunca se cansa, quem se cansa é quem fez o serviço que a gente faz. A partir daí, o círculo está fechado.

E isso é uma coisa que sobressaiu com a greve?

Não muito, não muito nesse nível, porque não existe confiança suficiente para eles se abrirem. É muito mais na organização da fábrica do jeito como ela está atualmente: o chefe que não vem verificar, o chefe que não diz bom-dia, o serviço que não para de crescer e a hierarquia que conversa cada vez menos com você, era mais esse tipo de queixa.

Você acha que essa espécie de distanciamento que se abriu entre os chefes e os operários corresponde a uma realidade?

Sabe, eu visito sempre esses postos de trabalho, as oficinas, e conheço os ambientes de oficina. Então, eu sabia mais ou menos o que se dizia ali, mas não queria que ninguém ouvisse.

Pode-se dizer que a greve não foi uma grande surpresa para você?

Não. Não... Até esperava por ela... Fazia alguns anos que eu achava que ia estourar... [Silêncio, depois retoma num tom muito baixo e cansado, despeitado.] Ela veio... veio... veio tranquilamente. [Suspiros abafados.] Existe um clima difícil na fábrica, né! [Silêncio.] As pessoas precisariam estar mais em campo, porque, se veem as coisas unicamente pelas revistas ou pelos livros, chegam em um nível! Pfff! Não tem comparação... Porque, entre o que se vê e o que se tenta analisar, é muito diferente, é talvez ao mesmo tempo mais complicado e mais simples. [Silêncio.] De todo jeito, não é pela formação dos OE que vamos mudar alguma coisa. Eu não acredito! Os que estão lá vão ser usados desse jeito até o fim. O problema da formação é eterno. Mas é verdade que estamos passando de um sistema para outro.

E esses OE estão meio que na fase ruim da transição.

Enquanto isso, o que se exige deles ainda é "montar o carro" do jeito que se fez e do jeito que se fazia há cinquenta anos. Tem gente que gosta do trabalho em linha e não gostaria de fazer outra coisa, isso também existe... Bom, tem setores inteiros com chefes de equipe queridos que não aderiram à greve. Essas pessoas não quiseram virar as costas para o chefe de equipe delas. Porque era um bom chefe de equipe, em quem confiavam. E como a greve era extremamente politizada, não quiseram abandonar o setor... De qualquer maneira, você encontra todos os casos de figura aqui, é um verdadeiro mosaico.

BOX 2   "Chegamos num esquema em que não dá mais"

Uma mulher desempregada, esposa de um operário qualificado de Sochaux (militante da CGT), fala da percepção que tem das mudanças na fábrica. Nós a conhecemos durante um estágio de formação em mecânica leve realizado num liceu da região que é objeto de nossa investigação.

Na Peugeot, neste momento, eles pegam os OP e os técnicos e põem nas cadeias de produção... Porque a redução de pessoal com as pré-aposentadorias... porque é isso que estão fazendo! E isso não impede que ponham todo mundo para trabalhar aos sábados também! Mas, quando tem redução de pessoal, não deveriam fazer horas extras. E, neste momento, eu digo que eles fazem horas extras aos sábados. Meu marido foi excepcionalmente no sábado e me disse que duas cadeias de produção estavam funcionando, apesar de normalmente não poder ter horas extras... [Outra estagiária acrescenta:] Tem gente que larga às 2 horas da manhã. [A primeira:] É uma vergonha! Porque, quando se diz que se reduziu o pessoal com aposentadorias aos 55 anos, é porque não tem mais serviço. E não é esse o caso! [...] E agora, quem quer entrar na Peugeot tem de responder sobre tudo! Até sobre a família! Fazem a gente preencher uma ficha com o nome do pai, da mãe, o nome de solteira da mãe... Aliás, eu estive na empresa há quinze dias, me fizeram preencher um formulário e perguntei se era para a polícia... [Risos das outras.] Juro! Eles pediam um monte de informações, mas pensei: "Assim não dá!". Que peçam meu nome, meu nome de solteira, o número do meu seguro social, tudo bem! Mas o nome do meu pai, da minha mãe... e também o nome de solteira da minha mãe e tudo! [Com indignação.] Ah, mas eu disse para eles: "É uma ficha policial que estou preenchendo?" E depois, tinha um monte de informações por trás, queriam saber sobre lazer e tudo... Mas o que é que eles têm a ver com isso? Ninguém pergunta para eles o que eles fazem na folga deles! Francamente! Acho inaceitável... Inaceitável... No nosso CV, já não dizem que é para informar *hobbies*, esporte e tudo mais? Mas enquanto eu achar que não é da conta deles, eu não informo... Bom, minhas aptidões profissionais, isso é da conta deles... O que eu faço [como profissão], isso é da conta deles, mas o resto não! Chegamos num esquema em que não dá mais! Você precisa conhecer a senha... Eles fuçam o passado... [dos operários] Aliás, na RC, é a mesma coisa! Fazem você assinar um termo. Você tem de estar disponível... Se telefonarem no meio da noite, você tem de ir... Enfim, não existe mais vida de família! A gente é realmente uma ferramenta... uma ferramenta da empresa... Mas não é isso! A gente entra, recebe salário, mas me parece que a gente também produz... É uma troca, mas agora não tem mais troca nenhuma, a gente tem de ficar à disposição deles...

2

ESTRATÉGIAS PATRONAIS E RESISTÊNCIA OPERÁRIA

Durante cerca de cinco anos, de julho de 1989 a julho de 1994, os operários da antiga fábrica de acabamento[1] foram transferidos para uma nova, chamada "Roupagem de Carcaça" (RC), construída a algumas centenas de metros da primeira. Duas oficinas foram sucessivamente postas em funcionamento (RC1 em 1989 e RC2 em 1992). Dois mil operários passaram então de oficinas arcaicas, sujas e barulhentas, onde as cadeias de produção eram muito próximas umas das outras, para oficinas amplas, claras e iluminadas, que mais pareciam um saguão de aeroporto (foram pintadas de amarelo e azul) do que uma fábrica do tipo clássico. No início de nossa investigação, não planejávamos acompanhar essa transferência. Mas pouco a pouco nos pareceu que esse deslocamento permitiria apreender melhor as formas de aflição que havíamos notado na antiga carroceria[2], e tornava mais palpáveis processos interdependentes, como o envelhecimento objetivo dos OE, o medo do futuro, o sentimento de vulnerabilidade e de espoliação consecutivo à informatização da produção, o surgimento de novas lógicas de solidariedade e de novos "grupos" de trabalho em concorrência com os antigos. É nessa situação quase experimental que se poderia, talvez, medir melhor a violência das lutas simbólicas, em especial em torno da "modernização", cujos desafios não se limitavam às transformações tecnológicas ou organizacionais, mas envolviam também a reorganização dos poderes da hierarquia, como a reestruturação das identidades individuais e coletivas.

---

[1] Oficinas de carroceria onde são montados os últimos elementos do carro: cabos elétricos, vidros, para-choques etc.

[2] Poderíamos ter efetuado esse trabalho em oficinas (como a de estampagem) onde o processo de automação havia começado há muito mais tempo. Parecia mais interessante, porém, estudar uma oficina onde tal processo estava em andamento.

O que muitos administradores, economistas e mesmo responsáveis sindicais não veem ou não querem ver nessas operações de modernização (sobretudo se vêm acompanhadas de transferência para novos locais) é que elas são objetivamente solidárias de uma tentativa de desmoralização dos operários. Os atingem em sua identidade, porque obedecem implicitamente a uma lógica de desvalorização social que esses "velhos" OE não querem admitir, é claro, mas cuja existência percebem nitidamente.

Privilegiando um trabalho por meio de entrevistas aprofundadas com certo número de operários dessas oficinas de carroceria, OE de base e militantes, procuramos dar conta de seu ponto de vista e compreender as causas e os funcionamentos de sua resistência, não sob a forma – quase convencional hoje em dia – de denúncia de um "conservadorismo" ou de um "arcaísmo" operário, mas tentando perceber a positividade de suas práticas e reinscrevê-las num certo tipo de cultura operária (cultura de oficina e cultura política).

Esse modo de proceder leva em consideração tanto as estratégias da direção[3], os objetivos perseguidos por ela, quanto as estratégias individuais ou coletivas dos próprios assalariados diante das obrigações que pesam sobre eles e dos prognósticos que podem fazer sobre seu próprio futuro profissional. Portanto, não se trata apenas de examinar (mesmo que de uma perspectiva crítica) como, no papel, dispositivos novos são implantados ou relançados, como tecnologias são introduzidas segundo o organograma definido nos escritórios. Trata-se de ver como, em diferentes momentos do processo, a relação entre os que comandam e os que executam constitui-se concretamente, levando em conta as características sociais dos diversos subgrupos presentes. Se é forçoso admitir que a iniciativa vem de cima, não é menos verdade que os dominados têm sempre diversas possibilidades – dignas ou indignas – de "reagir" à dominação, que eles têm recursos, possuem margens de manobra para reagir ao destino que se constrói para eles[4].

---

[3] Portanto, somos levados a enfatizar a maneira como a direção impõe suas estratégias. Contudo, está claro que essas estratégias mudaram ao longo do tempo, foram amplamente determinadas por uma espécie de análise implícita (ou de previsão) que os membros dessa direção faziam das características sociais das diferentes categorias de assalariados presentes na fábrica e, mais precisamente hoje, das categorias "jovens" e "velhos". É claro que seria necessário analisar com mais precisão as condições em que as decisões administrativas foram tomadas: em especial o papel que os consultores desempenharam, a maneira como essas percepções – captadas de maneira confusa pelos agentes de controle e encaminhadas para cima – foram tratadas e revertidas em mudanças (ou reviravoltas) na política "social". No entanto, ainda assim a capacidade dos dirigentes executivos de prever as qualidades sociais dos assalariados é capital. Tendemos a subestimar o modo como uma direção percebe as características sociais de seus assalariados e tenta tirar proveito delas.

[4] Aliás, isso pode gerar contradições e violências infinitas. Os dominantes são incessantemente obrigados a inventar novos modos de administrar e novas maneiras de gerir seus "recursos humanos" (como mostra a rápida renovação dos modos de gestão). Algumas dessas estratégias são visíveis e chamam a atenção, outras menos; por exemplo, a percepção das qualidades sociais, a previsão de quais serão as disposições dos assalariados.

1. A perda de um espaço familiar e o esquecimento das referências coletivas

Durante muito tempo, a carroceria ficou de fora da modernização do centro de Sochaux. No decorrer dos anos 1970 a 1980, desenvolveu-se aí uma mentalidade de "bastião", difundida pelos militantes em especial (e muito bem expressa, como veremos, durante a greve de 1989), que passava a imagem de um grupo unido por uma história e um espaço comuns. Os operários dessas oficinas tinham uma espécie de "orgulho" por se saberem representantes de um grupo – os "OE da carroceria" – que ainda assustava e encarnava certa forma de luta e de resistência, e, portanto, não era brutalmente "modernizável". Esse grupo podia tender até a buscar refúgio na tradição, a desenvolver mecanismos de proteção e de cegueira contra as mudanças tecnológicas[5], já que era perseguido pela ideia de um dia ser obrigado a juntar-se "aos das prensas"*, isto é, de também "baixar a cabeça" para a Peugeot, aderindo ao esquema.

A construção efetiva da RC1 e as primeiras transferências fazem com que muitos OE tomem brutalmente consciência de que não poderão mais se apoiar nos antigos "reflexos" típicos das oficinas de carroceria. De maneira confusa, muitos sentem que não poderão mais se comportar como "antes" nesse universo "limpo" e "asséptico", que não poderão mais mobilizar a simbologia da velha carroceria, e que com isso o grupo dos OE perderá um de seus maiores recursos morais. Com o fim de um espaço que funcionava como suporte para a ação coletiva, muitos descobrem tarde demais a que ponto as formas antigas de resistência estavam presas a um espaço físico e ancoradas em uma memória. A transferência aviva o sentimento de irreversibilidade das transformações em marcha. Os operários da carroceria compreendem confusamente que terão de se conformar em não ser mais do que operários indiferenciados – "operadores" da RC1. Aliás, bastante seguros do que vão encontrar, certos "velhos" OE preferem não ver as novas oficinas, como se certa história fosse ser interrompida "lá"[6]. Além disso, espalhou-se a crença de que só uma minoria da antiga população de OE da carroceria (apenas os que aceitarem todas as limitações e forem bem-vistos pela direção) seria transferida, embora houvesse boas razões para acreditar que todos mudariam em prazo maior ou menor.

---

[5] Mudanças que muitos OE da carroceria tentaram combater com certa forma de ironia. Por exemplo, na segunda metade dos anos 1980, o início de funcionamento do protótipo de uma instalação automatizada nas velhas cadeias de montagem suscitou chacotas e zombarias. Foi logo batizada ironicamente de "Nasa" pelos OE da carroceria.

* Em francês, *embout*. Referência à oficina [*l'usine d'emboutissage*] que, por meio de prensas mecânicas [*les presses*], é responsável por moldar as folhas de aço laminado utilizadas nas carrocerias. (N. E.)

[6] É evidente que esse desaparecimento do local tradicional de trabalho não podia ser denunciado, ou "berrado", da mesma maneira que no fechamento de uma empresa ou como nas minas do Norte ou nos altos-fornos de Lorraine. Em Sochaux, a fábrica nova simbolizava a renovação do centro de produção, a salvaguarda de um futuro industrial no nível local. Portanto, a forma de sofrimento ligada à perda da antiga carroceria não podia ser expressa abertamente. De fato, como se poderia lutar contra o hino à modernização cantado por toda a parte? Como se poderia recusar os benefícios desse "maná" que era a reconstrução *in loco* da fábrica?

54 Retorno à condição operária

Na velha carroceria, criou-se pouco a pouco um sentimento de osmose, uma espécie de harmonia sensorial entre o espaço físico e os OE da cadeia de produção. Muitos haviam envelhecido juntos no mesmo quadro material que proporciona aquela "imagem apaziguadora" (citada por Maurice Halbwachs[7]) da continuidade e da familiaridade do local: quer o espaço de trabalho *stricto sensu* – o da "sua" cadeia de produção, a que os OE designam por seu número: "Eu trabalho na 33", ou: "Ele é da 36" –, quer os espaços intermediários reservados aos intervalos (permitidos a cada quatro horas ou durante a "manutenção") e aos breves momentos de descanso e descontração, quando todos se apressam em "acender um cigarrinho". Há também os espaços da "fábrica secreta", espaço privado e às vezes clandestino, formado por recantos que cada um arranja para si: o vestiário, a geladeirinha, o canto das ferramentas, o lugar onde se colocam as fotos. Esse espaço feito de cheiros e de barulhos, fabricado pela história, tomado coletivamente, pouco a pouco, pelos operários, constitui o "cenário" da oficina. Mesmo detestado, esse ambiente é agora constitutivo da memória coletiva do grupo. A mudança de espaço de trabalho é mais do que uma simples transferência: constitui uma forma de desenraizamento ligado à perda de pontos de referência familiares (visuais, corporais) que haviam permitido a apropriação do local de trabalho. Esse espaço, teatro das lutas e do combate militante no dia a dia, representava uma segurança.

A entrada na nova fábrica significa também o rompimento com um passado, com maneiras de fazer e de ser que, com o passar do tempo, haviam se tornado "naturais". Os operários sabem (e foram abundantemente informados) que, nas novas oficinas, terão de parar de fumar nos postos de trabalho, conversar apenas em locais predeterminados, não comer em volta das cadeias de produção, mas no refeitório, com o chefe de equipe ou na presença dele. Sabem que reservar um espaço privado, isolado do espaço público, será radicalmente questionado. Por exemplo, o fato de os alto-falantes das oficinas de RC1 tocarem música continuamente causa preocupação entre muitos dos "velhos" OE. É o caso de Chantal, 52 anos, OE, ex-delegada da CGT:

> Você sabe também o que me choca e que também não vou conseguir aguentar? A música nas novas oficinas... Tem alto-falantes... E a direção apresentou isso com cara de que era uma coisa que tinha sido feita para melhorar as condições de trabalho, para agradar aos operários. Teve até um questionário: "Que rádio você prefere ouvir? Você prefere ouvir noticiários?" Pena, não guardei o questionário. Para mim, vai ser uma coisa insuportável, isto é, desde já, na minha cabeça, é insuportável pensar que vão entupir meus ouvidos, durante toda a minha jornada de trabalho, com músicas que não escolhi, notícias... Para mim, é uma aberração, não vai ser uma melhoria das condições de trabalho! Vai ser mais um incômodo, mais uma coisa que vou ter de suportar! [...] O setor em que estou [na velha carroceria] não é nada barulhento, comparado com a estampagem... Mas mesmo assim, bem ao lado da cadeia de produção, tem algumas zonas pequenas que ultrapassam os decibéis permitidos... 85 decibéis, para ser exata. Por exemplo, a fixação dos cintos traseiros... Tem algumas zonas pequenas um pouco mais barulhentas, mas não se pode dizer, globalmente, que é um setor barulhento... Mas se puserem música na minha orelha

---

[7] Maurice Halbwachs, *A memória coletiva* (São Paulo, Centauro, 2006).

durante o dia inteiro, para mim vai ser só mais um incômodo, mais um barulho! Não vou aguentar... Para mim, é uma aberração, porque eu ouço o que quero ouvir e quando quero ouvir. E será que não é justamente para acabar com esse barulho que os operários, num dado momento, preferem cantar, assobiar ou imitar gritos de animais?

O estágio de formação de três semanas em Morvillars, previsto para o pessoal transferido para "o sul", provoca numerosos comentários que muitas vezes evocam o medo de sofrer uma "lavagem cerebral": citam o caso de fulano ou sicrano, que teria voltado completamente mudado, "de cabeça virada", revelando certa demonização desse tipo de formação. As maneiras de se defender do advento da nova fábrica são várias. Preparar-se para o pior, prever para tentar controlar à revelia um destino social sobre o qual os operários têm pouco domínio. Minimizar a extensão da mudança (um representante de oficina da CFDT: "Os operários do meu setor estão me dizendo: 'Não vai ser uma revolução. Vai continuar como antes'") é outra maneira de se tranquilizar. Mas o que cada um individualmente ou, mais raro, o grupo coletivamente tenta dissimular (talvez até exorcizar) é antes um sentimento de medo difuso: de perder seus antigos hábitos de trabalho e de enfrentar outros valores, medo também de não estar à altura do novo jogo proposto e de talvez se ver excluído da fábrica. Na verdade, a percepção das velhas oficinas é ambivalente: embora tenham o caráter apaziguador dos objetos e dos espaços familiares, têm também, pelo caráter antiquado, pela "sujeira" e pelo "arcaísmo" tecnológico, o aspecto do confinamento ou mesmo do atolamento dos operários num "desuso" que ameaça algum dia privá-los de trabalho. As velhas cadeias (que, como disse um representante marroquino da CFDT, parecem as do "terceiro mundo") simbolizam essa situação de trabalhadores excluídos potenciais, de certo modo indignos de trabalhar em instalações novas e com aparelhagens modernas. Assim, o envelhecimento do equipamento estaria de acordo, por assim dizer, com o envelhecimento social dos operários. Daí resultou essa espécie de revolta silenciosa, de protesto surdo, em especial por parte dos militantes mais lúcidos, contra o quadro de trabalho, que, à medida que os contornos da modernização da fábrica se delineiam, objetiva paradoxalmente a condição presente de desvalorização econômica do grupo todo, assim como prefigura o futuro dos membros deste como "inconversíveis".

2. As preocupações dos militantes sindicais

Os militantes sindicais (CGT e CFDT), representantes da carroceria, têm consciência, ainda que de maneira confusa, que a resistência anterior se apoiava numa certa configuração social e espacial, que formas complexas de solidariedade prática haviam se implantado lentamente e que não seria tão simples reimplantar ou inventar novas na RC1. É muito significativo, por exemplo, que a desmoralização militante tenha atingido seu pico no mesmo momento (junho de 1989) em que os operários do acabamento começavam a mudar em massa para a RC1. A perspectiva de ter que "partir do zero de novo", que construir tudo de novo, numa relação de forças bastante desfavorável, desanima os operários. As novas normas de vida coletiva desestabilizam

56 Retorno à condição operária

a antiga sociabilidade em que se apoiavam os representantes, como explica aqui uma militante da CGT, num curto relato de sua visita à fábrica em junho de 1989:

> As paredes eram rosa, o que fez um cara da CGC que estava comigo dizer: "Não precisamos mais militar. Olha como está bonito". Eu queria vê-lo na cadeia de produção e dobrando... Quando os caras não conseguem nem lanchar. Não vão poder fumar, não vão poder comer, é incrível. Vão ter de trocar de roupa para ir ao refeitório... Vai ter lanche por manutenção, agora, e vai ter um horário definido de lanche de duas horas e meia para não parar as instalações. Os primeiros vão comer às 6 horas e os últimos às 8h30.

Com o abandono de todos os antigos "pequenos" hábitos, que acabaram tecendo uma cultura de resistência, os representantes avaliam o risco de os OE terem de enfrentar, socialmente desmuniciados, a "transparência" nas relações de trabalho que a direção deseja implantar[8]. Temem em particular que a transferência para a nova fábrica acabe de liquidar as antigas referências, anulando assim o longo trabalho coletivo que havia "soldado" os operários das oficinas. Ao fim dessas referências coletivas – que constituíam uma forma de capital social e simbólico mobilizável pelo grupo de trabalho – soma-se a dúvida sobre a capacidade de construir outras nos novos locais de trabalho. Um militante da CGT analisa, na época das primeiras transferências para a RC1, em julho de 1989, o fim do antigo quadro de referência:

> Não vai ter mais referência de nada. Hoje ainda vejo nas cadeias de produção, quando eles tentam mudar alguma coisa, sempre tem antigo para dizer para os colegas: "Presta atenção! Quando a gente trabalhava assim, eram três, agora são só dois! Cuidado!" A gente está vendo isso lá, vai ser um desastre... Não vai ter mais referência de coisa nenhuma.

Nesse período de espera, em que cada um dos operários da antiga carroceria se pergunta se será escolhido ou não para trabalhar na RC1, os militantes, tentando analisar e "criticar" a maneira como transcorre a modernização, receiam desmoralizar ainda mais as bases. Certo número de temas não podem ser discutidos ou ouvidos. É o caso particular do tema do envelhecimento. Um militante da CGT evoca a dificuldade que sente para falar do assunto:

> É sempre ambíguo falar do envelhecimento dos caras, porque se você traz as reivindicações e diz: "Os caras que estão com 40 anos têm de sair da cadeia de produção", sempre vai ter gente que vai dizer: "Eu ainda aguento". E a verdade é que os caras têm consciência de que, do outro lado, não existe nada, não existem mais postos para colocar os velhos ou cansados. Na pintura, por exemplo, não vai ter mais horário normal, todo mundo vai dobrar, eles vão ter de aguentar o tranco.

Nessas condições, os representantes correm o risco de aparecer sob o traço de eternos "briguentos", contestadores, incapazes de se adaptar ao novo regime de coisas. Ao mesmo tempo, quando tentam mostrar os riscos e as vantagens da nova situação, como certos militantes da CFDT, é grande o risco de perderem o crédito. Os representantes avançam sobre o fio da navalha: são obrigados a evitar tanto certas formas de protesto sistemático – que podem isolá-los de grande parte dos operários, os quais

---

[8] Denis Guigo, "L'empire du consensus", *Les annales des mines*, n. 6-7, mar.-jun. 1987.

estão receosos – como a fuga "modernista" – que levaria ao rompimento com a tradição. Sentindo que essa nova fábrica não é lugar "para eles", a maioria dos operários da antiga carroceria, que também estão envelhecendo, sossegam graças a atitudes que lhes dão temporariamente o sentimento de certo controle prático sobre os acontecimentos, como, por exemplo, o fato de considerar sua admissão como um sinal de eleição. Uma militante da CGT relata como, no início de 1990, nas primeiras transferências para a RC1, os operários com os quais convive em seu setor de trabalho imaginam a nova fábrica:

> Esse setor de trabalho representa a segurança do emprego, mesmo que isso seja falso... Porque é moderno, as pessoas pensam: "Se estão me colocando nas novas oficinas é porque vou ficar". Enquanto outros, ao contrário, têm suas dúvidas. Mas, para o cara, existe alguma segurança: "Puxa, eles me pegaram para a nova oficina", ele sossega porque antes passou por uma época de muito medo.

Esse medo difuso, esse sentimento crescente de vulnerabilidade que se instalou nas oficinas, gera reações diversas. No entanto, predominam atitudes de introversão, de precaução, que correspondem ao desejo de se resguardar, de não criar dificuldades. Para aqueles que não dispõem da força social obtida com um passado ou um presente de militância, ou dada por outras formas de segurança social ou cultural, é muito difícil lutar contra os efeitos de estigmatização que condenam os "velhos" OE da cadeia de produção à imagem negativa de inconversíveis. Com frequência, o que sobra como maneira de assumi-la é uma espécie de conformismo receoso, que às vezes é vivido com vergonha ou peso na consciência.

3. As novas oficinas e os primórdios da RC1

A direção havia anunciado em 1988 que 40% dos postos de trabalho nas novas oficinas seriam robotizados. Na verdade, somente 20% deles são robotizados, em especial na instalação de painéis e de alguns vidros. Em compensação, as automatizações são muito mais numerosas. Ligadas à nova gestão em fluxos tensos, elas necessitam da presença de técnicos ou de novos OP (como os condutores de instalação automatizada, chamados de "CI"). Contudo, o trabalho de montagem continua duro, às vezes muito duro: o OE deve se adaptar ao ritmo definido pelo computador e ler rapidamente grandes quantidades de informação nas fichas correspondentes a cada modelo de carro. A única inovação marcante nesse trabalho de montagem nas linhas é o fato de o operário se deslocar sobre um "trenó" e uma esteira rolante com a peça que está montando. A linha em si não foi profundamente alterada, as zonas de montagem manual se alternam com as zonas dos robôs; na vizinhança imediata das "cadeias", o número dos chamados postos de "instalação" fora da cadeia aumentou. No nível da organização do trabalho e da produção, o sistema de fluxos tensos que já existia melhorou. E sobretudo, nessas novas oficinas, a direção tenta impor de maneira voluntarista sua nova concepção de "grupo", estigmatizando com isso as "antigas" maneiras de reunir os grupos. Há uma ênfase na polivalência, na disponibilidade (continuar presente além do tempo determinado) e na capacidade de manter momentaneamente o posto do vizinho. Trata-se,

58 *Retorno à condição operária*

antes de mais nada, de evitar interrupções no fluxo. Esse sistema é frágil e gera muitas panes – devidas na maioria das vezes, aliás, ao fato de as subcontratadas fornecerem peças não conformes. Mas ninguém dá ouvidos aos sindicatos, aos representantes de oficina, desiludidos e desmoralizados; os temas tradicionais e as palavras de ordem gerais parecem não "pegar" mais entre os operários. A CGT aposta cada vez mais nos "panfletos de setor" (versão concreta do "sindicalismo de proximidade" que os dirigentes pregam no âmbito nacional). São crônicas do dia a dia nas oficinas: ali são contadas histórias vividas ou presenciadas, chefes zelosos demais são caçoados e entregues à vingança dos operários etc. Se muitos estão conformados, outros recolhem o time enquanto esperam a "tempestade" passar ou resistem pelo humor negro, um humor que não poupa ninguém, nem os próprios operários.

No início de 1989, a nova oficina entra progressivamente em operação. A partir de junho, alguns operários do antigo acabamento começam a ser transferidos; em setembro de 1989, cerca de trezentos operários já trabalham ali. No início, os operários que vão para a RC1 são jovens. Foram selecionados pelo controle e são vistos como "combativos"; vários foram escolhidos entre os antigos temporários que haviam sido recém-contratados. Esses primeiros operários são "tirados" das antigas oficinas um por um, agrupados em novas estruturas (ou "módulos") sob autoridade de um chefe de equipe e de um monitor. Durante duas semanas, fazem um estágio em Morvillars e em seguida são reinstalados nas novas oficinas[9]. Nesse estágio, não recebem uma formação técnica propriamente dita, mas são convidados a participar de palestras informativas e moralizadoras. Ficam sabendo, principalmente, que suas condições de trabalho vão melhorar. Há uma ênfase no "grupo", na disponibilidade e no fato de que as novas limitações técnicas e econômicas ocorrem em nível mundial. Na instrução técnica que recebem (reduzida a algumas horas), são sensibilizados para o tema da polivalência (poder manter vários postos) e informados do que acontece nos diferentes níveis da

---

[9] No início, todos levaram a sério o estágio de formação, tanto aqueles que o organizaram como aqueles que foram convidados a participar. Foi realizado no castelo de Morvillars, onde até então só iam os técnicos e os executivos para cursos de reciclagem ou formação. Os operários são reunidos em grupos de trabalho compostos de forma heterogênea: não só se evita reunir "companheiros", mas cuida-se para que membros de um antigo grupo de trabalho não fiquem juntos. As sessões são dirigidas por um animador. Os primeiros dias de formação são dedicados à apresentação do ambiente econômico internacional e da concorrência dos construtores japoneses. Trata-se de ensinar aos operários a fazer a ligação entre os novos métodos de trabalho e a obrigação da competitividade econômica. O animador do grupo encarrega-se de convencer os operários da pertinência das novas exigências (disponibilidade, limpeza) do trabalho operário na RC1. Essas reuniões têm sobretudo o objetivo de ser um aprendizado do "comando" pelo "grupo", que dali em diante se encarregará de uma parte das antigas atividades do chefe de equipe. Pelo que contam os militantes sobre essas sessões de formação, as discussões são conduzidas de modo a levar a um consenso; os militantes – cuidadosamente divididos entre os grupos e por vezes designados como *personae non gratae* no grupo – não são excluídos, mas seu papel de contestação "formal" dá uma espécie de certificado democrático às sessões de trabalho. A aproximação voluntarista entre dois universos sociais (executivos e operários) que antes se enfrentavam e se ignoravam visa mostrar a alguns (talvez a maioria) que os executivos e os agentes de controle, por trás da fachada, não são "inimigos". Nesse sentido, esse estágio é uma espécie de prefiguração do funcionamento das oficinas de RC1.

oficina (por exemplo, o que é a cronometragem). Também se pede a eles para aderirem aos princípios de um "termo" cujo teor é: "Estarei sempre disponível, voluntariamente; compreenderei quais são as necessidades da minha empresa; não farei nenhuma declaração que possa ofender seu crédito" etc. Em seguida, os assalariados são instalados na nova oficina, onde descobrem que a essência do trabalho não mudou afinal, embora o espaço tenha sido reorganizado: as proibições são numerosas (não beber ou fumar nas cadeias de produção, em particular); novas obrigações (vestir-se todos da mesma maneira) e novas regras de sociabilidade (tratar os chefes por você).

Logo no início, na primavera de 1989, no momento em que as novas oficinas entram em operação, tudo corre muito bem. A empresa é beneficiada pelas circunstâncias: tanto em nível regional quanto nacional, vive-se uma fase de crescimento forte. Em setembro de 1989, cerca de trezentos assalariados já estão trabalhando nas novas oficinas da RC1, as quais encantam e assustam ao mesmo tempo. Aos olhos dos assalariados, elas encarnam a renovação da empresa depois de um período de forte inquietação. Esses "eleitos" assinam, sem a menor hesitação, o "termo" apresentado pelo controle, comprometem-se a estar "disponíveis" e aceitam a polivalência. A maioria parece maravilhada com a promessa de modernidade, e também com a esperança de ascensão profissional, individual e coletiva, que os novos locais inspiram. Nesse momento, os militantes sindicais pensam (e dizem): "Perdemos completamente os assalariados que estão indo para essas oficinas". No fundo, as novas oficinas exercem um verdadeiro fascínio, representam a modernidade, o futuro. Ir para a RC1 – "ir para o sul", como dizem os operários, já que a RC1 fica ao sul da velha carroceria – é ter a certeza de continuar na fábrica. Aliás, os jovens operários que vestem o novo uniforme verde-limão são designados por termos que não são realmente de hostilidade contra os que estão "partindo": "rãs", "lagartos", "marcianos", "homenzinhos verdes". O uniforme verde-limão é amplamente aceito como símbolo da modernidade, ainda que seja alvo de piadas.

As primeiras ondas de operários triados a dedo entram totalmente no jogo da direção. E não entram apenas numa lógica de "submissão" (como os "puxa-sacos" acusados pelos militantes). Na verdade, muitos se sentem felizes por participar da renovação da empresa e esperam "se dar bem" dessa vez. Nesse momento de transferência da carroceria, sentem-se pegos numa espiral de ascensão, ainda mais com certas declarações da direção que mantêm no ar a possibilidade de prolongamento dos estágios de formação. Mas não haverá estágios, talvez algum dia eles se tornem monitores ou CI. Em todo caso, estão convencidos de que não estão mais sob ameaça de demissão. Em setembro–outubro de 1989, por exemplo, os trezentos operários presentes na RC1 não entraram em greve, ao contrário do conjunto da carroceria (é verdade que, por precaução, a direção mandou trancar as portas da nova fábrica para evitar a entrada das passeatas). Parece que, durante esse período, os novos "grupos" funcionaram de maneira conveniente na RC1, criou-se uma dinâmica em torno dos monitores. Na fase quase experimental de início de operação na RC1 (lançamento do modelo 605), o "sistema" implantado aparentemente funcionou bem graças a uma rigorosa seleção da mão de obra (relativamente jovem, "bem cotada" e com formação).

60   Retorno à condição operária

4. A greve de 1989

Houve então a greve de setembro–outubro de 1989. Esta, que se inicia em Mulhouse e ganha rapidamente Sochaux, é um acontecimento importante na história da fábrica. E muito popular na França: alguns jornalistas afirmam que não houve outra tão popular desde a greve dos mineiros em 1963. Os operários da velha carroceria são os primeiros a entrar no movimento e se tornam seu elemento motor. A massa de grevistas atrai os operários de acabamento, e os líderes saem em geral do mesmo setor. Essa greve tem um aspecto duplo: trata-se de expressar um sofrimento social e de viver, ao mesmo tempo, um momento único de reunificação simbólica que esconde temporariamente a fratura e o esfacelamento do próprio grupo. Numa primeira análise, a greve é uma reação imprevista e imprevisível, uma explosão de sofrimentos e humilhações há muito tempo caladas, recalcadas e vividas com ressentimento e vergonha. É essencialmente uma greve dos OE da carroceria (uma minoria de 1,5 mil a 2 mil OE conseguiu representar a maioria dos operários[10]), que travam uma espécie de batalha pela honra: lembrar aos que quiseram enterrá-los muito antes da hora que eles, os "inconversíveis", ainda eram capazes de reagir, embora soubessem que estavam travando sua última batalha antes da demissão. Há nessa greve uma espécie de trabalho coletivo para lutar contra a representação desdenhosa que se tem deles. Trata-se de salvar sua honra social. Certos elementos desse grupo, que constituem, poderíamos dizer, sua "vanguarda" cultural, souberam transformar a derrisão com que são tratados habitualmente em autoderrisão teatralizada.

Mas a greve foi também a chance para o grupo, unido sob a bandeira dos "1500 paus"[11], de esquecer por um tempo o sentimento de espoliação, de relegação no trabalho e na vida social. Do mesmo modo, nas assembleias gerais, em que se tinha uma verdadeira liberdade de expressão, a simbiose entre o topo e a base e o funcionamento concreto da democracia direta por meio do movimento ganhavam uma grande importância aos olhos dos representantes sindicais. Mas será que todos esses elementos não escondiam a incapacidade de elaborar uma verdadeira linha estratégica, além da simples defesa palmo a palmo dos operários que mais sofriam e da crítica aos métodos da Peugeot? A discussão durante a greve, "no calor da ação", sobre a velha maneira "cegetista" [CGT] de representar os interesses dos operários poderia muito bem ser uma forma de essa geração de OS ajustar as contas com um passado no qual se viu representantes autorizados e legítimos (os OP) falar em nome dos OE e "confiscar" a palavra deles. A indiferenciação tendencial do grupo operário e o enfraquecimento do poder de representação dos militantes sindicais tornava possível esse surgimento de uma representação do conjunto do grupo pelo coletivo dos OE. As aspirações políticas dos OE a uma forma de democracia direta, específicas das grandes oficinas da categoria e geradas pelas próprias condições do trabalho em cadeia (expressas pelos representan-

---

[10] Havia, a cada dia, cerca de 1,5 mil grevistas, mas no total participaram 10 mil operários. Pouquíssimos envolveram-se na greve por completo.

[11] Reivindicação salarial que significa também: "Devolvam ao menos o que tiraram de nós nos últimos dez anos, 'é o nosso devido'".

tes da cadeia de produção e ao mesmo tempo refreadas pela representação sindical oficial), finalmente se liberam e somem na fenda aberta pela crise da representação operária, sindical e política. Embora a reivindicação de "cidadania" na empresa deva algo à manutenção "dos métodos Peugeot", os quais revelam o arcaísmo na concepção das relações sociais no interior da empresa, também pode ser compreendida como a afirmação de uma identidade de substituição – a do "cidadão", para suprir a identidade em crise do trabalhador, do "produtor" manual – e como um meio de unir novamente segmentos do grupo operário cada vez mais objetivamente separados.

A greve contribuiu (temporariamente) para mudar a ideia que se fazia deles e que eles faziam de si mesmos. Aparentemente, os efeitos diretos dessa greve (e dos fatos subsequentes) não foram sentidos por muito tempo. O antigo regime logo se restabeleceu: o medo, a desmoralização, o sentimento de estar ultrapassado levam de novo a melhor. Contudo, não se pode explicar nada do que aconteceu durante os anos seguintes nessas oficinas em processo de renovação sem levar em conta os efeitos simbólicos e políticos dessa greve – em particular a maneira como os militantes sindicais e os representantes se fizeram presentes, física e simbolicamente, na greve e além dela, assim como nas lutas de oficina que vieram depois por uma nova imagem do "operário Peugeot", pela representação que os operários faziam de si mesmos.

Os dirigentes não aprendem de fato a lição com a greve (ainda que o diretor da fábrica tenha sido substituído seis meses depois); uma espécie de doutrina oficial é implantada e faz as vezes de explicação ou racionalização para os de fora (imprensa econômica, social...) e para o alto escalão da oficina: foram os "velhos OE" que fizeram greve e, como sempre, arrastaram os outros com eles, foi um simples efeito do "espírito rebelde" da velha carroceria, esses operários não entendem que o futuro não está mais na luta de classes, mas na gestão "participativa". Mais tarde, para tirar lições mais específicas da greve (em termos de "comunicação"), uma investigação por sondagem telefônica com os assalariados estabeleceu um diagnóstico mais aceitável (discutido em reunião com o comitê da empresa), que levou à conclusão de que a comunicação entre operários e agentes de controle era ruim. Os responsáveis, portanto, não são somente alguns poucos operários "reclamões", mas os velhos agentes de controle, os da "velha escola", "ignaros", limitados, "corrompidos" pelos compromissos que tiveram de estabelecer com os operários de seus setores e, por isso, incapazes de fazer a informação chegar ao alto escalão, freando assim a implantação das reformas de gestão da produção no nível da oficina.

5. RC1: panes e defeitos

Em um ambiente social completamente alterado pela greve, o fluxo de novos operários provenientes do antigo acabamento continua a aumentar na RC1. No entanto, a partir de novembro–dezembro de 1989, ocorrem as primeira dificuldades. Os problemas técnicos são numerosos, as novas instalações não parecem confiáveis. O solo se move, a temperatura nas oficinas é muito alta no verão e muito baixa no inverno (o isolamento dos prédios foi malfeito...) e os fornecedores não se adaptaram logo à nova

62 *Retorno à condição operária*

situação. Consequência: ocorrem panes muito longas, que freiam ou desorganizam o fluxo de produção. Patrick, um OE de acabamento com quem fizemos quatro longas entrevistas, entre 1990 e 1992, sobre a questão da transferência, conta como via as coisas a partir de seu posto de trabalho (a entrevista foi feita em 1990):

> O que me impressiona [na RC1] é que é o mesmo desespero de antes, a mesma bagunça. Eles dizem "espírito de grupo", "nada de pane de peças", mas não existe espírito de grupo... Eles fazem de tudo para destruir isso. Assim que se forma um grupo sem chefe, sem nada, tentam dispersar os caras. É igual com os reparadores e tudo mais... Antes, a gente se reunia onde bem entendia, agora tem as áreas de descanso ao lado do escritório do chefe, aonde ele vem e escuta tudo que a gente diz... A gente não pode mais conversar. [...] E no trabalho, o que aconteceu é que, agora, a gente tem de manter vários postos. Acho interessante conhecer vários postos. Mas eles [os chefes] usam isso para substituir os doentes, não porque estão preocupados com a gente. Quando a cadeia de produção começa a funcionar é um tal de: "Você, para lá! Você, aqui...". Quando tem alguém doente ou de licença, é só para isso que serve... Eles formam cada cara para dois postos, isso permite fazer um revezamento em caso de ausência. [...] Só sei que a produção está aumentando, mas o número de operários continua o mesmo. Eles não contratam mais. Agora estão chegando os [modelos] 405, antes só tinha os 605, e como são carros menores, eles dão menos tempo para a montagem... Em compensação, a cadeia de produção anda mais veloz. [...] Lá [na RC1], não tem mais cadenciamento, tiraram tudo. Antes, eles faziam uma folha da série a partir dos carros grandes, podiam mandar só carros grandes ou 1 em cada 3, 1 em cada 4. Agora, tem uma média... Eles pegam os carros pequenos e os carros grandes e tiram uma média... e contam o tempo em cima dessa média. A gente é que tem de se virar para ficar menos tempo em certos carros... Então, quando tem dois carros grandes em seguida, você corre, depois, quando vem um pequeno, você vai mais devagar... Em compensação, se vêm dez carros grandes em seguida, você tem de desembestar... E se não consegue, eles fazem o que chamam de vela: são os caras que estão lá para ajudar... Você levanta a mão e eles vêm... São monitores ou chefes de equipe... Em geral é o monitor que vem dar uma mão. [...] Isso existe desde a RC1, desde que o cadenciamento foi eliminado... Antes, eles faziam uns cem carros, agora fazem quatrocentos ou quinhentos por dia. Implantaram isso em julho de 1990.

> *E quando tem dez carros grandes para fazer, o pessoal não protesta de vez em quando?*

> Não, passa assim mesmo... Se o cara não tem tempo de fazer o trabalho dele normalmente, avisa o monitor: "Olha, eu esqueci de colocar tal coisa...", ou então marca numa folha; mas em princípio é melhor não marcar nada, porque deixa rastro. Na semana passada, justamente, o novo diretor veio, também todo vestido de verde, deu uma volta... Parece que a coisa rendeu... [Risos.] Ele veio ver como as coisas estavam indo e as coisas estavam indo mal! Ainda problemas de qualidade! Porque os postos já estão sobrecarregados... Os retoques que a gente não vê e que impedem a saída do carro... No nosso setor, são mais ou menos 300 carros para retocar por dia, de 400 a 450. A gente nem pergunta se foi de propósito ou o quê! Eles forçam os postos: um mínimo de pessoal para produzir um máximo de carros [...], mas a verdade é que os retoques, e a qualidade também, preocupam cada vez mais...

Para enfrentar essas novas dificuldades, em especial para amenizar os efeitos das panes, que podem durar até quatro horas, a direção tenta solicitar "voluntários" para ficar e compensar o tempo perdido: quase sempre sem sucesso, como conta aqui Patrick:

O problema lá são as panes... Sempre acontece uma tremenda pane! As peças não chegam, a gente para 15 minutos até o caminhão chegar. Em princípio, elas ficam num raio de 20 quilômetros. As nossas ficam todas estocadas em Béthoncourt (a 3 quilômetros da fábrica), os aquecedores, os cabos... Então, em geral é a caminhonete de Sochaux que vai até Béthoncourt, porque o caminhão [do fornecedor] não vem para cá: eles têm uma pickup 504, um cara entra no baú e pega as peças... Até ele voltar, dá quinze, vinte minutos. [...] Quando entrei, em julho de 1990, num dia tinha uma hora de pane, no outro, quatro horas... Todo dia acontecia uma pane grande... Todo dia a gente não fazia nem a metade da produção e por causa disso, depois de um tempo, eles começaram a empilhar os contêineres porque não tinha mais onde colocá-los. [...] Agora está melhor... Mas na segunda-feira passada, os cabos chegaram... foi no talo, a gente parou quinze minutos por duas vezes para esperar os caminhões.

E a jornada de trabalho nunca é estendida?

Não, nunca... Quinze minutos a mais à noite, por causa dos ônibus. Senão, o que eles podem fazer: mandar a gente fazer a manutenção mais cedo... às 2h30, eles dizem: "Manutenção agora". Ou atrasar o lanche quinze minutos. Mas eles não podem fazer isso mais de quatro vezes por mês, porque acaba virando rotina. A gente chegava às 13h30, acontecia uma pane às 14 horas: "Manutenção" e depois a gente trabalhava até às 17 horas. Aí os representantes da CHSCT* começaram a chiar. E a direção disse: "Não vamos fazer isso mais do que uma vez por semana".

O início do ano 1990 também viu "microconflitos" nas oficinas, causados pela insatisfação crescente dos operários. Do mesmo modo, surgiram dificuldades no funcionamento dos novos "grupos de trabalho". Após uma fase de relativa adaptação ao novo quadro de atividades, estourou uma recusa latente: recusa de se curvar às novas exigências do grupo, de ser chamado de você pelos chefes, de conviver em "promiscuidade" com os agentes de controle. A maioria dos operários tem a sensação de estar sendo espoliada do espaço em que antes se sentia relativamente mestre, por exemplo: vê como uma agressão a proibição de trazer objetos pessoais para o posto de trabalho (a garrafa de água ou a geladeirinha instalada ao lado[12]).

Após a greve, os militantes parecem mais "atrevidos" e agressivos; durante os estágios em Morvillars, lançam verdadeiros desafios aos agentes de controle, desafios rebatidos geralmente de maneira desastrada. O descontentamento com a gestão dos bônus coletivos aumenta, e com frequência acarreta no interior dos novos grupos de trabalho uma discórdia extremamente prejudicial à qualidade. É claro que muitos operários sentem certa satisfação por trabalhar num espaço mais limpo, mais iluminado, do qual foram eliminadas as formas de trabalho mais particularmente duras. Contudo, no geral, a nova organização é questionada cada vez mais abertamente. A qualidade dos produtos cai, tanto que os "controladores" e os "retocadores" são reintroduzidos no final da cadeia de produção e o serviço de controle de qualidade (autônomo e gerenciado de Paris) tem um peso cada vez maior na fabricação. Ao mesmo tempo,

---

*   Comitê de Higiene, Segurança e Condições de Trabalho. (N. T.)

[12]   Ver Michel Pialoux, "Le vieil ouvrier et la nouvelle usine", em Pierre Bourdieu (org.), *La misère du monde* (Paris, Seuil, 1993), p. 331-48. [Ed. bras.: *A miséria do mundo*, 5. ed., Petrópolis, Vozes, 2003.]

64 *Retorno à condição operária*

novas técnicas de medida de qualidade entram em operação: sistema do "demérito", generalização das auditorias etc. Duas datas marcam essa degradação do ambiente e das condições da produção na RC1.

Março de 1990: eleição dos representantes de oficina. Forte crescimento da CGT, o que pega todo mundo de surpresa, sobretudo os militantes, que tinham muito medo de serem eliminados dessas oficinas (em março de 1991, a CGT registrou novo crescimento de demissões), como conta aqui um representante da CGT da RC1:

> [Quando chegamos à RC1 no início de1990], como eu dizia, foi uma festa! Uma festa! Você não imagina! Quando chegamos... Eles não viam mais ninguém! Não imaginavam que os representantes fossem aparecer! Foi uma festa para eles ver que os representantes... que não tinham sido abandonados por eles, que podiam conversar com eles, explicar tudo, foi uma festa (não sei se já contei isso) a primeira vez que vimos o que eles chamavam de "homenzinhos verdes"... A primeira vez que aparecemos no antigo acabamento, o primeiro protesto que fizemos juntos... Quando a gente ainda estava na antiga fábrica, antes que as duas últimas cadeias fossem transferidas para a RC2... A gente tinha feito alguns movimentos de greve contra as condições de trabalho... Justamente porque eles estavam aplicando as cargas de trabalho na nova fábrica, mas as estruturas não eram mais as mesmas... Teve gente da RC1 que veio vestido de verde... [Alguns minutos depois, Mathieu volta a falar desse momento que tanto o impressionou, quando os operários da RC1 caíram em seus braços e reconheceram o sentido de sua presença e de sua ação, momento que o recompensou por todos os esforços e todos os medos anteriores.] Analisando as coisas, pode-se dizer que a gente estava à beira do abismo... Acho que a gente, da CGT, podia muito bem ter caído. Porque, do jeito com iam as coisas na nova fábrica, com a partida de muitos dos antigos – foi embora muita gente que era da CGT ou da CFDT –, a gente tinha medo... E, no fim, até que deu tudo muito certo. Porque eu, da minha parte, tinha medo da nova [fábrica]. Pensava: "Se eles conseguirem aplicar o programa deles, vamos ter problemas, isso me assusta!". Bom, eu sou um militante... Como dizer? De campo... Estou mais em contato com as linhas... É por isso que digo que a nossa maior alegria foi quando estivemos na oficina de roupagem de carcaça em fevereiro de 1990, quando voltamos e fizemos a mesma coisa que fazíamos antigamente no acabamento e começamos a conversar com o pessoal: "Ah, que alegria ver vocês de novo! Ninguém mais vem ver a gente!". Foi realmente uma alegria para mim e Hamid, porque Hamid, na verdade, é um militante de campo, um bom militante. Fomos os dois primeiros a ir lá: ninguém queria ir. Fomos nós dois lá para distribuir [panfletos], tivemos uma acolhida realmente extraordinária. E dissemos isso no sindicato, dissemos isso: fez bem a todos. Mas depois a gente ia com frequência, os caras ficavam contentes de ver a gente, e aí começamos a desenvolver de novo a atividade sindical. Porque antes, quando a gente via o prédio, as portas fechadas e tudo mais, a gente chegava e pensava: "Eles arrumaram um jeito de proibir a nossa entrada", e a mesma coisa com a distribuição de panfletos... Se a gente fica nos portões, não atinge nem metade do pessoal. Eles passam a toda velocidade... Não têm tempo nem de pegar um panfleto. Então, a gente pensava: "Não vamos poder fazer nada..."

Setembro de 1990: após a recessão desencadeada pela guerra do Golfo, um acontecimento capital, isto é, a dispensa dos temporários, acarreta uma série de transferências das antigas oficinas para as novas e em especial para a Roupagem de Carcaça. Assim, de 1990 a 1991, a direção transfere um a um os operários do antigo acabamento na tentativa de formar novos "grupos" com assalariados que, até então, não tinham nenhuma relação de trabalho entre si. As antigas solidariedades são sistematicamente desfeitas. Mas essas transferências envolvem operários cada vez mais velhos e, ao mesmo tempo, cada vez mais próximos do polo militante. Os "velhos" militantes (e os velhos "hein-hein" no sentido dado por Durand) são os últimos a serem transferidos, e a maioria dos operários têm consciência de que, na base dessa política de gestão da mão de obra, está o medo da "contaminação". É assim que voltamos de certo modo à situação evocada nos textos que publicamos em 1993, em *A miséria do mundo*. A direção tenta a todo custo impor novas formas de vida social, de vida em "grupo". Resultado: um "ambiente ruim" nas oficinas, que os militantes não criaram, mas tentam "explorar". Do ponto de vista da direção, é preciso "garantir o fluxo" a qualquer custo. O peso dessa responsabilidade recai, em larga medida, sobre o controle de baixo (chefes de equipe e monitores). Isso terá como consequência, principalmente, o recolhimento de todos os [modelos] 605 de volta a Sochaux por causa do número excessivo de defeitos, sobretudo nos cabos elétricos (nos novos carros, a multiplicação desses cabos é um fato impressionante).

6. RC2: recuo tático

Entre o fim de 1991 e o início de 1992, começa o "povoamento" da segunda oficina, a RC2. Novecentos assalariados deixam pouco a pouco o antigo acabamento e são transferidos para a RC2, cuja organização é absolutamente igual à da RC1. No entanto, as condições de transferência já não são as mesmas, como explica um OP, condutor de instalação, que trabalha na RC2:

> Agora eu estou no meio da linha. Então, todo mundo me vê e eu também vejo todo mundo. E é aí que vejo que a relação mudou: até os velhos chefes de equipe, já pelo fato de que vão embora, são claramente mais tranquilões. Na verdade, eles têm medo da oficina. Porque as novas responsabilidades e tudo mais, aos 53 ou 54 anos, não é fácil. Mas na verdade, no nosso setor, acho que a mudança foi relativamente mais tranquila... Foi realmente bem feita. Isto é, foi bem calculada. Em geral, eles trazem o pessoal para visitar a oficina algumas semanas antes. Por exemplo, quando acontecia uma pane grande lá nas oficinas deles, eles arranjavam um transporte e traziam o pessoal para visitar o local onde eles iam trabalhar. A gente via a turma passar... Desse jeito, as pessoas se acostumaram aos poucos... Não existe mais aquela tensão... Eles simplesmente desistiram de tudo na RC2, de todas as proibições... Até instalaram – e isso, para eles, foi um grande desafio – os mesmos postos de trabalho nos mesmos lugares na RC0 e na RC2. O cara tinha a máquina dele em tal lugar e, quando vem para a RC2, encontra a máquina dele... Enfim, quase... Enfim, essa é a minha visão. Sem dúvida, existem tensões que a gente não vê, porque são internas.

> *Mas tinha um discurso moralizador muito forte, como não fumar mais em qualquer lugar etc.*

> Não, isso ainda existe! É verdade que o pessoal só pode fumar em certos lugares, mas como não tem pressão ou repressão, a coisa é mais tranquila. No começo, a gente via o cara atravessar a oficina com um cigarro na boca, mas ninguém corria atrás dele para mandar apagar, enquanto na RC1 era uma guerra! Pegavam o cara pela orelha e davam uma lição de moral nele. [...] A coisa mudou muito, mas é por isso que, até agora, não teve nenhum grande problema na RC2. Teve alguns protestos, sim, mas principalmente por causa da carga de trabalho... Mas não por causa de disciplina e tudo mais. Acho que a disciplina é...

66   *Retorno à condição operária*

Enfim, se dez anos atrás implantassem uma disciplina como essa na empresa, não seria aceita. Mas não é a RC1, quer dizer: com caras que sabotam o trabalho, que não aparecem para trabalhar, com um absenteísmo gratuito, enfim, gratuito... Não era gratuito, mas... Tenho a impressão de que as coisas estão andando muito melhor, não se vê tantas faltas, acontecem muito menos problemas de manhã, no início da operação. Na RC1, *isso ainda existe*: eles têm muito mais dificuldade para entrar em operação, em geral faltam quarenta ou cinquenta caras [...].

Poderíamos falar aqui (adotando o ponto de vista da direção) de uma espécie de recuo, de marcha a ré. De fato, as coisas não transcorrem como no momento do "povoamento" da RC1. É como se a direção tivesse feito uma espécie de balanço crítico na primeira oficina, como se tivesse percebido que, para "salvar a mobília" e obter um nível de qualidade mínimo, teria que mudar profundamente sua estratégia, parar de impor métodos que produziam o contrário do que se esperava. Contudo, ela sabe muito bem que é impossível voltar atrás, a uma forma de organização taylorista rígida. Sendo assim, inicia uma espécie de recuo tático, imposto pelas circunstâncias e exemplificado por três conjuntos de decisões.

O estágio de Morvillars (que havia sido reduzido a uma semana), assim como qualquer referência ao "termo", são completamente eliminados. A "preparação" para a transferência é reduzida a meio dia de estágio, durante o qual o controle leva pequenos grupos para visitar as novas oficinas. Os operários deixam o antigo acabamento em "equipes" de cerca de quinze pessoas, tal como haviam se formado na antiga oficina. E a hierarquia cuida sistematicamente para que todos os membros de uma "equipe" estejam presentes para que sejam transferidos "em bloco". Mas isso se dá quase sem comentários ou justificativas, ninguém teoriza a nova prática.

Na oficina, estabelece-se uma lógica de "tolerância" que, sob certos aspectos, lembra a da velha oficina de acabamento. Comportamentos que, dois anos antes, haviam sido imperativamente proibidos são revistos. As antigas proibições (não fumar, não comer no posto, usar as duas peças do uniforme verde-limão) não são mais impostas da mesma maneira e, em larga medida, não são mais respeitadas. Há um retorno das antigas práticas. Por exemplo, as garrafas de cerveja e de anisete voltam à cena: os operários tomam bebidas alcoólicas na semiclandestinidade. Todos os testemunhos confirmam que "o ambiente mudou", que sob certos aspectos o "clima" do antigo acabamento "voltou". Poderíamos falar do estabelecimento de um novo compromisso entre direção, controle e operários. Esse retorno da boa convivência é descrito por Patrick em dezembro de 1992:

Como na época das férias, no Natal, quando cada grupo faz uma coisa: o monitor vem, a gente dá cada um 10 paus e compra duas ou três garrafas... E bebe entre a gente... Mas dessa vez foi a gente que decidiu isso... Ninguém decidia nada e aí, de repente, eu disse: "Poxa, cada um dá 10 paus", e o monitor: "Está certo, eu assumo", e começou assim... Mas é o grupo, porque o outro grupo, por exemplo, o outro turno não quis fazer como a gente... Era uma coisa entre colegas... Como de tarde, quando a gente traz uma garrafa para o lanche e tudo... Tem o tempo todo uma espécie de equipe, de coleguismo... Mas assim que a gente coloca a garrafa na mesa, vem o chefe, o contramestre, olha e diz: "Não é assim que se faz...". Eles não proíbem, mas também não gostam. O que não aceitam é principalmente o anisete. É verdade que um cara que bebe dois tragos... não é todo mundo que aguenta... E depois, nos aniversários, tem também os caras que trazem três garrafas para o grupo, três garrafas de champanhe. [...] Em princípio, todo mundo bebe champanhe, a gente, por exemplo, bebe champanhe às sextas-feiras. Mas no meio da semana a gente leva um tinto para o lanche e tudo... Até dissemos para o pessoal que estava na mesa do lado para ir devagar: eram seis ou sete e tinham levado três ou quatro garrafas, aí fica feio. Um gole ainda vai, mas não em excesso...

O pessoal bebia tanto assim no antigo acabamento...?

[Hesitando.] Bom, talvez não tanto, a gente tem menos tempo agora, e depois eu, pessoalmente, não gosto de encher a cara... Gosto de tomar um vinho, dois ou três copos, porque afinal a gente tem de trabalhar. No antigo acabamento, a gente bebia mais. Mas naquela época não era raro o cara trazer um frango assado ou uma galinha cozida e a gente lanchar em meia hora, mas depois não forçava muito no trabalho...

Apesar do ressurgimento de escapes criados por esses momentos de boa convivência, todos, inclusive os agente de controle, reconhecem que há intensificação do trabalho ("os postos de trabalho estão cada vez mais duros", "o pessoal está sempre forçando em cima dos postos"). Os operários têm a impressão de que são acrescentadas cada vez mais operações. Além disso, a pressão sobre os doentes e a luta contra o absenteísmo se acentuam, as visitas em domicílio são mais numerosas. Os "buracos" nas cadeias de produção (operários ausentes, doentes etc.) obrigam os monitores a manter vários postos, a "correr de um lado para o outro" o dia inteiro. Se os operários podem reinserir-se na antiga lógica taylorista, os monitores, ao contrário, devem estar "disponíveis". Constata-se igualmente que as transferências de posto são constantes. Assalariados de outras oficinas não param de chegar à RC1, em geral mais qualificados e mais velhos – daí os conflitos em torno tanto da questão dos bônus como da designação para um posto mais ou menos difícil. Na pior das hipóteses, é como se a direção dissesse aos assalariados: "Vocês quiseram ficar no seu esquema, pois ficarão, seus hábitos não serão perturbados, mas terão de arcar com as consequências". Não causa surpresa a constatação de que existe uma forte tensão entre as exigências da direção nacional da PSA, tal como formuladas em Paris, com a imposição de uma melhoria da produção de 10% a 12% ao ano, e a direção local, que tem de se esforçar para conseguir uma qualidade mínima com os homens de que dispõe.

7. Resistência operária

Pode-se falar em vitória operária, então? Certamente não, embora incontestavelmente tenha havido um recuo por parte da direção. Basta pensar na intensificação, muito clara, do trabalho. Pode-se dizer que a velha "cultura operária", a antiga "cultura de oficina", levou a melhor diante de um modelo cultural imposto, baseado nos métodos de administração japoneses? Sim e não. Sim, porque os operários perceberam claramente o recuo da direção nas questões relativas à autonomia, à margem de manobra no posto de trabalho. Não, porque os operários não assumiram essa vitória, e não podiam assumi-la, pois viam de forma muito nítida o reverso da medalha: a inten-

68 *Retorno à condição operária*

sificação, sob uma forma "clássica", dos ritmos de trabalho. É o que explica aqui um representante da CGT da RC1:

> Antes, no antigo acabamento, tinha sempre algum pequeno movimento, uma equipe que parava o trabalho por isso ou por aquilo, mas agora, na RC1, não tem nada disso. É realmente... Mas acontecem coisas que deviam fazer os operários reagir: quando retiram parte dos bônus e tudo mais! Eles discutem, dizem: "É um absurdo", mas... Existe uma espécie de desmoralização... Eles ficam contentes de a gente poder interferir nesse ou naquele problema. Mas eles mesmos não querem se envolver... E depois, isso tudo que a gente acabou de mencionar: o fato de não existir mais solidariedade, de ser preciso recriar essa solidariedade... Está todo mundo no seu canto... Quem quer uma promoção, por menor que seja, que se mexa... Quem está num posto mais fácil e tem medo de ser tirado de lá que se mexa... São todas essas coisas que fazem o individualismo. [...] O que acontece também é que os postos estão ficando cada vez mais difíceis. Às vezes, não é que são tão duros, mas são tantas operações a mais para fazer que acabam ficando mais difíceis: a forma de entrar no carro, por exemplo, apesar de o trenó e, consequentemente, a carcaça poder variar de altura, não dá, o carro tinha de ficar mais embaixo. [...] Eles forçam cada vez mais os postos de trabalho, os postos são cada vez mais duros, estão sempre acrescentando operações. Atualmente, o plano FNE* está no máximo, toda dia tem gente que vai embora e não é reposta... Tem o pessoal que está vindo das outras oficinas, e estão apelando cada vez mais para o pessoal dito de capacidade restrita.

Durante os três anos de transferência, a direção da fábrica não esbarrou de fato numa oposição sindical "à moda antiga", consciente, organizada e mantida por uma perspectiva estratégica que expressasse, por exemplo, nostalgia ou desejo de um retorno à "ordem antiga", quando o poder dos representantes sindicais era mais forte. Também não enfrentou um "retardo mental" dos operários, um "arcaísmo" congênito, porque – devemos insistir – a angústia presente entre as famílias operárias tinha muito pouco a ver com a representação que fazia a maioria dos executivos. Tinha a ver com uma "resistência" surda, passiva, marcada pelo medo de estar desarmado, de não se sentir à altura do que era proposto na fábrica. Uma resistência feita de incertezas, e às vezes de incoerências, quanto à maneira certa de lutar, de preservar ainda um mínimo de chances para o futuro. Uma resistência que não chega a levar à definição de objetivos estratégicos, mas distingue-se antes na constatação resignada da "bagunça" e na satisfação sombria de denunciar essa "bagunça". É o que expressa a retomada de palavras de ordem como "os 1500 paus" (nas quais ninguém acredita de fato). Essas palavras de ordem, por mais irreais que sejam, exprimem antes o rancor e o sofrimento acumulados. De maneira esquemática, os OE aparecem como pessoas que se revoltam contra a imposição – no mínimo "desastrada" e feita da maneira mais "voluntarista" – de uma ordem (relativamente) nova, cuja filosofia profunda lhes escapa, embora se ajuste imediatamente às estruturas mentais dos técnicos ou dos novos OP. Temos a sensação de que, para que aderissem de maneira profunda a essa filosofia, seria preciso que os OE tivessem uma relação diferente com o futuro, individual e ao mesmo tempo coletivo, que simples operações de "remotivação" nunca permitirão que adquiram.

---

* Fundo Nacional do Emprego, fundo ligado ao Ministério do Trabalho; garante o auxílio-desemprego, complementa o salário dos pré-aposentados e financia cursos de formação. (N. T.)

Estratégias patronais e resistência operária 69

Ora, é o que a direção literalmente não quer ver e, por isso, concentra-se apenas nos problemas de trabalho *stricto sensu*, finge acreditar que, com uma intervenção nos grupos de trabalho, poderá transformar esses operários.

O que mostra nitidamente a história da transferência para a RC2 é a facilidade com que a direção abre mão de sua estratégia voluntarista e acaba aceitando as relações sociais na oficina tal como são. Conforma-se com uma solução pragmática, admite que os operários trabalhem em larga medida fora do quadro normativo que ela mesma implantou e, num primeiro momento, quase sacralizou. Se os grandes princípios da gestão participativa são tão facilmente deixados de lado, não é por se mostrarem – tecnicamente falando – desnecessários? É como se, afinal, a direção – por não ter encontrado condições suficientes para pôr esses princípios em prática de maneira satisfatória – pudesse abandoná-los sem grandes prejuízos e recuar para uma espécie de adaptação "realista". Assim que consegue o que parece essencial aos seus olhos – um mínimo de envolvimento com o trabalho, certo rompimento com a "estupidez" taylorista, a queda do absenteísmo e a manutenção do ritmo de trabalho – para realizar seu objetivo fundamental, isto é, um crescimento regular da produtividade e um mínimo de qualidade[13], a direção não tenta mais desfazer os grupos formados espontaneamente e aceita a volta de práticas que se parecem estranhamente com aquelas toleradas na antiga oficina.

Essa reviravolta na situação da RC1 para a RC2 traz à tona a profunda aflição dos operários. De fato, estes são capazes de tomar sucessivamente, e às vezes simultaneamente, posições contraditórias, indo de uma atitude de envolvimento nos projetos propostos pela direção a uma posição de recuo ou mesmo de recusa. Eles aceitam o jogo da concorrência entre eles num dado momento e, em outro, recusam-no de maneira ostensiva para se alinhar às atitudes de resistência dos representantes da antiga cultura sindical. Na verdade, quase todos os assalariados oscilam entre estas duas tentações[14]: de um lado, entrar no jogo da fábrica, mas sem aderir profundamente à filosofia subjacente, porque os novos projetos e as novas lógicas de concorrência parecem mais "realistas" no longo prazo[15]; de outro, recuar para os antigos modelos de resistência operária, isto é, unir-se ao grupo de trabalho, recuperar as práticas e

---

[13] É claro que, entre muitos dos responsáveis, existe sem dúvida o sentimento de que talvez não se deva dar muita rédea à espontaneidade operária, porque isso pode sair muito caro em termos de qualidade dos carros.

[14] Não podemos opor (como fazem "naturalmente" os militantes, num primeiro movimento) os que seriam "a favor" e os que seriam "contra" entre os operários. Antes de mais nada, existem "pessoas" que não se sentem de fato nem de um lado nem de outro, e que oscilam quase que continuamente. Essa oscilação das atitudes, que encontramos em quase todos os operários (inclusive entre muitos agentes de controle), ultrapassa e transcende as antigas clivagens políticas. É sinal de uma dificuldade para encontrar pontos de referência num universo em que predomina o sentimento de que é cada vez mais difícil organizar uma defesa coletiva, de que esta tem cada vez menos chances de levar a algum resultado e, por fim, tem cada vez menos sentido.

[15] Em geral, essa atitude inclui o medo, mas outros componentes estão em jogo também: o sentimento de que a situação em certas oficinas não pode mais durar, de que ela é incompatível com a preservação de certa dignidade operária no trabalho – porque muitos trabalhadores conservam uma espécie de

70 *Retorno à condição operária*

o calor da antiga cultura e trazer de volta o modo de estruturação do grupo. Daí o forte apego aos representantes de oficina, como se fossem o último recurso, aquele que ninguém ousa sacrificar, a "boia salva-vidas" a qual todos se perguntam se algum dia terão de se agarrar. Contudo, esse apego tem suas ambiguidades. Os operários votam maciçamente nas eleições para representantes de oficina, mas bem menos nas eleições para o comitê de empresa, nas quais entra em jogo a definição de uma estratégia geral da empresa. Criticam e duvidam dos representantes, mas ao mesmo tempo pedem a eles que salvem a honra moral do grupo. A ilustração perfeita disso é a situação (bastante frequente) em que todos os operários de uma oficina vão trabalhar no sábado de manhã como "voluntários", contrariando a doutrina do sindicato, mas acusam violentamente o representante no dia em que este, por estar imperiosamente necessitado de dinheiro, se apresenta para trabalhar no sábado.

O que impede afinal que os OE passem definitivamente para "o outro lado", o que os retêm do lado dos "colegas" é o fato de pressentirem que, diante da "condescendência" e do menosprezo com que são tratados, só as modalidades tradicionais de resistência que os sindicatos propõem continuam eficazes – a despeito do que diz a direção. Embora "sintam" que a dominação da técnica e a desqualificação do antigo *know-how* estão se acentuando, embora tenham consciência também de que as formas de resistência à moda antiga levam a um impasse, a maioria dos operários não ousa abandonar totalmente o velho sistema de referências político-sindical – por que ele não só organiza a resistência e mantém o espírito coletivo, como também permite ao trabalhador se segurar na fábrica, oferece uma proteção mínima contra os golpes baixos da direção.

8. A nova estratégia patronal

Dos fatos ocorridos entre 1989 e 1993 nas novas oficinas, a direção parece ter tirado várias conclusões. Em primeiro lugar, deve desistir de mudar outras oficinas de Sochaux com base no modelo da Roupagem de Carcaça, porque o fracasso é patente: a "mixagem" de jovens com velhos, a dinamização dos velhos pelos jovens fracassou, e uma operação do mesmo tipo, aplicada em todas as oficinas, corre o risco de levar ao mesmo resultado. Em segundo lugar, nessas oficinas construídas recentemente (e a alto custo), é preciso "entrar em acordo" com a antiga cultura dos operários que vão trabalhar ali, já que, por razões sociopolíticas, a empresa não pode demitir os velhos em massa; por último, fora da fábrica de Sochaux, é necessário desenvolver uma estratégia diferente de deslocamento das oficinas e de criação de novas unidades de produção, compostas quase que totalmente de "jovens" não qualificados (ou considerados como tal), mas que passaram por uma seleção mais rigorosa. Essa última estratégia parece mais "realista", uma vez que naquele momento os fornecedores de equipamentos para a indústria de automóveis (aos quais as grandes empresas recorrem de forma cada vez mais siste-

---

consciência profissional, um gosto pelo trabalho benfeito que não admite o desleixo, ou mesmo a sabotagem, que se desenvolveu na RC1 nos momentos de maior desorganização.

mática no quadro de sua política de fluxos tensos) desenvolviam uma política de construção de pequenas unidades de produção (por razões que se assemelham muito às que enfrentam as fábricas contratantes).

Não se pode estudar o que acontece nas oficinas de Sochaux, e a maneira como a direção introduz aí inovações técnicas e organizacionais múltiplas, sem lembrar dois pontos. Em primeiro lugar, a lógica com que a direção considera o deslocamento de alguns "serviços" ou de certas unidades. Em segundo lugar, o tipo de seleção que praticam essas novas empresas [subcontratadas], em geral pequenas e construídas a partir de 1992-1993 a pouca distância de Sochaux (25 a 30 quilômetros), e o modo como administram essa mão de obra, em especial as relações entre diferentes gerações dotadas de qualidades sociais bastante diferentes[16]. Hoje, objetivamente, uma grande empresa pensa os problemas de gestão de seu pessoal no interior de um espaço muito mais amplo do que há quinze anos. Um elemento capital de sua estratégia é a possibilidade de deslocar certas oficinas quando vê que as resistências sociais (que podem ter origens muito diversas) estão se acumulando. Quanto à argumentação dada, ela reveste contornos muito variados, mesmo que fundamentalmente se proceda ao deslocamento em nome de imperativos "técnicos". De fato, é preciso ver que certos "problemas" que se apresentam no nível de uma grande fábrica vão tender, por isso mesmo, a simplesmente se deslocar no espaço geográfico...

Em março de 1993, no periódico *L'usine nouvelle*, André Vardanega, ex-gerente de pessoal de Sochaux nos anos 1970 e depois responsável pelo pessoal de todo o conjunto da PSA, tirou duas grandes lições dos fatos ocorridos em Sochaux entre 1989 e 1993. Primeira lição: só se deve pôr "velhos" operários em instalações confiáveis. Tecnicamente, na Roupagem de Carcaça, as instalações não eram nada confiáveis. Daí a multiplicação de panes que contribuíram para quebrar, diz ele, o moral dos assalariados. Ao mesmo tempo, as empresas encarregadas de entregar as peças são postas em questão. Talvez seja uma maneira de não jogar todo o peso da responsabilidade nas costas dos responsáveis hierárquicos de Sochaux. Diz ele:

> Nenhum operador ficará satisfeito se as máquinas e os robôs não forem confiáveis. Houve muitos problemas no início por essa razão, o que desacreditou a oficina aos olhos dos assalariados. Da próxima vez, procederemos de modo a nos associarmos aos fabricantes de equipamentos desde o início e levar mais em consideração as limitações reais dos operários.

Segunda lição: é preciso recuperar ao mesmo tempo um quadro forte, os agentes de controle devem ser "chefes de verdade", é preciso manter distância dos conselhos dados por consultores que não conhecem de fato as oficinas:

---

[16] Poderíamos retomar aqui a intuição central de Margaret Maruani e Emmanuelle Reynaud, em *Sociologie de l'emploi* (Paris, La Découverte, 1994). Em resumo, não se pode isolar a questão das formas de trabalho dentro de uma empresa da questão da organização do mercado de trabalho na zona de emprego circundante. Por essa lógica, não se deve considerar apenas a fábrica de Sochaux, mas a zona de emprego de Montbéliard, e, mais ainda, incluir no campo de análise a evolução das fábricas vizinhas da Peugeot (como as de Mulhouse ou Vesoul) e sobretudo a dos fornecedores que já estão presentes na zona de emprego de Sochaux (Ecia, Foggini...) ou estão criando novas unidades.

72 *Retorno à condição operária*

Parece-me que os operadores, mesmo polivalentes e semiautônomos, devem poder contar com um quadro forte. Não existe mistério: os chefes de verdade têm competências de administração, devem motivar as pessoas, não são somente técnicos. A Roupagem de Carcaça padecia de um quadro muito fraco.

No artigo que acompanha essa entrevista, insiste-se sempre nos mesmos pontos: a falta de cultura dos OE e seu arcaísmo intelectual, que seriam questões básicas; a presença da CGT, que recuperou sua força em 1992 graças à incompetência e aos fracassos da direção (não se diz nada a respeito da greve de 1989, que parece ter sido completamente esquecida...); a precipitação da hierarquia, que se lançou num programa de reforma das atitudes operárias sem antes ter garantido seu território, sem realmente ter formado "chefes" para que seu programa tivesse êxito. Está claro que, retomando esse tipo de análise, não se procura examinar de perto o modo de constituição e de perpetuação de uma "cultura de resistência", da qual não se quer medir nem a força, nem as raízes, nem as razões que a fazem sobreviver e que, de certo modo, incessantemente a fazem rejuvenescer. Note-se também que não se fala mais daquele que foi o tema maior dos anos 1988 e 1989: o recurso aos "jovens" para dinamizar os "velhos"...

A partir daí, na zona próxima à fábrica de Sochaux, aparentemente foi possível aplicar uma estratégia de deslocamento sistemático. Tentou-se então desmembrar aos poucos as grandes oficinas. O desmembramento de algumas (ou de parte delas) como, por exemplo, a guarnição e a fundição, foi programado para breve. Esses deslocamentos, que ocorrem graças ao lançamento de novos modelos, permitem a realização de serviços mais comparáveis aos que se realizam na antiga fábrica, mas a um custo menor e em condições sociais diferentes. Ao mesmo tempo – vantagem secundária –, espera-se que contribuam para uma desestruturação controlada da cultura das oficinas povoadas por velhos operários[17]. A maioria das tendências que se identificam na zona de emprego de Montbéliard encontra-se também em todo o território nacional (algumas vezes de maneira ainda mais afirmativa), e especialmente, em todas as zonas onde uma grande fábrica coexiste com um tecido industrial heterogêneo de tipo antigo: reorganização do trabalho manual, busca de aumento rápido da produtividade, eliminação dos empregos de montagem, deslocamento de certos tipos de produção, presença fraca de sindicatos e abundante de mão de obra jovem, considerada mais maleável e mais apta a se mobilizar em favor da empresa.

O estudo da transferência dos OE pôs em evidência a incerteza, o medo, as hesitações dos operários durante o período de 1989 a 1994. Essa espécie de crônica de cinco anos permite compreender melhor a complexidade das lutas, dos riscos, dos "interesses" envolvidos, mas mostra também a necessidade de desconstruir as categorias coletivas das quais nos servimos usualmente para tentar escapar do risco de reificação. Essa transferência serve como "revelador", porque se insere num processo mais amplo de desestabilização do grupo operário (e de sua cultura), que já havia se iniciado vários

---

[17] Ver Armelle Gorgeu e René Mathieu, *Filière automobile et soustraitance industrielle* (Paris, Documentos do Centro de Estudos do Emprego, 1995).

anos atrás, mas sofre naquele momento uma violenta aceleração. No momento da transferência, os coletivos de trabalho encontram-se profundamente desorganizados. O "grupo" é atingido em sua maneira de trabalhar, é claro, mas também é atingido na imagem que faz de si mesmo e naquela que quer apresentar aos outros. Essa transferência é uma oportunidade de "conversão" conduzida pela hierarquia, e que toma então uma feição violenta na desqualificação das antigas maneiras de ser operárias. A desvalorização simbólica dos OE resulta finalmente na constituição de uma figura, a do "velho OE", velho camponês, velho imigrante "inconversível", incorrigivelmente preso a seus hábitos, o qual se deve desistir de mudar[18]. O que aparece nitidamente à medida que analisamos em detalhe tudo que ocorreu no interior das oficinas reformuladas é um só e único processo de desestruturação, de enfraquecimento simbólico do grupo operário, um questionamento radical dos esquemas e das práticas que durante muito tempo permitiram sua existência, dando-lhe coerência e coesão. São antes de mais nada os esquemas lógicos e cognitivos do trabalho político dos militantes que são atingidos em seu princípio, à medida que a crise de crença dos militantes se desenvolve no contexto geral da derrocada dos partidos de esquerda e da crise dos valores do socialismo. Contudo, não devemos ir rápido demais nem longe demais. Se a direção tenta impor a seus assalariados certas representações deles mesmos, os militantes, por sua vez, desenvolvem uma espécie de contrapropaganda, apoiando-se na realidade vivida no dia a dia e na lembrança que guardam dos momentos de luta. E, ao lado dos militantes ainda organizados, há os "velhos". Vemos aparecer claramente, então, um apego aos antigos militantes, porque estes de certo modo simbolizam a resistência – que durante muito tempo foi eficaz – a um certo tipo de dominação. Em todo caso, nunca há um movimento unilateral de desorganização ou de consciência pura e simples da desvalorização.

BOX 1　**"O que eles querem são grupos com a cara deles"**
(Patrick, OE da RC1, 36 anos)

O que eles querem são grupos com a cara deles. Outro dia, no setor de trabalho de Hamid [um representante do setor da CGT], teve uma pane e eles sabiam que ia durar no mínimo duas horas... Então, fizeram um círculo de qualidade durante a pane. Hamid queria falar do aquecimento, porque a verdade é que, desde o começo do inverno, a gente estava congelando. Foram os operários que disseram para ele: "Círculo de qualidade não é para discutir isso". Mas o chefe disse: "Não, tudo bem, podemos discutir isso", então, por aí você vê... O outro estava congelando tanto quanto a gente! [Risos.] [...] São uns quatro ou cinco que participam do círculo de qualidade. Tem o monitor, porque é obrigado, senão não seria monitor! E mais dois ou três caras que ainda acham que podem subir. E os "novos

---

[18] Veremos nas segunda e terceira partes que existem também mecanismos de "reduplicação" dessa desvalorização que se criam fora da fábrica, e que devem ser pensados como tais. Trata-se de processos que se definem no espaço nacional. Dois pontos devem ser mencionados aqui: mercado de trabalho e mudanças no sistema escolar. Nesses dois níveis, constroem-se relações de forças cujos efeitos, é claro, são sentidos localmente.

contratados", antigos temporários a quem prometeram mundos e fundos. Esses entram muito mais fácil na lógica dos patrões. [...] Para ser monitor, você precisa estar motivado... E também precisa saber comandar as peças. No começo, na RC1, as séries de trabalho tinham de ser definidas. No acabamento, na RC0, cada um tinha uma folha da série de trabalho em que o preparador marcava o que tinha de ser feito. Mas aqui é tudo com o grupo... Antes, cada monitor se reunia com os chefes e depois dizia: "Preciso de tantos caras para fazer tal coisa... Seria melhor se... Esse vai para tal lugar...". Mas agora não querem mais que os monitores participem dessas coisas, porque eles brigam entre eles... Tem os que nunca estão contentes, é sempre um tal de: "Preciso de tantos caras para fazer tal coisa...". Enquanto com os jovens é sempre: "Sim, está certo chefe, estamos indo!".

BOX 2 **Trecho de uma visita às novas oficinas (RC1) com um funcionário do serviço de comunicação**
(janeiro de 1990)

No momento em que entramos na RC1 e vemos as linhas em funcionamento...

De quem partiu a ideia de vestir os homens de verde?

Deles... A gente faz parte de uma mesma equipe, está no mesmo barco, faz parte de uma equipe, não existe mais diferença... Isso permite... Como é que vou dizer... Isso permite tirar certa apreensão do diálogo... Talvez você nem sempre se sinta à vontade na frente de um engravatado... Agora, com o pessoal todo vestido do mesmo jeito, a gente pensa a mesma coisa, trabalha pela mesma coisa... Se preferir: isso reduz a distância... Bom, ainda existem as distâncias hierárquicas, né? Ninguém vai sair dando tapinhas nas costas do outro! Não chega a tanto! Mas no nível do diálogo há uma melhor apreensão, uma apreensão a menos; ele está vestido do mesmo jeito que eu, então posso conversar com ele, vamos conversar sobre o mesmo problema, já que fazemos parte do mesmo serviço, estamos no mesmo nível, apesar de existirem... A hierarquia, num determinado momento, toma as rédeas. Quando uma decisão precisa ser tomada, é pela via da hierarquia, é o normal, mas no nível do diálogo existe uma barreira a menos.

BOX 3 **O risco do tratamento informal**

Um casal de operários da fábrica, na entrevista que nos concede, insiste na dimensão oculta pressentida no contrato de trabalho.

Ele – O que eles impõem é que todos se tratem por "você".

Ela – Eu não gosto... Chefe é sempre chefe... Contramestre é sempre contramestre... Eles estão acima de mim, não têm de me tratar por "você", eu não gosto... Ah, não!

Ele – Uma vez um contramestre me chamou de "você". Virei para ele e disse: "Com quem o senhor está falando?". Acabou essa história...

E a senhora chama o contramestre de "senhor"?

Ela – Ah, eu chamo de "senhor"... Acho que é cada um no seu lugar... Bom, os contramestres me chamam de "senhora"... Já o chefe de equipe... [hesitando] Bom, é um chefe de equipe... Ele é super... Ele gosta de brincar... Não é um estraga-prazeres. Mas a gente evita se tratar por "você"... Mas... A gente não se trata por "você", mas enfim... Não sei... Ainda assim, eu não me permitiria tratá-lo por "você"... Em todo caso, ele também não...

Ele – Ele já está numa classe superior, não vejo por que...

Ela – Mas o outro me chama de "Janine" e isso não me incomoda, mas ele não me trata por "você", tenho horror disso... Em relação a essas pessoas... Tem gente que se permite me tratar por "você"... E sabe que não gosto, mas continua... Azar! Não vou brigar por causa disso...

Ele – Não responda... Você não responde e acabou...

Ela – Sim, mas se é uma informação de que preciso ou um favor, não vou dizer: "Eu gostaria de..." Às vezes é urgente.

Ele – No começo, eles chamavam a gente pelo prenome...

Ela – Prefiro isso a "você"...

Ele – Eles se acham superiores a nós, então não vejo por que... Pelo menos, para fazê-los entender que... Que somos iguais a eles! Se o cara enche o seu saco o dia inteiro e depois chega em você e...

 "Todas essas manhas que a gente descobre é melhor guardar para a gente"
(Patrick)

Na sexta-feira, veio o diretor do centro, estava todo vestido de verde... Veio ver os retoques. No nosso canto, ele passou batido... Mas, no estágio de cima, parece que foi ver os carros: pegou as folhas, verificou todos os retoques e tudo. E parece que ficou fulo. Os retoques têm um tremendo problema, porque eles querem que a gente faça tudo: controle, retoques, e a gente não tem tempo. É um parafusinho que espana, a gente não tem tempo de buscar a tarraxa, então passa um pouco de graxa e aparafusa de novo: se deu, deu, se não, passa do mesmo jeito. A gente pensa: "Se você tem um colega que está mal, que está gripado, você tem de ajudar". Mas mesmo que quisesses, não ia conseguir, porque você pode fazer um carro no lugar dele para dar uma mão, mas o dia inteiro é impossível... A gente monta os cabos, se alguém erra um cabo, lá embaixo eles vão ver porque são eles que fazem as ligações... Eles vêm dizer: "Vocês erraram o cabo". Este mês, somos três para montar os cabos, eles queriam que um descarregasse os cabos e que os outros dois fizessem o serviço de três... Eles tentam, mas vai lá ver os quatro carros que a gente fez! [Risos, alusão aos defeitos.] Depois, eles chamam um monitor porque as coisas vão de mal a pior... Seria melhor se parassem tudo logo de uma vez... É a mesma coisa com as sugestões: estimulam a gente a fazer um monte de sugestões. Assim que você sugere alguma coisa... Não sei... A gente tinha de pôr um elástico e eu achava que aquilo não servia para nada, então eu disse: "Que se danem... não vou pôr mais elástico nenhum..." Antes, você precisava prender os cabos com um elástico, depois mudaram e o elástico não servia mais para nada. Eu não punha mais o elástico e lá em cima ninguém dizia nada. Fazia uma semana que eu não punha mais o elástico e aí, um dia, teve um controle e o controlador veio falar comigo: "Você não está pondo o elástico, vou ser obrigado a fazer um relatório". E eu: "O elástico não serve para nada!" "É, mas ninguém mandou parar de colocar." "Estou dizendo que não precisa colocar, faz uma semana que não estou mais colocando." E ele, logo em seguida: "Faça uma sugestão". Aí eu disse: "Eu não faço sugestões, é o grupo que faz". Entende, são essas coisinhas: somos pagos para colocar um elástico, eles eliminam o elástico porque não é mais colocado, mas em compensação nos dão um bônus. Para pôr o elástico, a gente levava talvez cinco segundos, mas eram cinco segundos ganhos. Vou dar outro exemplo: tinha um cara que tinha de colar um pedaço de fita crepe; tinha de ir buscar a fita. Um dia ele disse: "Vamos pendurar a fita no trenó" e aí não precisava mais se deslocar. Hoje, eles têm um bônus de 55 francos cada um por causa disso. Dez recebem o bônus, mas têm 5 ou 6 centésimos de segundo a menos. Eles pagam 5 francos o minuto, se não me engano, e esperam recuperar isso em 6 meses. [...] Então, todas essas manhas que a gente descobre, é melhor guardar para a gente.

Mas não está ficando cada vez mais difícil?

Está, porque, como agora a gente se reveza nos postos, nunca está no mesmo posto, o cara vê o problema e pensa: "Eu também podia fazer uma sugestão...". Nesse momento, estou em três postos: cabos, ar [ar-condicionado] e pro-ar [provisão de ar-condicionado]. Em princípio, todo mundo deveria se revezar nos postos, mas nesse estágio ninguém se reveza porque não tem como. [...] Então, um dia, você descobre uma coisinha, mas guarda para você, e, no dia seguinte, vem um cara que é um baba-ovo e pensa: "Vou fazer a sugestão", mas ele não tem o direito de fazer no nome dele, tem de fazer no nome do grupo. Tudo é em grupo... Porque, antes, como a gente ficava sozinho, se fazia uma sugestão, sabia que ia ter encheção dali a quatro ou cinco meses. Então, ficava na dúvida. Hoje, o cara encontra uma coisa e pensa: "Vou fazer isso pelo grupo", sempre vai ter um que vai... que vai em frente feito uma mula só para ganhar 5 ou 10 francos.

BOX 5 **A vigilância e o fim dos bônus**

Digamos que, todo mês, eles eliminam o bônus por produtividade – produção é 12,50 francos por semana. Como sempre, tem um dia da semana em que não tem produção, eles eliminam... Esse bônus, desde que foi implantado, a RC1 nunca recebeu. Dizem que é nossa culpa se não temos produção. Um telex tem uma pane, é nossa culpa; se dá merda em outra oficina, é nossa culpa! Bom, tem os 50 francos por semana de bônus por qualidade, mas se você fica doente, eles eliminam esse bônus porque, quando você está doente, não faz a qualidade. Tem também o bônus por limpeza e segurança: 12,50 francos por semana. Se um cara passa e o chão não foi varrido, ou se tem algum problema de segurança, sei lá, um armário aberto, eles consideram que você devia ter chamado alguém para fechá-lo, ou se tem um carrinho com um gancho para baixo, alguém pode tropeçar, eles eliminam o bônus.

E quem constata isso, o chefe?

Não, é um cara específico. Acabou de mudar. Uma vez, vi que um sujeito estava olhando, então perguntei quem ele era, e ele me disse: "Eu cuido da provisão". No fim das contas, ele vinha para ver. Dizia que era da provisão, mas era o cara que verificava se as normas de segurança estavam sendo respeitadas. Outro dia, peguei o sujeito de novo: "Você podia ter se apresentado direito..." A vigilância está cada vez pior... Sei lá... A gente sente o tempo todo... Tem sempre alguém nas áreas de descanso. E ainda tem uns painéis de cores diferentes onde escrevem os nomes dos ausentes...

BOX 6 — "Eu disse a eles: 'Escuta aqui, eu não sou presidiária'"

(Uma OE que trabalha num posto de preparação da RC2, julho de 1993)

Agora, as pessoas quase se comem pelo lugar das outras. Eu vejo pela cadeia de produção ao meu lado... Tem um turno que quase não se fala... É uma aberração, porque a gente passa o dia juntos... Como eu, nesse turno com a minha colega... A gente conversa, às vezes brinca, porque precisa relaxar um pouco... Mas, no outro turno, não tenho contato com ninguém, mesmo estando cheia de trabalho, o dia não passa. Mesmo quando trago o arsenal [para o pessoal da cadeia de produção] ou vou buscar os carrinhos vazios, não tem nada, nada, ninguém se fala... Até com a Nadine, do outro turno, a gente conversa um pouco, mas muito menos do que com a Pierrete... Porque, com ela, não dá para falar sobre qualquer coisa... Só o que interessa. Agora o dia passa mais rápido porque, mesmo não conversando o tempo todo, a gente conversa... uns minutinhos. Isso faz bem, relaxa, porque, caso contrário, não passa... Bom, eu como com ela, mas com a garota do outro turno... No verão, eu comia no posto, lia, fazia o meu crochê... Até no intervalo para o lanche, não tem mais nada. [...] Agora é proibido fumar no posto de trabalho... É obrigatório usar uniforme... Porque, numa determinada ocasião, me vieram com a reflexão: "Você vai ser obrigada a usar uniforme". Aí eu disse: "Escuta aqui, eu não sou presidiária". Eles impuseram uma roupa, mas eu não sou obrigada a aceitar. [...] De todo jeito, como hoje de manhã, eu me visto normalmente [isto é, sem o uniforme verde], trabalho à vontade... Não vou... Normalmente, a gente é obrigada a aguentar essas calças... Tem gente que usa jaqueta, vem de camisa... É verdade que teve um que cortou a calça e fez um short, porque estava muito calor. Mas ele estava a pé... Mas algumas vezes me vieram com a reflexão: "Você precisa seguir as normas... Quer uma calça?". "Não, se tiver vontade, eu ponho..." Depois, eu trouxe uns aventais lá de onde eu trabalhava antes, apesar de também ter as minhas calças verdes... porque, bom, a gente mexe com graxa...

BOX 7 — "O operário que corre para fumar"

(A mesma OE da RC2)

Do que me dou conta também é da diferença que pode ter entre os caras que estão nos escritórios... Bom, eles chegam, vão para a área de fumantes, fumam seu cigarro... E ficam ali tranquilamente... Enfim, não quero exagerar... Mas no mínimo quinze ou vinte minutos, enquanto o operário tem de correr para fumar quando tem um tempinho, um buraco ou sei lá o quê... Ele se apressa em fumar metade de um cigarro... Porque, muitas vezes, não dá tempo de fumar o cigarro inteiro... Então, isso me tira um pouco do sério também porque penso: "No fundo, a gente ser obrigado a fumar numa área de fumantes, também não é prático...". É verdade que as pessoas também eram porcas, às vezes tinha bituca de cigarro jogada por toda parte, é verdade, era um absurdo... Mas, enfim, as pessoas não têm tempo de fumar... Conheço gente que ainda fuma no posto de trabalho e está muito certa... Bom, vou até a área de fumantes porque não estou muito longe dela e às vezes tem buracos na cadeia de produção... Entre um carrinho e outro, tenho tempo de ir fumar um cigarro, enfim, às pressas, mas inteiro... De qualquer maneira, eles [o controle] não querem que a gente fique no posto, até o café, eles não gostam muito, quando você leva o café para o posto... Eu levo mesmo assim... Porque normalmente eles não querem... Se você lancha no seu posto, eu digo que não vou para o meu carro, como no inverno, quando está um frio de rachar... Mas eu como no meu posto de trabalho... Porque, lá no refeitório, é tudo lá... E eu, como num turno fico presa e no outro não tenho nenhum problema... Se quero ler – para isso a gente precisa de um pouco de tranquilidade – ou mesmo se quero fazer crochê ou tricotar um pouco durante o intervalo de meia hora...

3

O BLOQUEIO DA MOBILIDADE OPERÁRIA E A EXACERBAÇÃO DAS LUTAS DE CONCORRÊNCIA

Concentrando a pesquisa na transferência dos OE da carroceria, nos demos conta tarde demais de que os OP desapareceram pouco a pouco do campo de visão da investigação[1]. Nos anos 1980, os OE monopolizaram a atenção e acabaram representando o grupo operário por inteiro, tanto nas diferentes instâncias sindicais (nas quais progressivamente suplantaram os OP, que eram predominantes nos anos 1960 e 1970, em especial na CGT) como no espaço público, particularmente no momento da greve de 1989. Os OP, que havia décadas formavam a elite operária da fábrica, parecem ter se retirado de cena sem muito alarde[2], assistindo com uma mistura de irritação e resignação ao lento, mas inexorável, desmoronamento do grupo. Trata-se aqui de um processo social da maior importância para a compreensão das transformações do grupo operário local, porque, de um lado, ele diminui de modo considerável as chances de ascensão dos OE e, de outro, priva-os da possibilidade de se identificar e de se reconhecer nesse grupo superior constituído pelos OP. É por essa razão que o processo de enfraquecimento dos OP não para de "martirizar" surdamente

---

[1] No trabalho feito com Christian Corouge, OE da fábrica, em meados dos anos 1980 (ver anexo metodológico), a questão das relações entre os OE e os OP ainda era onipresente. Os "profissionais" da fábrica eram admirados e ao mesmo tempo invejados pelos OE. Para aprofundar essa questão e trazer à cena o ponto de vista dos OP, foi feito na época um trabalho de entrevistas com alguns "profissionais" da fábrica.

[2] Nenhuma mobilização coletiva buscou salvar o que eles representavam em termos de cultura de trabalho e de cultura política. Em 1990, apenas o caso Fallot, o OP demitido pela empresa por ter levado um ferro de solda da fábrica ("emprestado", dizia ele, "roubado", retrucava a direção, apoiada por uma carta de demissão por falta profissional), colocou-os de volta, por um breve período, no primeiro plano das notícias jornalísticas.

80 *Retorno à condição operária*

todo o grupo operário e, durante esse período de modernização, deixa marcas profundas na consciência operária.

Se mantivermos presente essa dimensão fundamental da transformação do grupo operário, entenderemos melhor por que tudo aquilo que se referia à ascensão na empresa se tornou, ao longo dos últimos anos, um desafio importante para os OE. Na época em que os "operários Peugeot" constituíam um grupo forte (social e politicamente), respeitado e invejado (pelos salários e pelas vantagens ligadas a uma grande empresa), a questão não se colocava nesses termos, em todo caso, não de maneira tão exclusiva: começar e acabar na fábrica como "simples operário" não era decair nem "desperdiçar" uma vida profissional. Para os que eram de origem rural ou haviam trabalhado em empresas pequenas, era até uma escolha positiva. Eles não precisavam "subir" a qualquer preço na empresa, ainda que o fato de "virar profissional" fosse respeitado. Esse estado de espírito estava ligado, é claro, à maneira com que o grupo operário existia (produto de seu modo de constituição histórica, de sua representação política, de suas formas de sociabilidade dentro das oficinas e fora delas...). Hoje, em estreita relação com as transformações da empresa já analisadas, as condições da carreira operária encontram-se profundamente mudadas. A obsessão dos operários da fábrica, em especial dos que ainda podem ter alguma esperança de "evoluir" na empresa (e têm, digamos, entre 20 e 40 anos) – obsessão que vimos crescer ano a ano no decorrer da investigação –, é de "subir", de não permanecer preso à "cadeia", ao "serviço de OE". As transformações do sistema de promoção dos operários na fábrica constituem o pano de fundo contra o qual se desenrolam as estratégias individuais de uns e de outros.

Assim, esperamos colocar de outro modo o problema do funcionamento do mercado interno da empresa, trazendo à cena o ponto de vista dos assalariados e retomando as perguntas que eles não cansam de se fazer: como "subir", como fazer carreira, como conseguir um "lugar" melhor nas oficinas (dado que a barreira que separa o grupo dos operários do grupo dos técnicos parece intransponível), quais são os riscos das lutas encarniçadas que se travam em torno dos postos de trabalho para escapar das tarefas mais duras?

1. A antiga aristocracia operária da fábrica

Sem querer dar, retrospectivamente, a ilusão de que houve uma "idade de ouro" operária, não é inútil lembrar que, nos anos 1960 e 1970, existia na fábrica um sistema de promoção para os operários – é claro que sob uma forma rudimentar (pouco formalizada e influenciada por lógicas personalizadas). Essa promoção era relativa, lenta e difícil. Podemos distinguir dois tipos: o primeiro, e mais importante, dependia da obtenção de uma qualificação (de "operário profissional") ou do acesso ao controle de baixo; o segundo, sobretudo nas oficinas de OE, ocorria quando se ascendia aos "pequenos" postos ("reparador", "regulador", "retocador"...). Concentraremos nossa atenção no primeiro, porque o caminho de promoção mais comum para os OE da fábrica consistiu durante muito tempo em tornar-se "profissional" – palavra carregada de sentido que, sozinha, simbolizava o respeito e a consideração que se davam aos OP[3].

Estes formavam a "aristocracia operária" da fábrica, encarnavam localmente o "ideal do nós" operário; era o caso, sobretudo, daqueles que haviam passado pela escola de aprendizado da Peugeot (EAP), também chamada de "escola profissionalizante", que fechou as portas em 1970 depois de quarenta anos de existência. Foi criada em 1930 para, de um lado, fornecer operários qualificados à fábrica de Sochaux – que havia crescido nos anos 1920 com a anexação da fábrica de carroceria em 1926 – e, de outro, remediar localmente a falta de um estabelecimento escolar que permitisse a formação desses trabalhadores. Os alunos passavam por um exame de admissão (que depois de 1945 se tornaria um concurso), mas os filhos dos funcionários tinham prioridade. Os aprendizes recebiam uma remuneração desde o primeiro ano de formação, que durava três anos. O objetivo da EAP era ser um local de excelência operária, o que tendem a comprovar os resultados do CAP[*] (92% de aprovação no período de sua existência, de 1930 a 1970). Adotava um sistema escolar que misturava sanções positivas – a remuneração final aumentava com a média das notas, a competição era valorizada (discurso do "primeiro da turma" na entrega dos prêmios...) – e sanções negativas – separação dos alunos piores, ameaça de jubilação, exame trimestral de recuperação. O exame final, que permitia classificar os aprendizes, era extremamente solene (dez dias de provas e mobilização dos diretores das várias fábricas de Sochaux para a correção).

> Da nota obtida dependia a atribuição do diploma de melhor aprendiz e, entre os premiados, a classificação na grade profissional da empresa: seja a obtenção imediata do P1 por parte dos melhores com direito a postular o P2, seja a admissão no grau de P1 aos 18 anos. Últimos resultados essenciais: a ordem de prioridade para a designação nos diferentes setores, ao sair da escola, dependia da classificação no concurso; além disso, durante os últimos anos, o diploma dispensava do "estágio em produção" obrigatório para todos os antigos alunos ao entrar para a fábrica. Por esses diferentes meios, os melhores de cada turma tinham um início de carreira particularmente rápido, que lhes permitia contar com uma boa promoção.[4]

Roger J., 58 anos na época da entrevista, é um ex-aluno da escola. Operário profissional durante trinta anos "na guarnição" (nunca ultrapassou o nível de P2), foi "barrado" na carreira por causa de sua militância, primeiro na CFTC[**] e em seguida na CFDT (ele próprio filho de um membro da resistência fuzilado pelos alemães). Em julho de 1988, ele nos concedeu uma longa entrevista (quatro horas), em que evocou numerosos aspectos de sua atividade de militante sindical na fábrica de Sochaux.

---

[3]   As áreas de qualificação operária na fábrica de Sochaux não se reduziam apenas à mecânica (ajustador, fresador, torneiro...): estendiam-se também à fundição, à selaria, ao ajuste de ferramentas etc.

[*]   Certificado de Aptidão Profissional, obtido na conclusão do segundo ano do ensino médio. (N. T.)

[4]   Nicolas Hatzfeld, "L'école d'apprentissage Peugeot (1930-1970): une formation d'excellence", *Formation-Emploi*, n. 27-28, jul.-dez. 1989, p. 121.

[**]   Confederação Francesa dos Trabalhadores Cristãos. (N. T.)

82   *Retorno à condição operária*

Privilegiamos aqui um trecho que mistura de maneira muito característica sua formação, seu começo no trabalho e a militância.

> Eu tinha 14 anos quando entrei na escola profissionalizante. Não posso dizer que era a elite, mas não era mal, principalmente para filhos de operários. A gente estava saindo da guerra. Para os que conseguiam entrar, era... [gesto de admiração] Foi o meu caso, eu consegui porque tinha uma seleção. A gente prestava um concurso no mês de setembro, eram uns 300 e eles selecionavam só 100, e ainda mandavam um quarto embora no Natal, no [fim do] primeiro trimestre. Sobravam 75. Ali aprendi o ofício de seleiro-guarnecedor, que logicamente me servia para fazer assentos de carro. E, de fato, entrei na vida ativa aos 17 anos, na guarnição, na montagem de assentos de carro, que naquela época já era um trabalho repetitivo. Cada um montava um pedaço do assento e passava adiante. A gente passava adiante e, no fim da mesa, ele saía pronto. A gente tinha uma produção [...] Na escola, tinha vários ofícios: os tradicionais (fresador, torneiro, ajustador...) e a selaria-guarnição... Tinha eletricista também. É difícil dizer exatamente como fiz a escolha do ofício. Não fui com uma ideia específica, foi meio por acaso... Gostei do ofício. É uma especialização que não existe mais e que logicamente devia me dar uma qualificação. [...] A verdade é que aqueles que saíam da escola profissionalizante, em geral, formavam uma elite... Todos os colegas que encontro, já que agora tenho 39 anos de casa, a gente se encontra nas entregas de medalha, nos banquetes, todos esses caras são no mínimo agentes de controle, técnicos e até gerentes. Comigo, por outras razões, a coisa não funcionou, mas em princípio era para ser assim... [Silêncio.] No meu serviço, acabei indo para a série. Mas eu tinha um controle, um chefe de serviço que não ajudava, que não gostava do pessoal que vinha da escola. Ele tinha se formado assim, na própria empresa, aliás, era muito competente, mas não gostava da gente. Então não fazia nada para facilitar a nossa evolução na carreira, mas isso, que fique bem claro, era no meu ofício [selaria], não tinha nada a ver com os outros. Trabalhei dois ou três anos assim... Trabalho repetitivo... Depois me colocaram nas peças separadas. Isto é, a gente pegava um certo número de peças em todas as oficinas de carroceria, centralizava, empacotava e mandava para a exportação. Eles me colocaram aí [nesse setor] não sei bem por quê... Porque eu tinha alguma vocação, conhecia as peças, talvez um pouco melhor do que os outros. Eu empurrava um carrinho, pegava as peças, portanto não era mais da selaria. [...] Isso durou quinze anos. Apesar de tudo, era interessante, porque eu programava meu trabalho, era mais ou menos responsável, mas sem ser pago por essa responsabilidade. Bom, era assim. Foi nessa época que me sindicalizei. Tive de me sindicalizar na CFTC da época, mais ou menos três anos depois de ter entrado na vida ativa, nos anos 1955-1956. A primeira vez que fui representante, deve ter sido em 1961, na famosa greve em que a gente invadiu os escritórios e supostamente cortou um dedo do senhor Rouget [o diretor da fábrica]. [...]

> *Foi uma greve impulsionada por profissionais ou por OE?*

> Então, sempre teve um... [Ele hesita.] Puxa vida! Vai ser difícil [explicar]. Para ser representante, a gente tinha de estar disponível, para um cara da cadeia de produção, isso não era fácil. Precisava ter, eu diria talvez, alguma instrução, não sei como dizer... Talvez não instrução, mas... Acho que isso já começava com a facilidade no posto de trabalho para se formar, ler, estar em contato com os colegas, o que fazia a gente evoluir... Na cadeia de produção, isso não era possível. Então, a gente deparava com este fenômeno: os representantes eram em geral profissionais, em detrimento do pessoal da cadeia de produção, fatalmente... Principalmente no nível dos responsáveis, raramente se via um responsável numa

O bloqueio da mobilidade operária e a exacerbação das lutas de concorrência 83

empresa como a Sochaux, que era na época, depois da Renault, a maior em concentração... Acho que nunca vi alguém da cadeia de produção responsável pelo sindicato de Sochaux, nem da CFTC da época nem da CFDT, que veio depois. Além disso, sempre existiu essa ideia de que um técnico ou um "mensalista" dava mais conta do recado do que um OE, porque o OE é subdesenvolvido... Mesmo que não seja necessariamente verdade... Mas, evidentemente, o profissional estava mais disponível...

Esse trecho deixa entrever que os profissionais, em especial os que saíam da escola da Peugeot, eram dotados de recursos tanto profissionais como políticos e culturais (sobretudo em relação à linguagem e à cultura). É preciso que se entenda bem a consideração que tinham por eles não só os outros operários, como também os agentes de controle e os executivos da casa. O crédito de que gozavam os OP era profissional e ao mesmo tempo "moral". Por seu saber profissional e pela forte cultura política dos militantes, suscitavam, ou melhor, impunham respeito, eram os vetores e quase sempre os porta-vozes da cultura política "à moda antiga". O profissional era aquele que, na oficina, diante dos "chefes", não admitia "levar desaforo para casa", respondia à altura. Era em geral o militante que representava "dignamente" a classe operária. De fato, numa fábrica como a Sochaux, os OP desempenharam um papel preponderante no surgimento de uma nova geração de militantes entre os OE.

Não podemos compreender certos traços da cultura operária própria de Sochaux, nem o papel dos OP na reunião dos OE como grupo operário, se não analisarmos a maneira como a cultural sindical e política dos dois grupos se combinaram em tempos passados. No fim dos anos 1970 e início dos anos 1980, houve uma osmose entre as culturas dos OP e dos OE. Muitos representantes de oficina OE eram filhos de OP ou de agentes de controle (ou pertenciam a famílias de OP) e, portanto, foram educados na antiga cultura dos profissionais. Eles adquiriram os "reflexos" e os aplicaram num outro contexto (o das oficinas de OE). Com o tempo, ocorreu uma interpenetração das duas culturas, o que contribuiu para unificar o grupo. De um lado, os profissionais da fábrica socializaram os OE nas instituições que eram então propriamente operárias (sindicato, comitê de empresa, atividades culturais fortemente controladas), amoldando-os parcialmente à antiga cultura operária. Apesar de certas formas dessa cultura mantida pelos OP parecerem ultrapassadas e um tanto ridículas para os jovens OE (a linguagem, as roupas, o "jeito de ser"), isso não impediu que os valores operários, como a solidariedade, a valorização do coletivo e a oposição marcada entre "eles" e "nós", fossem de fato transmitidas. Poderíamos dizer que o velho sistema "cegetista" de representação do grupo operário (marcado por décadas de glaciação stalinista) oferecia a esses trabalhadores – sobre os quais ainda pesava a indignidade cultural – meios rotinizados de conciliar o interesse individual com o interesse coletivo. Mesmo que, nos anos 1970, certos militantes OE tenham se oposto aos OP (e até com muita violência, durante as chamadas "lutas de OE"), censurando-os em especial pelo que sentiam como menosprezo – do qual vemos traços na entrevista citada mais acima –, tem-se a impressão de que isso sempre se deu também contra um fundo de respeito e de que havia uma espécie de satisfação em poder se reconhecer no grupo superior.

Aos outros OE, que entravam para a fábrica de Sochaux com um CAP obtido nas escolas de ensino técnico da região, restava provar sua competência "na fabricação". Muito rapidamente, "passava-se por testes" para tornar-se OP de pleno direito e "subir" no escalão operário – de P1 a P2, de P2 a P3 e até de P3 a OAQ (Operador Altamente Qualificado); ou "operário comissionado" (escalão de operários qualificados próprios da Peugeot). A fábrica de mecânica, que produzia motores e máquinas operatrizes (mais de 2 mil profissionais trabalhavam ali), e a ferramentaria central eram os verdadeiros "feudos" dos OP em Sochaux. Henri, ajustador que trabalha neste último setor, conta seu percurso:

> Entrei para a fábrica em 1972, com um CAP de ajustador de mecânica geral, fiz o curso numa cidadezinha próxima e depois entrei para a Peugeot, e lá me colocaram para trabalhar na cadeia mecânica, até o meu serviço militar. Depois do meu serviço militar, entrei para a OCS, a oficina de ferramentaria. Lá, a gente faz essencialmente máquinas operatrizes e entra praticamente sem qualificação, mas com o CAP... na época eles estavam pegando gente com o CAP. Depois, a gente passa por testes profissionais e vira P1, P2 e assim por diante. Então, voltei do Exército em 1974 e fiz o teste, passei no teste para P1 em 1976... Com Bertrand [ele designa o colega] foi igual, ele fez mais ou menos o mesmo percurso. Bom, o teste para P1 consiste em fazer uma peça com lima, um ajuste com lima, e depois, se consegue uma nota suficiente, a gente é P1, se não, não é absolutamente nada. Mas era assim na época, a gente precisava fazer mais de 12 pontos para ser P1 e mais de 15 no teste para P1 para poder se candidatar a P2.

Para evocar com exatidão o que fazia o prestígio do OP, é preciso descrever também as condições objetivas em que ele trabalhava, em nada comparáveis com as dos OE. Os profissionais trabalham "em horário normal" (salvo uns poucos que têm horários noturnos), enquanto a maioria esmagadora dos OE trabalha "em turnos". Designados para tarefas de manutenção, ajuste e fabricação de ferramentas, costumam administrar eles mesmos seu ritmo de trabalho, muito diferente daquele das cadeias de montagem, como indica Henri:

> Henri – Nosso trabalho não é muito duro. Sabe, a gente tem um período de montagem, um período de fabricação, mas não faz trabalho em série... Então, a partir daí, não dá para fixar cada período com precisão; e depois, a gente tem uma carga de trabalho muito flutuante, então em alguns momentos a gente tem de desembestar, mas logo em seguida tem uma queda da carga e a gente fica meio subaproveitado.

Enquanto nos setores OE...

Henri, interrompendo – É, é uma exploração...

Mas você, no geral, tem a impressão que do ponto de vista do ritmo é diferente...

Henri – Não, o ritmo... [A secretária do escritório sindical ri. Henri, bem-humorado, brinca.] Por que você ri quando o assunto é ritmo de trabalho?

A secretária – É tranquilo no setor de vocês. [Risos.]

E não houve tentativas de...

Henri, interrompendo – Houve, mas é muito difícil... Essas tentativas são constantes, mas, como eu disse, a gente só faz protótipos, só faz máquinas unitárias, só fabrica produtos

O bloqueio da mobilidade operária e a exacerbação das lutas de concorrência 85

unitários. Tem um escritório de estudos que analisa, propõe, e a gente faz a montagem, então tem um monte de modificações para fazer, a gente percebe as incompatibilidades na junção das peças no momento da montagem, é nessa hora que a gente se dá conta... [dos problemas] Hoje, me passaram trabalho, eu tinha uma montagem para fazer e, na hora de montar, as peças não estavam conforme o projeto, então tive de mandar retocar toda a "máquina". Bom, eu me apressei para eles fazerem tudo ainda hoje porque quero acabar logo esse negócio, mas eu podia ter deixado para depois, não tinha problema. Agora que fizeram os retoques, vou montar amanhã, mas enquanto isso fico sem fazer nada, venho aqui, tomo uma água. E quando você monta uma máquina, você tem o período de montagem da máquina, que é como eu disse, e depois tem os ajustes. Na hora dos ajustes, bom, isso funciona, aquilo não funciona, você tem de descobrir onde não funciona, o que acontece, apelar para os engenheiros, para os técnicos, ver os problemas... A gente trabalha, se preferir, acima, a gente procura, mas não tem uma atividade... A gente consegue se autorregular.

A autonomia de que gozam os OP em seu trabalho e as trocas de favores que se estabelecem nas oficinas de profissionais permitem muitas vezes que eles dediquem tempo a uma produção própria: é o que se chama no jargão operário de "peruca"; o termo usado localmente é "chicana". Embora essas atividades semiclandestinas – muito frequentemente os "chefes" estão a par, mas fecham os olhos, tanto mais que estão envolvidos nessas trocas de favores – possam proporcionar uma entrada de dinheiro extra[5], são sobretudo uma oportunidade de mostrar *know-how* técnico, exibir "dons" para os pequenos consertos e até competir na virtuosidade do trabalho manual. O clima que reina nessas oficinas é mais descontraído. Os chefes são pouco presentes e as relações com eles são, no geral, boas (eles têm muitas características em comum, a começar pela formação de operário qualificado, a origem popular). A figura do "chefe" nessas oficinas é muito distante, portanto, daquela do "chefe" nas oficinas de OE, que nos anos 1970 muitos militantes OE acusavam de ser "guarda-galé".

Para um OE, o profissional era aquele que possuía um *know-how*, que, não estando na "cadeia", podia "chicanear" no local de trabalho. Na maioria das vezes, tinha casa própria, sua mulher trabalhava fora mais frequentemente que as mulheres de OE, seus filhos iam melhor na escola. Era, ao mesmo tempo, aquele que sabia infundir respeito, não aceitava imposições, respondia à altura diante do "patrão" e, quando tomava a palavra, representava "dignamente" a classe operária. Esses profissionais "encarnavam" – física e moralmente – o grupo operário local, os "operários Peugeot", isto é, o grupo dos estabelecidos (*established*, no sentido dado por Norbert Elias).

---

[5] Durante o processo Fallot, ao qual comparecemos por citação da justiça de Montbéliard, havia na plateia numerosos operários que foram assistir e de certo modo apoiar o colega. Este, acusado de ter "roubado" um ferro de solda – "emprestado", dizia ele, valendo-se do costume que prevalecia nas oficinas de OP de pegar ferramentas para usá-las em casa por alguns dias –, de certo modo foi vítima da mudança de jurisprudência na Peugeot, que até então tinha sido extremamente tolerante com essas práticas conhecidas de todos nas oficinas e de repente decidiu reprimi-las (isso aconteceu dois meses depois do fim da greve de 1989). Durante a defesa do advogado da Peugeot, que censurava a atitude de Fallot, os operários presentes na sala começaram a resmungar, citando o caso desse ou daquele "chefão" (executivos, dessa vez) que usou o horário de trabalho dos operários de seu setor para realizar algum serviço em sua residência pessoal: "Foram os operários do setor de Dupont que reformaram a casa dele, vocês deviam interrogá-lo" etc.

86 Retorno à condição operária

A longevidade da associação, com tudo que implicava, podia gerar uma coesão de grupo, uma identificação coletiva, uma comunidade de normas, suscetíveis de inspirar a satisfação ligada à consciência de pertencer a um grupo superior e ao menosprezo, que a acompanha, por outros grupos.[6]

Essa descrição valeu certamente até o início dos anos 1980, mas, a partir desse período, impôs-se uma nova configuração do mundo operário em Sochaux, marcada particularmente pelo enfraquecimento, muito claro, do grupo dos OE na fábrica.

2. O declínio dos "profissionais"

A partir do início dos anos 1980, os "setores de profissionais" da fábrica (mecânica, ferramentaria etc.) foram reduzidos, o quadro de OP diminuiu inexoravelmente do fim dos anos 1970 ao início dos anos 1990 (passando de 6 mil em 1980 para 2,5 mil em 1993). Como essa baixa foi mais rápida nos setores de profissionais do que nos setores de montagem, compostos majoritariamente de OE, a proporção entre OE e OP mudou muito – sinal objetivo da tendência de marginalização dos profissionais na fábrica. Os OP não têm mais o mesmo peso na fábrica, nem morfológica nem sociologicamente. De um lado, a idade média dos OP subiu de maneira mecânica, passando de 44,5 anos em 1985 para 49 anos em 1995 – e eles envelheceram juntos nas mesmas oficinas. De outro, foram sendo progressivamente reagrupados e, de certo modo, isolados nos setores da fábrica que foram pouco ou nada atingidos pela robotização e pela modernização, já que a maioria desses postos de trabalho estavam ameaçados de extinção. Entre eles, os "velhos" (mais de 45 anos) permaneceram em oficinas que, no decorrer dos anos, se desertificaram. Outros, em geral um pouco mais jovens (35 a 45 anos, aproximadamente), foram "emprestados" às fábricas do Norte ou transferidos para outros setores da fábrica de Sochaux, onde assumiram atividades de manutenção da produção ou controle. Analisando de forma retrospectiva, é surpreendente constatar que a direção não fez quase nenhum esforço para salvar os setores em que estavam presentes profissionais altamente qualificados, para colocá-los no papel de transmitir *know-how* aos "jovens". Tudo aconteceu como se nunca tivesse havido nenhuma consideração por eles, como se pertencessem ao passado da empresa (eles tiveram seu momento de glória na época da grande expansão da fábrica, contribuíram amplamente para dar renome aos motores que não fundiam).

A extinção ou a redução do tamanho dos setores de profissionais acarreta a diminuição do número de postos de operários qualificados, de modo que se criam lógicas de concorrência nessas oficinas. Guy, um "velho P3" que trabalha na área de ajuste da oficina de estampagem, militante da CFDT desde os primórdios, a dois anos

---

[6] Norbert Elias e John Scotson, *Logiques de l'exclusion* (Paris, Fayard, 1997; trad. de *Established and Outsiders*, 1965). [Ed. bras.: *Os estabelecidos e os outsiders*, Rio de Janeiro, Jorge Zahar, 2000.] Dessa pesquisa, podemos retomar aqui as análises feitas numa comunidade operária inglesa: os autores mostram as condições sociais da oposição entre o grupo estabelecido, instalado de longa data na localidade, e o grupo dos recém-chegados (*outsiders*). Jean-Noël Retière estudou um processo semelhante em Lanester, onde o grupo estabelecido era formado pelos operários do arsenal do Lorient. Ver Jean-Noël Retière, *Identités ouvrières: histoire sociale d'un fief ouvrier en Bretagne (1909-1990)* (Paris, L'Harmattan, 1994).

O *bloqueio da mobilidade operária e a exacerbação das lutas de concorrência*   87

da pré-aposentadoria, explica como o "medo", em especial o de não ser promovido, alterou pouco a pouco as relações entre os profissionais:

> E depois, tem o medo da [relacionado à] promoção... Promoção, isso nem existe mais, porque se tem tão pouca esperança, mesmo nós dos setores profissionais. Existe cada vez menos possibilidade de promoção, porque com o pouco de postos que sobraram... Antes, os caras subiam, era meio que uma recompensa, mesmo que os caras fizessem mais ou menos o mesmo serviço, mas isso não impedia os caras de subir. Tinham a possibilidade de fazer os testes, antes era "comissionado", agora é TA1, TA2... No setor em que estou, tem caras realmente muito bons no serviço, realmente muito bons! Caras que são capazes, a partir do desenho de uma peça, de construir coisas. [Gesto de admiração.] São ajustadores, caras que têm CAP, mas que têm experiência de muito tempo. São capazes de conceber a ferramenta que deve ser feita para fabricar a peça, fazer o desenho, preparar as peças para fazer a ferramenta, de fazer suas ferramentas e fabricar as peças. Pois é, esses caras tiveram de ouvir: "Você está bloqueado no TA1, não sobe mais alto porque seu posto corresponde a isso". O cara faz o trabalho do desenhista, do preparador... Precisa de tudo isso para fabricar uma peça. Então, você vê, isso não motiva.

Mas o traço que talvez caracterize melhor o enfraquecimento dos OP é que, a partir da metade dos anos 1980, eles deixaram de ser protegidos pelo status que tinham na fábrica. Certo número dentre eles se viu ameaçado em seus postos de trabalho. Apesar de não correrem realmente o risco de ser demitidos, descobriram formas de precariedade no trabalho que antes eram reservadas aos OE. Por causa da reorganização dos setores, determinada em especial pela criação do controle para garantir a qualidade, um número crescente de OP foi pego no fluxo de deslocamentos no mercado interno de trabalho. Por exemplo, durante a recessão de 1991-1992, alguns OP com mais de 40 anos tiveram de assumir postos "em cadeia" para ocupar as vagas deixadas pela demissão em massa de 3 mil temporários. Esses OP – que, é claro, não estavam acostumados ao ritmo da cadeia de produção – sentiram muita dificuldade para "manter" o posto de trabalho. Por sua "lentidão", contribuíram de forma involuntária para a diminuição ou eliminação dos bônus coletivos atribuídos a sua equipe de trabalho, atraindo para si a vingança do OE, furioso por ter perdido por "culpa" dos OP uma parte dos bônus[7]. "Voltando para a cadeia", esses "profissionais" se sentiram humilhados, rebaixados ao nível de simples operários intercambiáveis, impelidos a ser (e a representar) tudo aquilo que sua qualificação e trajetória profissional deveriam, supostamente, preservá-los. No plano psicológico, o corolário dessa precarização do trabalho é que o medo não é mais reservado aos OE, mas a partir de agora atinge também o campo dos operários profissionais. Isso é um sinal flagrante da desqualificação do OP. O medo, que por essência é contagioso, também exerce sobre o grupo efeitos de fragmentação e de dissolução. O "cada um por si" (que foi traduzido nas cadeias de montagem por "cada um com a sua merda") tende cada vez mais a levar a melhor. Nesse sentido, a greve de 1989 foi um revelador muito sensível dessa transformação. Os OE da carroceria, como sabemos, travaram o combate, os

---

[7]   Ver Michel Pialoux, "Les contradictions du délégué", em Pierre Bourdieu (org.), *La misère du monde* (Paris, Seuil, 1993). [Ed. bras.: *A miséria do mundo*, 5. ed., Petrópolis, Vozes, 2003.]

88   Retorno à condição operária

OP mantiveram a cautela, por razões muito bem analisadas por Guy, OP do setor de estampagem, no qual os sindicatos "peugeotistas" (Siap, CFTC) são maioria:

O meu setor, na estamparia, não era um setor forte na questão da greve. A gente tinha tido a demissão do Fallot... Por ter levado emprestado um ferro de solda, péssimo pretexto! Mais seriedade, por favor! Para mim, o medo se institucionalizou, na prática é isso... O medo existe. Já existia, mas ainda existe. De cima até embaixo, a coisa funciona à base do medo! Como de cima até embaixo ninguém quer aporrinhação, então cada um aporrinha os outros e, no fim, são os carinhas de baixo que se ferram. Aliás, o Fallot foi demitido por causa de um carinha que era BTS e não está mais lá há muito tempo. Esse é o novo controle. Você podia pensar: "Taí um pessoal que tem diploma, que apesar de tudo tem uma formação melhor, tem um pouco mais [de cabeça]". Não, de jeito nenhum! Em primeiro lugar, eles foram bem selecionados quando entraram; em segundo lugar, são caras que têm esperança de subir um pouco mais, mas, no fim, acho que não vão ser perdoados. Então, como não vão ser perdoados, [eles vão...]. O chefe de equipe que eu tinha, que também era um BTS, que parecia legal quando você conversava com ele... Ele não é idiota, vai tratar de assimilar logo um serviço... Eu estou no ajuste, dizem que leva tempo para formar um "ajustador", vi que apesar de tudo ele assimilou bem o serviço. Bom, ele é bem-visto na equipe, mas o que quero dizer é que, depois da greve, quando fui dar um telefonema, ele me disse: "Proíbo você de telefonar". Apesar de eu ser, com certeza, o que menos telefona na equipe. Porque imagine se passa o contramestre ou o chefe de oficina: "O que é que ele está fazendo, F.? Por que ele está no telefone?". Pois para mim isso é medo! Não é outra coisa. Se faço alguma coisa e é proibido, então é melhor fazer o mínimo possível, porque... É tudo isso. A gente vive isso. De um lado, a gente vive mal porque na verdade não é brincadeira. [...] Voltando ao que eu disse antes, se apesar de tudo a "prensa" é o pior lugar, acho que é por causa do medo, do medo de ter aporrinhação. É: "Se eu ficar quieto no meu canto, talvez não venham me aporrinhar!". Por exemplo, os caras na minha equipe, sou do chamado "pequeno ajuste". Porque tem o ajuste grande, que faz as ferramentas pesadas, que é uma merda, uma dor de cabeça. Eles trabalham em condições ruins e, além disso, no barulho. E o pequeno ajuste são as ferramentas menores, a gente faz a manutenção das ferramentas de prensa e o ajuste das ferramentas menores. É mais tranquilo, menos barulhento e em condições de trabalho mais normais... Os caras me disseram: "Entenda, se a gente fizer greve, eles vão colocar a gente no ajuste grande. A gente corre o risco de ir para o ajuste grande e aí vai ficar pior do que já está". Então, é sempre o medo de ficar numa situação pior, é um pouco isso. E, realmente, cinco meses depois avisaram que a nossa equipe tinha sido eliminada, foi reagrupada com a equipe do ajuste grande e, geograficamente, a gente vai ficar no ajuste grande. Depois eu disse para os caras: "Então, pessoal, esse é o agradecimento da Peugeot por vocês não terem entrado na greve!". Os caras têm consciência, mas da próxima vez vai ser: "Vamos tomar cuidado porque, se a gente fizer greve, vão botar a gente para dobrar". Percebe? Cada um reage individualmente. Ou então vai ser: "Vão botar a gente no ajuste, mas direto nas prensas, porque tem a manutenção das prensas". [...] Quando falo de medo, é desse medo, o medo de ficar pior do que já está, o medo de não receber aumento... Como agora tem menos aumentos coletivos, os aumentos são muito mais por escolha.

O que impressiona aqui é a semelhança entre as atitudes dos OP e dos OE. É a mesma lógica de círculo vicioso que se instala e mistura restrições dos postos com concorrência no trabalho. A única diferença é que o medo da desqualificação dos OP corresponde ao medo da demissão ou de não conseguir "manter" o posto predominante entre os OE. Compreende-se então por que, para lutar contra a desqualificação, o caminho da formação se imponha a alguns OP, que dispõem de mais recursos escolares e culturais, de tempo e de disponibilidade física e intelectual.

Encontramos entre quase todos os OP da fábrica, politizados anteriormente, um discurso que só se formula com certa reserva, com certa circunspecção, mas que expressa muito rancor em relação ao passado, ao "sindicato" e aos OE, como indicam expressões recorrentes nas entrevistas feitas ao longo desses anos de modernização: "Deixamos de defender nossas próprias reivindicações", "Não defendemos nossa própria especificidade", "Não conservamos a distância que nos separava dos outros", "Deixamos os OE monopolizar o discurso do sindicato e falar em nosso nome". Todavia, de certo modo prisioneiros de sua própria cultura política, que os levou a valorizar a antiga unidade operária, alguns OP não conseguem ir muito longe na acusação contra os OE. Muitos remoem sua mágoa e seu ressentimento, soltam palavras "amargas" e insistem na passividade política que adotaram. Poderíamos contar em detalhes a história de três OP que iniciaram uma formação em 1990, obtiveram seu bac (bac F3 de eletrotécnica), não puderam continuar o BTS e se viram barrados na fábrica. Percebe-se que a razão dessa iniciativa não é outra senão o medo de serem rebaixados ao nível dos últimos dos OE, o receio de ter de compartilhar a condição dos operários não qualificados, dos quais sempre conservaram certa distância. Ora, eles constatam que a diferença entre os dois subgrupos diminuiu de maneira considerável. Alguns deles não hesitam em dizer que, no fim das contas, eles têm mais a perder do que os OE: de certo modo, estes últimos estão acostumados às condições duras e sempre terão o trabalho de montagem, ao passo que eles, os OP, correm o risco de simplesmente serem eliminados da fábrica. A questão do salário é fundamental aqui: se está presente em todas as entrevistas com os OP, é porque ilustra em termos materiais a perda progressiva da consideração social que tradicionalmente estava ligada à condição de OP. Não é por acaso que um dos que tentaram o caminho da formação emprega o termo "proletarização" para descrever a evolução dos profissionais da fábrica. É um termo carregado de sentido: o profissional é aquele que se alçou ao pico da condição operária e "caiu" nos anos 1980 e 1990, vítima de uma espécie de pauperização material e de uma desqualificação social e que não encontrou meios de se expressar publicamente. A greve de 1989 foi uma greve de OE e, ainda que os poucos OP militantes tenham apoiado o movimento, o caso deles não entrou na pauta.

O que desaparece com o enfraquecimento dos profissionais não é apenas um saber operário, uma tradição de ofício (linguagem, gestos, atitudes...) que se transmitiam de geração em geração, mas é também uma "figura" operária de prestígio, com a qual os outros podiam se identificar. Os operários desejavam naturalmente que seus filhos obtivessem um CAP para um dia se tornarem operários profissionais. Alguns OE da fábrica almejavam "virar profissional" sem ter a impressão de trair seu grupo de pertencimento, mas, ao contrário, com uma espécie de boa consciência meritocrática. Com o declínio do grupo dos OP[8], colocou-se em dúvida a possibilidade,

---

[8] É claro que existe o que poderíamos chamar de novos profissionais na fábrica, em especial os condutores de instalação (CI) automatizada, mas estes são um número restrito (uma centena em toda a fábrica).

90 Retorno à condição operária

havia muito conhecida e reconhecida, de ascensão coletiva no próprio interior do operariado. Contra a ideia de ascensão individual, criou-se por um momento a esperança de ascensão coletiva, uma espécie de mística que os profissionais talvez tenham experimentado, e que também se difundiu entre alguns OE. Num jogo complexo de crenças incessantemente fortalecido pela experiência, a questão para os verdadeiros militantes era ensinar aos outros operários o sentido do coletivo e da solidariedade. Tratava-se do aprendizado de que se deve lutar pelo e no coletivo, contra o individual (e o familiar), contra o egoísmo. Esse aprendizado "funcionava", não era visto como uma violência, porque se sustentava na experiência da oficina e do trabalho.

Daí em diante, para ter esperança de "subir" na fábrica, era preciso superar a ·barreira que separava os operários do resto dos assalariados. Por todas essas razões, a desvalorização e a marginalização dos OP constituem um fato decisivo na história do grupo operário. A desqualificação das virtudes dos OP (assim como as do controle de baixo) deixou o campo livre para a empresa impor os valores da competição, valores individualistas que antes tinham pouco peso em comparação com os valores "comunitários" de solidariedade pregados e encarnados pelos OP. Como veremos na segunda parte deste livro, essa desqualificação dos profissionais será o pano de fundo das estratégias escolares (a "escolha" pela continuação dos estudos) das famílias operárias, em especial de OE. A diminuição do peso dos OP na estrutura socioprofissional da fábrica (e, além dela, no espaço social como um todo) também teve o efeito de criar um "buraco" entre o nível dos OE e o dos técnicos recém-instalados, os quais, estando totalmente desligados dos operários (diferentemente das gerações anteriores, ainda que com frequência tenham saído de meios populares), tendem a impor outras atitudes e outros valores no trabalho.

3. A distância social entre operários e técnicos

Paralelamente ao movimento de homogeneização por baixo da condição operária por meio da aproximação da situação dos OP à dos OE, não saberíamos insistir o suficiente na nova forma de concorrência introduzida pela chegada maciça de novas categorias à fábrica: os "bacs profissionalizantes" e sobretudo os "BTS". De fato, muitos jovens técnicos foram contratados durante a modernização. Para muitos, era o primeiro emprego – que escolheram não pelo salário, mas para adquirir um *know-how*, uma reputação de "técnico Peugeot" que seria capitalizada dois ou três anos depois nas PME. Portanto, são extremamente "disponíveis", não contam as horas, realizam o trabalho com uma espécie de entusiasmo de estreante e são apaixonados por carros. Mas, por falta de um "bom" salário, a rotatividade dos jovens técnicos é elevada. A maioria sabe bem, ao entrar "na Peugeot", que está apenas "de passagem". A seleção maciça desses jovens teve o efeito de, em primeiro lugar, impedir a formação dos velhos OP (que muitas vezes envelheceram em seus postos) e, em segundo, barrar a promoção dos OE (que estavam envelhecendo). Com a implantação do *just in time*, os técnicos estão cada vez mais presentes nas oficinas de fabricação; são levados a estabelecer um contato direto com os "operadores". Obrigados pelos fluxos tensos, têm de intervir rapidamente para reparar as panes o quanto antes, antecipar os erros, procurar defeitos, agir o máximo possível a montante do fluxo. São eles também que, objetivamente, desempenham o papel de impor aos OE o aprendizado dos novos procedimentos de trabalho nas cadeias de produção (leitura dos códigos de barras nos veículos, visualização rápida dos diferentes modelos, detecção de defeitos...). Aos olhos dos simples executantes que são os operadores, eles se tornam os portadores de uma lógica técnica percebida como uma técnica de poder, ainda mais difícil de enfrentar porque surge sob a máscara da racionalidade técnica e econômica (competitividade, desempenho das fábricas japonesas...).

A hostilidade dos "velhos" contra esses jovens é virulenta, e a violência das palavras a seu respeito é impressionante. Os "BTS" – como são chamados pelos "velhos" operários – são unanimemente odiados, como eram os cronometristas na antiga ordem taylorista. São mais ou menos acusados de contribuir para o desaparecimento das últimas margens de manobra, dos últimos "macetes" que os OE da cadeia de produção protegeram ciosamente do olhar dos "chefes". Acima de tudo, entre os "velhos" operários existe o sentimento de serem, justa ou injustamente, menosprezados pelos "BTS", que nas pequenas coisas do dia a dia no trabalho os fazem compreender que são "ultrapassados", "velhos", "ignorantes". Eles encarnariam um outro tempo da fábrica, de certo modo seriam sobreviventes de uma era industrial (taylorista) que passou, de uma época social arcaica (têm uma "mentalidade errada", continuam escorados em práticas de resistência, "bebem").

Em julho de 1992, um OE da RC1 conta:

Será que eles vão ser capazes na Peugeot de "reequilibrar" os BTS? Na minha opinião, não! No entanto, é melhor para eles colocá-los logo na linha! Porque apesar de tudo eles são um pouco "quadrados" demais... Quero dizer, pessoalmente não estou nem um pouco preocupado, não conheço esses caras... Mas acho que o jeito de funcionar deles, e também a maneira como são contratados, sem antes passar pelas cadeias de produção, sem ter compartilhado o negócio... Não é necessariamente bom... É até sinceramente lamentável!

No entanto, a maioria dos BTS fez estágio nas linhas...

Mas um estágio de controle! Esse é o verdadeiro problema! Antes, quando você entrava como gerente na empresa, passava três meses como operário e depois três meses como chefe de equipe, e só depois é que assumia como gerente... Hoje, ao contrário, você passa diretamente para o controle. Além disso, o cara muitas vezes não quer ir...

Mas o que ele faz exatamente quando está na cadeia de produção?

Porra nenhuma! Ele cuida do pessoal, dos ausentes. Faz ligações, dá licença para sair, coisas assim... E esse é o problema. Eu sei. Eles nunca tomaram um café com os caras nem nada. Isso é um problema. A verdade é que não gosto do exército, mas se você está em manobra com um sargento, ele pelo menos vem tomar uma água com você. Não, aqui são dois mundos à parte... [Conversamos a respeito de antigos OE que se tornaram condutores de instalação em setores automatizados e do constrangimento que sentiram diante dos jovens BTS.] A gente percebe muito bem... Digo a você que, nós, no setor onde estou, para brigar com eles, para dizer que "assim não dá"... Aí eles param de pegar no nosso pé... [Risos.] Mas quando vão à RC1 ou na pintura, nas novas oficinas, lá eu vejo bem os companheiros, o que eles dizem. Eles entram... verificam o posto... Nem bom-dia... Nada! Sempre arro-

92   *Retorno à condição operária*

gantes! É absolutamente... desumano... Até os caras dos recursos humanos, eles chegam, apertam a mão de todo mundo: "Tudo bem?" [Risos.] Não, é verdade! É o mínimo! Você não chega desse jeito, não despenca desse jeito para verificar o que um cara está fazendo, sem nem dizer bom-dia! Isso é uma coisa que não existe... É coisa de "matemático"! [Diz isso com enorme desprezo.]

Sua mulher intervém – Apesar de tudo, é preciso ter um mínimo de educação... Não é porque a gente é operário...

Mas, justamente, muitas vezes eles são de origem operária...

Eles "menosprezam"! Com certeza! Eles "menosprezam"! É uma forma de menosprezar, eles querem marcar a distância. [Discussão a respeito dos BTS, alguns vêm da região parisiense, mas a maioria vem de regiões rurais ou pouco industrializadas, alguns vêm também da Auvergne, de Saint-Étienne, de pequenas cidades industriais.]

Nunca tem nenhuma conversa com eles?

Não, nunca, eles não conversam! Se você visse esses caras, são uns verdadeiros loucos! Eles verificam uma fileira de carros, chegam com uma pasta debaixo do braço... Você vê o cara de cabeça baixa até o momento em que ele entra no seu carro... Você diz [asperamente]: "O que é que você quer?" "Não, nada, só estou olhando...", e mais nada. Ele não diz nem o que está procurando, mas com certeza é porque, na equipe, teve algum defeito assinalado, indicado etc. E o cara foi obrigado a vir verificar o que não vai bem, por que não vai bem. Mas ele não diz isso...

Os jovens técnicos representam um novo modelo de excelência profissional (baseado no domínio da eletrônica e da informática) e ao mesmo tempo social (disponíveis, dinâmicos, esportistas, "apolíticos"). Suas disposições se formaram num contexto sócio-histórico diferente. Tendo feito cursos superiores (IUT* ou BTS) nos anos 1980, no momento da "reabilitação das fábricas", eles interiorizaram perfeitamente os imperativos do *just in time* e da competitividade industrial. No trabalho, aplicam-se zelosamente a diminuir o número de panes e de defeitos, o que aos olhos desses jovens técnicos passa inevitavelmente por um controle estrito e às vezes minucioso ("bitolado", dizem os operários) do trabalho dos operadores. Ainda que muitas vezes sejam de origem popular, seu modo de socialização escolar e, em seguida, profissional levou-os a desenvolver uma espécie de desconfiança ou suspeita com relação às atitudes operárias tradicionais, em especial ao não envolvimento no trabalho de muitos dos antigos, que vai contra o seu "produtivismo". Sem todavia exibir um apego demasiado ostensivo à empresa – manifestam de bom grado uma forma de distanciamento do "espírito Peugeot" –, eles se afastam desse modo da "velha mentalidade" operária. Portanto, não precisam dar garantias aos chefes e podem ostentar em suas atitudes certo desprendimento em relação às "histórias" ou às "brigas" da oficina, conservando-se aparentemente alheios às lutas de poder e aos conflitos, mesmo que os tenham provocado – com seu comportamento "ingênuo" ou "displicente" –, já que têm pouca consciência da natureza social das relações hierárquicas. Soma-se a isso o desconhecimento do caráter dos OE, em particular sua extrema sensibilidade à humilhação.

---

* Curso de dois anos de nível superior, equivale a uma formação intermediária entre o técnico e o engenheiro. (N. T.)

O bloqueio da mobilidade operária e a exacerbação das lutas de concorrência   93

Esses jovens técnicos são portadores de um novo estilo de comando que difere profundamente do estilo do antigo controle de "primeira linha", uma vez que se apoia sobretudo na legitimidade de um novo saber técnico. Os OE, habituados a encarar um controle socialmente próximo deles (a maioria é de antigos operários da cadeia de produção), cujas falhas e fraquezas eles conhecem bem, e portanto os meios de trazê-lo para seu campo ou neutralizá-lo (por exemplo, convidando-o para "beber um trago" no próprio local de trabalho), veem-se desnorteados diante das novas formas de autoridade – muitas vezes impregnada de "condescendência" – que os jovens técnicos encarnam. Os OE percebem que não poderão enfrentá-los com as armas tradicionais.

A violência das reações dos operários da fábrica, em especial dos OE, contra os BTS não é, em certa medida, o reverso de sua própria impotência diante das transformações tecnológicas que invadem as oficinas nos anos 1980? Impotência que todos sentem bem que os condenará no fim (e em prazo mais ou menos curto), ou ao menos que os faz parecer "retardados". A difusão da cultura técnica nas oficinas acontece contra um fundo de menosprezo cultural, lições de moral, desqualificação das antigas atitudes no trabalho ou práticas de sociabilidade. Essa cultura é composta de uma mistura de forte envolvimento no trabalho[9] – o pessoal se habitua a não "contar as horas", isso faz parte da ideologia profissional dos novos técnicos, porque só importa a paixão – e de desprendimento em relação aos problemas da fábrica. Esse modelo de comportamento apresenta aos OE um espelho em que a imagem deles aparece invertida, traço por traço. Como "simples proletários", são prisioneiros da fábrica, sem nenhuma possibilidade de manter um "distanciamento do papel". São o trabalho deles (tanto na fábrica como fora dela), estão imersos de maneira vital nas relações de poder, nas lutas da oficina. No contato com os BTS, e mais exatamente com a sua maneira de ser, com a sua pessoa, as antigas qualidades que faziam o "bom" colega de trabalho – a ajuda mútua, as brincadeiras, a ausência de um espírito de seriedade, a franqueza – são desvalorizadas, como se pouco a pouco, nas oficinas e nas cabeças, se impusesse um modelo escolar do bom operário: atento, disciplinado, aberto, cheio de iniciativa, sempre em busca de formação e promoção, livre das referências políticas ou sindicais que se tornaram incômodas. Vê-se, portanto, que o "conflito" entre BTS e operários – conflito mais latente que manifesto, mas que pode explodir em um "caso" (ver boxes) – gira em torno sobretudo de valores interiorizados, do não dito, das maneiras, das aparências, de tudo que diz respeito à diferença das trajetórias escolares e sociais. Ao desprezo do BTS pela "ignorância" do OE contrapõe-se a desconfiança e às vezes o ódio destes últimos pela "arrogância", pela "pretensão" "desses BTS de araque", como diz um OE de 45 anos. O que está envolvido na passagem do grupo de referência dos OE para os BTS é tanto o abismo escolar entre as duas categorias quanto o fim dos valores comuns, dos "valores operários", das maneiras de fazer e de ser que tinham como consequência o fato de muitos OE poderem se reconhecer e se projetar nas atitudes dos OP, ao passo que agora se sentem

---

[9]   Nesse sentido, não se trata de um "puxa-saquismo" à moda antiga, que por princípio desqualificava quem o praticava...

94 *Retorno à condição operária*

muito distantes do universo dos BTS. O aprofundamento do abismo entre os OE e os técnicos vem acompanhado da consciência viva de todos os operários de que as chances de promoção se reduzem inexoravelmente. É esse processo que pode explicar o aumento contínuo nos últimos dez anos das lutas de concorrência entre os OE.

4. O travamento do sistema de promoção dos OE

Até meados dos anos 1980, o sistema de promoção operária na fábrica funcionou de maneira relativamente coerente e sólida, mas pouco a pouco foi emperrando. Os novos profissionais, em especial de manutenção, são agora selecionados no mercado de trabalho externo[10] (são principalmente jovens recém-saídos do sistema escolar com um bac profissionalizante). O encolhimento do escalão hierárquico nas oficinas – restou apenas um grupo indiferenciado e majoritário de operadores – reduz as chances de "subir" dos OE: antes, eles podiam se tornar "polivalentes" ou "reparadores". A rarefação dos empregos intermediários entre os operários de base e os técnicos também contribui para a diminuição das chances de promoção[11]. Enfim, não devemos esquecer uma evolução capital para compreendermos as transformações do mercado interno de trabalho: na fábrica, a noção de "qualificação" aos poucos foi substituída pela noção de "competência"[12]. A qualificação operária era atestada ou por um diploma conferido pelo Ministério da Educação, ou por uma formação na própria empresa cujo valor era reconhecido. Os operários passavam por testes para "subir", ganhavam "uma classificação" (graças a uma mudança de pontos na classificação) e um aumento automático de salário. Podiam contar com esse sistema como um recurso, porque havia um "exame". Hoje, os operários são confrontados com um sistema muito mais frouxo, em que a competência é a palavra de ordem. São designados para os postos em função de critérios que não são claramente definidos, não são transportáveis ou universalizáveis e, sobretudo, dão grande importância às qualidades sociais (como a docilidade). Consequentemente, a experiência adquirida na empresa, o *know-how* prático conquistado com a força dos braços, enfim, certa forma de qualificação materializada num título, tendem a ser desqualificados. Se antes a qualificação (no sentido do título) garantia direitos, hoje é a direção que define a "competência" – é claro que ela leva em conta os critérios escolares, mas age também, sobretudo, em função de seus interesses

---

[10] Quando há uma formação, é uma formação no próprio posto de trabalho, que fica sob controle estrito da direção (esta privilegia o recurso a indivíduos já formados).

[11] Sem contar que quase não se pode mais contar com a carreira de agente de controle "saído das fileiras". Eles são muito numerosos e "ultrapassados". Esses agentes de controle "tradicionais", próximos em muitos sentidos de seus antigos companheiros de trabalho, também estão "desacreditados". A direção acusou-os, principalmente, de terem sido "responsáveis" pela greve de 1989 (não souberam prevê-la, muito menos "informá-la"...; um escritório de consultoria, contratado para fazer um diagnóstico, apontou o dedo para eles...).

[12] Essa evolução não é específica da Peugeot e do setor de automóveis, mas refere-se ao conjunto da economia (indústria e terciário). Ver em especial Françoise Ropé e Lucie Tanguy, *Du savoir à la compétence* (Paris, L'Harmattan, 1995). [Ed. bras.: *Saberes e competências: o uso de tais noções na escola e na empresa*, 5. ed., Campinas, Papirus, 2004.]

próprios. Vemos bem que a competência se situa no terreno do arbitrário (das relações pessoais), enquanto a qualificação se situava no terreno da negociação em torno de questões claramente constituídas e objetivadas pelo direito. O surgimento do monitor nas oficinas de OE ganha todo o seu sentido no quadro desse movimento de substituição da qualificação pela competência. Os postos de polivalente ou de monitor fogem da "carreira operária", compreendida como uma série de etapas demarcadas ao longo de um percurso profissional dentro da fábrica. Uma simples decisão de um chefe, seguro de seu direito, pode promover um jovem de 20 anos e rebaixar um OE de 40 anos, sem que haja nenhuma chance de negociação.

Isso obriga os OE que queiram subir na fábrica a brigar em terrenos que eles não conhecem, no exato momento em que se sentem cada vez mais vulneráveis em relação ao emprego, no sentido estrito. Poderíamos falar de uma desestabilização no sistema de acumulação de "capital profissional" na fábrica. Por pequeno e medíocre que fosse, esse sistema permitia pequenas "promoções", tanto para os chefes de equipe como para os OE, que "viravam profissionais" ou, na falta disso, controladores, operadores de máquinas transportadoras, reguladores – todos esses empregos periféricos cujas atribuições estão cada vez mais integradas às atribuições da produção. E é justamente nesse período em que a intensificação do trabalho não para de pesar sobre os operários de fabricação que o desejo de promoção não pode mais ser satisfeito. As possibilidades de escapar da cadeia de produção ou evitar os postos mais duros "fora da cadeia" se tornam raras. O futuro se fecha, a decepção é multiforme, uma frase se repete com frequência nas entrevistas daqueles que esperavam algo da nova fábrica: "Perdemos as ilusões". O sentimento de ter pela frente apenas um futuro de operário medíocre e inconversível é cada vez mais presente e prolifera ao longo daqueles anos. E esse sentimento vai contaminar a representação que a grande maioria dos operários tem de suas condições de trabalho e, para além delas, o conjunto de suas condições de existência, a visão que tem do futuro. Para alguns, o fato de não "subir", de continuar com os "outros", de ter de se contentar em ser "um simples operário" para o resto da vida torna-se insuportável. Esse desejo de "subir" é acima de tudo uma recusa: a recusa de ficar "preso" à cadeia de produção, de permanecer bloqueado pelo resto da vida no mesmo posto de trabalho. Se essa questão da permanência num mesmo posto, num mesmo destino, parece ter adquirido uma dimensão obsessiva para alguns, é porque ela corresponde a uma ausência de reconhecimento social e se vê como uma luta contra a desonra. Quais são essas formas de reconhecimento? Mesmo permanecendo como operador, pode ser o acesso a um novo posto (monitor, supervisor), a esperança de mudar de coeficiente (por exemplo, passar de 180 para 190 pontos, o que permite um aumento de salário mensal de cerca de 200 francos) ou conseguir um bônus individual "à escolha". Embora esse sistema de bônus seja com muita frequência condenado, quase todos os assalariados que participam dele buscam tirar partido e não o rejeitam. Pode-se apontar com facilidade aqueles que não entram no jogo: os muito velhos, que já se demitiram moralmente; os militantes ativos, que se veem como sacrificados; e os ex-militantes, que às vezes conseguem compensações fora da fábrica.

De fato, nessas lutas por "pequenas promoções" ou "pequenos bônus", pode-se ler o medo de ficar de fora de tudo que compõe a modernidade (tecnologia, informática etc.), o medo também de ficar preso a uma representação negativa de si mesmo e, de maneira mais geral, o medo da desqualificação, que há quinze anos martiriza todo o grupo operário. Essas transformações na gestão dos postos de trabalho não são percebidas de imediato lá "embaixo", mas acabam formando um feixe de indicações relativamente claras para os OE das oficinas: os "bons" postos de trabalho (fora da cadeia de produção), aqueles que eles estavam de olho a algum tempo, tendem a desaparecer; os postos de trabalho "não muito pesados" vêm se tornando insidiosamente raros, as portas parecem estar se fechando de maneira inexorável para aqueles que estão "na cadeia". A redução do número de escapes da condição de OE (para cima ou para os lados) e o envelhecimento social, físico e moral dos operários da fábrica se conjugam para endurecer terrivelmente as pequenas lutas que se travam em torno das promoções: lutas cotidianas, feitas de coisinhas de nada para se destacar, para "ser visto" pela hierarquia ou para, "devagarzinho", denegrir ou tirar o concorrente do jogo. Daí o interesse em olhar de perto o que acontece em torno dos pequenos postos de trabalho, que têm em comum o fato de não obedecerem a critérios rígidos: recebem os operários provisoriamente, mobilizam qualidades ou competências dificilmente definíveis e exigem tarefas múltiplas das pessoas que os ocupam.

Para ilustrar essa análise – até aqui abstrata – do travamento do sistema de promoção, decidimos concentrar nossa atenção na apresentação e no comentário de duas entrevistas que nos parecem exemplificar muito bem a questão da promoção: a de uma mulher, OE de guarnição, e a de um homem, imigrante, OE de carroceria.

5. O fracasso de uma pequena promoção: uma monitora rebaixada

Annick B., 40 anos na época da entrevista (1992), é operária de Sochaux no setor de guarnição, onde se fazem assentos e capas de carros[13].

Filha de operários de cidade pequena, titular de um CAP de estenodatilografia, entrou para a Peugeot em 1970 ("Pagava bem" e ela tinha a chance de conseguir um emprego "no escritório"). Tem 21 anos de fábrica, portanto. Depois de ter trabalho em diversos postos, principalmente na cadeia de produção, há sete anos trabalha na guarnição, numa máquina de costura, como "mecânica": é classificada como OE, "agente de fabricação". Foi monitora de 1985 a 1988, numa época em que a direção recorria sistematicamente aos antigos para ocupar esses novos postos de trabalho. Quando tirou licença-maternidade, foi substituída por uma operária de seu setor. Ao retomar o trabalho, para sua surpresa descobriu que havia perdido o posto de monitora. Ficou chocada, escandalizada com tanta desconsideração por ela, que sempre trabalhou

---

[13] Essa entrevista foi realizada no quadro de uma investigação encomendada pelo Instituto Nacional de Estatística e Estudos Econômicos, e realizada com pessoas que responderam em duas ocasiões a uma investigação estatística sobre as condições de trabalho. Sobre as dificuldades e as vantagens desse procedimento, ver Michel Pialoux, "L'ouvrier et le chef d'équipe, ou comment parler du travail?", *Travail et Emploi*, n. 52, 1993.

O bloqueio da mobilidade operária e a exacerbação das lutas de concorrência   97

direito e nunca reclamou do serviço. Na verdade, nunca entendeu por que foi "rebaixada". Hoje, é "polivalente e reparadora", ou seja, é capaz de manter vários postos de trabalho ("Faço todos os postos, e não é fácil ter habilidade para fazer todos"). Na semana anterior à entrevista, foi submetida a uma entrevista de avaliação com o controle (um "velho" contramestre que ela conhece de longa data). A entrevista não foi bem: ela foi censurada, em particular, por "não sorrir". Diante deles, ela engoliu a raiva, mas percebe-se que ainda não digeriu o atrevimento de lhe fazerem tal observação. Seu marido, Hassan, com quem se casou bastante tarde, é de origem argelina (obteve a nacionalidade francesa há dois anos); trabalha há cerca de vinte anos como OE nas cadeias de montagem da carroceria. Ele, que também é polivalente, pediu para ser promovido a monitor; tem um discurso de denúncia sobre as condições de trabalho que concorda em todos os pontos com o de sua mulher, e à qual faz eco. Trabalha no mesmo "turno" da mulher. O casal recorre a uma babá para ficar com a filha. A família mora numa casa de quatro cômodos num loteamento de uma comuna situada a cerca de dez quilômetros de Sochaux, um loteamento ocupado principalmente por famílias de funcionários, OP, técnicos e assalariados da Peugeot, em sua maioria, ou de fábricas ligadas à Peugeot.

À primeira vista, o que impressiona nessa entrevista é que Annick se dirige ao entrevistador (Michel Pialoux) como se ele fosse um representante do Estado, queixando-se da direção, denunciando o que acontece dentro da fábrica. Tenta enfatizar aspectos da empresa dos quais, a seu ver, eu [Michel Pialoux] nunca ouvi falar e me mostrar os aspectos mais sombrios, ainda ocultos – os bastidores, de certo modo. Desde o início, há agressividade em suas palavras, dirigida contra os discursos mentirosos da direção – em descompasso total com o que ela vive na oficina. Fala com autoridade, mas com controle e domínio das palavras, evitando, por exemplo, palavras grosseiras. Na entrevista, procuro encorajá-la a contar as "histórias de oficina", aquelas das quais os "chefões" não querem nem ouvir falar, e com as quais os "chefinhos" se deparam todos os dias. É como se ela tivesse combinado antes com o marido dizer tudo o que "estava engasgado", e fosse uma espécie de ponto de honra "botar para fora". O que a leva a adotar uma postura de denúncia: as condições de trabalho, o ambiente, a hipocrisia das pretensas colegas.

Feitas as primeiras perguntas, tive a impressão que não conseguiria mais parar Annick. Ela começou a falar com uma espécie de paixão tensa, como se falasse em nome das mulheres da oficina. Quase não pude fazer perguntas precisas e diretas sobre seu posto de trabalho. Foi só pelo viés dos "casos" (que ela conta quase um atrás do outro) que consegui reconstituir com alguma precisão a natureza das tarefas que ela realiza na máquina de costura. Há na escolha dos detalhes e dos casos uma espécie de "martirização" de sua parte. Annick tenta me fazer compreender o que é o clima "nocivo" das oficinas (que faz com que, depois de certa idade, tantos assalariados declarem querer sair da fábrica), o que é a dureza, a violência das lutas de concorrência dentro da fábrica. O que torna seu "personagem" particularmente interessante é o fato de ela ter sido monitora e de hoje considerar sua situação de operária, ou de simples "reparadora", uma regressão profissional. Ela concebe seu futuro como algo definitivamente fechado. Nesse sentido, parece bastante decepcionada com o "peugeotismo".

Annick – Entrei na Peugeot em 1970, portanto faz 21 anos, e praticamente sempre trabalhei nas máquinas de costura, com exceção dos sete anos em que trabalhei na cadeia de produção... Fui monitora durante alguns anos, era muito interessante, mas, enfim, devo dizer que as condições de trabalho das mulheres na fábrica não são levadas em consideração, e de um dia para o outro, por qualquer motivo, mandam a gente para a cadeia de produção, o que quer dizer que nada é levado em consideração. De todo jeito, o trabalho das mulheres numa fábrica de automóveis é muito difícil. Por quê? Porque a produção é muito pesada. Num primeiro momento, no que diz respeito à gente, o chefe é um senhor, e acho que todo mundo é... Não vou falar! É um senhor... A gente não tem o direito de errar, mas tem o direito de pensar [com violência]. [...] Você não viu as pessoas que trabalham na Peugeot-Sochaux?

Vi... vi... mas não na oficina de guarnição...

Annick – Não na oficina de guarnição... Bom, a gente faz assentos. Isto é, pegamos os assentos e costuramos. A verdade é que é muito difícil na produção, porque trabalhar o dia inteiro com perfeição não é fácil. Nós somos obrigadas a trabalhar com perfeição, o que, seja como for, é absolutamente normal. Mas a gente tem muitos problemas, porque é duro para as mãos, a gente cansa a vista, cansa as costas e tem uma produção impossível. Quando a gente faz a última peça, a gente se pergunta como é que foi parar ali. A verdade é que é muito difícil, nessa questão [...].

Você tem a impressão de que há uma degradação das condições de trabalho?

Annick – É verdade. As condições de trabalho estão se deteriorando pela simples razão que a gente pensava que estava indo na direção da modernidade, mas está cada vez mais difícil, é claro... Existe falta de pessoal, o que quer dizer que trabalhamos cada vez mais, mas não somos máquinas... Também temos um limite, e nós, mulheres, já somos... Sei muito bem que o patrão não pode levar em conta cada caso pessoal, mas a gente tem uma jornada de trabalho e não admitem que a gente fique cansada... É tanto um dia, tanto no outro e no outro, e todo dia é mais, todo dia é mais. [...] A verdade é que as condições de trabalho não estão melhorando, a gente corre atrás dos japoneses, se é que posso me expressar assim, mas tem de ver se lá eles trabalham nas condições que a gente trabalha aqui. Então, exigem da gente coisas impossíveis, mas não levam em conta nada que possa facilitar o trabalho... Não, assim não é possível. Faz vinte anos que a gente está aqui e acho que os jovens que foram recém-contratados, bom, eu tenho pena deles, porque a gente está acostumado, está acostumado à carga, mesmo que seja difícil, é verdade que não é fácil, e depois, a gente está com 40 anos, ninguém mais tem 20 anos. A gente faz o dobro do que fazia vinte anos atrás... Assim não é possível! Vamos chegar à saturação! Não dá para fazer a produção e a qualidade cada vez mais rápido... rápido... rápido... Isso é impossível! A gente corre atrás da produção, mas não corre atrás da qualidade, quando deveria ser o contrário... Não, a produção agora é um problema, é um problema! Assim não dá!

O marido – Os pré-aposentados estão saindo e ninguém é contratado. A gente, que fica, é obrigado a fazer o trabalho dos que foram embora.

Annick – Dos nossos antigos que foram embora.

O marido – Exigem cada vez mais de nós...

Annick – É isso que não dá. Porque é claro que...

O bloqueio da mobilidade operária e a exacerbação das lutas de concorrência   99

O marido – E o salário não sobe...

Annick – O patrão não vai pagar a gente para não fazer nada, [tudo bem], mas tudo tem limite! E depois, se querem qualidade, a gente não pode fazer tudo às pressas... Nunca vi isso... Nunca vi alguém trabalhar bem sendo mal pago! O problema é esse nas fábricas de automóveis, na Peugeot. [...]

Os dissabores de uma monitora

Fui monitora de 1985 a 1988... Por que fui monitora? Tenho medo de dizer que foi porque fazia um bom trabalho, estava sempre presente, era voluntária porque achava que o trabalho... Já era assim na escola... Sempre agi da mesma maneira em todos os lugares, sou assim! Eu estava contente, é verdade. Mas vou lhe dizer uma coisa: a situação sofreu uma reviravolta enquanto eu estava de licença-maternidade. Minha filha nasceu em 1988 e eles transformaram a oficina de guarnição: diminuição de pessoal. E lá havia uma certa senhora, desde 1985, e infelizmente era minha colega... É verdade, é um exemplo do que estou dizendo, mas é verdade que era uma das minhas colegas. Não foi culpa dela, ela foi mandada para um curso de condutor de instalação, o que quer dizer que pretendiam criar novos ofícios. Ela era mais jovem que eu, é dez anos mais nova, e também era bem vista. O que aconteceu? Diminuição de pessoal, não podemos dar esses postos para essas pessoas, formamos as pessoas, mesmo sabendo muito bem que essas pessoas não vão ter esses postos! Porque, ainda por cima, uma mulher não tem força física, e por algumas razões que fazem com que a gente não seja do mesmo sexo, a gente não pode fazer tudo que os homens fazem. Quantas somos na oficina? As mulheres se defendem como os homens, mas reconheço que, apesar de tudo, em certos casos... Resumindo, não podiam designar a moça para um posto adequado à sua formação. O que fizeram? Pensaram: "Os ausentes nunca têm razão", eu não estava lá, fiquei fora nove meses, pensaram: "bom, o que vamos fazer?"; não é a única razão, mas talvez seja por isso também que... Vamos dar postos de monitoras a essas pessoas. O que é absolutamente natural, eu reconheço isso, eles mandam as pessoas fazerem uma formação, têm de dar um posto a elas, pagá-las. Não podem deixá-las no meio do caminho. O que fizeram? Não pensaram que ocupei o posto de chefe de equipe durante dois anos, sem remuneração, porque me davam 6 francos por dia, está entendendo? Para fazer o trabalho de um cara que ganhava duas vezes mais que eu! Enfim, eu não tinha o status, mas estava contente com a minha sorte, já estava contente por ter saído da produção, era ótimo! Mas eu voltei em maio de 1988, fui chamada, me disseram "bem-vinda", mas o bem-vindo foi rápido. Eles me disseram: "Você entende... a situação no momento atual... Vamos colocar a senhora X...", ou seja, a moça em questão, "Vamos colocá-la no seu posto porque você entende que não podemos manter você como monitora por causa dos condutores de instalação [que são mais jovens]. Não podemos. Não tem gente suficiente". Pois eu digo: "Muito obrigada!". Eles esquecem os antecedentes, não levam em conta que fiz o trabalho sozinha! Me davam parabéns, é verdade, quando faziam os balanços, coisas impossíveis de fazer numa fábrica... Me deram os parabéns, mas me cortaram. E agora, onde vamos colocá-la? Vamos colocá-la na produção, e estou até agora na produção! O que quer dizer que a promoção que me deram foi cortada! Por quê? Porque tiveram de dar a promoção para outra. Mas como! É assim que se trabalha numa empresa? Hein? Como você quer que fique motivada? Fico motivada para fazer um bom trabalho porque é assim que funciono. Mas como você quer que eu não fique revoltada?

Não, não se pode inventar [histórias]! Me chamaram para dizer que eu tinha o mesmo potencial que ela. Eles estão delirando! A Peugeot vai ter uma fábrica só de montagem daqui a alguns anos. O que é que eles vão fazer? Nomear as pessoas que foram nomeadas como essa moça, que não têm nada a ver com isso... Eu não tenho raiva dessa moça, mas, se preferir, é o princípio que não admito. E vão dizer às outras: "Desculpem, senhoras, não temos mais lugar para vocês!". Então não venham me dizer que motivam as pessoas e fazem estágios de formação para elas! Não, não! Nunca vão me obrigar a fazer uma formação, eu me recuso! Não vou me sacrificar para fazer uma formação de dois meses e no fim não ter nada, só para dizer que fiz! Porque vou reclamar que estou cansada disso! Agora é assim, faço a produção... Aliás, é uma coisa de meio período que me aguarda. Aliás, não vou dizer nada, porque se disser que vou trabalhar meio período, eles vão dizer: "Ah, essa é boa!". Para mim, as promoções morreram! Espero que isso seja... [ela indica o gravador] Eles fizeram uma cachorrada comigo, vou fazer uma cachorrada com eles! É olho por olho, dente por dente. Depois de vinte anos, é horrível pensar assim, mas é o que eles vão ter! E ainda dizem que motivam as pessoas. Eles não motivam as pessoas. De um dia para o outro, se têm alguém que precisam colocar em algum lugar, seja por que motivo for, eles esquecem os antecedentes. Não dizem até logo, não dizem obrigado, porque obrigado não existe. "Tchau", colocam uma pessoa mais jovem e você vai para a produção. Me disseram: "Você sabe fazer, não é esse o problema". É isso. [...]

"Acho que a mulher diz mais o que está engasgado do que o homem... O homem que quer ser promovido se cala mais do que a mulher. A mulher não aceita"

Na verdade, eles dão um potencial para a gente, mas enfim, não é piada, mas eles nunca vão saber o que as pessoas são capazes de fazer! Não sabem se essas pessoas são capazes de fazer outra coisa! Tenho um chefe que foi açougueiro, sinto muito, mas tenho um diploma de contabilidade, de estenodatilografia. Bom, então sou tão capaz quanto ele. Mas quando disse isso a ele, ele me respondeu: "Sabe, minha senhora, é preciso escolher". Sim, claro, é preciso escolher e infelizmente escolherem o imbecil! Me desculpe o termo. Foi o que fizeram. E depois, incapaz de gerenciar! E ainda por cima, misógino, ele só gosta dos homens, então, como somos uma equipe de mulheres, com a gente não tem paparico! Isso é um problema. Uma mulher não pode se queixar, porque senão ele vai ajudar um homem e não vai querer ajudar uma mulher. [...] Eu não faço parte do círculo de qualidade. Por quê? Porque eu estava com muita raiva, não consegui participar. Talvez uma coisa não vá necessariamente com a outra, mas para mim era uma forma de dizer que eu não estava satisfeita! Mas o que acontece no nosso setor resolveu um problema: existe um erro nos estudos... Bom, tudo bem, todo mundo erra, ou não seríamos humanos; sem erros, não existiríamos. Mas como é nos estudos, nunca seria resolvido! A gente tentou arranjar um modo... De todo jeito, se você descobre um problema, não quero dizer com isso que somos mais inteligentes ou menos inteligentes, mas nós que trabalhamos na produção vemos coisinhas que um preparador, na maior parte do tempo, não vê, isso é lógico. Mas se você vê uma coisa que não agrada, vem alguém e diz: "Nós pensamos nisso antes, não aceitamos sua sugestão". Já que pensaram antes de nós. Mas quem me garante que eles pensaram antes de nós? Puxa vida! Cada um no seu lugar! [...] Acham que somos burros! Não, eu acho que, para concluir, as pessoas são mal pagas, porque, é preciso dizer, com a taxa de abuso que existe neste momento, a gente não pode fazer... As pessoas estão desmotivadas, isso é fato, e ainda acham que somos burros, isso tem de ser dito, acham que somos burros.

É uma lógica de menosprezo...

Exatamente, menosprezo! Porque, como lhe disse, a produtividade é uma coisa, a gente sabe que está ali para fazer um trabalho, [...] a gente se adapta, mas a verdade é que está cada vez mais difícil, ninguém faz caso de ninguém. Eles não reconhecem as pessoas por seu valor: promoção zero, formação... Bom, depois da formação, você não tem nada. A gente se sacrificou... Vi o programa sobre a Renault, acho que inventaram um sistema, não sei se você viu... Eles mandam as pessoas para uma reciclagem. Mas eu vi os depoimentos, metade das pessoas não vai mais... Por quê? Não tiveram nada em troca, no fim das contas.

"Tem gente que, para produzir, não vê mais nada na frente"

Vou lhe dizer que briguei com a minha monitora na semana passada, e Deus sabe que é minha amiga. Você vai dizer que sou dura, que não facilito para ninguém, mas acho que na vida ninguém facilita para ninguém... A gente teve um problema... Bom, é mais um caso... Talvez você me diga que não é dos melhores. A gente tinha uma produção para fazer e era o [modelo] 205 XT, um carro de luxo que é muito difícil de assentar, de fazer os assentos. É minucioso e é um sistema, se preferir, [em que] não dá para ganhar muito tempo na maneira de fazer. E a mocinha que me substituiu sabe muito bem disso. Não tenho vergonha de dizer, é verdade que fiz o trabalho antes dela, por mais difícil que seja agora, ela tem mais problemas no nível do pessoal, eu reconheço. Mas no nível do trabalho, como era feito antigamente, eu tinha o dobro de produção, já estive nessa função antes, sei como deve ser feita. E a monitora vinha sempre elogiar outra operária que mantém bem o posto dela. Ela me dizia: "São 45 carros para fazer no posto", e eu sabia que no fundo ela não aceitava que eu cometesse uma falha do ponto de vista do trabalho. Ela bem que gostaria que eu cometesse uma para me dar uma [punição]. Porque, mesmo sendo camarada com a gente, o sistema Peugeot é tal que, de todo jeito, você tem de produzir. E tem gente que, para produzir, não vê mais nada na frente. Como ela. Acho que ela mudou depois da semana passada, porque acho que entendeu que, comigo, ela está lidando com alguém muito diferente das outras. Não me acho melhor que as outras, não pense que é isso, mas entendi o que ela queria. Então, ela me colocou no posto, a operadora não estava lá, tinha se atrasado. Então, ela me disse: "45 carros, 4 minutos por hora". Bom, tudo bem! São os novos tempos, não foi ela que inventou isso. Tentei cumprir, sabia que no meu turno a base eram 45 carros, não podia fazer diferente. Às 6h45, chegou a colega do turno seguinte, que supostamente fica no meu posto. Então pensei com os meus botões: "Eu não confio em qualquer um", pensei: "Vou me informar". "Será que ela está inventando história para dizer que sou pior que as outras?" Não quero que me deem uma nota ruim do ponto de vista da produtividade, não quero isso, tenho as minhas qualidades. Então eu disse a ela: "Escuta, não estou entendendo... Quantos carros você faz? Porque vou lhe dizer, é difícil, mas, 45 carros, eu não consigo fazer, estou entrando em pânico porque não estou conseguindo dar conta". Ela respondeu: "Não consigo nem 40. Disse à monitora que, com 40, eu já saturava". Veja só o sistema que implantaram na Peugeot! Mas ela me disse: "Ela faz fácil, fácil 60". Pensei comigo: "Cuidado, ela está inventando história ou então quer que eu passe por aquela que menos produz. O que é que eu faço?". Fiz uma coisa desonesta, em vez de ir até ela e dizer: "Escuta, você está mentindo para mim. O que é que você vai dizer ao chefe?", fui diretamente até o chefe e disse: "Você vai me dar a nota [de avaliação]". E ele me deu a nota... Ele não é bobo, entendeu muito bem. Ele me disse: "Escuta, qualidade: bom; produtividade: bom; mas em alguns postos vocês estão no mesmo patamar. O que quer dizer que você não faz mais ou até tem mais dificuldade para fazer". Só podia ser assim, porque, é verdade, tem coisas que não são fáceis. Então eu disse: "Mas como é que pode?". E contei o problema. Disse: "O que não gostei foi da maneira como me avaliaram". Depois disso, nós fomos chamadas. Mas não juntas! Porque não se deve chamar as pessoas juntas. Uma depois da outra. E disseram à monitora que lamentavam a coisa toda, que ela não podia ter dito aquilo! Então, como falei com ela, eles disseram que eu tinha de me explicar com ela. Eu disse a ela: "Escuta, Brigitte, você mentiu. Por que inventou aquela história? Por que quis me fazer acreditar que a outra fazia mais do que eu?". Mas, veja o sistema, talvez você tenha dificuldade para entender, mas ela mentiu! Ela queria que fosse dito que eu não consigo fazer [a minha produção]. Então ela mentiu. Você vê que a concorrência é tanta... Mas a gente se explicou... Ela me disse: "Censuro você por uma coisa: você não confiou em mim!". E eu respondi: "Não, não confiei. Conheço o sistema daqui, é terrível. Você critica o sistema do nosso controle e faz igual a eles? Isso não vai funcionar entre a gente". E, você vê, isso aconteceu na semana passada, ela reconheceu o erro...

Annick guarda uma mágoa: a da degradação da qual foi vítima, trazida novamente à memória pela entrevista de avaliação por que passou na semana anterior. Essa mágoa, que não foi perdoada, deixou-a sensível a uma série de pequenos detalhes, de pequenas ofensas – fardo comum na vida de operário(a) de fábrica – que, para ela, agora têm consequências. No interior de sua mágoa, há provavelmente a descoberta de que o tempo de casa, que ainda tinha valor na antiga oficina, agora é tratado como um *handicap* [desvantagem], uma espécie de peso social. Por uma frase repetida várias vezes – "Eles esquecem os antecedentes" –, Annick tenta nos fazer entender que os (pequenos) privilégios dos quais os "antigos" podiam se valer não existem mais. Na antiga condição do sistema de relações sociais, a lógica de precedência se baseava no tempo de casa e na qualificação profissional. Agora elas são pegas de través pelas inovações organizacionais.

Outro fato impressionante na entrevista é a extrema sensibilidade de Annick ao olhar que se lança sobre ela, como atestam frases recorrentes (sob formas variadas), como: "Acham que somos burros", ou "Desculpe, mas acham que somos burros". Além da constatação de uma falta de consideração, encontramos em seu discurso toda a temática da desvalorização social e da degradação. Mais que a descrição da oficina, das relações entre as operárias e o "chefe", e das relações das operárias entre elas, a violência e a agressividade das palavras de Annick denunciam um novo sistema de trabalho que impele os operários à concorrência, sejam quais forem as relações estabelecidas entre eles, e desse modo se opõe à antiga moral do grupo (esse é o sentido da frase que ela usa: "Sendo colega, eu minimizei").

No meio da entrevista, encontramos um descompasso constante entre, de um lado, as palavras tiradas da linguagem dos recursos humanos para falar das relações sociais na oficina e, de outro, a realidade tal como ela a vive. Obstinadamente, ela contrapõe a tudo que é discurso oficial ("Querem nos motivar, nos 'mobilizar' para o bem da empresa, que é também o nosso bem") a realidade de que vive e de todo um conjunto de práticas injustas e arbitrárias que, ao seu ver, geram a "desmotivação", num contexto global que a hierarquia não quer ver. À temática oficial (limitações internacionais, pressões japonesas, exigências de qualidade), ela contrapõe o medo de ser colocada num posto ruim, o medo de perder uma das magras vantagens (ou pequenos "contra-*handicaps*") de que dispõe, o medo de ser demitida.

6. Inveja e concorrência no trabalho

Driss (OE, marroquino de 50 anos) e Christian (OE, 45 anos) trabalharam juntos durante muito tempo na oficina de guarnição de Sochaux. Nessa entrevista, Driss fala, entre outras coisas, da luta que travou para conseguir, como todos os operários da cadeia de produção, um "bom" posto ou escapar dos ruins[14]. Nessa oficina, o trabalho de montagem dos assentos, que antes era feito sobre um carrossel, foi substituído no fim dos anos 1980 pelo trabalho em mesas, que, segundo a maioria dos operários, é menos duro. Depois de ter trabalhado muitos anos na cadeia de produção – na verdade, sobre os carrosséis, com uma pinça, ferramenta por excelência do guarnecedor –, Driss foi transferido, dois anos antes da entrevista, para um posto fora da cadeia, considerado pouco duro. Ele teve dificuldades para se adaptar a esse novo trabalho (vários meses de aprendizado), o qual exige um grande esforço de memorização, mas hoje está satisfeito com sua posição profissional, apesar de dever o novo posto ao seu estado de saúde. Não podia continuar nos carrosséis, pois sofria cada vez mais de doenças de trabalho comuns nos guarnecedores (formas agudas de tendinite, hérnias, dores lombares); teve de ser operado várias vezes, normalmente, de emergência. Assim, no geral, grande parte da entrevista gira em torno da questão dos postos de trabalho e, em particular, da maneira como ele os obteve, da "inveja" que suscitaram, e como teve de se defender das acusações de certos operários. A condição de imigrante marroquino – ao lado dos turcos, os marroquinos formam o grupo mais numeroso de imigrantes da fábrica – não é a única em questão, pois todas as transformações da estrutura profissional e hierárquica estão envolvidas.

> Driss – [...] Há quinze anos, não era assim... Se você "subia" um carro [ao longo da cadeia], ganhava um tempinho a mais e pagavam uma rodada para você. Agora não é assim... Mas o Christian é que nem eu, hoje, se você não conhece o cara, nunca, nunca confie nele... Não dá para confiar em qualquer um. Sempre teve os caras que diziam: "Bom dia, bom dia", mas agora até os caras que trabalham com você, que você não conhece, em geral têm inveja de você [dito com muita força], inveja do meu posto, do lugar que tenho agora...
>
> Christian, rindo – Você está num lugar bom, agora!
>
> Driss – Digo que aquele que trabalhou comigo durante 25 anos na cadeia de produção, esse pode conversar comigo, mas os outros estão aí há 4 ou 5 anos... [Para Christian:] A gente trabalhou duro, hein? Não trabalhou?
>
> Christian, rindo – Muito duro! Mas também se divertiu...

Percebe-se tudo que está em jogo nessa primeira troca de palavras: a questão do posto e da confiança entre colegas de trabalho (o "dobrador", antes de mais nada), do ambiente e de sua degradação – devida, em especial, à presença dos jovens. Driss descreve a pressão que pesa sobre todos, a maneira como os jovens (quase todos ex-temporários contratados entre 1989 e 1990) são levados a entrar no jogo da direção por causa da lógica da situação. As questões em torno dos postos de trabalho nas oficinas

---

[14] Embora as palavras de Driss não venham em resposta a uma interrogação direta sobre o racismo, seu relato é perpassado de ponta a ponta por essa questão: as ofensas e os insultos racistas são inteiramente "pegos" nessa luta pelos postos de trabalho.

104 *Retorno à condição operária*

de montagem – "promoção" de uns para postos fora da cadeia de produção, permanência de outros em postos da cadeia que podem ser mais ou menos duros, nomeação para postos que são alvo de atenção e de numerosos comentários – tornaram-se tão importantes para os operários que se esfalfam na cadeia de produção que todos os meios parecem válidos para escapar dela. Para os velhos OE, é quase uma questão de vida ou morte. Driss evoca também as condições em que conseguiu sair dos carrosséis de guarnição, após várias providências e muitas dispensas por doença.

> Eles receberam uma carta que dizia que eu tinha sido operado da barriga. Então sabiam muito bem que, se eu fizesse algum esforço, arrebentava tudo. Aí me mudaram. Me colocaram no descarregamento de assentos. Fiquei lá dois anos. Mas, depois de um tempo, eu disse: "Endoideceram!". Disse: "Sou um acidentado de trabalho, mas não quero parar" [...]. Quero trabalhar, façam alguma coisa por mim. Eu fiz alguma coisa por vocês [isto é, sempre foi um bom operário], agora vocês façam alguma coisa por mim. E mostrei a papelada que dizia que eu tinha um mês de licença [do trabalho por motivo de saúde], mas não parei, continuei trabalhando sem pedir minha licença [...]. Então, um dia, o contramestre me chamou e disse: "Vou lhe propor um posto" "Qual?" "O posto de cima." Eu disse: "Tudo bem, mas com algumas condições. Primeira condição: vou experimentar; se gostar, não vou recusar. Segunda condição: grana e pontos [de classificação]; se vocês me derem isso, eu fico nele. Não fui eu que pedi [esse posto]". Ele disse: "Tudo bem, vamos ver". Eu disse: "Não tem essa de 'vamos ver', é sim ou não". Ele disse: "Vai ver o seu novo posto". Era uma segunda-feira, trabalhei uma semana e, na segunda-feira seguinte, ele me disse: "Tudo bem?". E eu: "Tudo bem. Agora me dá o resto". Mas ainda assim me tiraram o bônus da cadeia de produção. Eu disse: "Dane-se".

Esse trecho deixa entrever o que são as relações entre operários e agentes de controle: é raro que a direção imponha brutalmente trocas de postos de trabalho que levem a "negociações" feitas contra um fundo de percepção das relações de forças. Mas também se vê a que ponto o relato se divide entre duas exigências contraditórias, que refletem o embaraço do autor diante de Christian (próximo do polo sindical). De um lado, Driss se expõe à acusação de "puxa-saquismo", e até o confessa num ligeiro lapso: dispensado por motivo de saúde, compareceu várias vezes ao trabalho para ser bem-visto pelos chefes e espera ser "reconhecido" por isso. De outro, quer mostrar a Christian que não se deixa impressionar pelos chefes, não perde a franqueza diante deles e não entrou para o time dos "puxa-sacos". Na sequência, ele caçoa diversas vezes dos velhos árabes que morrem de medo de perder o bônus da cadeia de produção e "ficam de quatro" na frente dos chefes. Ao mesmo tempo, deixa transparecer que se preocupa em conseguir a simpatia dos chefes. No início da entrevista, Christian e Driss fazem brincadeiras entre si. Driss não tem realmente consciência de que suas palavras estão sendo registradas. Pouco depois do início da entrevista, Driss e Christian falam do novo chefe da oficina, da chegada de jovens BTS e de um antigo chefe de equipe, Robert.

> Christian – Ele era legal, aliás... Era um sujeito de bem...
>
> Driss [Dá a entender por seus gestos, sem se atrever a contradizer o amigo, que não partilha sua opinião, depois acrescenta, tomando coragem] – Enfim, em relação a ser "legal", ele era contra mim. Agora está aposentado, a gente se vê de vez em quando.
>
> Christian – Mas a sua relação com ele não era tão ruim assim...

O bloqueio da mobilidade operária e a exacerbação das lutas de concorrência 105

Driss – Ele não diz francamente na minha cara, mas diz na frente dos outros, para sossegá-los: "Não gosto de árabe!". Bom, comigo, entra por um ouvido e sai pelo outro... Não fico com raiva. Não, não! Digo a ele: "Você tem razão, você não gosta, mas se você não gosta, eu gosto...". [Isso é dito num tom irônico e ao mesmo tempo apaziguador.] É assim, não tem muita solução. Mas no fundo, Robert é um bom sujeito, é um cara legal...

Christian – É, é um sujeito de bem...

Driss – Porque depois, meia hora ou vinte minutos depois, ele vem, me pega e diz: "Não disse aquilo de coração, se disse foi só para..."

Era por causa dos outros... [operários]

Driss – É, era por isso, por causa dos outros...

Mesmo assim, deve ser duro ouvir esse tipo de coisa...

Driss – O Robert me diz: "Se digo isso, os outros vão ficar com raiva de mim". E eu digo a ele: "Você pode dizer o que quiser, principalmente comigo". [Ele se emenda.] Os outros árabes me dizem: "Por que você não diz nada?". E eu respondo: "E o que é que vou dizer?".

Christian – É isso mesmo! Eles não sabem, não conhecem o esquema [de brincadeiras] como nós, na guarnição...

Driss – Senão, qualquer um que me dissesse alguma coisa... Eu vou brigar? Xingar? Por quê? A gente tem de pensar, saber como foi dito. Ele me disse de brincadeira, para me levar na conversa? Ou foi para me magoar? São várias coisas...

É um problema de "contexto"!

Driss – Exatamente! Tenho colegas árabes que não entendem isso! Ele diz uma coisa... e eu vou partir para a briga? Não, a gente tem de reagir, mas não levar as coisas a sério demais. Depende do cara que disse... depende... O cara pode dizer uma coisa... [Ele pensa.] De todo jeito, você vê pelo olhar se ele disse por maldade ou para levar você na conversa... Tem um cara, a gente se conhece há vinte anos, se estou no café, ele me provoca, mas diz: "É só provocação", ele não diz para magoar... Você diz: "Deixa para lá". Pronto, ele diz duas ou três palavras, você não presta atenção.

Christian – [Retomando sua ideia anterior.] Porque a farra da guarnição é assim. Volto lá regularmente, durante algum tempo eu ia lá buscar meu contracheque todos os meses. A gente se reencontrava, tinha um pessoal diferente, que eu não conhecia, a gente continuava a fazer a farra de sempre com os colegas, e os outros olhavam espantados para a gente.

O que Christian talvez meça mal aqui é a nova forma de violência sofrida por Driss, assim como pelos outros imigrantes da fábrica, no transcorrer da vida diária, à medida que as relações com os franceses se azedam e o abismo entre jovens e velhos se aprofunda. Os jovens invejam os velhos pelas pequenas vantagens que estes obtêm dos chefes. A certa altura da entrevista, Driss fala das boas relações que mantém atualmente com os agentes de controle de seu setor (dos velhos) e da "inveja" que isso desperta nos outros, em particular nos jovens.

Os outros perguntam por que a gente diz coisas entre a gente para brincar... Tem um, um alsaciano [dito com certo menosprezo], um certo monitor, um idiotinha, que se pergunta isso. Um dia, ele me pegou, não sei de onde ele é [de que oficina], e me disse: "Você é um puxa-saco". Eu disse: "Por que está dizendo isso para mim? Ele não é o seu chefe, eu trabalho no quarto e você, no segundo, e depois você não é meu chefe". Ele me disse: "Você janta com ele [o chefe de equipe], conversa com ele, brinca com ele, a gente não pode falar com ele". Eu respondi: "Exatamente, você não pode falar com ele; eu posso dizer a ele o que penso e ele pode me dizer o que pensa, você não pode porque tem medo dele, eu não!". Ele me respondeu assim [levantando a voz]: "Puxa-saco!". Eu respondi: "Não admito, se eu fosse puxa-saco, não estaria aqui, estaria ainda mais alto do que estou, porque conheço gente que dá presente e tudo". [Falamos do português que traz presentes para o chefe.] O chefe me disse: "Seus amigos marroquinos não me trouxeram presentes este ano, o português me trouxe". Eu disse: "Nem todo dia é dia de festa, não dá para trazer o tempo todo, o tempo todo!". Porque no ano passado ele pediu para um cara trazer alguma coisa e ele trouxe. Até para mim ele já pediu umas babuchas e eu trouxe... Ele me pediu para trazer babuchas de couro... mas não pagou por elas.

Entrevemos, por esse discurso centrado no insulto, a fragilidade do equilíbrio simbólico nesse tipo de oficina e a maneira como está se deteriorando. Driss não é insultado por ser árabe, mas por ser puxa-saco. E por um monitor, isto é, por alguém que é suspeito de ser conivente com os chefes. Se Driss se ressente violentamente do insulto é porque é atingido em sua honra de operário. O puxa-saco é aquele que "lambe as botas do chefe" para obter um bom posto ou pelo menos um posto menos ruim, para ser "bem-visto". O insulto tinha sua força plena num outro estado do sistema de relações sociais dentro das oficinas, quando prevalecia claramente a oposição entre colegas e puxa-sacos: os puxa-sacos não podiam ser colegas, e os colegas não podiam ser puxa-sacos. Hoje, o sistema de oposições que se estruturava em torno dessa clivagem é profundamente questionado. O peso ofensivo do termo "puxa-saco" perdeu pouco da sua força, mas não há mais acordo sobre a definição de "puxa-saco". Um operário (no caso, um imigrante) que tenha simpatias "cegetistas" pode ser tachado de puxa-saco e um "peugeotista" pode ser visto com qualidades de "bom colega". As cartas se embaralharam, velhos operários como Driss ainda se reconhecem nesse jogo, mas o ressentimento e as altercações que resultam daí podem ressurgir sob formas complexas.

Nesse novo estado das relações sociais na oficina, a posição de alguém como Driss é difícil e ambígua. Em geral, ele parece estar no meio de um fogo cruzado, servindo de alvo para acusações opostas. Se aos olhos de certos agentes de controle ele parece suspeito por suas amizades "cegetistas", outros operários – não tanto os velhos "cegetistas", mas os jovens contratados que querem "subir" – suspeitam que ele seja complacente com os chefes. A prudência que demonstra nessa questão é tachada de covardia. Também nesse caso, Driss pode se sentir ameaçado por diversos lados e, portanto, tem de ser muito diplomático para não sucumbir aos golpes dessas duas acusações opostas. O interesse de seu relato é que ele mostra bem como os velhos imigrantes, há muito tempo inseridos no sistema complexo de relações de forças, são constantemente obrigados *a entrar em acordo*. Considerados suspeitos nos dois lados – tanto para os chefes quanto para os operários –, estão sempre no fio da navalha, tendo de dar garantias ora a uns, ora a outros, e administrando as suscetibilidades de uns e de outros como se não pudessem se permitir o menor desvio de conduta.

O bloqueio da mobilidade operária nos últimos dez anos é um fato importante da evolução da fábrica de Sochaux. O fato de levarmos em consideração essa mediação essencial constituída pelo estreitamento do horizonte dos operários diferencia nossa abordagem da maioria das análises sociológicas que tem como objeto as organizações técnico-sociais, mas ignora a importância da relação com o futuro como construção subjetiva estabelecida sempre referida a um certo "contexto". O fim objetivo das chances de promoção explica em parte a crescente desilusão que atinge profundamente a moral de todos os assalariados. Todos constatam que as portas estão se fechando ou se fecharão em breve. A esperança de uma promoção na fábrica parece ter desaparecido quase por completo (contrariamente ao que dão a entender muitos dos discursos sobre a formação permanente na fábrica). O travamento do sistema de promoção contribui para reforçar o rompimento – que com o tempo será cada vez maior – entre o mundo dos operários e os outros. É também nesse contexto que se deve interrogar novamente o sentido que pode ter, a partir de agora, o trabalho operário.

BOX 1   **O "lugar" e o "ambiente"**

Palavras como "ambiente", "lugar", "peão" são termos locais que remetem ao que os economistas e os ergonomistas designam como "condições de trabalho". Parece que é necessário dar a essas palavras todo o seu peso e refletir sobre o modo como podem nos introduzir, quase diretamente, na representação operária dos postos de trabalho, das condições de trabalho. De maneira esquemática, para um agente de controle ou um chefe de equipe, o "lugar" é o posto de trabalho no sentido como os técnicos e os ergonomistas entendem a palavra, é o fato de ter que trabalhar sobre uma máquina de certo tipo em certo local. Corresponde também às limitações diretamente ligadas ao posto: desgaste físico, "dificuldade", certo número de elementos que podem ser medidos e apreendidos em termos físicos. O ambiente são as condições físicas em que o trabalho é realizado: barulho, poeira, sujeira, luminosidade, poluição etc. A palavra pode ser substituída com frequência por "meio". Também se pode designar com esse termo certos aspectos das relações sociais, como a maior ou menor distância entre hierarquia e assalariados, a homogeneidade ou heterogeneidade do grupo etc. Mas esses aspectos são considerados abstratamente como um "fator" a mais que se soma aos outros.

Para um operário, não é bem assim: o "lugar" é, sim, o posto de trabalho, mas é o posto de trabalho tal qual ele o domina, como ele conhece suas facetas ao término de um verdadeiro processo de apropriação. É o posto de trabalho, portanto, tal qual permitiu a formação de certos "saberes", "truques", "macetes" que viabilizam economizar trabalho e ganhar tempo – tempo do qual o operário tirará proveito para estabelecer boas relações com os "colegas" do grupo, da equipe. Deixar seu lugar, ser transferido, ser designado para um novo lugar é perder suas referências e um conjunto de conhecimentos dificilmente dizíveis, aqueles que ajudam a suportar a monotonia da vida no trabalho e permitem a criação de um "bom ambiente". O ambiente é, antes de mais nada, a possibilidade de estar entre iguais, entre os colegas do grupo de trabalho, próximos pelas características culturais e unidos pelo fato de estarem submetidos às mesmas obrigações no mesmo local, de terem de enfrentar os mesmos chefes. O ambiente bom é a certeza conquistada com o tempo de que se

108 *Retorno à condição operária*

poderá exercer (contra os outros, contra os chefes...) esse domínio prático do saber técnico, essas "habilidades" que só se podem adquirir numa relação de intensa familiaridade com os colegas e que exigem que se esteja protegido contra a intrusão de outras pessoas, que se esteja num grupo relativamente homogêneo. O ambiente ruim é, antes de mais nada, o fato de ter de enfrentar sozinho o mundo dos chefes, de estar mergulhado no mundo das "invejas". De fato, a formação do ambiente nas grandes oficinas depende sempre de uma espécie de negociação complexa – sobre a qual os operários relutam em falar – com os representantes da "outra cultura", a cultura dos técnicos e dos gerentes. Negociação que é de responsabilidade dos agentes de controle e evidentemente ocorre de formas muito diferentes, dependendo, por exemplo, se o agente é um antigo operário de 50 anos que foi promovido ou um jovem BTS de 25 anos que "não conhece o trabalho" e quer mostrar serviço.

Com as palavras se revestindo de sentidos tão diferentes, é compreensível que um agente de controle ou um operário de uma mesma oficina possam fazer julgamentos que pareçam profundamente contraditórios sobre a evolução das condições de trabalho na fábrica e, mais precisamente, sobre a evolução dos postos de trabalho e do ambiente. Para o primeiro, os postos de trabalho – os "lugares" – melhoraram de maneira sensível no decorrer dos anos. Os postos de trabalho muito penosos foram suprimidos ou modificados. Em contrapartida, o ambiente, que diz respeito a tudo que chamamos de meio, as condições externas do trabalho, que exigem investimentos mais pesados, não mudaram tão rápido, em todo caso não tão rápido como desejariam os técnicos. Para o operário, inversamente, é a evolução dos postos de trabalho que é considerada catastrófica. Na verdade, não é sobre o conteúdo destes postos que ele se manifesta, mas é acima de tudo sobre o fato de, pelo jogo combinado da intensificação do trabalho com as transferências, os operários estarem completamente desestabilizados – porque essas transferências impedem a aplicação dos saberes práticos que permitiam ganhar tempo e davam segurança nas oficinas.

BOX 2   **A desregulação do sistema de brincadeiras no trabalho**

O estudo da maneira como as brincadeiras no trabalho mudaram de sentido com o tempo, em especial as de conotação racista, e como são de fato ditas ou apenas sugeridas, mostram bem até que ponto as relações sociais nas oficinas azedaram e se desestabilizaram. Podemos analisar as "brincadeiras de oficina" que alimentam a vida cotidiana tomando como referência o que os antropólogos chamam de "relação de brincadeira"[15]. Elas são reveladoras quanto às relações no trabalho. Lembremos que as

---

[15]   O tipo de relação social que se pratica nessas trocas corresponde bastante bem à noção de "relação de brincadeira" tal como é definida por Radcliffe-Brown: "O que designamos pelo termo 'relação de brincadeira' é uma relação entre duas pessoas em que, por hábito, existe a permissão e, em certas circunstâncias, o dever de uma arreliar a outra ou de se divertir a sua custa. Em troca, esta última não deve se mostrar ofendida. Trata-se de uma combinação particular de amizade e rivalidade. O comportamento é tal que, em qualquer outro contexto social, expressaria e provocaria hostilidade, mas, aqui, não é sério e não deve ser levado a sério. Em outras palavras, trata-se de uma relação de desrespeito consen-

trocas de brincadeiras – entre si, com os chefes – podem ser consideradas indicadores de familiaridade. Certa forma de etnocentrismo de classe funda-se na incompreensão do que são as relações de familiaridade no meio popular, do lugar ocupado pela brincadeira, da maneira como se organizam as classificações locais. As palavras mais virulentas, mais violentas, não são a expressão dos mais fortes antagonismos. No uso das palavras neutras, pode haver uma vontade ferina. Tudo depende da maneira de dizer. A brincadeira põe o outro à prova: será que ele vai se ofender, vai responder, vai saber rir e se desarmar?

Mais fundamentalmente, a desregulação do sistema de brincadeiras na fábrica é uma expressão da anomia da vida social nas oficinas. É comparando sistematicamente dois tipos de brincadeiras, em especial entre franceses e imigrantes, em períodos diferentes da vida da fábrica de Sochaux – nos anos 1960 a 1970 (oficinas de OE tayloristas) e nos anos 1986 a 1995 (reorganização das oficinas de montagem segundo a lógica dos fluxos tensos) –, que verificamos a que ponto o sistema de brincadeiras de oficina, em especial a que envolvem os imigrantes, mudou de sentido. O sistema de brincadeiras em vigor nas oficinas que permaneceram rigorosamente tayloristas baseava-se em larga medida no reconhecimento e na aceitação das diferenças que viravam alvo de chacota. Essas brincadeiras visavam tantos os provincianos – do Norte, de Marselha, da Bretanha, por causa do sotaque, do modo de se comportar, beber etc. – quanto os jovens, as mulheres e os imigrantes, em especial os árabes e os turcos, "caçoados" por sua maneira de ser e pelos sinais mais visíveis de sua origem estrangeira (barrete, burnus, djelaba, babucha). Os imigrantes partilhavam com os outros a condição de "objeto de brincadeira". Aliás, no decorrer dos anos, após um período de adaptação e graças a um domínio maior da língua e dos códigos de conduta, muitos deles aprenderam a "retrucar", a entrar assim – é claro que de maneira mais tímida e com menos segurança que os agressores naturais (os operários há muito inseridos numa tradição operária) – no jogo interativo da "relação de brincadeira", que funcionava como um dos modos de socialização na cultura da oficina. As brincadeiras com os imigrantes eram sobretudo a expressão de um grupo mais ou menos integrado, que possuía valores comuns. Obviamente, isso não impediu a existência de rivalidade entre operários franceses e imigrantes e a manifestação de certa xenofobia, em especial na época da guerra da Argélia e nos anos seguintes, ou na época da chegada em massa de imigrantes depois de 1968. Mas, nessa época, o grupo operário tinha certa força social, e a violência contra os imigrantes na fábrica era controlada, canalizada, em particular graças ao trabalho político realizado pelos representantes operários[16]. Hoje, as "brincadeiras" no trabalho que visam os árabes são muito diferentes daquelas referentes aos franceses do Norte ou de Marselha: são cada vez mais agressivas, ofen-

---

tido". Ver Alfred R. Radcliffe-Brown, *Structure et fonction dans la société primitive* (Paris, Seuil, 1972, col. Points). [Ed. port.: *Estrutura e função nas sociedades primitivas*, Lisboa, Edições 70, 1989.]

[16] Em Sochaux, nos anos 1960 e 1970, havia "grandes figuras" sindicais (entre os responsáveis da CGT ou da CFDT) que, diretamente oriundos da imigração italiana ou espanhola dos anos 1930, sempre procuraram marcar sua solidariedade com os imigrantes.

sivas e às vezes rancorosas. As múltiplas formas de solidariedade no trabalho entre operários de montagem de um mesmo setor tendem a desaparecer: "Ninguém confia em ninguém", não cansam de dizer, num tom cansado e desiludido, os diferentes operários que conhecemos no início dos anos 1990. A "brincadeira" transforma-se cada vez mais em observação indelicada, deliberadamente ofensiva da parte dos franceses (ou europeus, em especial portugueses): é sempre feita contra os árabes ou os turcos. A partir daí, a "relação de brincadeira" tradicional limita-se às relações entre certos "antigos" – "velhos" franceses e "velhos" árabes – e de certo modo acha-se entrincheirada no campo dos operários próximos do polo sindical. Seu substrato social desmoronou: os operários de um mesmo setor formam cada vez menos um grupo de interconhecimento. A desregulação do sistema de brincadeiras pode ser considerada, portanto, um sintoma da desregulação das relações sociais. À medida que o tempo passa, que as relações entre operários de montagem se alteram, que cada subgrupo da fábrica ou mesmo cada indivíduo tende a não considerar mais nada além de seus interesses imediatos, estabelece-se uma espécie de situação anômica.

SEGUNDA PARTE
A SALVAÇÃO PELA ESCOLA

"BAGAGENS" UM POUCO PESADAS

O prolongamento da escolaridade nos últimos quinze anos nos meios populares tem estreita relação com a desvalorização da condição operária. O trabalho vivido nas oficinas espalhou entre as famílias operárias locais a ideia de que as antigas formações técnicas, do tipo CAP ou BEP*, já não eram mais uma garantia contra o desemprego, que era preciso ter "bagagem" (palavra que volta constantemente nas entrevistas) – isto é, "no mínimo" o bac, melhor ainda um BTS – para enfrentar o mercado de trabalho. A grande maioria dos OE se deixou convencer da necessidade de "empurrar os filhos" o mais longe possível para evitar que sofram o que eles próprios sofrem na fábrica: humilhações e estigmatizações. Portanto, a escola surgiu pouco a pouco como o local de reporte de todas as aspirações frustradas das famílias operárias, como se os filhos tivessem recebido por procuração a missão de salvar simbolicamente a honra da família, em particular a do pai. Mas a democratização do ensino médio foi feita de maneira enganosa. É claro, permitiu que os filhos dos operários continuassem seus estudos, mas ao mesmo tempo embaralhou as fronteiras e as referências do antigo sistema escolar. Os cortes e as separações não são mais tão claros, são postergados e dissimulados, os pais não têm mais certeza do valor do veredcito dado pela escola a respeito de seus filhos. Uma espécie de preocupação, ou mesmo de rancor surdo contra a escola, manifesta-se nas famílias operárias. A continuação dos estudos, estimulada por múltiplos sinais (dos quais o primeiro, e não menos importante, foi o decreto da política dos "80% no bac"), não é um engodo? Uma fuga de um mercado de trabalho que se fecha cada vez mais para os jovens pouco ou não diplomados[1]?

---

* Diploma de estudos profissionalizantes, obtido na conclusão do segundo ano do ensino médio. (N. T.)

[1] Ver, na abundante literatura sobre o assunto, Jean-Pierre Terrail (org.), *La scolarisation de la France* (Paris, La Dispute, 1997). Sobre a inserção dos jovens no mercado de trabalho, ver em especial os trabalhos de Éric Verdier, entre eles "L'insertion des jeunes 'à la française'; vers un ajustement structurel?", *Travail et Emploi*, n. 69, 1996, p. 37-54.

4

A "DESOPERARIAÇÃO" DO ENSINO PROFISSIONALIZANTE

O prolongamento da escolaridade dos jovens e o efeito provocado pelo anúncio do objetivo de colocar "80% de uma geração no bac", em 1985, traduziram-se, em nível nacional, pelo predomínio cada vez maior do sistema de ensino geral em detrimento do ensino profissionalizante. Percebe-se tarde demais que os temores que se podiam alimentar com relação a essa política voluntarista (e despreparada) de elevação do nível de formação não eram sem fundamento. Como evitar, por exemplo, a marginalização e a estigmatização dos 20% restantes como "fracassados" do sistema escolar? Nessas condições, como continuar mantendo um discurso de revalorização do ensino profissionalizante? De fato, os alunos dos liceus de ensino profissionalizante (LEP), minoritários em sua faixa de idade e na maioria das vezes orientados pela negativa para os LEP, tendem a viver sua escolaridade à sombra dos colegiais "de verdade". A investigação, realizada em maio de 1992 num liceu profissionalizante da região, permite afinar essa constatação global.

O liceu Niepce, fundado em 1959 para suceder ao antigo centro de aprendizado de uma das fábricas da Peugeot, foi durante os anos 1960 e 1970 um liceu que formava principalmente operários qualificados de metalurgia. O grosso dos "batalhões de alunos" se concentrava nos cursos de mecânica geral e se preparava para o CAP de fresagem, tornearia e ajuste, para em seguida se tornar operário qualificado (ajustador, torneiro, fresador etc.) ou especializado (sobretudo na fábrica de Sochaux)[1]. Esse es-

---

[1] "Chegamos a ter 150 ajustadores aqui, por volta de 1968", me disse orgulhoso um ex-professor de mecânica. São numerosos os testemunhos recolhidos que evocam com nostalgia esse período em que os alunos arranjavam trabalho assim que saíam dos colégios de ensino técnico (CET). O fim da admissão de operários, em 1979, deteve o desenvolvimento do CET e provocou uma grave crise de mercado para os alunos da região que haviam saído do ensino profissionalizante. "Começamos a

116 *Retorno à condição operária*

tabelecimento escolar ocupa hoje uma posição elevada na hierarquia local dos liceus profissionalizantes industriais (com uma população de 95% de homens): é a escola mais procurada pelos alunos orientados para o BEP ao concluírem o ensino fundamental, e também aquela cujo campo de seleção é o mais amplo. O que queremos demonstrar aqui, a partir do caso particular de um liceu específico, vale *a fortiori* para os liceus profissionalizantes das outras regiões industriais. Quando fizemos a investigação, no início dos anos 1990, essa escola, assim como a fábrica de Sochaux, estava em plena reestruturação: abandono progressivo dos setores tradicionais da mecânica, promoção de novos setores promissores, como manutenção, robótica e plasturgia. A criação dos "bacs profissionalizantes" em 1985 foi uma resposta às dificuldades de recrutamento nos liceus profissionalizantes. Ora, a observação (em especial durante as aulas e os conselhos de classe) mostra o abismo cada vez maior entre as exigências escolares inerentes ao bac profissionalizante e as disposições dos alunos "subselecionados", que acima de tudo buscam nessa nova carreira uma forma de continuar provisoriamente os estudos.

Quando endossam o papel de estagiários em empresas (como futuros técnicos de oficina), os "bacs pro" são catapultados para oficinas em reconstrução, diretamente às voltas com o que resta hoje de resistência operária no trabalho. O que está em jogo nesses estágios em empresas é, talvez, certa forma de aprendizado durante o qual esses filhos de operários – em fase de (pequena) ascensão escolar, e tendo largamente interiorizado o imperativo da racionalização produtiva – experimentam, no próprio centro da produção industrial, a distância social que se abre com relação à geração de seus pais e a necessidade de se desvincular do universo operário, seu meio social de origem. A análise das transformações dos liceus profissionalizantes locais agem então como uma espécie de lente de aumento dos mal-entendidos e das contradições que "martirizam" o grupo operário local (e mais genericamente da França): que tipo de herança os pais operários, enfraquecidos pela insegurança econômica e pela mínima representação política e sindical, ainda podem transmitir aos filhos? E como se elabora, em especial a partir da escola, certa recusa da herança operária por parte dos filhos?

1. Declínio da "mecânica", valorização da automação

A automação acelerada das cadeias de montagem a partir de 1985-86, o surgimento da gestão por "fluxos tensos" e a queda das admissões de operários de nível CAP e BEP são fatores que mudaram a imagem dos setores tradicionais da mecânica (ajuste, fresagem, tornearia) aos olhos das diversas instâncias de formação: esses setores estavam inexoravelmente fadados a desaparecer. Os liceus profissionalizantes da zona de emprego, que durante muito tempo formaram "batalhões de mecânicos" (na expressão de um professor de oficina), tiverem de se voltar rapidamente para formações do futuro,

---

formar desempregados no início dos anos 1980, eu tinha pena daqueles garotos quando punha o nome dos admitidos no CAP, porque tinha certeza de que todos iam parar na ANPE [Agência Nacional para o Emprego]", diz um dos responsáveis do liceu.

que correspondessem aos novos ofícios da indústria metalúrgica, de modo a estar mais ou menos no mesmo pé da modernização do centro de produção de Sochaux. Desde então, os cursos dos LEP mudaram em ritmo acelerado: fim progressivo das turmas de CAP, substituído pelo novo BEP, criação dos bacs profissionalizantes (manutenção, robótica, plasturgia) entre 1987 e 1991, prolongamento da escolaridade dos alunos de LEP, surgimento de uma esperança de passar no bac e continuar até o BTS...

No liceu Niepce, a hierarquia dos cursos aparece claramente nos mecanismos de seleção dos alunos, na aprovação nos exames e na ocupação do espaço. Os alunos "orientados" para o LEP industrial pedem prioritariamente para serem inscritos no BEP de manutenção e de eletrotécnica e tentam evitar as turmas de BEP de usinagem[2] e de corte, compostas unicamente de alunos que foram recusados em outros cursos. Tal hierarquia também aparece nos resultados dos exames ("catastróficos" em "usinagem" nos últimos anos[3], melhores em eletrotécnica e, sobretudo, em manutenção), na frequência dos atrasos e das ausências (mais elevada nas turmas de CAP-BEP de usinagem) e na composição das classes segundo a natalidade dos alunos. Os alunos de origem estrangeira (magrebinos e turcos), que constituem no mínimo a metade dos estudantes de CAP-BEP de usinagem e menos de um quarto dos de "eletro", são uma pequena minoria no nível do bac profissionalizante (dois alunos em quinze em manutenção e plasturgia[4]).

A desvalorização dos antigos cursos de mecânica geral corresponde à do BEP, cujos alunos mudaram muito em quinze anos, como observa o diretor de trabalhos (presente na escola desde o início dos anos 1970):

> O BEP está empobrecendo: em eletrotécnica, para 24 vagas, a gente chega talvez a 50 inscrições, enquanto há 20 anos, na eletrotécnica, para 30 vagas, tinha 120 inscrições e 99%

---

[2] O diretor adjunto do liceu resume bastante bem essa hierarquia: "Os que estão em eletrotécnica são os mais selecionados, os mais decididos. Os mais embaixo são da tornearia-fresagem, ou o ajuste, quando existia o ajuste. Aliás, eliminamos o ajuste por [isso]... mas o que acontece hoje é que, na tornearia-fresagem, encontramos os que estavam antes no ajuste. Subimos um degrau".

[3] Em 1991, 0% de aprovação no CAP de fresagem, 20% no CAP de tornearia, contra 70% a 80% nos mesmos CAP quinze anos antes.

[4] Como diz o diretor de trabalhos: "Eles param no nível do CAP-BEP, não vão além. O 'bac pro' é uma carreira que não interessa a eles". Por isso, a questão da convivência de alunos franceses com alunos de origem imigrante coloca-se de maneira original nessas classes de CAP-BEP. Não que estes últimos sejam mais numerosos, mas parecem mais "coesos", inseridos em redes constituídas por "bairro", e criam alianças com colegas "franceses" do conjunto habitacional onde moram. Eles "marcam" o território, fazem a lógica de "bando" funcionar a seu favor, conseguem ser eleitos representantes de classe (em CAP-BEP). Os alunos "franceses" dessas mesmas classes, mais dispersos geograficamente (filhos de operários rurais ou moradores de loteamentos), acham-se mais isolados e marginalizados no LEP. Por isso, devem aceitar a dominação dos "árabes", isto é, "se sujeitar" ou resmungar no seu canto. Nota-se uma espécie de ressentimento por parte desses filhos de operários relegados ao LEP, obrigados a partilhar o mesmo destino escolar dos filhos dos imigrantes, e sendo ao mesmo tempo totalmente estranhos à cultura do "conjunto" (a lógica da honra, o gosto pelo desafio e pela bravata, a arte da disputa verbal...). Os filhos de imigrantes aparecem como o grupo "forte" e ao mesmo tempo como o grupo que simboliza o relegado ou a desqualificação. Em certa medida, sua excessiva visibilidade social "ameaça" a tentativa de promoção do LEP e a estratégia de revalorização da carreira.

118 *Retorno à condição operária*

de aprovação. Então, os alunos que não entravam em "eletro", os que iam para mecânica, não eram tão ruins assim. Agora, quando você tem 24 caras em eletro para 50 inscrições, os que não passam arranjam vaga nos outros BEP da região... As escolas que não preencheram todas as vagas aceitam esse pessoal, então por aí você vê o que é a usinagem!

O coração do liceu é a grande oficina de mecânica, situada no centro do prédio, que se pode abarcar com o olhar a partir do corredor que a acompanha em toda a sua extensão. Uma pessoa estranha ao local tem a impressão de estar entrando numa fábrica de metalurgia: velhos tornos e velhas fresadoras aos montes, aparas de aço amontoadas no chão, alunos de macacão azul com óculos de proteção e botas de segurança, faíscas saindo dos arcos de solda, piso gasto e besuntado de graxa que cola nos pés, cheiro de óleo quente, ruídos diversos de ferramentas e de máquinas que se entrechocam. Ao mesmo tempo, o visitante experimenta um sentimento estranho diante dessa oficina que parece quase vazia de homens: somente alguns pequenos grupos de alunos vestidos de azul trabalham aqui e ali, o resto é composto de grandes espaços ocupados unicamente por máquinas operatrizes mais ou menos abandonadas. A oficina de mecânica parece adormecida. Ela, vista de cima, dá a impressão de um mosaico em que ilhas de modernidade (máquinas operatrizes por comando digital [MOCD], telas de computadores...) se destacam contra o fundo de velhos equipamentos industriais que são verdadeiros trambolhos[5]. Podemos perceber ali a sedimentação de vários estratos do passado, que são como traços dos diferentes períodos da vida industrial local: o das primeiras máquinas (algumas, ainda em serviço, datam do início dos anos 1960) e das novas máquinas por comando digital, compradas em meados dos anos 1980. A oficina de mecânica, esse vestígio do passado, resiste à "modernidade" com uma espécie de cumplicidade por parte dos que permanecem ligados a esse "lugar de memória" local.

Os professores de oficina, esses "antigos" da mecânica geral que começaram como operários na fábrica, são apegados às suas velhas máquinas, às suas velhas escrivaninhas de madeira cobertas de rabiscos, às suas velhas ferramentas que fazem com que se sintam num lugar familiar ("Faz mais de vinte anos que trabalhamos aqui, nós três", diz um deles, com um orgulho impregnado de nostalgia). Esse espaço de trabalho foi mais ou menos retocado ao longo do tempo; cada um dos professores de oficina tem seus pontos de referência, arranjou-os à sua maneira, imprimiu neles a sua marca. Os diferentes setores da oficina – chamados de "estandes" – não são separados por divisórias ou linhas claras (diz-se em geral "canto da fresagem", "canto da tornearia"). Embora pareça saturada de máquinas mais ou menos arcaicas, a oficina é formada

---

[5] Os responsáveis do liceu gostariam que a velha oficina não existisse mais, ou tentam tornar invisível essa "nódoa" no centro do liceu. Numa quarta-feira à tarde, depois que os alunos foram embora, eu [Stéphane Beaud] aproveito que a oficina está quase deserta para fazer uma série de fotos com o intuito de verificar as condições do local "vazio", pegando seus cantos e recantos. Passando por ali, um professor de plasturgia, trânsfuga da mecânica, ao me ver fotografar um ponto do "estande" de tornearia, me repreende, quase horrorizado: "Ah, não fotografa isso!". No mesmo dia, um professor de tornearia que voltava comigo pelo corredor da oficina, ao me ver observar os "velhos tornos", se exaltou: "Todas essas máquinas, esse amontoado de máquinas, é uma verdadeira mixórdia, precisaríamos fazer alguma coisa, pôr ordem nisso".

por uma profusão de pequenos nichos. Cada professor que trabalha na oficina central tem o seu setor, onde se sente "em casa": um está sempre no estande de fresagem "tradicional" (e nem chega perto das MOCD); outro está entre "o tradicional" e "o comando digital". No extremo oposto, os professores de manutenção têm suas próprias salas, do outro lado da pequena divisória que marca os limites da oficina de mecânica[6]. A maneira como os professores de oficina circulam e se apropriam do espaço difere sensivelmente de acordo com a sua especialidade. O professor de manutenção ("Esse aí é um craque", dizem dele) está instalado, definitivamente, à distância da oficina, numa sala (seu "antro") de onde quase não sai. Na maioria das vezes, os professores de bac profissionalizante vão à oficina para pedir informações ou pegar ferramentas tradicionais (lima, transferidor a tinta, mesa de trigonometria) com seus colegas da mecânica geral, que às vezes dão sinais de irritação ("Você nunca tem nada?", diz irritado um deles ao professor de manutenção). Os professores dos cursos de usinagem e eletrotécnica são reduzidos, geralmente, a quebra-galhos do "pessoal da manutenção" ou a fornecedores de ferramentas e conexões para os trabalhos práticos dos bacs profissionalizantes. Já os professores de fresagem-tornearia ficam mais confinados em seus espaços, os deslocamentos são menos frequentes e mais limitados ao "estande" vizinho ou à sala dos professores. Às vezes acontece de ficarem conversando bem no meio da oficina durante os intervalos, e também não têm pressa de voltar para casa à noite, depois das aulas, esticando o bate-papo entre eles. O espaço materializa a hierarquia dos níveis de formação do liceu: enquanto todas as classes de CAP-BEP ficam concentradas na oficina central, os cursos de bac profissionalizante acontecem na periferia (os alunos dos bacs profissionalizantes vivem como um grupo isolado e protegido).

A divisão dos créditos e do material expressa claramente uma hierarquia de prestígio dos alunos e dos professores. As carreiras modernas se beneficiam de subvenções maiores e têm prioridade na aplicação da taxa profissional em despesas com equipamentos (os professores têm mais munição para negociar os preços com os fornecedores locais). A limitação orçamentária obriga cada responsável de "estande" a administrar da melhor maneira possível os fundos de equipamento, a negociar os preços com os fornecedores em julho ou conseguir material gratuito, e a dar mostra de muita esperteza para ganhar das empresas material reaproveitado ou barato. Em compensação, a penúria de material é gritante no curso de usinagem: as "fresadoras" estão velhas (a máquina de afiar, quebrada já há algum tempo, não foi consertada), os alunos têm de esperar pela fresadora "boa" para fazer suas peças, os professores estão sempre fazendo economia de palitos (obrigados a trabalhar com alumínio e quase nunca com aço). A usinagem tem mesmo aspecto de área descuidada ou quase abandonada. O fato

---

[6]   Um deles criou seu "setor" no recinto da velha oficina, uma espécie de enclave de manutenção. Esse professor, carinhosamente chamado de "pequeno Bouygues" por seus antigos colegas mecânicos, parece sempre apressado, sempre em movimento; ele "mima" seu espaço de trabalho, procura melhorá-lo, pulando incessantemente de um projeto para outro. Apertado em sua sala, invade o espaço vizinho, instala suas maquetes do lado de fora, vai e volta sem parar, sonhando com um espaço maior, só dele, com uma sala de regulação "de verdade", igual à sala de plasturgia ou à sala de informática.

120 *Retorno à condição operária*

de os alunos não disporem de computadores nas salas, ao contrário dos alunos de manutenção, mostra bem isso.

2. Sentimento de relegação e de depreciação de si mesmo

O entrevistador que se instala no liceu profissionalizante nem sempre é bem-vindo; de imediato, de uma maneira ou de outra, terá de desfazer o constrangimento e o receio causados por sua intrusão. Só vão até ele os alunos dos cursos desvalorizados (sobretudo os alunos de CAP e BEP de usinagem-corte), que o escolhem como porta-voz de seus protestos, até então mudos, querendo denunciar a instituição escolar por intermédio dele. As primeiras conversas giram sempre em torno da "fama" do liceu ("O que o senhor achou do liceu?" ou "A fama dele é ruim, não é?" etc.) como se os alunos receassem acima de tudo que o entrevistador tomasse por conta própria o ponto de vista predominante sobre o LEP como estabelecimento escolar desvalorizado ("liceu lixão"). Num primeiro momento, os alunos que se prestam ao jogo da investigação tendem a ajustar suas palavras à representação que fazem do entrevistador, exagerando a depreciação deles mesmos. Afirmam que gostariam de estar no "colégio" (ensino geral), no sistema "normal" (regime de estudos longos), "num belo colégio" ("O senhor viu o colégio de Hêtres, é um colégio bonito, não é como aqui..."). Quando querem descrever sua escola, as definições negativas se atropelam. A imagem da prisão vista através do meio físico cotidiano (as barras que protegem as janelas ou o "desmanche" ao lado do liceu) fazem alguns dizer: "Isso aqui é Alcatraz! Sinceramente, você não acha?". É também o sentimento de estreitamento de perspectivas que volta continuamente em suas palavras, como se, nessas primeiras conversas, eles expressassem antes de mais nada a ideia fixa de estar "à margem", isto é, jogados para escanteio, precocemente "excluídos". Os alunos dos cursos relegados tendem a se definir a partir do olhar dos outros e, nesse estágio de escolaridade, não conseguem nunca, ou só muito raramente, transmitir outra imagem deles mesmos além daquela que lhes é imposta de fora (de certo modo, formando um "grupo objeto").

Nada indica melhor a desqualificação dessas formações profissionais curtas do que as palavras utilizadas para designá-las. Por exemplo, os alunos do LEP, e em primeiro lugar os de BEP, nunca se referem a si mesmos como B. E. P. (pronunciando as iniciais), todos dizem "bépe", de forma seca, quase lapidar; do mesmo modo, a desvalorização do CAP traduz-se na maneira como os alunos desses cursos dizem "sape" [sapa], em vez de C. A. P.[7] Em compensação, o bac profissionalizante é sempre evocado com respeito: eles dizem "bac pro" ou "bac". O bac profissionalizante ocupa hoje uma posição análoga à dos "bons" CAP do início dos anos 1970 (que levavam

---

[7] Durante uma entrevista com dois irmãos de uma família operária, o mais velho e o mais novo de uma família grande – o primeiro, 32 anos, operário eletricista, aluno de CET no início dos anos 1970 no curso de mecânica geral, e o segundo, 18 anos, aluno de CAP de usinagem no liceu Niepce –, ficamos impressionados com o fato de o mais velho falar de seu CAP de ajustador com certo orgulho, pronunciando bem C. A. P., enquanto o mais novo, que tinha forte consciência de estar, como ele mesmo dizia, "num caminho sem futuro", dizia "sape", fazendo a palavra estalar na boca.

a um emprego de operário qualificado), com a diferença essencial de que não é mais visto como uma formação "operária".

Além disso, os alunos de LEP, minoritários em sua faixa de idade, tendem a viver sua escolaridade à sombra dos colegiais "de verdade"; sua experiência escolar se torna um sucedâneo das "verdadeiras" experiências colegiais[8]. Os alunos de liceu profissionalizante têm de fato o sentimento de estar continuamente à margem do sistema "normal", e nunca estão seguros da legitimidade de suas práticas. Esse efeito de imposição exercido pelo modelo de ensino geral sobre os alunos de LEP é particularmente visível no campo da aparência externa (no físico e na roupa). Por exemplo, a quase totalidade dos alunos de LEP vão para o liceu com uma "mochila"[9], como se precisassem exibir provas de sua "normalidade", adotando os emblemas dos colegiais "de verdade", que podem se projetar o suficiente no futuro e adotar atitudes de universitários. É sua maneira própria de se distanciar das filiações estatutárias do lugar, que os coloca do lado da produção, da matéria (da "graxa e do óleo queimado", como dizem os alunos do ensino geral que escaparam do LEP). Um conjunto de indícios assinala a reticência, ou mesmo a impossibilidade, desses alunos de se verem ou se pensarem como futuros operários. Ao contrário, eles querem se apresentar, mesmo que provisoriamente, com base no modelo dos colegiais "de verdade".

Pensamos em especial em tudo aquilo que diz respeito à obrigação de vestir o macacão azul de trabalho, considerado hoje um verdadeiro constrangimento pela maioria dos alunos do LEP. Aliás, eles inventaram maneiras mais ou menos aceitas de escapar parcialmente dessa que ainda é uma obrigação (os professores de oficina que impõem o uso do macacão, mostrando aos alunos o caráter funcional da roupa de trabalho, irritam-se com essa espécie de pudor social que tomou conta de seus alunos nos últimos anos[10]). Eles dão um jeito na maneira de vestir-se para "parecer" o menos operário possível: alguns têm o cuidado de arrancar a sigla da Peugeot quando

---

[8] As normas de conduta em vigor no universo social dos colegiais "de verdade" impõem-se a eles por intermédio dos amigos do bairro ou dos membros da família. De fato, com o movimento de prolongamento dos estudos, a escolaridade dos irmãos e das irmãs das famílias populares é cada vez mais distinta. O modelo dos estudos longos, trazido e encarnado por esse ou aquele irmão ou irmã, rivaliza e marginaliza no interior da família aquele(a) que foi orientado(a) para o ensino profissionalizante, percebido duplamente como caminho de relegação (no espaço social em geral e na família em particular).

[9] Causa surpresa ver essas mochilas misturadas com os macacões de trabalho, o status invejado da frivolidade estudantil com o status contrastante das obrigações do mundo industrial. Na saída da aula de oficina, os alunos se apressam em tirar o macacão e se livrar das últimas "manchas" adquiridas no contato com a matéria e no trabalho manual (carregam mochilas que não portam nada, ou pouquíssimos cadernos, e na maioria das vezes estão ali apenas *pro forma*, para enganar ou oferecer uma apresentação aceitável de si mesmo).

[10] Aliás, eles têm dificuldade para entender essa atitude, mesmo sabendo que ela entra em contradição com a vergonha de endossar o papel de futuro "operário". Mas é ainda mais difícil admiti-la porque eles próprios continuam a usar o macacão e sempre o usaram com "naturalidade", e até com orgulho, reivindicando-o como sinal de pertencimento coletivo. Na sala dos professores, os professores de oficina distinguem-se claramente dos outros pelo macacão, que só tiram para ir ao refeitório ou para voltar para casa.

122 *Retorno à condição operária*

usam um velho macacão do pai que trabalha na fábrica; muitos não o abotoam até em cima para parecerem mais descontraídos e menos "enfiados" em alguma coisa que os uniformiza; outros ainda adotam a técnica (a "dica" que dão ao entrevistador) de lavá-lo com mais frequência para que desbote e perca a cor "azul-trabalho". Existe entre a maioria a preocupação de deixar à mostra, sob o uniforme, sinais da vida "civil", por exemplo: uma camiseta colorida, às vezes personalizada, sob o macacão. O essencial é isto: mostrar a recusa de se deixar prender a uma roupa de operário, a recusa de oferecer ao olhar do outro essa identidade social que eles percebem como redutora e, sobretudo, depreciadora.

Do mesmo modo, a obrigação de usar sapatos de segurança (para os alunos que trabalham nas máquinas operatrizes ou na solda) é malvista: os professores reconhecem ter dificuldades para impor seu uso; os alunos reclamam quando têm de se trocar e calçá-los, porque têm a impressão de estar "fantasiados", isto é, transformados em "trabalhadores braçais" (como "homens de mármore" da ordem produtiva), imagem operária e viril, no extremo oposto daquilo com que se identificam enquanto colegiais. Mais genericamente, pode-se dizer que tudo que prefigura a vida industrial – o trabalho operário em seus aspectos duros e monótonos – é objeto de grande desconfiança. São especialmente visadas as oficinas sujas e escuras, entulhadas de velhas máquinas, sobre as quais um estudante de eletrotécnica (um "eletro") me disse, em tom de repulsa: "Parece a Peugeot!", expressão que sozinha resume essa espécie de rejeição difusa do universo propriamente de fábrica (o encerramento, o barulho, os cheiros, a sujeira, a falta de iluminação...) da parte de um bom número de alunos. As máquinas tradicionais (tornos, fresadoras) são desprezadas porque lembram demais a fábrica, enquanto as MOCD e os computadores despertam interesse e desejo de aprender. De fato, as tarefas que implicam sujar as mãos parecem repugnantes, como se os alunos devessem se preservar de qualquer mancha do mundo industrial. O orgulho que um antigo aluno pudesse sentir por se tornar um "bom trabalhador manual", por entrar de fato no mundo da "produção", parece ter desaparecido de vez.

Esses alunos dos cursos operários do liceu (usinagem, corte) parecem já "derrotados", não podendo ou sabendo se defender coletivamente ("A gente não tem ninguém com quem reclamar", me disse um aluno de 19 anos, estudante de CAP de usinagem), já à mercê dos outros. No meu último dia no liceu profissionalizante, embora já fosse bastante conhecido e identificável na escola, fiz uma série de fotos das oficinas e dos alunos enquanto trabalhavam. Como desconfiava que esse exercício poderia incomodá-los (o receio de serem vistos como "animais de zoológico", como muitas vezes nos disseram os operários da fábrica a respeito das visitas na oficina, que detestavam por essa mesma razão), tomei algumas precauções: pedi autorização expressa do aluno que queria fotografar ou conversei logo em seguida com aqueles que tinha fotografado. Nessa ocasião, um deles – um aluno de BEP de usinagem, o "melhor" aluno da turma, que encontrei diversas vezes na oficina ou durante as aulas de educação física – foi fotografado trabalhando numa fresadora tradicional. Senti que o fato de tê-lo pego nessa situação não o agradou, ele não ousou me dizer explicitamente, mas a careta que fez não deixou dúvidas. Aproximei-me para explicar o sentido dessas fotos e o uso que faria delas. Enquanto prosseguia metodicamente o trabalho, falando em voz baixa, ele me disse: "Não vai servir para nada, o senhor está desperdiçando filme". Quando pedi que explicasse, respondeu com uma voz quase inaudível, desviando o olhar, ainda aplicado em terminar o trabalho: "Por que me fotografou? Operário não tem nenhuma importância". E retomou o trabalho, como se não tivesse mais nada a acrescentar.

Os alunos de LEP são afastados pelos "colegiais" também no campo extraescolar, em outras cenas sociais, em que os primeiros não conseguem mais fazer prevalecer os trunfos que antes eram privilégio deles. É o caso do esporte. É significativo que, a partir de 1989, os professores de educação física dos LEP da região tenham sido obrigados a desistir de inscrever seus times nos campeonatos entre escolas de esportes coletivos ("Nossos alunos levavam cartão demais, isso os desestimulava ainda mais", explica um deles). Para proteger os alunos de decepções adicionais, resignaram-se a organizar competições esportivas que reúnem unicamente equipes de LEP (os "jogos olímpicos dos liceus profissionalizantes"). De fato, as provas esportivas, longe de devolver confiança, estavam se tornando uma fonte a mais de humilhação e de desmoralização para esses alunos: não só os colegiais "de verdade" (que eles chamam de "intelectuais" ou "crânios") ganhavam com facilidade em todas as modalidades – inclusive no futebol, o que nunca acontecia "antes"[11] –, como também, ainda segundo o testemunho dos professores de educação física, exibiam diversas formas de menosprezo pelos alunos de LEP. Cada vez mais as partidas degeneravam e acabavam em pancadaria geral ("Acabamos com o massacre", comenta amargamente um dos professores de educação física). É impressionante o contraste com o contexto dos anos 1960 e 1970, quando os encontros esportivos entre colégios oferecia aos alunos de CET a oportunidade de ir à desforra nos esportes populares (especialmente no futebol, em que o domínio dos CET era esmagador), de afirmar sua identidade, sua "virilidade", de provar sua excelência física e esportiva.

Assim, a depreciação de si mesmo causada pelos veredictos escolares tende a ser redobrada por uma depreciação coletiva, que tem influência sobre o conjunto da personalidade social desses alunos, até e inclusive na relação com o corpo. Isso os leva a se pensarem como "zeros", como "inúteis". Nesse sentido, o testemunho de um professor de educação física, que durante 25 anos deu aula para turmas de aprendizado ("Conheço bem esses alunos"), é muito interessante. Ele explica que desistiu de ensinar movimentos e posturas aos alunos de BEP, de aperfeiçoar sua técnica, de cronometrar seu desempenho: "Eles são desestimulados, não querem saber de 'competência', não querem aprender". Embora se observem pequenas diferenças entre os cursos ("É verdade que dá para trabalhar um pouco mais com os de manutenção do que com os de usinagem"), a verdade é que o que interessa acima de tudo aos alunos do LEP

---

[11] Para dar um começo de explicação para esse fenômeno, devemos precisar que os cursos de educação física estão concentrados no ensino geral e os "bons jogadores" dos liceus profissionalizantes aos poucos pararam de "jogar em clubes", preferindo as peladas entre amigos, nos próprios bairros onde moram. A relegação escolar vai de par muitas vezes com outras formas de desinvestimento, e um dos primeiros é o esporte para a competição, que exige muito treino, assiduidade e determinação.

quando praticam um esporte é o jogo, é o prazer imediato, e não a decomposição dos movimentos, o aprendizado das técnicas ("É muito demorado, muito duro, eles não têm vontade de aprender"). Os esportes praticados em aula mudaram nos últimos anos: o futebol, praticado num espírito mais lúdico que competitivo, substituiu o vôlei ou o handebol, a "ginástica" cedeu lugar à cama elástica, o tempo das aulas de natação ("muito difícil, muito chata") foi encurtado etc. Todos os professores de educação física foram progressivamente obrigados a ajustar as atividades esportivas às disposições dos alunos. Por exemplo, em atletismo, tornou-se inútil cronometrar os tempos, os professores se conformaram em dar as aulas sem marcar os tempos; na cama elástica, o essencial é fazê-los se movimentar divertindo-se, gastando energia ("Eles realmente precisam disso"). A ideia de um "progresso" – seja físico, mental, individual ou coletivo – não interessa à maioria dos alunos, que parecem resignados com seu destino e rejeitam obstinadamente qualquer ideia de competição, como se já tivessem perdido o gosto pela batalha ou por uma autossuperação qualquer.

A desqualificação esportiva dos alunos de LEP ilustra bem a dificuldade cada vez maior que eles têm para se livrar do estigma escolar, para se defender da dominação exercida pelo ensino geral. O grupo de CAP-BEP do liceu profissionalizante parece – em graus diversos segundo o curso – muito distante daquele que Claude Grignon descreveu há vinte anos[12]. Onde foi parar o orgulho e o respeito tirados da moral, da cultura técnica do grupo? Devemos nos perguntar agora em que medida essa descrição vale também para os alunos de bac profissionalizante.

3. Bacs profissionalizantes que não cumprem suas promessas

As esperanças ligadas à criação dos cursos de bac profissionalizante eram grandes no liceu Niepce, como em todos os liceus profissionalizantes da região (e, de maneira mais ampla, do território nacional), mas os desafios eram enormes: "manter o número de alunos" e garantir sua sobrevida[13], além de revalorizar a via do ensino profissionalizante. A criação dessa nova carreira permitiu que cerca de 80% dos alunos continuassem os estudos após o BEP e facilitou a promoção interna dos professores, que tiveram a possibilidade de lecionar nessas turmas e assim escapar das turmas relegadas (é o caso em especial dos antigos professores de mecânica geral, que passaram a dar aulas para plasturgia). No entanto, a criação dos bacs profissionalizantes não foi suficiente para conter o movimento em massa na direção do ensino geral (do "colégio") após a conclusão do ensino fundamental e desviar uma parte do fluxo dos colegiais para o ensino profissionalizante. Como consequência, a maioria dos alunos de bac profissionalizante (na época da investigação) saiu da carreira interna do liceu Niepce, isto é, eram alunos de BEP que quiseram continuar os estudos com o bac

---

[12] Claude Grignon, *L'ordre des choses: les fonctions sociales de l'enseignement technique* (Paris, Minuit, 1971).

[13] O que explica a aspereza da luta entre os liceus profissionalizantes, provocada pela criação dos diferentes cursos de bac profissionalizante.

profissionalizante. Quando se assiste aos conselhos de orientação escolar das classes de segundo ano de BEP, percebe-se que os melhores alunos pedem para ir para o primeiro ano de adaptação[14] num liceu polivalente, com a esperança de com isso aumentar suas chances de aprovação num BTS. Os que não são aceitos continuam, à revelia, no bac profissionalizante. Eles se distinguem dos que são aceitos no liceu polivalente pelas notas ruins nas matérias gerais, em especial em matemática. São as dificuldades que eles encontram naquilo que os professores chamam de "abstração" que os fazem pender para um bac profissionalizante. De um aluno que apresenta bom desempenho e "bom comportamento" na oficina, mas cujas notas são baixas nas matérias gerais (coisa frequente entre os alunos de BEP), os professores costumam dizer: "Esse aí vai dar um bom bac pro". Contudo, muitas vezes alunos que não possuem nem ponto forte (em especial nas matérias específicas) nem "motivação" são aceitos no bac profissionalizante, apesar das reservas dos professores presentes no conselho de classe ("Esse aí não tem nada que fazer no bac pro"). Portanto, a seleção para o bac profissionalizante é pouco exigente[15], apenas os alunos de BEP com histórico escolar muito ruim são recusados. Enfim, o bac profissionalizante revela-se, na melhor das hipóteses, uma "segunda escolha" para os alunos "sérios, mas limitados" nas matérias gerais e, na pior, um direito – concedido com ressalvas – de continuar os estudos para os alunos ditos "enganadores".

De fato, o enfraquecimento estrutural do BEP reduz o viveiro de alunos aptos a prosseguir em bac profissionalizante. Um responsável do liceu insiste com frequência nesse ponto: "Cuidado, a carreira do bac pro vai emprobrecer. O BEP já empobreceu tanto em quantidade como em qualidade. Nossos alunos de BEP não são mais os alunos de BEP que conhecemos no passado [em voz baixa] e isso nos preocupa pelo que vem depois". Essa crise de recrutamento explica a forte concorrência que existe entre as diferentes escolas profissionalizantes localizadas na zona de emprego para conseguir a criação de bacs profissionalizantes que, como esperam os responsáveis, conterão o movimento crescente de desinteresse dos jovens locais pelos LEP e os tirarão do atoleiro em que têm consciência de estar se metendo[16].

---

[14] Os alunos que conseguem ir para a adaptação são os que têm notas acima da média tanto nas matérias específicas como nas gerais (francês, matemática, línguas estrangeiras).

[15] Devemos precisar que isso vale ao menos para a época de nossa investigação (1992).

[16] Essa concorrência entre os LEP leva, por exemplo, à criação "repetida" de bacs profissionalizantes. Os responsáveis pela administração são os primeiros a deplorar o que aparece como uma "aberração" do sistema: "Este ano, o liceu de Lorcourt nos colocou na sombra, abriu um bac de robótica que nós mesmos não conseguimos preencher. Então, aí, tem alguma coisa errada no nível da coordenadoria. O problema com o bac de robótica é que vamos ter menos gente na usinagem. O problema do bac de robótica é que os BEP são em número cada vez menor e a maioria não consegue o BEP, então o viveiro é menor. [...] Eu me pergunto se os nossos inspetores têm consciência desses problemas no setor de Montbéliard. Não é normal, por exemplo... [ele hesita] Pegue o bac de robótica que vão abrir em Lorcourt este ano, enquanto nós não conseguimos preencher as vagas do nosso... em Delle, há oito alunos para um curso de doze; em Lure, eles também não preencheram todas as vagas, e vai ter mais um em Lorcourt. Além disso, nós não temos completo o equipamento para passar o aprendizado correto, é um pouco demais.. Então, isso é pressão, sei lá [ele quer dizer 'política'] [...]. Cada um quer ter o seu bac

126 *Retorno à condição operária*

Os alunos de bac profissionalizante diferem de maneira bastante sensível do aluno médio do LEP: são mais velhos, em geral fazem estágio, têm pouco contato com os outros alunos, dispõem das instalações mais caras (podem trabalhar em computadores), quase nunca são submetidos à obrigação de usar o macacão de trabalho e têm consciência de encarnar a aristocracia do LEP. Resta saber se esses alunos, promovidos à elite do liceu, corresponderão às esperanças que se depositaram neles. Um conselho de classe de primeiro ano de bac profissionalizante de plasturgia ao qual assistimos fornece elementos de resposta a essa pergunta.

No início, achávamos que iríamos assistir a um conselho de classe banal, porém, à medida que se desenrolava, vimos a apresentação "oficial" do liceu estar a ruir[17]. A maioria dos doze alunos dessa classe, por não ter sido aceita no primeiro ano de adaptação e em manutenção (curso com mais candidatos), foi "desviada" para plasturgia para poder continuar os estudos. O diretor (adjunto) começa lendo com certa solenidade a avaliação do conjunto da classe que lhe foi passada pelo professor de francês: "Os alunos dessa classe não têm o espírito bac pro. Alguns precisariam ser eliminados para salvar a classe. Eles não aprendem nada. É muito sério. São pessoas que não fazem nada". Os professores das matérias gerais aprovam; o professor de matemática, o mais "irado" contra os alunos, reclama de sua indolência ("Tem uma metade que estuda, mas a outra... fico me perguntando o que está fazendo aqui"), empregando várias vezes uma expressão ("Eles querem moleza") que parece definir o que é exatamente, aos olhos dos professores, o espírito desses alunos. Contudo, todos os professores presentes concordam que a "preguiça de estudar" e a "falta de motivação" não são específicas dessa turma ("Como bacs pro, eles não destoam dos outros").

Nessa primeira rodada, alguns professores se mostram irritados com o modo como certos alunos exibem os sinais estatutários da idade adulta (os carros estacionados na área reservada aos professores[18], o molho de chaves pendurado bem à vista, na cintura da calça) e ao mesmo tempo uma espécie de "vadiagem" escolar constante. Para os professores, está claro que, a sua maneira, esses alunos estão "tirando sarro" deles[19]. A

---

pro e ainda manter o número de alunos... porque o problema de Lorcourt é que eles não têm alunos. Então existe uma vontade da coordenadoria de ajudá-los a sair dessa situação e isso já aconteceu outras vezes... Enfim, eu pessoalmente fico irritado, porque a gente percebe que sempre pode tentar fazer as coisas como devem ser e aí se dá conta de que, para salvar um, ferram os outros".

[17] Uma das forças da observação, sobretudo para o estudo do sistema escolar contemporâneo, é o fato de ela dar acesso direto à prática. É evidente, por exemplo, que ouviremos nesse conselho de classe coisas que jamais seriam sustentadas diante de nós em situação de entrevista, ou apenas de maneira muito eufemizada.

[18] Esse tipo de comportamento é visto como uma verdadeira provocação pelos professores. No momento da análise de um desses alunos, cujas notas, aliás, foram muito insuficientes, o professor de matemática comenta num tom de raiva contida: "A propósito de C., ele deixou o carro no estacionamento; da próxima vez, eu já avisei que vou furar os pneus". O professor de educação física aproveita a ocasião para criticar a atitude de alunos que pegam o carro para ir ao ginásio, que fica a 200 metros do liceu.

[19] Como se sabe, o conselho de classe é uma oportunidade para acertar as contas. Durante a análise dos casos individuais, o anúncio de certos nomes provoca um "Ah!" coletivo, quase de alegria, como se os professores saboreassem de antemão as observações irônicas de uns e de outros sobre o "caso" em questão.

A "desoperariação" do ensino profissionalizante   127

análise dos casos individuais parece desanimadora: nenhum aluno parece ir melhor que outro, não há nenhum histórico "bom", apenas dois alunos se destacam do lote, porque "estudam" e mostram boa vontade. Dessa vez, os professores parecem decididos a ir contra a aprovação automática para a série seguinte. Os professores das matérias gerais lideram a "revolta" contra seis alunos da turma que estão ali como "turistas" (o "clube dos seis"), que não desempenharam dignamente o papel de "bac pro". Por sua displicência, por sua "irresponsabilidade" até, esses alunos prejudicam o trabalho de promoção coletiva empreendido pelo liceu. De certo modo, esse conselho de classe é uma oportunidade para os professores darem uma "lição" nesses alunos, lembrando a eles que não podem tirar um proveito simbólico de sua presença no bac profissionalizante sem nenhuma contrapartida (um mínimo de estudo e um comportamento digno de seu status). O desafio é enorme: é o futuro do curso de plasturgia que está em jogo, portanto o futuro do próprio liceu.

A análise do caso de um representante de classe, presente no conselho, é particularmente tumultuada. O diretor começa interrogando-o educadamente[20]. O professor de matemática intervém de maneira brusca: "[Esse aluno] não faz nada! Não podemos aceitar isso, não dá para levar a sério! Não viaja!". Em troca, o representante de classe acusa os professores de "preconceito contra o conjunto da classe!". Estes últimos, desconcertados por alguns instantes pelo atrevimento do aluno, atacam juntos. O professor de matemática, depois de perguntar sua idade ("19 anos"), diz a ele, num tom sardônico, que devia arrumar um emprego ("Você tem um BEP! Você é igual aos outros! Tem uma carta na mão, mas não joga!"). O aluno tenta justificar o "trimestre ruim" da turma ("A gente perdeu confiança!", ele repete várias vezes). Para demonstrar sua discordância, os professores fazem uma série de observações irônicas: "Para! Você vai me fazer chorar!". A calma volta aos poucos, o diretor se alinha aos professores: "O melhor que você pode fazer é tentar a sorte no mercado de trabalho com o BEP...".

A situação se complica para esses seis alunos, nenhum professor se dispõe a defendê-los, o caminho é a exclusão. Diante dessa ameaça que granha precisão, o representante ainda tenta amolecer os membros do conselho, destacando suas potencialidades reais de estudo ("Vou dizer a vocês, posso fazer dez vezes melhor do que isso e não sou o único!"). Nenhum professor parece disposto a acreditar. Ele dá sua última cartada, propondo ao conselho de classe: "O que proponho é que vocês passem a gente e, na primeira falta, mandem a gente embora". O professor de educação física lembra seu desempenho apenas médio no liceu desde a sétima série tecnológica[*] ("Você esteve a cada ano por um triz da correcional"). O aluno não nega, parece sentir certo orgulho de ter conseguido escapar sempre *in extremis* da punição ("É verdade, não fiz nada

---

[20]   Depois de ter lido todas as notas (2,15 em matemática, 1,3 em francês, 5,5 nas matérias específicas). Em seguida, pergunta com um sorriso se ele "estudou" durante o trimestre. O aluno finge não perceber a ironia da pergunta: "Mais ou menos, eu me esforcei". O diretor continua a interrogá-lo educadamente, pedindo, por exemplo, que ele faça uma autoavaliação.

[*]   Na França, os alunos podem orientar seus estudos para uma área tecnológica a partir da sétima série. Nesse caso, a sétima e a oitava séries são cursadas num colégio de ensino técnico (CET), ligado a um liceu profissionalizante. (N. T.)

128 *Retorno à condição operária*

em BEP... Desde a sétima tecnológica, sempre fiz a mesma coisa e sempre passei. Fiz sempre o mínimo"). Diante do que parece uma provocação, o tom aumenta, os professores ficam indignados com as palavras que acabam de ouvir e cansados da liberdade que lhe dão.

A situação parece sem saída. O diretor, que aparentemente quer pôr um fim nessa deriva das aprovações automáticas, ameaça seriamente os alunos: "Vocês estão no sistema há muito tempo e tenho muito medo de que a punição será desta vez". O representante, nem um pouco impressionado com essas palavras, continua a defender sua causa (e a de seus colegas) e a reivindicar a manutenção dos alunos do "clube dos seis" na escola: "A gente tem capacidade, eu não ia ser louco. A gente está começando um ciclo de dois anos, por que estragar essa chance?". Essa defesa desesperada só provoca ironia e irritação, e o diretor anuncia o castigo para os que brincaram demais com fogo: "Agora você vai encarar o batente... Tem uma hora que a gente tem de enfrentar a vida". O representante não aceita a derrota: "Por que não dão essa chance para a gente?". Só falta "bater o martelo". Entretanto, o diretor expõe as duas alternativas: "Ou a gente faz uma classe pequena de seis alunos, ou...", sem concluir a frase e deixando que adivinhem a alternativa em suspenso. Todos sabem que a primeira solução (a exclusão dos "vagabundos") é muito cara e dificilmente concebível, mas ninguém se atreve a correr o risco de tomar a defesa dos alunos. Segue-se um longo silêncio. O representante repete a ideia de uma aprovação condicionada, mas é recusada pelo diretor ("Quando a gente vê os outros tipos de serviço, isso estimula muito, acho que é isso que está faltando para vocês"). O professor de matemática lembra solenemente a regra que estabeleceram no início do ano: "Acho que se entramos numa engrenagem que diz: se aprovamos, eles se esforçam, então aprovamos, vamos ter mais problemas do que estamos tendo agora [...]. O bac pro é uma chance adicional: ou eles aproveitam ou não! Se não aproveitam, vão trabalhar! E voltem para fazer uma formação profissional, quando quiserem. Eles voltarão com outro estado de espírito".

O discurso parece expressar bem o que pensam os outros professores. O aluno defende mais uma vez a causa dos colegas ("Com um pouco de vontade, eles conseguem, tenho certeza"). Momento de hesitação no grupo, ninguém se atreve a tomar a iniciativa de expulsá-los. É o professor de matemática, apesar de ter sido o mais combativo durante a reunião, que recua e aceita o desafio lançado pelo representante. A tensão se desfaz de repente, todos parecem aliviados, o diretor adjunto se responsabiliza pelo "contrato". Os seis alunos cujos casos estão em litígio passam para a série seguinte, mas têm de assinar um contrato pelo qual se comprometem individualmente a estudar, sob pena de expulsão. É marcada uma reunião com os seis para dali a dois dias com o intuito de assinarem na diretoria o contrato de bom comportamento para o ano seguinte.

Ainda que a situação pareça um caso evidente de "freio escolar", a instituição é prisioneira de sua estreita margem de manobra: ela deve "preencher" as vagas. De certo modo, professores e diretoria estão "nas mãos" dos alunos, que podem fazer chantagem dupla – com o desemprego e com a reputação do bac profissionalizante –,

A "desoperariação" do ensino profissionalizante   129

o que paradoxalmente dá vantagem ao representante de classse[21]. De certa maneira, esse conselho de classe revela a verdade sobre o funcionamento desse liceu profissionalizante. A tensão reinante, a raiva e a revolta dos professores exprimem sua aflição diante do fato de se virem privados de qualquer poder de sanção, à medida que se agrava a crise de recrutamento de alunos. Esse conselho de classe mostra também de maneira aguda o desajuste entre as exigências escolares e as disposições efetivas dos alunos de bac profissionalizante[22].

O argumento de desespero escolar do representante nos faz ver igualmente as contradições específicas inerentes à continuação dos estudos nos liceus profissionalizantes. Para não ter de passar eles próprios pela experiência do desemprego ou da desqualificação – que atinge de perto as pessoas próximas desses filhos de operários (família, amizades na vizinhança ou no bairro) –, os alunos não cansam de querer colocar cada vez mais alto a barra do diploma que os protegeria de tudo isso. Para o representante, que expressa aqui um ponto de vista compartilhado por muitos outros colegas de classe, está claro que hoje, com exceção do bac profissionalizante, não existe mais salvação social. O nível do BEP está condenado porque, embora leve a um emprego, é para ganhar um salário mínimo (um "salário de miséria", diz o representante). Vemos bem que, de um lado, a continuação dos estudos no nível do bac profissionalizante aumentou sensivelmente o nível de aspirações desses alunos – o "bac pro" é o meio de ir além da perspectiva do salário mínimo e de se proteger da insegurança agora inerente à condição operária –, mas, pelo mesmo movimento, desvalorizou o nível do BEP. De outro lado, porém, essa continuação dos estudos

---

[21] Como mostra a influência que acabou tendo sobre o desenrolar do conselho de classe. É ele quem se dá a possibilidade de recomeçar a discussão, de prolongar a conversa, cortando e retomando a palavra ao seu bel-prazer, intervindo como um membro eminente do conselho.

[22] É preciso que se saiba que, na opinião unânime dos professores, as exigências dos bacs profissionalizantes são desproporcionais ao nível dos alunos. Segundo o professor de oficina de plasturgia, "o referencial do bac pro de plasturgia, que é definido quase que inteiramente pela Federação da Plasturgia, é um referencial de nível muito elevado, quase um nível BTS". Numa entrevista que nos concedeu, um professor de robótica falou longamente sobre a questão do nível dos bacs profissionalizantes: "Na primeira vez que dei aula para bacs pro, pus todos para fazer estágio e num dado momento o tutor pediu para eles calcularem o peso de uma peça (eles só precisavam multiplicar o volume pela densidade), e um aluno de bac pro, no último ano, não foi capaz de calcular o volume de um cilindro. Eu pensei comigo: "Mas não é possível! Ele não entendeu ou então não sei!". Fiz o teste na mesma classe e me dei conta de que pelo menos três quartos da sala não conseguia calcular o volume de um cilindro se não tivesse a fórmula. De um ano para o outro, refaço a pergunta e facilmente a metade não sabe responder, e isso é demais, porque sei que um aluno normal, aos 11 anos, já deveria saber calcular o volume! E muitas vezes, por exemplo – estou passando de pato para ganso, mas tem a ver com o que eu disse sobre o francês –, a gente tem de trabalhar com dossiês. No último ano, a gente trabalha com dossiês – é uma pasta com formulários, são talvez dez ou doze formulários. A gente entrega dez ou doze formulários a um aluno e ele fica completamente perdido, é inconcebível! Tem coisa demais para ler, eles têm de ler rápido, selecionar o que interessa, conseguir decifrar. Eles ainda recebem uma folha, ali se diz o trabalho que deve ser feito (a série etc.) e em cada folha eles têm de pegar alguma coisa, mas isso cria um problema, os bacs têm dificuldade e os CAP, com três páginas, já ficam completamente perdidos, e eu não sei de onde vem isso. Existe um problema de francês, porque eles têm dificuldade para ler, quando leem têm dificuldade para compreender e, a partir daí, não sobra mais nada".

130   *Retorno à condição operária*

ocorre "sem competência" (como diz um dos professores), sob o peso das deficiências escolares acumuladas desde o início da escolaridade. Portanto, é como se o contexto local de desemprego endêmico desse aos alunos mais ameaçados o direito de reclamar uma espécie de direito de asilo na instituição escolar. Esta se vê cada vez mais incumbida da tarefa de garantir uma continuação de estudos tranquila, sem encargos nem obrigações, a alunos cujo objetivo, agora confessado porque se tornou confessável, é adiar o momento de entrar no mercado de trabalho.

Nesse sentido, a reação dos alunos dessa turma, no dia seguinte ao conselho de classe, é significativa. No pátio, na hora de entrar, um pequeno grupo de alunos de BEP de usinagem comenta o movimentado conselho da véspera. A notícia corre e os comentários se espalham rapidamente: apesar de tudo, a "vitória" foi dos alunos (um deles diz: "Quase foram expulsos, mas no fim acabaram ficando sob contrato"). Ao me aproximar do pequeno grupo recomposto da classe de plasturgia, cumprimentei o representante por "ter se defendido bem" e ele retrucou, num tom de orgulho: "A gente não pode aceitar tudo", como se ele e, por meio dele, o conjunto de seus colegas tivesse sido vítima de uma agressão dos professores. Seus amigos não escondem a satisfação de ter um representante que soube tirá-los do sufoco ("É, ele foi um bom advogado, o senhor não acha?").

4. Embaixadores do LEP nas empresas

O estágio em empresas é um elemento importante do curso de bac profissionalizante, tanto como experiência valorizada de um aprendizado do trabalho *in loco* quanto como forma de avaliação da trajetória escolar dos alunos[23]. Os alunos fazem estágio em empresas todos os anos (dez semanas no primeiro ano e dezesseis no segundo). O diretor de trabalhos tem uma lista de "tutores" e empresas aos quais os alunos podem solicitar estágio. A diretoria e os professores do liceu estimulam os alunos a tomarem eles mesmos providências para encontrar um empregador. A demanda por estágios é cada vez maior, de modo que se estabeleceu uma concorrência objetiva entre os alunos dos diferentes liceus para "descolar" um estágio. O liceu pode perder "vagas" quando o comportamento dos últimos estagiários criou problemas para a empresa. Uma das principais atividades dos diretores de trabalhos dos LEP é percorrer a região à procura de tutores (assalariados das empresas) para manter ou aumentar sua "participação no mercado" de estágios. A cada ano os alunos encontram mais dificuldade para conseguir uma vaga, em especial – e quase exclusivamente – os filhos de imigrantes magrebinos. No período de estágio, os professores do liceu se deslocam até a empresa

---

[23]   O balanço do estágio vale 25% da nota final do exame do bac profissionalizante. De acordo com o estatuto, a nota do balanço é dada em conjunto pelo professor que orienta o aluno e pelo tutor. Na prática, são sobretudo os professores que definem a nota, para compensar as boas avaliações dadas pelos tutores, em geral pouco habituados a tal atividade. "Ainda assim, a nota conjunta cria um problema, porque os tutores ficam numa situação a que não estão acostumados. É muito difícil dar nota a alguém. Então, na maioria das vezes a nota que eles propõem é uma nota desproporcional ao trabalho do aluno. Tem os que dão 10, apesar de o aluno ser só médio. Eles não se atrevem [a dar notas ruins], ficam constrangidos", diz o professor de tecnologia em robótica.

A "desoperariação" do ensino profissionalizante   131

para acompanhar o desenvolvimento no local, verificar se o aluno não está realizando apenas tarefas desqualificadas, como aconteceu algumas vezes. É também uma oportunidade para os professores testarem as possibilidades de contratação ("Para mim, é uma questão de confiança. Pergunto a eles: 'Vocês estariam dispostos a pegá-lo de novo como empregado?'. Aí a resposta é mais nuançada").

O estágio é também um dispositivo essencial no conjunto de trocas que se estabelecem entre o liceu profissionalizante e as empresas da região. De um lado, tal instituição pode ser indiretamente valorizada pela qualidade de seus alunos, e de certo modo reconhecida pela empresa[24]; de outro, o aluno pode contar com uma contratação como "fixo", caso seu comportamento no trabalho seja julgado de maneira favorável. Os responsáveis do liceu devem manter boas relações com as empresas que oferecem estágios[25]. O conteúdo do balanço do estágio relaizado pelo aluno é examinado atentamente pelos professores e pelo tutor (assalariado da empresa), que dão então seu *imprimatur*. Às vezes pode acontecer que aconselhem o aluno a suprimir certas passagens do balanço, em especial as que dizem respeito a atividades sindicais.

Um professor conta que certa vez teve de intervir para que um aluno de manutenção suprimisse uma passagem de seu balanço de estágio em que havia a cópia de um panfleto sindical da CGT. O aluno havia trabalhado numa PME que, pouco depois do início de seu estágio, passou por um grave conflito social em consequência de uma tentativa da direção de demitir um representante da CGT. A união local desencadeou um movimento de greve bastante duro, que repercutiu na imprensa local. Durante a greve, o aluno – que trabalhava na oficina – teve contato com militantes sindicais e grevistas. Como simpatizou com a causa, fez questão de que constasse em seu balanço de estágio um panfleto da CGT escrito na época da greve – um pouco por provocação, segundo o diretor de trabalhos. O tutor convocou o diretor de trabalhos para explicar a situação e pedir o afastamento do aluno.

Assisti a duas sessões de "balanço de estágio" (prova que existe já há alguns anos), com três dias de intervalo. Eram de alunos de último ano de bac profissionalizante, a primeira de manutenção e a segunda de robótica – nesta, os professores improvisaram uma sessão para o entrevistador[26]. Como treino oral, os alunos expõem seu balanço de

---

[24] Os professores que fazem o acompanhamento dos estágios procuram colocar os alunos em estágios em que as características deles se adaptem às características das empresas. Por exemplo, reservam os melhores alunos para as empresas "dinâmicas" ou para aquelas que aceitam regularmente alunos da escola.

[25] Para prevenir qualquer risco de escorregadela dos alunos, a apresentação do estágio deve ficar no registro estritamente "técnico" e "econômico". Os alunos seguem de maneira rigorosa as instruções que lhes são dadas e apresentam, em ordem, o status jurídico da empresa, o montante do capital e do faturamento anual, a produção anual, a participação no mercado interno e externo, os setores de venda, o nome dos principais fornecedores etc. A empresa é apresentada unicamente a partir de suas características econômicas e comerciais: os alunos tomam o cuidado de não se limitar ao mercado francês e abordam também o mercado mundial. Não dão nenhuma indicação do balanço social; sindicatos e comitês de empresa nunca são mencionados. Na maioria das vezes, os alunos apenas copiam a apresentação oficial da empresa, a que pode ser feita nos informes aos acionários.

[26] De certo modo, os professores do bac profissionalizante de robótica quiseram dar uma resposta ao "time" de professores do bac de manutenção, organizando rapidamente uma sessão análoga à que assisti. Tudo foi preparado para dar uma boa impressão, para convencer o entrevistador da seriedade da

estágio diante de um "júri" composto pelos professores, pois, como explica um professor de oficina de plasturgia, "é uma boa formação, eles aprendem a fazer relatórios; nas empresas é cada vez mais assim". Além de uma apresentação geral da empresa, o balanço de estágio inclui um relatório detalhado do trabalho realizado pelo estagiário: o tipo de equipamento em que trabalhou, as tarefas que efetuou e até as sugestões que fez para a melhoria do trabalho.

Nos balanços de estágio dos "bacs pro", os professores de oficina tendem a avaliar os alunos em função de sua capacidade de ir além da esfera estrita das competências técnicas. Sobre um aluno que se contentou em cumprir corretamente o trabalho, sem "ir mais longe", profetizam: "Esse será um excelente executante, que nunca tomará iniciativas". Esses alunos, que se mostram tão "fracos" no exame oral, parecem fadados a ser apenas "bons executantes". Ora, um "bac pro" deve ser mais do que um "bom executante", um "bom operário" ou mesmo um "bom faz-tudo" (expressões que se repetem com frequência durante a avaliação). Ele deve ser capaz de "inovar", "fazer estudos", "prever" etc. Se todos os professores concordam que a maioria desses alunos dará bons operários, isto é, trabalhadores competentes no plano manual (ou "bons faz-tudo", outra maneira de louvar esse tipo de qualidade), é ao mesmo tempo para reconhecer que eles não conseguirão passar para o "estágio superior" (o das iniciativas e das tarefas de executivo). Censuram certos candidatos por não ter coragem de "se atirar", não saber tomar a palavra ou argumentar. "Desmontam na primeira bordoada", "não respondem à altura", deploram os professores nos bastidores. De fato, eles gostariam que seus alunos de bac profissionalizante tivessem mais recursos (escolares, sociais) para poder se afirmar, defender uma posição ou até contestar. Ao mesmo tempo, avaliam muito mal a provação que é para os alunos esse tipo de exame oral. Chegam a pensar que, se os alunos se comportam dessa maneira, é porque só podem estar fingindo, é de propósito, eles podiam fazer melhor.

No fim da exposição oral do balanço de estágio dos "bacs pro" de manutenção, o júri delibera, estabelece as notas definitivas e comenta o conjunto das apresentações. Um único aluno fica acima da média; o restante fica abaixo. O embaraço dos professores é particularmente visível quando se trata de atribuir uma nota à exposição dos candidatos, pois as diferenças entre as apresentações são mínimas: nenhuma se destaca, todos os alunos têm as mesmas dificuldades na exposição oral. Mas é preciso "dar nota" às apresentações para estabelecer uma diferença entre os alunos; na maioria das vezes, os professores "baseiam" a nota no desempenho apresentado ao longo do ano. Para resolver essa dificuldade, um professor propõe dividir a nota em duas: uma para o relatório do estágio e outra para a apresentação oral, de modo a acabar com a

---

formação, para realçar os status do curso de robótica, situado objetivamente na base da hierarquia dos bacs profissionalizantes do liceu: os professores fizeram os alunos se apresentar em ordem decrescente de nível escolar, as apresentações foram bastante longas (cerca de 45 minutos), para que apenas os "bons" alunos fossem examinados na presença do entrevistador. Os professores não tinham o objetivo de avaliar o candidato: o ambiente era descontraído, a prova não recebeu nota, não havia nenhum desejo de pegar o aluno numa "armadilha" – ao contrário, eles tentaram valorizar o trabalho que este realizou no estágio.

contradição entre bons relatórios e apresentações orais medíocres (um candidato tirou 2 no oral, mas seu balanço de estágio foi considerado "sério, bem documentado"). Uma apresentação "correta" (adjetivo empregado no lugar de "ruim") alcança apenas a média. Os professores tentam não ser muito severos. Uma falha um pouco menos acentuada de um candidato permite ao júri aumentar a nota. Durante a deliberação final, cada professor "cata pontos" para evitar uma média muito baixa. Um professor diz: "Não está muito mal-apresentado no escrito"; outro: "Os grafos estão errados, mas pelo menos estão aí", ou: "Apesar de tudo, houve um trabalho" etc. De certo modo, a nota da apresentação do estágio é dada de trás para frente, como se os candidatos só pudessem ser avaliados de forma relativa, pela (re)consideração retrospectiva de todos aqueles que se apresentaram antes.

Para concluir, o presidente da sessão anuncia uma avaliação global ("Eles são fracos"); o professor de oficina assina embaixo, mas acrescenta a título de circunstância atenuante: "Fracos, mas bonzinhos". O presidente faz questão de deplorar, mais uma vez, as lacunas dos alunos em termos de reflexão: "Tudo que se refere à interpretação, à pesquisa, e exige um esforço intelectual, eles não fazem. Eles são muito bacanas, não criam problemas, mas não fazem nada". Vira-se para os colegas para perguntar o que podem fazer para remediar essa situação preocupante. O professor de oficina não hesita em apresentar sua solução, que tem o mérito de ser simples: "Eu sei como resolver isso! Vamos reunir todo mundo e insuflar vida nesses pulmões!".

Durante a apresentação oral de estágio em robótica, os alunos dão atenção especial aos novos modos de organização do trabalho e de gestão da produção (*just in time*, fluxos tensos). As perguntas dos professores tentam fazer os estudantes falar das iniciativas que tomaram na empresa ou das "melhorias" (palavra que se repete incessantemente no discurso dos professores) que levaram para a empresa, o "ganho de tempo" e/ou o "ganho de dinheiro" que estas propiciaram, a "avaliação" que fizeram dessa ou daquela iniciativa etc. A maneira recorrente que têm os professores de insistir nas aquisições dos alunos, e ao mesmo tempo de se admirar das falhas ou das lacunas das empresas, visa mostrar ao entrevistador que os saberes e os métodos ensinados em oficina no liceu profissionalizante podem ser aplicados na empresa, e que os alunos formados no liceu são diretamente "operacionais"[27].

As perguntas dos professores têm o objetivo de estabelecer de maneira precisa o processo de fabricação, as técnicas de produção e o tipo de equipamento utilizado nas empresas. Os alunos são convidados a descrever em detalhes, por meio de croquis e esquemas desenhados na lousa, as instalações em que trabalharam e a expor os novos métodos de fabricação e de organização do trabalho que não viram em aula. É uma oportunidade para os professores melhorarem o conhecimento que têm das empresas

---

[27] Quando os estágios em empresas foram implantados no bac profissionalizante, os professores do liceu tinham receio de partir com um *handicap*, de se mostrarem muito atrasados. Ora, segundo eles, o que aconteceu foi o contrário: "Com os bacs profissionalizantes, em relação aos referenciais, a gente está um pouco à frente das empresas. No começo dos estágios de bac pro, a gente pensou: 'Vão nos mandar para as empresas! Puxa vida, com que cara a gente vai ficar!', mas se deu conta de que eles estavam cinquenta anos atrasados".

134 *Retorno à condição operária*

e, em troca, poderem se adaptar melhor às exigências, permanecendo na ponta do que lhes parece ser o progresso técnico e organizacional. Demoram mais com os alunos que puderam realizar "estudos" (estudo de panes, estudo de circuitos) ou implantar "inovações" durante o estágio. Quando um aluno consegue aplicar no estágio os trabalhos práticos realizados no liceu, é submetido a uma saraivada de perguntas afáveis e interessadas ("Você usou o PAC*?" ou "Que tipo de programa era?" etc.). As perguntas se tornam mais desconfiadas quando o aluno expõe o funcionamento de um procedimento inovador do qual os professores acreditavam ter o monopólio[28]. Em compensação, não escondem a decepção quando os alunos se contentaram em fazer simples trabalhos de montagem e de execução e não mostraram iniciativa. É valorizado e estimulado o estagiário que procurou sistematicamente pôr em prática o que aprendeu no liceu, divulgando nas empresas as inovações pedagógicas de sua instituição escolar.

Essas apresentações orais mostram que o modelo de referência dos professores de robótica é explicitamente o modelo japonês de gestão de produção. Os objetivos ensinados aos alunos são – tanto no liceu como na fábrica – a redução dos estoques, a elevação da taxa de utilização das máquinas, a melhoria da qualidade das peças produzidas ("zero defeito") e a atenção contínua a tudo que possa fazer ganhar tempo ou dinheiro. Os elementos valorizados no comportamento dos alunos em estágio são a cooperação, a polivalência e, sobretudo, o espírito de iniciativa[29]. As perguntas dos professores nessas apresentações orais visam verificar se esses princípios indissociavelmente técnicos e organizacionais ensinados no liceu foram de fato postos em prática durante o estágio na empresa. É o que se observa no exemplo abaixo.

Christophe [capacete de motociclista na mão, deixado ao lado do estrado, brinco grande na orelha], primeiro aluno de bac pro em robótica a se apresentar, fez seu estágio numa PME da região cuja direção considera a possibilidade de demitir os operários não qualificados já com certo tempo de casa e contratar operários mais qualificados. Ele explica por meias palavras que "mandaram diminuir a produção de propósito para conseguir o que queriam", isto é, poder justificar a dispensa por motivos econômicos. Apresenta seu trabalho na ilha de máquinas, explica a linha hierárquica operária por meio de um esquema (operário de fabricação, preparador, operador) e o trabalho que realizou ("Eu tinha de medir os tempos e pôr tudo no computador, depois isso ia para o departamento de estudos"). Na "retomada", um dos professores observa que ainda existe um "pequeno problema a ser resolvido na empresa, a estocagem": o aluno não discorda, mas ressalta que

---

* Sistema de projeto e fabricação assistidos por computador. (N. T.)

[28] Observando no balanço de estágio o esquema da peça que o aluno fabricou, o professor de tecnologia fica impressionado ("Como é uma bela peça, poderíamos fazer um estudo de comando digital em cima dela"), mas o professor de tornearia se mostra intrigado, quase desconfiado ("É estranhamente semelhante à que a gente faz aqui").

[29] É claro que esse senso de iniciativa é valorizado também pelos tutores de estágio, que fazem dele um de seus elementos de avaliação, como mostra o relatório escrito de um tutor: "Tivemos o prazer de receber o sr. Gilbert durante dois meses em nossa empresa. Ele foi particularmente cooperativo ao participar dos trabalhos de oficina. Deu mostra de iniciativa e revelou uma personalidade muito acessível. Suas qualidades tiveram influência segura nos resultados de seu trabalho. Seu relatório é o reflexo de seu trabalho, que foi levado com assiduidade. Seu caráter reservado é apenas uma virtude a mais a ser levada em conta. [...] Seu futuro parece assegurado".

a empresa recuperou rapidamente o atraso em quatro ou cinco anos ("Antes, eles estavam bem atrás"). O que, segundo o mesmo professor, deve ser creditado ao aporte dos alunos do liceu profissionalizante ("Depois que colocamos os alunos na empresa, eles progrediram muito. Não se pode negar"). O professor de tornearia observa que ele fez a empresa ganhar tempo e dinheiro. O aluno concorda: "Quando entreguei o relatório, eles ficaram muito satisfeitos". E o professor conclui, com ares de lição de moral: "Está vendo, sempre existe uma maneira de ganhar dinheiro, sem prejudicar ninguém, sem prejudicar o operário no seu trabalho". O aluno ficou satisfeito com o estágio ("Foi bom"), mas não pôde passar pela coordenação, pela gestão da produção. Os professores concordam que para isso seria preciso um ano a mais. Então perguntam ao aluno se ele gostaria de trabalhar na empresa; o aluno responde: "Não é mal, mas é familiar demais. Só entra quem conhece alguém lá dentro. Você tem de conhecer o pessoal, e os que entram, eles fazem um contrato para saber o que eles querem. Senão, não vão muito longe. Normalmente, eu poderia entrar automaticamente. Eles me pegariam como BTS em estágio Cipes[30]. Seria legal com o Cipes, já que foi no estágio que eles ficaram satisfeitos comigo. Conversei com o chefe do pessoal, porque lá eles também oferecem estágios. Foi uma espécie de casamento experimental". Os professores recomendam que ele peça "preto no branco, porque ele precisa estar seguro" (ele traduz: "É, um contrato"). Agora entre eles, um dos professores reconhece, virando-se para mim: "É o melhor aluno. Nós lhe mostramos a nata".

De certo modo, os alunos em estágio são colocados na posição de embaixadores do liceu profissionalizante junto às empresas locais. São incitados a valorizar o *know-how* dos professores, a "modernidade" dos saberes e dos métodos ensinados e, com isso, recebem a missão de combater os preconceitos alimentados por patrões e executivos das empresas contra os liceus profissionalizantes. As perguntas dos professores sobre os trabalhos que os alunos realizaram no estágio são muito reveladoras da ambiguidade que existe na relação entre as empresas e os professores. Estes últimos não conseguem não desconfiar da empresa, de ela ter de certo modo "copiado" o liceu, de ter captado em proveito próprio o saber do aluno (e dos professores[31]), assim que percebem que a ela aplica um procedimento semelhante ao que eles introduziram recentemente em sua instituição. Inversamente, as respostas muitas vezes evasivas dos alunos, e a relutância em entregar informações que eles veem como confidenciais, dão a entender que a empresa só passa seus "segredos" de fabricação aos elementos de fora em doses homeopáticas (mesmo em relação a ferramentas banais, como o nome de um programa de computador, os alunos se sentem presos a uma espécie de obrigação de discrição). Todavia, como efeito da crise do emprego operário, a oposição entre a escola e a empresa parece se resolver numa complementaridade, às vezes muito próxima da simbiose, que ocorre ao fim de um processo em que se veem os agentes da instituição escolar

---

[30] Organismo de formação continuada que depende da Peugeot.

[31] Esse ponto também surgiu no balanço de estágio de manutenção. Durante a "discussão", os professores fizeram os alunos ver que o trabalho do tutor, e mais genericamente o trabalho em fábrica, não é tão cuidadoso como o deles no liceu profissionalizante, porque o tutor não tem tempo. Por exemplo, um professor de manutenção diz a respeito de desenhos e esquemas "malfeitos" ou "mal-acabados": "Se a gente não der o exemplo, não são eles que vão nos dar". Os professores do LEP colocam-se sempre do lado da "verdadeira" cultura técnica, do saber teórico e bem elaborado.

136 *Retorno à condição operária*

transformados nos principais advogados, ou mesmos iniciadores, da aproximação entre a escola e a empresa. Esses agentes, sempre receosos de estarem "atrasados" ou de "perder" a modernização das empresas, e perscrutando com cuidado as mudanças técnicas e organizacionais que ocorrem nas firmas que "se mexem" (como diz um deles para qualificar as empresas modernas do setor), tentam antecipar as transformações futuras nas indústrias[32]. Para preparar os alunos para serem "inovadores", qualidade que aumenta suas chances de emprego, eles insistem em tudo aquilo que dentro do programa tenha a ver com os novos modos de gestão da produção (apresentados nos manuais de robótica).

5. Situação ambígua dos alunos na empresa

As turmas de bacs profissionalizantes aparecem assim como vetores da nova cultura técnica. Os alunos estão destinados a ocupar uma espécie de escalão intermediário entre os contramestres e os operadores, a tornar-se "técnicos de oficina" que tendem a se ver e a se pensar como futuros "assistentes" de técnicos. Nos estágios, eles devem pôr em prática ou mesmo ajudar a lançar novos sistemas de gestão, e às vezes até a modernizar a gestão de produção das empresas que ainda não adotaram a gestão moderna dos estoques e dos produtos em fabricação (no caso, as PME da região). Os estagiários aprendem não só a falar "tecnicamente", a "guiar" os operadores, mas também a não misturar as coisas, a respeitar a divisão do trabalho. Assim, devem procurar saber de onde vem tal defeito, tal pane, fazer o acompanhamento da peça, gerir os fluxos, impregnar-se do "método Kanban"[33], otimizar, racionalizar, buscar soluções, em resumo, "interessar-se" pelo trabalho. Mas o "bom" estagiário é também aquele que sabe se manter no registro puramente técnico, evitando qualquer coisa que tenha parentesco com a política (principalmente a atividade sindical). É ensinado a guiar os operadores[34], mas também a não invadir o terreno de competência dos técnicos. O estagiário aprende assim a respeitar a hierarquia e a se manter em seu lugar dentro da empresa. Esse exercício muitas vezes é difícil, como mostram as apresentações orais de balanço de estágio: os alunos têm dificuldade para prestar conta de sua experiência de trabalho, em especial quando se trata de detalhar as relações de trabalho com os operários. Ora, às vezes acontece de a operação de racionalização empreendida pelo estagiário ocorrer à custa de conflitos com os operários de seu setor de trabalho. Os alunos evocam por meias palavras, encabulados, o que chamam de "pegas" com esses operários, como mostra o caso abaixo.

---

[32] Muitos professores se mantêm informados lendo com atenção a imprensa local e as numerosas publicações especializadas das empresas e das federações de indústrias. Além disso, os contatos regulares com os responsáveis pela formação nas empresas permitem que conheçam com muita precisão as transformações técnicas e organizacionais das empresas locais.

[33] Método japonês de gestão de produção por fluxos tensos, em vigor especialmente na indústria de automóveis.

[34] Termo empregado pelos professores-orientadores de estágio e, a partir daí, de maneira quase natural pelos alunos. Às vezes estes últimos dizem "operários", mas são corrigidos para que digam "operadores".

A *"desoperariação"* do ensino profissionalizante   137

Philippe, cuja aparência "antenada" destoa dos outros alunos, que "parecem" mais operários (relógio Swatch, cabelos louros curtos, mechas, camiseta "da moda"), fez seu estágio numa subcontratada da Peugeot conhecida pelo "dinamismo" e pela capacidade de adaptação tecnológica. Na época do estágio, essa grande PME estava demitindo 67 operários. O estagiário foi encarregado de realizar um estudo sobre a racionalização de um bloco de máquinas com o intuito de "otimizar" seu funcionamento. Ele explica que realizou um estudo do tempo de utilização de máquina e do tempo alocado aos operadores. Trabalhando continuamente ao lado dos operários, descobriu que trabalhavam intensamente de cinco a seis horas durante a jornada de trabalho ("Eles têm de 'suar' de cinco a seis horas, o resto do tempo é com eles"). Para diminuir a porosidade do tempo de trabalho operário, ele procedeu a uma otimização do tempo de trabalho efetivo (racionalização intensa das junções de peças), estimando que desse modo a empresa teria um ganho de 50% desse tempo. Além disso, ele contribuiu diretamente para a implantação de uma unidade de fabricação que permite aumentar a taxa de ocupação das máquinas (que era de apenas 80%). Essas duas "inovações" foram vistas como resultados muito positivos de seu estágio, tanto pela empresa (que propôs contratá-lo após o bac profissionalizante) como pelos professores do liceu. As inovações organizacionais que o aluno introduziu permitiram a eliminação de um posto de trabalho no setor em que estagiou. Nenhum dos professores procurou saber mais sobre as consequências sociais dessas "inovações", que aparecem como uma "necessidade". O próprio aluno vê essa melhoria a partir de uma lógica técnica: aos seus olhos, ela não aumentou a carga de trabalho e a perda de um emprego se justificava do ponto de vista da gestão ("Já que eles estavam demitindo", diz ele para se eximir da responsabilidade). Depois da apresentação, que foi essencialmente "técnica", um professor lhe diz num tom afável, como que para cumprimentá-lo: "Resumindo, você fez o papel do departamento de estudos!". O aluno, quase lisonjeado, responde timidamente: "Pode-se dizer que sim".

As iniciativas de racionalização de Philippe foram malvistas pelos operários do setor onde ele estagiou. No início, teve até "problemas" com um. Os professores o tranquilizam ("Sempre haverá riscos"), mas Philippe faz questão de contar a "rusga" que teve com esse operário.

Philippe – Sabe, sempre que eu chegava na oficina... [Ele hesita.] Estava lá o Nonô, ele é operador. Também é conhecido na oficina como picolé... [risos] Pois é, eu era malvisto... [por ele e pelos outros]

Professor de tornearia [para o aluno, mas também para o entrevistador, que está atrás dele] – Pois é! É só mexer um pouco para ganhar três dígitos e já pensam que a gente é espião.

Philippe – Além do mais, eu estava com o cronômetro... E era obrigado...

Professor de tecnologia – O cronômetro é muito, mas muito malvisto mesmo... [risos]

Philippe – Aí meu tutor disse: "Dou todos os meios e tudo mais que precisar para você me dar 'soluções'". Bom, depois constatei que as ferramentas que eles usavam tinham muitos problemas. [Ele detalha os problemas técnicos.]

É significativo que, quando os alunos expõem as dificuldades de "relacionamento" que tiveram com os operários de seu setor, os professores prestem pouca atenção, evitem abordar o assunto ou minimizem a questão. Os conflitos de competência e de poder que surgem no local de trabalho entre os alunos (futuros "técnicos de oficina") e os operadores parecem fazer parte do aprendizado do ofício; poderíamos dizer

138 *Retorno à condição operária*

até que é por meio desses microconflitos que o "ofício entra". Tem-se a impressão de que os professores do ensino profissionalizante abraçam largamente o ponto de vista da legitimidade industrial: como vanguarda "modernista" do corpo de ensino local, tendem a privilegiar, acima de tudo, a melhoria da eficiência do sistema produtivo da região, a descoberta de "minas de produtividade" nas oficinas e o crescimento da rentabilidade das empresas locais. Portanto, tendem a colocar seus alunos nessa lógica técnica, em clara oposição com a lógica operária, isto é, com as formas diversas de resistência implantadas pelos simples operadores no lugar de trabalho. A "cultura operária", no sentido de cultura de oficina é, na melhor das hipóteses, ignorada ou, na pior, desqualificada de antemão. Os professores parecem guiados, sobretudo, pela vontade de reabilitar o ensino profissionalizante: os alunos são instruídos ("teoricamente") na escola e treinados no trabalho, dentro da empresa, para sempre buscar ganhos de produtividade, por menores que sejam.

Contudo, os diversos "incidentes" no trabalho que entremeiam o andamento dos estágios certamente constituem uma espécie de prova social para os alunos: eles se sentem "divididos" entre, de um lado, o desejo de não entrar em conflito com os operários do setor, não bater de frente com os "antigos" – o que deveria levá-los a silenciar ou a não enxergar os diferentes "macetes" de trabalho que esses velhos operários desenvolveram aos poucos e que os alunos descobrem no decorrer do estágio – e, de outro, a necessidade de seguir as diretrizes e obedecer às ordens de seus tutores, realizando tarefas que visam contornar ou romper as "resistências" operárias no trabalho e comprometem os arranjos estabelecidos de longa data entre os agentes de controle e os operários do setor.

O papel que objetivamente se obrigam os "bacs pro" a desempenhar na empresa, em especial o de "espiões" das práticas operárias no trabalho, é particularmente difícil de sustentar. As condições em que realizam o estágio (reestruturação da empresa, demissão dos operários) podem incitá-los a fugir de seu local de trabalho, que é visto por eles como um lugar de permanente conflito. Podemos nos perguntar, então, se o ajuste das disposições dos alunos ao perfil dos empregos nas empresas, realizado pelos professores, não tende a se voltar contra os alunos nessa zona de emprego, contribuindo para dissuadi-los ainda mais de seguir a via industrial. A posição ambígua dos "bacs pro" – entre o controle (ou os técnicos) e os operários da oficina (dos quais eles falam com certo distanciamento, como pessoas abaixo deles) – reforça os preconceitos ou a aversão "instintiva" que podem já nutrir em relação ao trabalho na fábrica.

Tentados como muitos filhos de operários da mesma geração a romper com os traços mais estigmatizantes da condição operária, os alunos de liceus profissionalizantes se veem diretamente confrontados – no local de trabalho – com as maneiras de ser, fazer e pensar mais escoradas na cultura de resistência dos operários ("macetes", "guerrinha" contra os "chefes", cultura antiescola, defesa de um "senso de si mesmo" etc.), que de certo modo são o *alter ego* de seus próprios pais. Portanto, podemos pensar que a experiência de trabalho como "estagiário" acelera o rompimento, que eles já iniciaram de maneira mais ou menos confusa no decorrer de sua escolaridade, com toda uma parte dessa herança operária, na qual ainda esbarram as diversas ten-

A *"desoperariação" do ensino profissionalizante* 139

tativas gerenciais de racionalização do trabalho. A maneira às vezes condescendente como os alunos tendem a evocar – quando ousam – as tensões e os conflitos com os operadores dá a impressão de que eles passaram para o "outro lado": valendo-se de sua nova legitimidade escolar e de seu orgulho de "bacs pro", eles julgam o sistema de atitudes operárias de uma posição bastante próxima daquele que "olha de cima", e considera o que vê como um vestígio de um certo "arcaísmo". Aplicando quase ao pé da letra – isto é, como deve fazer um estagiário – as novas normas da racionalidade industrial, querendo ou não, os alunos não contribuem para a tentativa de "liquidação" da cultura de oposição no trabalho, própria da geração operária de seus pais? Eles são colocados assim numa posição estrutural de antagonismo com os operários do setor, fazendo pairar sobre estes últimos a ameaça das "melhorias" (técnicas), que eles sabem muito bem que são sempre sinônimo de intensificação do trabalho. A distância social entre os pais operários e os filhos, já ampliada pelos mal-entendidos entre as duas gerações por causa do prolongamento da escolaridade, acentua-se pela maneira como os "bacs pro" são de certo modo instrumentalizados pela fábrica. Poderíamos dizer que os filhos – alunos estagiários, cheios de boa vontade escolar e profissional e amplamente submetidos à desoperariação – "matam o pai" operário na oficina. O curso do bac profissionalizante alternado com estágios em empresas arremata os diferentes processos em movimento, dentro e fora da fábrica, que levam ao enfraquecimento simbólico dos pais operários, encorajando assim uma espécie de parricídio social no centro mesmo do grupo.

BOX 1   **A desmoralização de um professor do curso de usinagem**

Alain Dubois, professor de tecnologia no liceu Niepce há pouco mais de vinte anos, ex-aluno do liceu técnico vizinho, de origem operária, obteve seu diploma de técnico de nível superior no fim dos anos 1960. Trabalhou alguns anos como técnico na Peugeot, até ir para o ensino profissionalizante no início dos anos 1970. Sempre deu aulas para as turmas de mecânica geral do liceu, mas nos últimos anos também se formou em novas tecnologias, particularmente em comando digital. Dá aulas tanto para alunos de BEP como para os "bacs pro" de robótica. Não quis mudar de área: permaneceu fiel à vocação de "mecânico". A entrevista foi concedida num momento de sua carreira em que ele se sente seguro de sua competência profissional e, ao mesmo tempo, precocemente envelhecido diante de seus alunos, que ele não compreende mais. Preferiria que a entrevista não fosse gravada ("Não gosto de me ouvir", "Não 'preparei' nada", diz quando vê o gravador). Num primeiro momento, se expressa em termos gerais para se ajustar, segundo nos parece, ao que pensa ser as expectativas do entrevistador (assuntos de ordem teórica), portanto hesita em nos contar "casos" (quando conta, desculpa-se antecipadamente por falar de coisas tão superficiais, porque acredita que não podem servir como análise). Contudo, como o ânimo nesse sentido, ele se convence pouco a pouco a evocar o dia a dia no liceu, a contar "histórias de professores" que ninguém hesita em contar entre colegas, mas que não parecem ter

140 *Retorno à condição operária*

interesse para os de fora. Os alunos lhe parecem muito diferentes daqueles de vinte anos atrás (ainda que se negue a idealizar o passado), em todos os sentidos (estudo, pontualidade, interesses). Ele tem a impressão de que se abriu um abismo entre eles, de que se tornou aos olhos deles um velho "caduco", como ele próprio diz. Preciso, meticuloso no trabalho, sua competência profissional é unanimemente reconhecida no liceu; ele afirma querer, acima de tudo, compartilhar seu gosto pelo rigor técnico, pelas análises racionais, pelos "esquemas bonitos" – virtudes que não consegue mais cultivar em seus alunos. Isso explica o tom de desilusão e de tristeza com que fala e que dá sentido a esta entrevista. Consciente de ter pintado um quadro muito sombrio do liceu, ele me adverte ao fim da entrevista de que talvez tenha expressado apenas a sua própria subjetividade ("Talvez eu tenha sido um pouco pessimista, vejo as coisas de um jeito meio negro, seria bom compensar com outros").

Os garotos que formamos em tornearia e fresagem são... [ele não se atreve a dizer] não são muito interessantes. É muito difícil. E isso se vê em praticamente todos os níveis. Então, em primeiro lugar, temos problemas de disciplina, cada vez mais. Isso aumenta de ano para ano. E eles têm problemas de compreensão, problemas incríveis! Incríveis! Você não imagina como! Nem é um problema de estudo ou de falta de estudo propriamente dito, é em geral um problema de compreensão dos termos mais simples do francês. Ainda hoje dei dois exercícios simples de tecnologia e vários não sabiam o que tinham de fazer, porque não compreenderam o que era pedido, eles responderam sem nenhum bom senso, porque não compreenderam o enunciado. Sinto isso de maneira muito, muito forte. Eles são extraordinariamente fracos na compreensão dos textos mais simples. Então, nós, quando começamos um assunto "novo", primeiro verificamos os conhecimentos, se temos de fazer cálculos, como, por exemplo, o cálculo de uma rosca; então, primeiro temos de verificar se eles são capazes de fazer uma soma, uma subtração, uma multiplicação. Nós verificamos os conhecimentos e percebemos que eles não têm os conhecimentos necessários, falta alguma coisa. Então, o problema é: partimos do zero de novo ou vamos em frente? Se vamos em frente como se tivessem entendido, ou mesmo se tentamos partir do zero, acabamos não fazendo nada. Tomo um exemplo: fazemos cones na oficina; ora, para fazer cones, eles precisam primeiro saber o que é conicidade e, num dado momento, têm que trabalhar com a inclinação, com a tangente (a tangente de um ângulo) e depois ser capazes de descobrir o ângulo. Por exemplo, a tangente, eles não viram ou não compreenderam o que é em matemática, cabe a nós explicar; então, se explicamos, perdemos um tempo enorme e isso é tirado do trabalho que temos de fazer. Isso é em matemática, mas existe o mesmo problema em francês e em qualquer outra matéria. Eles não têm os conhecimentos fundamentais, praticamente nada como base válida.

E no nível do comportamento? Agora há pouco você falou de disciplina, como isso se traduz?

Muita gente atrasada. Eles não se dão conta... Muita gente que falta por uma coisinha ou outra. Agora, a partir do momento que completam 18 anos, eles podem preencher a caderneta, se não me engano. Sinceramente, eles não se dão conta. Alguns vêm a cada dois dias...

E em relação ao professor, ainda existem formas de desconfiança...

Existem, existem! Por exemplo, os CAP de tornearia, dei aula para eles hoje de manhã, é extremamente difícil [com tristeza na voz]. Somos obrigados a constantemente chamar a atenção deles etc. Eles se xingam, fazem bobagem. Têm uma enorme dificuldade para manter a atenção, sei que ficar duas horas em aula é duro... Mas, palavra de honra... [Silêncio.] Eles

A "desoperariação" do ensino profissionalizante **141**

não têm atenção, muito pouca compreensão, muito pouca memória. [...] O que se perdeu totalmente foi o gosto, a habilidade do bom artesão, o trabalho bem-feito... Tudo isso acabou. Não vejo mais nada disso... Por exemplo, tem coisas que são difíceis de conseguir. Há várias partes numa peça [ele pega uma peça], há a altura etc. E uma parte que sempre se avalia é a apresentação. Então, a peça tem de ser bonita, não pode ter marcas, ranhuras, entende, nenhum arranhão. Portanto, é preciso ter um cuidado especial. É fácil conseguir isso, mas é preciso cuidado! É extraordinariamente difícil conseguir fazer com que eles produzam uma peça bonita, entende! Isto é, que não tenha rebarbas para não engripar, que não tenha marcas, ranhuras. Isso é muito, muito difícil. É simplesmente uma questão de cuidado, e também de atenção, eu diria até de respeito pela matéria, entende, alguma coisa nesse sentido. Eles não têm isso... é muito, muito difícil. Quando tenho alguma peça bonita, guardo e mostro para eles. "Esta é uma peça que foi feita e esta é a sua. Se você for a uma loja, qual vai comprar, qual vai preferir comprar?" Mas eles não se dão conta. "Não, isso não é nada, a peça está boa." [...] Quando eles têm alguma coisa para fazer, nós empurramos, forçamos a fazer e eles fazem, mas... [Ele hesita.] Sem gosto, sem nada, entende! Digo a eles: "Se vocês arrumarem um trabalho depois, mas não gostarem do que fazem, vão ser infelizes". Mas isso passa completamente batido. Estou "caduco". Entende, eles têm essa atitude, o que digo não tem absolutamente nenhuma importância. [...]

Você nota, no nível de habilidade deles, diferenças entre os alunos atuais e os alunos antigos? Ou eles são tão habilidosos como os outros?

Noto. Apesar de tudo, os "bacs" são relativamente hábeis. Temos problemas de habilidade com os CAP. Tem alguns que não conseguem ajustar corretamente o paquímetro na peça, e se não conseguem ajustar corretamente a peça no paquímetro, elas acabam com uma altura maior, entende? Não parece importante, mas faz toda a diferença entre uma altura adequada e uma altura inadequada. É uma operação extremamente simples, mas tem alguns que têm dificuldade para fazer. Me ocorreu outra coisa boba. Nós usamos um comparador [ele explica], é muito preciso, mas muito delicado. Não faz muito tempo, fiz um garoto montar um comparador e, quando montamos, deslizamos a parte, uma bucha como essa, até o furo e depois enfiamos delicadamente um parafuso para fixar. Pois o garoto pegou uma pinça para aparafusar o parafuso! Ele não se deu conta de que estragou meu comparador, acabou com ele, porque tem de ir com jeito! Era evidente que não podia forçar. Isso, de fato, eu nunca disse, mas era tão evidente, entende! É como jogar um bebê no chão, você não faz isso, mesmo que nunca tenham lhe dito que não deve fazer. [...] Enfim, tem um monte de pequenos exemplos. Por exemplo, pôr os documentos em ordem, com 18, 20 anos, eles não conseguem.

E no nível da ordem? Manter um caderno de texto?

Praticamente impossível! Isso é um problema para os CAP. [...] Temos de dizer a eles o que devem trazer, se têm de comprar um caderno, se precisam de um fichário, de qual cor etc. Eles perguntam, não procuram por iniciativa própria. Se deixamos por conta deles, sem controle, eles perdem tudo, vinte folhas num saco, isso não é classificar. Por exemplo, eles têm uma mala, mas não levam o caderno na mala. Na maioria das vezes, o caderno fica aqui. Eles têm um armário, então deixam o caderno de tecnologia e tudo mais no armário. Os "bacs" deixam o caderno, nem todos, mas tem "bac" que deixa o caderno no nosso armário, lá no fundo. Então, eles não estudam em casa, não trazem o que foi pedido, se tinham de fazer um exercício. Se têm de estudar a aula, não podem, porque o caderno ficou aqui. Quando saem do liceu, o dia acabou. [...] Em oficina, é muito difícil. Primeiro, eles têm de ficar no lugar deles, e só isso já é um problema. Porque a oficina é perigosa, se você abandona a máquina enquanto está funcionando, pode acontecer alguma coisa, você tem de estar perto do botão de desliga e ficar atento. Conseguir que eles fiquem nas máquinas, sem sair dali, é muito, muito difícil... [Silêncio.] Eles têm mentalidade de criança de maternal, que não para quieta. Pois eles têm um pouco essa mentalidade. [...] Antes, o liceu profissionalizante era um objetivo... um limite. A gente tem a impressão de que não existem mais tantas possibilidades. Antes, para todo mundo na região, tinha Peugeot, ou em Sochaux, ou em Audincourt, Beaulieu, Valentigney. Tinha fábricas da Peugeot em toda a parte, mas em todas essas grandes empresas o pessoal está diminuindo. [...] A gente tem essa impressão, em todo caso, não digo que seja válida para todo mundo, mas a gente tem a impressão de que a técnica está se degradando. Em todas as campanhas a favor do ensino profissionalizante, o que se vê é meio coisa de cinema. É verdade, isso não é uma coisa negativa, mas as coisas não são tão bonitas... [Silêncio.] O nível de recrutamento dos alunos está caindo por causa disso. Nós temos de fazer alguma coisa com essas pessoas, mas é difícil. Não dá para não comparar o atual com o que existia antes. Sempre temos a tendência de ver a idade de ouro no passado, mas a verdade é que, antes, nós não nos dávamos conta, mas existia uma seleção rigorosa. A garotada que continuava até o bac era muito boa. Mas agora, pouco a pouco, estamos aceitando todo mundo... E quando aceitamos todo mundo, temos uma curva de Gauss e podemos colocar o que quisermos nela – o nível intelectual ou a vontade de estudar –; agora, tudo tem de entrar na curva.

5

PAIS DESORIENTADOS

Na medida em que a orientação para o LEP se torna o símbolo visível do fracasso escolar e da relegação social, a opção pelos estudos longos impôs-se aos pais operários como o único caminho possível para os filhos. "Continuar", "ir cada vez mais longe", "ter bagagem" etc. são expressões sempre ditas com uma mistura de esperança e de temor, e repetidas de maneira insistente nas entrevistas com os pais. Estes últimos, com a entrada dos filhos na competição escolar, tiveram aos poucos de aprender a falar da "escola", a pôr essa questão no centro das conversas em família, a estabelecer um novo sistema de recompensas e punições, e às vezes a castigar, quando nada disso "funcionava". Em resumo, aprenderam o ofício de pai de aluno. Basta lembrar a maneira como Richard Hoggart[1] define os princípios da educação das crianças em meios populares – preservar a todo custo a idade de ouro da infância antes da entrada brutal no mundo sem concessões da fábrica – para imaginar a intensidade da reviravolta moral e afetiva que isso representou para essas famílias.

Os pais operários entrevistados ou pararam de estudar cedo, ou fizeram estudos profissionalizantes curtos (na maioria das vezes um CAP). Para eles, a eliminação precoce do sistema de ensino e a orientação para os CET parecem fazer parte da ordem das coisas: nas entrevistas, para justificar o fato de terem parado precocemente os estudos, eles dizem que "não estudavam", "não tinham vocação", "não tinha interesse", "não foram empurrados". Ora, vinte anos depois, eles descobrem, como pais de alunos de escolas de ZEP, um sistema de ensino profundamente mudado, tanto na relação pedagógica (exigências dos professores, atitudes dos alunos em sala de aula) como nas regras de aprovação para a série seguinte ou nos critérios de orientação escolar. Muitos parecem desconcertados com a confusão da classificação escolar, com a opacidade do sistema de orientação e das carreiras, com o enfraquecimento da autoridade do

---

[1] Richard Hoggart, *La culture du pauvre* (Paris, Minuit, 1970; 1. ed. inglesa, 1958).

144 *Retorno à condição operária*

professor e com a importação dos "problemas" do bairro para o recinto escolar. Nas entrevistas realizadas, sobretudo, com pais de alunos que moram nos dois conjuntos habitacionais da região, percebemos que os temas da escola e do bairro estão constantemente imbricados, estreitamente entrelaçados – porque, nesses locais de *habitat* em que o sentimento de relegação social é muito intenso, a escola é objeto de um verdadeiro "investimento" das famílias populares. Aliás, a escola se tornou um tema privilegiado de conversas, de fofocas, que em geral giram em torno da maneira de ser dos professores (os que se vestem de maneira descuidada são desqualificados) e dos incidentes que permeiam a vida escolar (brigas entre alunos, conflitos com o diretor da escola ou com os professores...).

Para tratar da transformação da relação das famílias operárias com a escola no quadro do prolongamento da escolaridade, tomamos o partido de apresentar um caso[2]: o de uma família operária que mora no bairro de Hauts-de-Court, onde os três filhos estão sendo escolarizados (os dois mais velhos no ginásio, o mais novo no primário). O pai (Jacques F.) é operário na fábrica de Sochaux; a mãe (Mireille F.) é assistente maternal meio período. Essa pesquisa, realizada a partir de duas longas entrevistas concedidas com um ano de intervalo (em julho de 1992 e julho de 1993), permite compreender a estreita imbricação entre a experiência profissional dos pais e a relação deles com a escolaridade dos filhos.

1. A escola hoje

Jacques, então com 42 anos, é OE em Sochaux há quase vinte anos. Filho de ferroviário, entrou para a Sociedade Nacional dos Caminhos de Ferro (SNCF) em 1974, após cursar um BEP de caldeiraria, como condutor de trens numa cidadezinha do leste da França, onde sua família havia fixado residência. Dois anos depois, saiu da SNCF para trabalhar como OE em Sochaux (região de origem da sua mulher), onde trabalhava seu sogro. Embora tenha ocupado diferentes postos de trabalho na fábrica, nunca trabalhou na cadeia de produção. Na época da entrevista, foi nomeado para um dos numerosos serviços de controle de qualidade que se desenvolviam na fábrica. Sua mulher, que tem um CAP de culinária, depois de cuidar dos filhos, retomou, há três anos, uma atividade profissional de meio período como assistente maternal numa escola primária. Ambos são representantes de pais de alunos na FCPE (Jacques no ginásio e Mireille no primário). A família reside desde 1978 num dos conjuntos habitacionais da região (chamado aqui Hauts-de-Court). Têm três filhos (de 14, 12 e 10 anos), todos escolarizados nas escolas das redondezas, classificadas como ZEP. Se a escolaridade do mais velho (Cédric) sempre transcorreu bem ("Sempre foi bem no primário", como diz o pai), não foi o caso dos dois mais novos, que repetiram ambos uma série no primário – o último a pedido expresso dos pais.

---

[2]   A primeira versão foi objeto de um artigo, recuperado aqui de maneira sensivelmente modificada. Ver Stéphane Beaud, "L'école et le quartier: des parents ouvriers désorientés", *Critiques sociales*, n. 5-6, jan. 1994, p. 13-47.

A entrevista é feita num início de tarde, no fim do mês de julho de 1992. Nesse dia, Jacques trabalhou "de manhã" (turno das 5 às 13 horas). Aliás, ele parece cansado, abatido, com olheiras e o rosto marcado (faz muito calor nas oficinas nessa época). Sem perspectiva de promoção na fábrica aos 40 anos, ele se "arrepende" de ter vindo trabalhar na Peugeot, de ter deixado a SNCF[3] (estabilidade no emprego, aposentadoria aos 50 anos...). É ele quem me recebe em casa. Está sozinho: os filhos saíram e a mulher, que está na cozinha, junta-se a nós pouco depois na sala de jantar. Como sabe que a entrevista tratará sobretudo da escolaridade dos filhos, ele pensou no que iria dizer, tendo com ele uma pasta em que são guardados relatórios manuscritos de conselhos de classe e boletins dos alunos com suas médias por matéria. Sua mulher, depois de servir o café, instala-se ao nosso lado e participa de toda a entrevista, completando ou corrigindo as palavras do marido. Sente-se que ela está tão envolvida quanto ele nessa questão.

No início da entrevista, Jacques não se sente totalmente "à vontade", permitindo-se pouco "desenvolver" e preferindo deixar a palavra ao entrevistador, mais "autorizado" que ele nessa área. Falar da escola, da escolaridade de seus filhos com um "professor" no quadro solene de uma entrevista gravada é sempre uma provação. Assim, as perguntas – sobre as carreiras no ensino médio, os programas, a forma de acompanhamento escolar de seus filhos, as expectativas dos professores – põem ambos na defensiva, como se reforçassem o sentimento difuso de não estar à altura. É sobretudo Mireille a mais sensível aos efeitos da legitimidade cultural. Por exemplo, é ela que tenta ao longo de toda a entrevista dar sinais de boa vontade cultural, destacando o fato de que seus filhos frequentam a biblioteca municipal, estudam música e "leem muito" (o que o marido contesta de imediato).

A entrevista dura três horas e sua duração manifesta a existência de uma espécie de "urgência" em falar sobre essas questões de escolaridade[4]. Para eles é uma chance de esclarecer um pouco essas questões, conversando com um "especialista", testando com ele suas próprias análises acerca da situação, timidamente avançando ideias ou reflexões que deixam para ele o cuidado de aprovar. Dando-lhes razão na maioria das vezes, reforço suas frágeis convicções. Valendo-se desse apoio, Jacques parece experimentar então certa satisfação em revelar atitudes do ginásio que, apesar de terem se tornado comuns hoje, continuam a escandalizá-lo. Contudo, sua indignação é tensa e contida, quase pudica, mas nunca expansiva: aparece, sobretudo, nos frequentes trejeitos de assombro e surpresa, que muito frequentemente substituem as palavras que ele não encontra para descrever seu espanto diante da escola atual.

---

[3] Vê-se aqui a extensão da mudança ocorrida, em vinte anos, na relação entre os setores público e privado.

[4] Jacques não viu o tempo passar. Foi para sua consulta com o dentista com uma hora e meia de atraso ("Em geral é ele que atrasa, ele espera").

2. "Aprovação por tempo de casa", "aumento de nota"...

No início da entrevista, Jacques fala ainda sob o efeito da comoção provocada pelo que viu e ouviu no conselho do terceiro trimestre da classe de seu filho mais velho (então na sétima série). O que o impressionou na maneira como o histórico dos alunos é analisado é que agora "todo mundo passa" (expressão que ele repete num tom desolado). Aos seus olhos, hoje não há mais limites para se continuar os estudos, o trabalho na escola não é mais o critério determinante para avaliar os alunos. Pior ainda, parece que se dá uma espécie de bônus ao atraso escolar, já que os alunos com desempenho medíocre, porém mais velhos que a média, se beneficiam do que ele chama de "aprovação por tempo de casa", de certo modo graças a sua capacidade de atormentar. É o que dizem certos professores nos bastidores ("É melhor passá-los para o liceu do que continuar a aguentá-los no ginásio" ou, mais cruamente: "Que alívio!"). Se Jacques insiste desde o início da entrevista nesse exemplo, é porque lhe parece sintomático de uma inversão das regras e dos valores na escola do bairro, aliás, estimulada a seu ver por certas famílias que não aceitam o jogo da meritocracia escolar. Ao permitir isso, a escola contribui para pôr em questão os fundamentos essenciais da crença na instituição: o valor das notas, a justa recompensa pelo trabalho escolar, a punição dos comportamentos desviantes. De maneira confusa, Jacques vê como uma ameaça essa perda das normas básicas do universo educacional. Se não souber se proteger das influências do bairro, a escola corre o risco de não mais garantir chances iguais de sucesso aos alunos de origem popular.

Jacques – O garoto [seu filho mais velho] vai fazer 15 anos e está indo para a oitava. O outro também, está indo para a sexta e o caçula, para a quinta. Então, no nível do ensino, a gente vai ter de rever tudo, em relação ao que já viu... [Silêncio.] Enfim, eu também não fui muito longe, né! Com meus pais e tudo isso, não era... [Ele hesita e em seguida retoma o fio de seu pensamento.] Bom, fui até CAP, BEP, e só! Depois dos 18 anos. Mas, agora, com eles [os filhos], a escola é: passar de uma série para outra, porque tem um mundo de gente chegando! Eu não concebo essas coisas assim, mas foi exatamente o que vi no último conselho de classe, há quinze dias, três semanas... É o que vi também na aprovação para a sétima. Porque não dá para mandar para a série de trás [para a sétima série tecnológica, no LEP "debaixo"] os que querem fazer [ele hesita um pouco, sem certeza da palavra] "tecnológico". Bom, isso é para os que têm alguma dificuldade. Acho que mais adiante [no ginásio], todo mundo tem alguma dificuldade. Acho que o meu garoto, o que está indo para a oitava, tem nível de sexta, não mais do que isso... [com amargura na voz] Bom, ele não repetiu, ficou com a média, apesar de tudo. Mas o problema lá em cima, na diretoria, são as aprovações. Tivemos um caso recente... Não vou dar nomes. Média quatro! Ele passou! Os pais ficaram bravos... [queriam que passasse] Tem de passar! [Silêncio.] Com média quatro [em tom de incredulidade]! Média geral no ano todo, hein!

E passou?

Jacques – Bom, os professores não queriam, o diretor não queria, o orientador, por escrito, enviou uma carta à academia... [Silêncio.] Mas ele passou, e continua... Eles passam! Eles passam [num tom de raiva contida]! Tem casos ainda que são bem específicos, isto é, deve ter tido uns dois que passaram por causa da idade, pelo benefício da idade... por mais que tenham dois, três, quatro anos de atraso. Tem uma garota que vai fazer 19 ou 20 anos e com certeza vai para a oitava. Acho que isso também não tem lógica. Bom, por causa da grande concentração de imigrantes aqui no bairro... Os pais não ligam. Quando [os filhos] têm a agulha apontada para a "sétima passarela", para fazer tecnologia, os pais não querem, não sabem o que é. Talvez exista aí também um problema de comunicação. Senão, o que mais... [Com uma voz cansada.] Eu esperava mais do ginásio! Principalmente boa reputação, enfim, suposta... Sempre sai algum golpe de mestre! [Jacques cita longamente o caso de um aluno.] A gente acabou discutindo algum tempo porque avaliou um caso... Não sei o nome dele. Ele tinha média cinco... cinco e alguma coisa, não chegava a seis. Eles [os professores] queriam reprová-lo. Agora, o que tinha média quatro, eles queriam passar! [Ele assobia.] E não foi o único, hein! A gente teve de brigar. Disse: "Por que vocês vão passar esse e o outro não?". Na verdade, aquele que ia passar [com média quatro] estava dois anos atrasado e o outro não. É como se o meu garoto, se não tivesse conseguido média, fosse reprovado...

É por isso que você diz "aprovação por tempo de casa"?

Jacques – Dá, dá para continuar assim! O benefício da idade não pode continuar! Um aluno repete duas ou três vezes e aí, no conselho: "Sim, esse passa"... Eles vão ver só, depois! Ah, se for assim... Eles nem avaliam o caso e vão logo dizendo: "Que idade ele tem? Vá, esse passa...".

Na sua opinião, os casos dos alunos são estudados realmente a sério?

Jacques – Sim, a coisa é bem feita, mas tem esses "casos"... Faz X anos que estou no conselho e são sempre os mesmos nomes que aparecem; às vezes a gente está lá e começa a desenhar! Porque tudo que foi dito nos anos anteriores é repetido igualzinho: "O que vamos fazer? Bom, vamos ter de passá-los". A gente avisa os pais, manda carta pelo correio, mas não tem resposta, e é sempre: "O que vamos fazer?". Então, eles se emendam um pouco, são aprovados e tudo acaba sempre do mesmo jeito. Teve um que eles conseguiram passar para a oitava de inserção. Um outro fez o pedido e conseguiu. Mas agora não quer mais, prefere continuar no ginásio. Aí... Pff!

Jacques analisa essas mudanças na escola a partir de sua própria história escolar e familiar – e também de uma ordem escolar antiga, sem dúvida idealizada retrospectivamente como estável, coerente e segura de seus fundamentos. Os professores eram respeitados, as notas eram objetivas; as aprovações tinham justificativa, as reprovações e as orientações eram aceitas. Evocando a escola do passado, de certo modo ele descreve indiretamente os males que atingem a escola de hoje. O que o incomoda, e às vezes até o choca, no "sistema" que ele percebe através do prisma da escola do bairro, é que ela parece ter desistido de formar "bons" ou "maus" alunos, como se tivesse se conformado em não distinguir nada além de uma massa mais ou menos homogênea de alunos que "passam" e uma minoria de "baderneiros". O sentido do êxito escolar se perde se a instituição não classifica e não hierarquiza mais os alunos, se não garante mais a função – essencial aos seus olhos – de inculcar e de reconhecer o valor do estudo. No estado antigo do sistema de ensino, que ele conheceu durante a sua escolaridade, uma das primeiras funções da instituição escolar era estabelecer classificações, incontestadas e incontestáveis, aceitas e interiorizadas pelos alunos. Hoje, tudo leva Jacques a pensar que a escola produz classificações contestáveis, porque são negociáveis e corrigíveis.

Como essas classificações se embaralharam, pais como Jacques e Mireille perderam um ponto de referência central para se orientar no sistema de ensino – pois só o conhecimento do valor escolar de seus filhos pode permitir que alimentem aspirações sociais e educativas mais ou menos ajustadas às "capacidades" de seus filhos[5]. É a única chance para eles de não se enganar. Portanto, eles precisam de um julgamento confiável dos professores. Se a dúvida do valor escolar dos filhos se introduz na cabeça dos pais, é todo o investimento deles na escola que perde sentido. Como ter certeza de que as notas são "justas"? A contraprova é dada de maneira quase experimental na passagem para o ensino médio, quando muitos pais se espantam com a forte queda das notas dos filhos no primeiro ano. Baseados em certo realismo, os pais operários suspeitam, ou até acusam, os professores das escolas de ZEP de "aumentar" a nota dos alunos. Avaliando os alunos de maneira "laxista" no ginásio, eles estariam desvirtuando o jogo da avaliação e da competição escolar. Assim, Jacques afirma – certamente exagerando a diferença – que seu filho mais velho, aluno de oitava série, tem nível de "sexta", comparando-o com o primo, aluno de sexta série de uma escola rural "tranquila". Se o "aumento" da nota é um problema que preocupa Jacques e Mireille, é porque receiam que, pela instauração de um sistema de avaliação próprio às escolas de ZEP, seus filhos sofram uma relegação escolar precoce[6].

Essa questão do "aumento" da nota é trazida regularmente pelos pais operários da FCPE aos professores e à diretoria. E seus temores são continuamente contestados por discursos que se pretendem apaziguadores, mas que não bastam para dissipar as suspeitas. O que mais os ofende é a maneira insidiosa e dissimulada com que o sistema de avaliação é introduzido. Ao seus olhos, parece que tudo é feito às escondidas, pelas costas, por meio de pequenas alterações. Na entrevista, aflora de maneira recorrente a mesma mágoa, ou seja, o pouco caso que fazem de sua presença na escola como representantes de pais de alunos. Eles têm a impressão de serem mantidos de fora, sem o direito de saber o que acontece dentro da escola. Esse afastamento alimenta a suspeita e os rumores que não param de crescer em torno da instituição. O que deixa os pais operários como Jacques amargurados e quase violentos é essa espécie de hipocrisia do que eles chamam de "esquema", a dissimulação dos "verdadeiros" problemas por parte da diretoria, como se estivessem tentando esconder alguma coisa deles, enganá-los. Por fim, tanto na escola como na fábrica, eles têm a impressão de que estão tentado "vender gato por lebre", sempre dizendo as coisas por meias palavras, dirigindo-se a eles como se não fossem pais responsáveis. Aliás, pela maneira eufemística como ambos descrevem os conselhos de classe, percebe-se a humilhação que sentiram por não terem sido realmente ouvidos, ou apenas *pro forma*, enfim, por terem tido a impressão de que foram tratados a partir "de cima". Suas palavras parecem desqualificadas de antemão, como que saídas de "simples operários" que teriam entrado por engano ou se perdido no terreno reservado aos pedagogos. Vemos aqui o medo de ser vítima de

---

[5] Jacques Testanière já constatava isso em suas investigações no início dos anos 1970, com os mineiros do Norte. Jacques diz várias vezes durante a entrevista: "Não tenho mais como conhecê-los... os professores é que têm de me dizer".

[6] Foi esse mesmo receio que alimentou o rumor de um "sub-bac" para os alunos de Seine-Saint-Denis, apontado durante a greve dos professores de março e abril de 1998.

palavras de duplo sentido, de ser tapeado pelo discurso da instituição, tanto na escola como na fábrica. O confronto com a administração escolar lhes dá a medida de seu pouco peso social, o peso dos "dominados", a quem, para poupar, para não afligir, não se diz toda a verdade.

Jacques e Mireille, como os outros pais operários entrevistados, também criticam os professores por não se atreverem a dizer as coisas "francamente", "sem rodeios". Como pais, gostariam simplesmente de "saber", de se "situar", para decidir a escolaridade de seus filhos com conhecimento de causa. Ora, eles são atormentados por fatos que lhes parecem não corresponder à representação que fazem da ordem escolar: é o caso particular dos erros de ortografia, que abundam nos trabalhos dos filhos, e dos poucos deveres de casa que os professores passam para os alunos.

3. Professores enfraquecidos, diretorias "demissionárias"

No ginásio do bairro, é como se a diretoria tentasse, sobretudo, não assustar os pais para evitar a "debandada" e a opção por outras escolas (públicas ou particulares) pelos mais atentos à educação de seus filhos. O que "martiriza" Jacques ao longo da entrevista é a suspeita de que o jogo está feito, os dados do êxito escolar já foram lançados. Suspeita que nenhuma "palavra boa" pode desfazer o que está dado e à qual se junta o receio de que mais uma vez estão tentando enganá-los, lançando uma nuvem de fumaça no interior da escola. É esse tipo de prática que põe em questão o apego dos pais à igualdade de todos diante da instituição escolar.

Para ilustrar o que lhe parece uma inversão dos valores do sistema escolar, Jacques conta o caso de um professor de matemática ameaçado de demissão por um abaixo--assinado de pais dos alunos que o consideravam muito severo em suas avaliações – o que justamente ele aprecia ("Ele era bom, era duro"[7]). Rejeitando uma avaliação escolar que classifica objetivamente os "bons" e os "maus" alunos nesta ou naquela matéria, esses pais, segundo Jacques, se recusam a encarar a realidade. Para ele, a perversão do sistema parece residir no fato de se dar ouvidos a esses pais, o que isola os professores que "selecionam" e reforça o poder de negociação dos "garotos". E, no fim das contas, alimenta a ilusão coletiva a que Jacques e Mireille tentam não ceder: um êxito escolar de custo e esforço mínimos. Aliando-se a um professor "resgatado" da antiga escola, Jacques tenta fazer com que as regras básicas da educação institucional sejam respeitadas e, *ipso facto*, se afasta dos pais que querem que todos tenham média para passar.

Jacques – No ano passado, a gente defendeu um professor de matemática porque alguns pais de alunos – o grupo da PEEP[*], para não citar nomes – queriam que ele fosse demi-

---

[7] Ele diz sobre esse professor: "Ele ensina, ensina bem", isto é, avalia os alunos estabelecendo uma hierarquia entre eles: ele encarna a figura do último "resistente" dentro da escola. Com ele, os pais sabem o que valem os filhos, o que podem esperar deles (portanto Jacques pode dizer de seu filho que tirou seis em matemática que ele é "bom", confirmando com isso sua moral do estudo e da sanção necessária do esforço escolar...).

[*] Federação de pais de alunos do ensino público. (N. T.)

150 *Retorno à condição operária*

tido. Isso doeu, porque era um professor de matemática bom, duro. Ele lecionou quatro anos na África, ou sei lá o quê! É fera em matemática, não dá para negar! Dava aula para as sextas, sétimas e oitavas. Nas sextas, ele dava a mesma coisa que para as sétimas, então alguns meninos não conseguiam acompanhar. Mas a gente viu o resultado, viu que havia 17 alunos que acompanhavam, que tinham média em matemática, os outros não. Os pais se revoltaram: "Por que os nossos filhos não têm média?". Foram falar com o professor. Todo santo dia, todo santo dia, tinha uma multidão para falar com o professor de matemática. Ele dizia: "Tenho seis que acompanham, é o suficiente! Os outros não estão a fim!". Tinha uma pilha desse tamanho de relatórios na diretoria pedindo a demissão dele. Então, a gente [da FCPE] fez um relatório contra e ele foi mantido. Mas agora ele dá aula para as quintas e para as sextas, uma série abaixo. E, para se explicar, ele diz simplesmente: "Ensino matemática para crianças que estão na sexta série; quando elas chegam na sétima, é aquela tranquilidade". Meu garoto está indo para a sétima, ele tinha colegas que vinham estudar matemática com ele, aqui em casa, porque ele conseguia acompanhar sem problemas. É assim que as coisas acontecem... [Silêncio.] Existem bons professores, mas o papel deles, o que eles devem fazer, isso eu não posso... [comentar]

Esse professor de matemática era considerado muito severo porque seguia a tabelinha de notas dele?

Jacques – Muito severo porque os alunos não conseguiam acompanhar. Não conseguiam ou não queriam acompanhar, é sempre a mesma história! Ele é um cara, era um cara que ninguém nunca ia imaginar que era professor! Sempre mal vestido, o cabelo sempre desgrenhado... [risos] Ninguém nunca ia pensar. Bom, teve algumas histórias com esse professor de matemática. Mas, em relação à evolução das notas, bom, isso era com a garotada. Porque o que se vê no ginásio é: no primeiro trimestre, é aquela maravilha, média 8, 8,5; no terceiro trimestre, fica nos 5,5, 6; e em geral, a partir da quinta, todas as quintas até as oitavas, todo mundo tem uma queda no terceiro trimestre. Há um declínio... Oitava, primeira, segunda... [acompanhando com um gesto descendente da mão] Então, eu não sei se os garotos pegam tudo, se aprendem tudo como tem de ser, se os professores... [Silêncio.] Acho que tem um pouco de relaxo dos professores também.

Nas reuniões de início de ano com o diretor e os professores, vocês têm a possibilidade de dizer o que pensam?

Jacques – Ah, o diálogo... [Imitando o diretor:] "Tudo que eu faço é segurança"... Só isso, mais nada! Claro, por causa das brigas e de tudo que vem depois: roubos, facadas, as histórias clássicas em bairros como este...

Quer dizer que a escola não tem a proteção do bairro, muito pelo contrário? Acontece muita confusão?

Jacques – Hum... Confusão? Mandaram mais segurança, mas tudo que acontece na calçada, para fora do portão, o diretor não quer nem saber! Ele não faz nada. Então, de vez em quando passa uma patrulha, um pobre coitado montado numa mobilete, com um "guarda municipal" escrito nela, e logo se manda porque não tem nada na cabeça...

Mireille – Nem os professores estão seguros.

Jacques – Os professores, mesmo dentro da escola, [os bandidos] vão acabar com eles! [Silêncio.] Carro, não tem mais nenhum. E a coisa continua, a coisa aumenta... Acho que daqui a uns meses, não sei se é a televisão, a imprensa escrita ou falada que enfia isso na cabeça desses garotos, mas... [Silêncio.] Tem também uma questão psicológica aí, porque, quando apareceu há dois, três meses, na região parisiense ou lá no Norte, um garoto com uma barra de ferro, sei lá por quê, numa escola de ensino fundamental ou médio, já não sei mais, bom, dois ou três dias depois teve uns que quiseram fazer igual, pegaram um pedaço de pau e queriam bater em todo mundo. Não ponho todo mundo no mesmo saco, franceses, imigrantes... Mas está todo mundo misturado, né! É aquele que quer impor respeito. [...]

Mireille – Acho que, até a quarta série, os garotos não reagem. Eles vão para a escola porque são obrigados a ir para a escola, e pronto! Até a quarta série. Estudando ou não. Bom, tem crianças que estudam. Por quê? Porque têm acompanhamento; os outros não estão nem aí, eles vão para a escola e só. Quando vão para a quinta, é mais ou menos igual. Ou ficam orgulhosos porque estão na quinta e vão bem, ou não estão nem aí e vão mal. E tem aqueles que reagem e dizem: "Agora vou ter de começar a estudar".

Jacques – É aí que a gente tem de saber o por quê. Por quê? Por quê? [Sério:] Por que existe isso?

Mireille – Essas crianças tinham de ser analisadas uma a uma, mas não dá para analisar todas...

Jacques – Não só as crianças, os pais também. Tem alguma coisa aí. Não vou pôr todo mundo no mesmo saco, mas tem alguns pais franceses que, os filhos estudando ou não, tanto faz para eles. Tem casos assim. Tinha um na turma do Cédric. De manhã, o garoto ajudava o pai a carregar o caminhão porque ele era feirante. Ele chegava na aula às 8 horas morto, o garoto. Depois da escola, ele ia encontrar com o pai para dar uma mão. Aos 12, 13 anos, o garoto não conseguia mais acompanhar a escola. "Francês", claro... Então, é preciso ver se... Antes de educar as crianças, é preciso educar os pais. [...] Meus pais nunca acompanharam o que eu fazia, se baseavam na nota final. Se não fosse boa, bofetada! Se fosse boa, ficava por isso mesmo! Hein! Não tinha meio termo... Era na base do terror, né! [Risos.] Ah, era! Era com vara. Com os professores era a mesma coisa, eles não se intimidavam! Na nossa época, há quinze, vinte anos, se a gente não andasse direito, apanhava. Paf! E não podia reclamar.

Mireille acrescenta – Reguada nos dedos.

Mas os professores não são mais assim, isso mudou, eles não são mais tão autoritários...

Jacques – Se quatro ficam para trás, se ficam por último, é o professor que leva! Porque eles chamam a família, esperam o professor na saída...

Mireille – Às vezes são os irmãos mais velhos, e quando são os irmãos mais velhos, quando a gente vê o tamanho dos bichos... Não, obrigado.

Jacques – Ah, mas agora eles estão tomando cuidado... Os professores... Uma punição na hora errada, só isso já é suficiente para provocar uma briga na saída da escola. O garoto [seu filho] diz que às vezes, na saída, para não acabar no meio da briga, ele dá a volta...

4. As incertezas da orientação escolar

Com a desregulação das normas de comportamento em aula, e da pequena bússola que os boletins trimestrais representam para pais como Jacques e Mireille, a progressão no sistema escolar ocorre "às cegas" na maioria das vezes, por uma sucessão de escolhas negativas. As mudanças que Jacques observa há alguns anos na fábrica, em especial a

152 *Retorno à condição operária*

falta de futuro para os "OE de base", acabaram por convencê-lo de que, no fim das contas, a opção pelos estudos longos é talvez a menos pior:

> Eu disse ao meu garoto: "De todo jeito, você entrando na vida ativa, não vai poder procurar aqui na região. Então, se quiser arranjar trabalho, vai ter de progredir na escola. Porque não vai arranjar nada na cadeia de produção da Peugeot". Ah, disse ainda: "Não quero você na Peugeot, na cadeia de produção! Ponto final! Você não vai fazer a mesma besteira que eu! Porque eu fiz uma grande besteira. Aos 20 anos, eu conduzia trens... Na boa..." [risos]. [...] De todo jeito, a Peugeot não vai pegar mais ninguém sem nenhuma bagagem, esse tempo acabou! A Peugeot não faz mais isso, acabou... Agora, eles pegam no mínimo acima do CAP, BTS, e ponto final! Não contratam abaixo disso...

Uma vez feita a escolha pelo ensino geral, os pais operários cujos filhos têm desempenho mediano não cansam de se perguntar, durante toda a carreira escolar da prole, qual será a orientação menos ruim, a carreira menos pior, as soluções menos desastrosas. Quais opções convém escolher no colegial? Não serão muito difíceis para os seus filhos, que já iam mal no ginásio? Como avaliar as aptidões dos filhos? Como saber em quais se darão melhor? E o que fazer depois do bac? Eles fazem essas perguntas ora aos professores, ora aos conselheiros de orientação escolar, ora aos CIO*, mas as respostas – com frequência divergentes – nunca os convencem totalmente. A progressão no mundo escolar e universitário ocorre às cegas, pelo lento aprendizado de um saber empírico – sob a forma de "truques", "dicas" – sobre as carreiras, a orientação, as profissões. Essas "táticas" improvisadas ano após ano, somadas e conjugadas, acabam compondo uma espécie de "estratégia".

Assim, Jacques e Mireille estão constantemente à procura de informações sobre a orientação escolar, mas sempre tentam compará-las com o testemunho dos vizinhos do bairro ou dos colegas da fábrica para formar uma "opinião" própria. A entrevista mostra que eles observam, analisam e até dissecam as experiências escolares dos garotos mais velhos do bairro que chegaram ao ensino superior (BTS, IUT ou mesmo às classes preparatórias do ensino médio**). O que impressiona nessas entrevistas com os pais de alunos da FCPE é que, desde o ginásio, eles têm os olhos voltados para cima – universidade, BTS, classes preparatórias –, como indica o fato de empregarem várias vezes durante a entrevista os termos de maior prestígio da instituição escolar ("matemática avançada", "preparatórias", "escola de engenharia"). A porção mais elevada das famílias operárias locais parece dominar melhor o universo das instituições de ensino superior do que do ensino profissionalizante, totalmente desqualificado, cujas novas denominações, por exemplo, Jacques desconhecia na época dessa primeira entrevista.

Apesar dos esforços para desvendar os segredos do sistema educacional, o conhecimento de Jacques e de Mireille ainda assim é muito relativo. Aliás, durante a entrevista, fui frequentemente solicitado a dar conselhos, corrigir as informações incorretas sobre o sistema escolar ou universitário e às vezes até decidir a favor de uma posição ou de

---

* Centros de Informação e Orientação. (N. T.)

** Trata-se de classes especiais de preparação para os exames de admissão nas Grandes Escolas, dentro do próprio ensino médio, com duração de dois ou três anos. (N. T.)

outra em caso de desacordo entre o casal. O prolongamento dos estudos não é apenas uma necessidade ditada pelas condições do mercado de trabalho, mas tende a tornar-se uma espécie de obrigação moral. Não dar aos filhos a chance de continuar os estudos, seria, como diz Jacques, "dar uma rasteira neles" e aparecer como pais "antiquados". Ele não gostaria de repetir o velho modelo de educação de seu pai, que se baseava na preocupação em manter a linhagem de ferroviários na família.

> Jacques – Não quero... [Ele pensa um pouco.] Bom, não quero voltar vinte ou trinta anos atrás... Meu pai me disse: "Você vai ser isso", disse ao meu outro irmão: "Você vai ser isso", e ao outro: "Você vai ser isso". Não, não quero fazer isso. Eu não tive escolha, fiz, fui até o fim, não para fazer a vontade do meu pai, mas para pelo menos ser alguma coisa. Mas não era o que eu queria ser. Não quero que eles passem por isso também. [...] Não fiz o CAP que gostaria de ter feito, queria fazer hotelaria. Meu outro irmão queria fazer não sei o quê e acabou como mecânico. O outro quis fazer também não sei o quê e hoje está num escritório de arquitetura, que também não é o que queria. Meu pai disse: "Você vai ser isso, você vai ser aquilo". Na nossa casa, esse era o certo, ninguém discutia... Então, para eles, para os garotos... [Ele pensa um pouco.] A gente precisa ver como vai estar o emprego daqui a um par de anos. Não posso dizer: "Você vai arranjar um emprego que dê certo", mas qual? Daqui a dez anos, o que vai ser melhor para eles? [Com ceticismo.]
>
> Mireille acrescenta – E depois, que leve aonde?
>
> Jacques – Claro, tem isso também, que emprego vai ser melhor para eles? Não posso dizer qual paga melhor, porque quem trabalha nunca ganha o suficiente, né! Depois, são eles que escolhem a carreira deles, mas com certeza não vão ser lenhadores, porque logo, logo não vai ter mais lenha para rachar... Pois é... [risos] Tem isso também...

Quando falam do futuro escolar dos filhos, o que impressiona é a série de contradições em que se veem envolvidos. Estão sempre receosos de que "eles" (o diretor, os professores) queiram forçá-los a alguma coisa, impondo uma orientação para seus filhos, de maneira que a opinião dos membros da instituição escolar é sempre interpretada com grande desconfiança. Ao mesmo tempo, eles se recusam a guiar os filhos nesse campo, a decidir por eles, por medo de repetir o modelo familiar autoritário. Gostariam de poder se entregar à vontade dos filhos, mas estes estão indecisos e pouco interessados ("O garoto também não sabe exatamente o que quer fazer. No começo, pensou em informática, depois passou para outra coisa. Não escolheu uma área, não sabe... ele ainda não sabe"). Isso torna as coisas "irresolúveis".

Falemos justamente de uma dessas "histórias de escola" que, como as histórias de oficina, ajudam a compreender como se coloca na prática a questão da orientação educacional. Na conclusão da sexta série, o conselho de classe propôs a Jacques e Mireille passar seu filho mais velho (Cédric) para uma sétima série tecnológica, para que em seguida ele fizesse um bac profissionalizante. Num primeiro momento, eles não entendem por que a proposta não é feita primeiro ao estudante: "É estranha a atitude deles, por que perguntam aos pais se eles não querem? Antes eles tinham de perguntar ao garoto se *ele* quer... Partem do princípio de que ele não sabe o que é. Mandam o garoto para lá e aí o garoto pensa: 'Bom, talvez eu não queira isso, talvez eu queira ir mais longe'. Ele é que tem de ver... Eles perguntam aos pais, mas nós...".

154 *Retorno à condição operária*

Desconfiados, procuram se informar com os professores a respeito dessa sétima série tecnológica que não conhecem. Então descobrem que essa carreira "tecnológica" recebe, sobretudo, os alunos que têm dificuldade para seguir o que eles chamam de "caminho normal". A proposta da orientação é imediatamente interpretada como uma tentativa de barrar o caminho do filho, de privá-lo de uma escolaridade normal.

Quando propuseram passar seu filho para uma sétima tecnológica, vocês ouviram algum professor dizer antes que ele apresentava dificuldades?

Jacques – Não... Acho que mandaram um formulário a todas as famílias, enfim, o garoto me veio com essa, disse: "Preenche...". Eu disse: "Para quê? Sétima normal, sétima tecnológica?". Fiz algumas perguntas... Bom, tecnologia... Era uma evolução na direção de um bac técnico. Aí, acabei primeiro assinalando essa opção... Depois pensei bem... Um dia, dois dias, três dias... [Para ele mesmo:] "Bac tecnológico, o que é que se faz com isso? Opa... [com desconfiança]" Pensei: "E depois?". Então perguntei ao Cédric: "Você quer fazer [a sétima tecnológica]?". Aí ele me disse: "Quero". Bom, sendo assim, fui falar com o diretor, perguntei e ele me disse: "Não, ele pode muito bem continuar [na sétima normal]. Não se preocupe com isso, se não quiser, não responda e ele segue o ciclo normal...". [Silêncio.] Mas teve mais de um que caiu na esparrela, preencheu o formulário, os históricos foram aceitos e os garotos foram para o LEP. [...]

Mireille – Depois disso, acabou! Mas o que aconteceu é que a gente não foi informado como é que era exatamente... A gente ainda pensou, tentou se informar...

Jacques – Achei estranho eles terem mandado um formulário igual a esse no ano passado...

Mireille – Talvez seja a maneira deles de mostrar como são as coisas... A gente pelo menos sabe se os nossos garotos são capazes de continuar normalmente ou se é preferível eles passarem para uma carreira mais baixa! E depois, se a gente achasse: "Bom, o garoto não vai ser capaz talvez de ir até o fim..." Pronto! A gente seria o primeiro a dizer... Mas quem não pensa nessas coisas é mandado para uma carreira mais baixa.

Jacques e Mireille têm posições divergentes sobre o custo da continuação dos estudos[8]. Mireille, mais prudente ou "realista", fixa um limite para esse prolongamento da escolaridade. É ela quem faz as considerações orçamentárias, duvida da possibilidade de uma bolsa de estudos e prevê fins de mês difíceis. Jacques, cujo ponto de vista é fundamentalmente orientado pelas transformações que vê na fábrica, não hesita em elevar de maneira considerável o nível de aspirações (medido em termos de anos de estudos) para seus filhos. Ouvindo-o, temos a impressão de que só estudos muito longos podem garantir a promoção de seus filhos. Mirar alto lhe parece a única maneira de livrar seus filhos da condição operária.

E a duração dos estudos, não é uma coisa que pareça fundamental para vocês?

Jacques – Bom, fundamental não...

Mireille – É, sim, acho que é muito tempo.

Jacques, interrompendo bruscamente – Não! Nenhum estudo leva tempo demais. A filha de uma colega minha tem 28 anos e continua estudando. Está acima da licenciatura, não

---

[8] Nas entrevistas sobre a escolaridade com os pais operários, essa questão, embora central, nunca foi abordada diretamente, como se fosse secundária diante do objetivo de continuar os estudos.

sei bem em quê, está escrevendo uma tese sobre sei lá o quê em Estrasburgo. Tem ainda mais dois anos pela frente, percebe. [Dirigindo-se a mulher:] Não existe limite no estudo. Você tem de ver se eles acompanham os estudos, esse é o problema...

Mireille contesta timidamente – E se a gente acompanha também...

Jacques – Não, você pode largar depois! Como é que você vai acompanhar o curso do bac?

Mireille – Não é isso! É a questão financeira. Apesar de tudo, eles precisam de ajuda, né!

Jacques – Mas sempre tem bolsas e tudo mais para ajudar. A questão é se eles, nos estudos deles, querem estudar...

Mireille – Isso é meio... [Ela hesita.] Vejo, por exemplo, Luc [um vizinho do conjunto habitacional], que está em quê? Primeiro ano de matemática avançada. O pai teve de se desdobrar no começo do ano para alugar um quartinho em Besançon e tudo mais. A gente tem de se sacrificar muito para conseguir alguma coisa.

Jacques – Ele passou no bac, no ano passado, quer ser piloto de avião! [Com admiração:] Ele já tem um objetivo. Piloto, mas não piloto de teco-teco! Ele quer pilotar aviões grandes.

Mireille – Sim, mas acontece que, financeiramente, os pais têm de estar ali...

Jacques, como que para sossegá-la e acabar com a discussão – Existem bolsas de estudos.

Mireille, com exasperação na voz – Mas as bolsas de estudos não cobrem tudo.

Jacques – Isso é, mas, antes de mais nada, se o garoto tem alguma coisa na cabeça, ele tem de continuar! Você não faz um garoto que tem cabeça boa parar os estudos assim! Mesmo que pare e volte depois, é uma questão delicada. Não é fácil interromper um ano ou dois e depois voltar...

Na verdade, esse pequeno desacordo sobre a duração e o custo dos estudos mostra que, embora o rompimento com o modelo de educação de seus próprios pais esteja consumado, a questão do modelo substituto ainda se põe de maneira aguda. Jacques e Mireille – cada vez mais – se sentem divididos entre a preservação de certas características positivas do antigo caminho de preparação para uma profissão (visar um bac profissionalizante) e o atrativo do novo caminho de estudos longos, do qual, aliás, eles avaliam muito bem o custo financeiro e a incerteza em relação ao futuro profissional. Essas, porém, são questões de médio prazo; o que mais os preocupa – dessa vez, no curtíssimo prazo – é a "degradação" do bairro. A entrevista muda de rumo e assume um tom mais sério quando o fio dos acontecimentos escolares conduz naturalmente à descrição dos "problemas" do bairro.

5. Posição ambígua em relação às famílias de imigrantes do bairro

Degradação, roubos, incidentes e violências acontecem com regularidade no ginásio. É como se não existisse mais um lugar seguro para as crianças do bairro. Ora, diante dessa violência, a escola, aos olhos de Jacques e de Mireille, não reage ou reage pouco – em todo o caso, nunca o suficiente. Sobretudo, ela parece se recusar a enxergar os problemas: "Eles minimizam", repete Jacques, que critica a má-fé da instituição. Esta, entrincheirando-se no "escolar", dá a impressão de não querer abordar de frente a questão da manutenção da ordem. E tende a jogar nas costas dos eleitos da FCPE a responsabilidade de entrar em contato com as famílias do bairro cujos filhos estão criando problema (os "casos" de que fala a diretoria). Na virulência com que Jacques se recusa a desempenhar o papel de assistente social, existe uma chamada à ordem da instituição escolar, que deve assumir até o fim sua missão de serviço público. Se a rigor Jacques consegue entender a "demissão" de certos pais – que, segundo ele, "não dão mais conta da situação" –, ele não consegue admitir a da escola, porque leva progressiva e insidiosamente à renúncia diante da "lei do mais forte". O risco é que, nesse "sub--bairro", a instituição escolar faça funcionar, custe o que custar, um "subginásio", com "subqualificações" e mesmo com "subprofessores", que ameace oferecer uma escolaridade "de segunda" para os "subalunos". Insistir continuamente na especificidade do bairro, como fazem os responsáveis da escola, não é abdicar de qualquer possibilidade de resistir à fatalidade sociológica e, de fato, de renunciar a qualquer voluntarismo pedagógico?

Ser representante de pais de alunos nesse tipo de escola é uma posição difícil, que coloca Jacques e Mireille numa situação ambígua. O trabalho de representação dos pais – assistir aos conselhos de classe, fazer perguntas, prestar conta aos outros pais, conversar regularmente com os professores, dar-se com os membros da diretoria – é interpretado cada vez mais como uma forma de compromisso com o mundo dos "dominantes" (os "professores", o mundo do "eles"), portanto, forçosamente, como um distanciamento do "nós", constituído pelos habitantes do conjunto habitacional. Além disso, a responsa-bilidade como representante de pais de alunos fragiliza a posição de seus próprios filhos na escola em relação aos seus colegas de classe. Como filhos de pais representantes, são sempre suspeitos de poder romper a qualquer momento a lei do silêncio imposta pelo grupo e despertam a desconfiança de alguns professores, que têm medo de que parte da vida clandestina da classe e da escola seja revelada para os de fora.

Como pais de alunos, Jacques e Mireille não querem instituir-se como mediadores culturais ou porta-vozes das famílias "desfavorecidas". Se falarem dos "problemas" (com frequência é esse termo genérico que se utiliza para designar, por eufemismo, a manutenção da ordem dentro do próprio estabelecimento escolar), correm o risco de destruir o frágil equilíbrio que eles mesmos e seus filhos estabeleceram na relação com os outros.

> Jacques – No ano passado, o diretor perguntou se a gente conhecia os pais das crianças que são da turma. Ele queria que a gente tomasse as providências, fosse conversar com os pais e tudo isso... Mas acontece que nós não somos assistentes sociais! [Com raiva:] Nós somos apenas pais de alunos! Então, tentaram passar para a gente esse papel de assistente social. Uma vez, eu quis me meter... Saí correndo! Fazer a coisa certa... Sei!

> *Foi por causa de quê?*

> Jacques – Bom... Teve uma história com o meu garoto na sala de aula, ele levou uma surra daquelas e foi ele quem foi punido, apesar de não ter tido nada a ver com o assunto. Fui falar com o... Como é que chamam isso? Sei lá, relações públicas ou qualquer coisa assim... [Dou o nome: "Conselheiro educacional".] É isso! Conselheiro educacional. Ele conversou comigo e aí me disse: "O senhor tem de resolver isso com os pais". E eu disse: "Mas é responsabilidade sua ir falar com os pais". Bom, fui bater lá em cima, na diretoria. O fato é que... Imigrante, né! [Num tom fatalista.] Não tem acordo com eles. Pensei: "Bom, se é assim, vamos parar por aqui, vou escrever para a academia e fazer um relatório".

Seu filho foi vítima de um erro, houve um incidente...

Jacques – Um incidente... claro... claro... [Silêncio.]

Ele brigou com o outro?

Jacques – Não, ele não respondeu, não fez nada! Foi ele que apanhou, chegou aqui chorando e tudo! Telefonei para marcar uma hora com o conselheiro educacional... [Imitando o tom da resposta:] "Ah, isso não é conosco, não estamos sabendo de nada... do ocorrido". Acontece que no dia seguinte o garoto aprontou de novo, só que dessa vez com a professora. Então eles tiveram de fazer um relatório e tudo mais! Mas a gente nunca vai saber no que deu. Eles realmente minimizam a questão, ou então, "não existe nenhum problema" [imitando o tom apaziguador]. [...]

Mireille – Os representantes de classe... Bom, são o bode expiatório dos outros. Elas precisam... [no ginásio, são meninas]... Elas precisam prestar muito atenção no que dizem, se não quiserem dor de cabeça depois com os colegas ou com as colegas. [...] No primeiro ano, o Cédric quis se meter nisso. Quando ele foi para quinta série, eu não deixei! Fui eu que não quis...

Jacques – É, os garotos são ofendidos, é repulsivo...

Mireille – Quando ele teve problemas com os colegas dentro da escola, eu disse: "Não inventa outra vez, acabou!". [...] Por exemplo, os garotos provocam o professor dentro da sala, dizem palavrões e coisas desse tipo, e imediatamente: "Se você contar, você vai ver..." [imitando o tom de ameaça]. Eles não podem denunciar! Não podem denunciar os colegas. E os roubos de cadernos, de listas de chamada. [...] Tudo isso começa cedo [com tristeza]. Mas o problema com os conselhos de classe também é que... [Ela hesita.] Não quero colocar todo mundo no mesmo saco, mas é mais ou menos como na política. Antes de aparecer na televisão, já põem tudo por escrito. Aqui, a gente não pode esquecer que os garotos da escola fazem primeiro uma reunião com o diretor, e nós, os pais dos alunos, não podemos participar. Então, entre eles, os garotos dizem: "Então, tem essa e essa questão para tratar". Você chega no conselho de classe: "Alguma pergunta?", e eles não dizem nada. "Não..." "Está tudo certo" [imitando o ar entendido do diretor]. Eles enfiam a gente nessa história porque a gente também não sabe de tudo... A gente sabe pelos nossos garotos...

Jacques – É, mas o garoto também não quer dizer, porque, se eu levar a questão lá em cima, eles vão saber de onde partiu. Então, os garotos não contam...

Mireille – As ofensas, são os garotos que...

Jacques – São eles que sofrem.

Seus filhos são classificados como garotos cujos pais podem intervir no conselho...

Jacques – É exatamente isso!

Mireille – Desde pequenininhos, né! Quando fui representante em 1982, no maternal, com os menorzinhos não tinha problema, eram bebês. No pré também não... Pré, primeiro, segundo... É a partir da terceira série que a coisa começa a desandar...

Jacques – Digamos que alguns professores invocam com a criança porque os pais estão no conselho ou são representantes de pais de alunos.

Mireille – Não é nem invocar, porque eles sabem que a gente sabe o que acontece. Sabe pela boca dos garotos, em primeiro lugar... E, além disso, eles sabem muito bem que a gente vai lá falar com eles e tem coisa que não se diz...

Jacques acrescenta – Ainda existem certos tabus.

158   *Retorno à condição operária*

Mireille – Ou seja, apesar de tudo, eles querem proteger o ensino, a escola enquanto instituição, enquanto diretor, eles querem proteger a si mesmos. E a gente... A verdade é que a gente não pode insistir demais, e também não dá para acabar com tudo...

Para compreender a relação da escola com os pais operários como Jacques e Mireille, que moram num bairro habitado por uma maioria de famílias imigrantes, o que importa é reconstituir os traços característicos da atitude destes últimos diante da escola. A investigação estatística sobre a orientação escolar na conclusão da oitava série que realizamos em 1991, com 1,2 mil alunos de 14 ginásios da região de Montbéliard, mostra que os filhos de marroquinos e de argelinos (na maioria OE) são os mais reticentes à orientação para o ensino profissionalizante, seja qual for seu desempenho escolar. Também revela que, nessas famílias imigrantes, são mais os filhos do que os pais que determinam a orientação escolar, em geral com a ajuda de irmãos e irmãs mais velhos. Estes últimos, por sua experiência anterior como colegial ou universitário, e/ou conscientes da desvantagem que é, hoje, a falta de um certificado escolar, querem acima de tudo evitar que os caçulas sofram o que eles mesmos sofreram: a falta de referências escolares, o desconhecimento do "sistema" e, para os que imigraram nos anos 1960, uma orientação para o CET que parecia óbvia. Portanto, fazem questão de passar aos caçulas informações escolares estratégicas que aumentem suas chances de ter êxito na escola (e das quais sentiram falta em seu tempo de estudante). Tendem a utilizar todo o arsenal disponível para se opor a uma orientação para o CAP ou o BEP e, de certo modo, forçar a orientação para o caminho "normal": recurso contra as decisões do conselho de classe, negociação com os professores, visita ao diretor. Mesmo que o desempenho escolar desses alunos seja objetivamente insuficiente, a família raramente aceita a reprovação e, sobretudo, a orientação para o ensino profissionalizante, pois acreditam – erroneamente – que isso condena socialmente seus filhos. A orientação para o LEP, que só faz aumentar o sentimento de relegação social, pode ser vista pelas famílias imigrantes mais desamparadas e fragilizadas como o resultado de uma espécie de conspiração dos professores e da diretoria contra elas, ou mesmo como um ato de "racismo" do qual novamente são o alvo.

No entanto, o papel desempenhado pelos filhos na questão das escolhas escolares não pressupõe uma falta de interesse dos pais imigrantes pela educação. Ao contrário, suas expectativas em relação à escola são muito grandes, porém manifestam-se de forma diferente, essencialmente na esfera privada, longe da instituição[9]. É preciso estar entre a família para captar de maneira justa essa apreensão inquieta dos pais em relação à escola, tal como pode acontecer durante uma conversa com os filhos.

---

[9]   Podemos retomar aqui as observações feitas por Bernard Lahire a respeito, de maneira mais ampla, das famílias populares. Contestando o "mito da demissão dos pais", ele sugere que se trata de uma explicação formulada *ad hoc* pelos professores. Ele se pergunta se os "professores não pensam a relação com as famílias populares com base no modelo utópico (utópico pelas distâncias sociais que escamoteia) da relação dos professores com as famílias de classes médias, isto é, com base no modelo da troca, da sociabilidade, interpretando assim as atitudes de retração e recuo das classes populares de maneira unicamente negativa, sob a forma da demissão", Bernard Lahire, *Tableaux de familles* (Paris, Gallimard-Seuil, 1995), p. 271.

Por exemplo, numa entrevista com Zahia, uma aluna de primeiro colegial, na residência de seus pais (um apartamento do conjunto habitacional de Grandval). Ela me apresentou rapidamente à mãe, que sumiu em seguida para, segundo ela, nos "deixar trabalhar" na sala. Pouco após o início da entrevista, o pai, OE da fábrica que naquele dia tinha trabalhado "de manhã" e estava almoçando quando chegamos, veio nos cumprimentar e trocar algumas palavras. Depois que lhe expliquei o objetivo de meu trabalho e a natureza da entrevista com sua filha, ele me encorajou vivamente a continuar: "Você fala com os pais. Isso é bom! É uma boa ideia!". Pouco depois, ele reinterpreta à sua maneira o objetivo da investigação: "Você defende os direitos dos alunos, isso é bom! Continue assim!" – como se desse seu apoio e sua caução moral ao meu trabalho. A intervenção do pai, se não contribuiu para mudar o rumo da entrevista, ao menos serviu para me instituir diante da filha como advogado dos colegiais do bairro, em sua maioria filhos de imigrantes. O pai me estimula a lançar luz no sistema escolar, visto de maneira vaga por muitos pais imigrantes, e a defender seus filhos por eles. Sou aquele que talvez leve sua palavra "mais alto", mais longe, aos "grandes responsáveis", ao Estado, e que poderá chamar a atenção para a sua situação.

De fato, como em sua maioria não podem tomar como referência sua própria experiência escolar, os operários imigrantes que moram nos conjuntos habitacionais da região têm, em relação à escola e à escolarização de seus filhos, uma atitude diferente daquela de seus homólogos franceses. Poucos OE imigrantes da oficina[10] puderam continuar os estudos além da escola primária, e suas mulheres raramente foram alfabetizadas. O ponto de vista sobre a escola e a orientação escolar da esmagadora maioria das famílias imigrantes do bairro não foi moldado por uma tradição ou orientado por uma referência (positiva ou negativa) extraída de sua história pessoal ou familiar, ao contrário das famílias operárias francesas, em que os pais escolarizados no ginásio ou no CET não cansam de comparar a escola de hoje com a de antigamente – a deles –, instituída como "modelo" de referência. Nas famílias imigrantes, a continuação dos estudos é o único caminho possível para escapar da fábrica e tornar-se "alguém". Esses pais imigrantes depositam suas maiores esperanças – às vezes desmesuradas – no sistema escolar, mas não conseguem avaliar o descompasso que existe entre o desempenho nos estudos de seus filhos e o futuro escolar objetivo que se abre para eles. Podemos compreender essa forma de irrealismo de parte das famílias imigrantes do bairro se a relacionarmos, de um lado, com o que poderíamos chamar de ausência de memória escolar de sua parte e, de outro, com a ausência de futuro dos filhos de imigrantes sem diploma do bairro, que servem como exemplo contrário para as famílias. Portanto, a única saída depois do ginásio é o colegial, mesmo que para isso tenham de se opor ao veto dos professores ou dos diretores da escola. Como diz o diretor do liceu Curie, que

---

[10] Pudemos constatar nas entrevistas com os filhos de imigrantes, colegiais, que o êxito escolar da maioria deles estava fortemente ligado ao fato de o pai ou a mãe terem continuado seus estudos, no Marrocos ou na Argélia, até o ginásio ou o colegial. Isso lhes dava a possibilidade e o gosto de acompanhar de perto a escolaridade dos filhos – sem contar que essa atitude prolongava a estratégia de fecundidade que os fez restringir a descendência a quatro ou cinco filhos.

160　*Retorno à condição operária*

observa que são sobretudo os "imigrantes" que pedem para ir para o ensino geral, "os irmãos e as irmãs conhecem muitíssimo bem os procedimentos, as artimanhas".

À luz dessa descrição – sumária, sem dúvida – das estratégias escolares das famílias imigrantes, é compreensível que Jacques e Mireille, como pais da FCPE, não "se amoldem" à base do bairro, composta majoritariamente de famílias imigrantes. Eles a "representam" pouco ou mal. Por exemplo, podem acabar se defrontando com essas famílias, que, ao seu ver, "empurram" os filhos para os estudos longos sem pensar. Como representantes, supostamente, do conjunto dos pais de alunos, eles vão em larga medida contra a corrente de certas famílias imigrantes e se recusam a falar em seu nome. Eles têm consciência de que as atitudes irrealistas na questão da orientação destroem pouco a pouco o antigo modelo meritocrático das carreiras escolares a que se apegaram. Mas também se dão conta de que os diretores das escolas, os professores que aliviam o esquema de notas e os representantes de classe, porta-vozes autoproclamados de alguns filhos de imigrantes, podem estabelecer alianças objetivas no sentido de garantir a derrota dos defensores de um certo tipo de tradicionalismo escolar. É por esse motivo que os "imigrantes" se veem acusados de, em grande parte, ter difundido entre as famílias do bairro a regra dos estudos longos. Em outras palavras, de ter introduzido o cavalo de Troia da "modernidade" escolar no sistema de aspirações dos filhos de operários franceses.

6. A degradação do bairro

Outro interesse do testemunho dado por Jacques e Mireille a respeito do bairro é sua fixação no tempo; eles viram a evolução do bairro desde 1978, data em que se instalaram em Hauts-de-Court. Falam aqui como "veteranos" do bairro, como diz Jacques. Conheceram o bairro "antes", isto é, antes de sua transformação em bairro de "imigrantes"[11]. Os vizinhos, operários franceses, em geral amigos, foram todos embora. Eles ficaram, apesar de tudo. É claro que, num dado momento, pensaram em fazer como os amigos: comprar uma casa na zona rural e ir embora. Poderiam ter feito isso, talvez, nos anos 1980, mas agora "é tarde demais", diz Jacques, desiludido: os filhos já estão grandes e o status de "operário Peugeot" não garante mais a obtenção de um empréstimo bancário. Jacques e Mireille, porém, continuam apegados ao bairro. Sente-se neles certo orgulho de terem resistido à fuga coletiva, permanecido fiéis a sua história e conservado certa forma de realismo, rejeitando a "aventura" da compra de uma casa individual. Mas não é menos verdade que, hoje, os "contra-*handicaps*" que poderiam ter morando num bairro popular respeitável – em especial os modos de sociabilidade, as formas de ajuda mútua e de solidariedade, a proteção da população entre si – estão desaparecendo aos poucos, à medida que a convivência entre famílias nos "blocos" se torna mais difícil.

Hoje, os anos de bairro não bastam mais para protegê-los da irascibilidade de certos "recém-chegados". Alguns "irmãos mais velhos" defendem de maneira implacável a

---

[11] Nos anos 1970, as famílias imigrantes do bairro eram minoria nos imóveis.

honra dos mais novos e às vezes trazem de volta o receio de formas de vingança direta que pareciam ser coisa do passado. O relato que Jacques e Mireille fazem no final da entrevista a respeito do dia a dia no bairro e a multiplicidade de casos que desandam a contar (os que lhes vinham espontaneamente, mas sente-se que outros do mesmo tipo poderiam ser facilmente relembrados) são reveladores da maneira como pouco a pouco foram obrigados a se "esconder", a não fazer "caso", a não prestar atenção nas pequenas provocações, a interferir com delicadeza nas "histórias" entre crianças para não serem imediatamente suspeitos de "racismo". Eles se recolheram em casa à medida que as ocasiões de sair e o modo de sociabilidade tradicional foram desaparecendo.

O que relatam – sem *páthos* – é a maneira como aos poucos se sentem e se veem desalojados de seu "lar", desapropriados de seu bairro. Como adultos "franceses", são agora minoria e não podem mais impor o uso outrora legítimo do espaço público. É sobretudo pelo que seus filhos vivem e sofrem que eles sentem que, a sua maneira, estão se tornando imigrantes em seu próprio bairro ("É duro para os pais", diz Jacques murmurando). São os filhos de imigrantes que invadem a partida de bolas de gude, misturam-se inocentemente nos almoços organizados pelas famílias "francesas" no gramado entre os "blocos". Seus filhos, ao contrário, se veem privados – segundo eles, por uma espécie de delito de fáceis ao contrário, na medida em que são "loirinhos", como diz Jacques – de uma das áreas de recreação infantil e rechaçados para a periferia do centro recreativo do bairro. O espaço de brincadeiras agora é fechado, as condições de admissão privam seus filhos das melhores áreas de jogo. Em resumo, a sua maneira, as "crianças imigrantes" impõem-se morfologicamente. Jacques e Mireille assistem resignados e impotentes a sua própria desapropriação e concedem aos "outros" (termo que utilizam com frequência para se referir aos "imigrantes") a superioridade do número, dando-lhes o uso exclusivo do espaço, também de modo a evitar "histórias" com as outras famílias.

Jacques conta com uma mistura de reserva e de autoderrisão os "pequenos" incidentes do bairro, também por medo de falar e de se deixar levar pela violência, pela mágoa provocada pela mesquinhez de sua vida no bairro e essa espécie de confinamento na residência a que progressivamente são obrigados. Os casos sobre o cuidado com seus bens (bicicletas, depósito) ou as saídas dos meninos mostram bem a quantidade de energia que têm de investir para fazer seus filhos levarem uma vida "normal". O que está em jogo nessas descrições, em tom menor, dos mecanismos de exclusão do bairro que pesam sobre eles é sua dignidade como moradores – envolvidos em associações locais, apesar de tudo – e o sentimento de que, tanto aqui como na escola, são pessoas "largadas" por conta própria, a quem não se ouve.

7. A concorrência no uso do espaço público

A esse propósito, como falar da presença dos "imigrantes" (palavra que Jacques utiliza pouco ou com relutância, sem artigo indefinido e baixando a voz) no bairro? Como falar do "problema" sem ser logo suspeito de racismo? Os "imigrantes" estão presentes nas entrelinhas da entrevista (são aqueles por meio dos quais Jacques se define, quase sempre de modo negativo, e/ou aos quais se opõe) e são sempre evocados de maneira abstrata, como um grupo compacto, homogêneo e dominante. Quando fala deles, Jacques interrompe a narrativa com frequência, contendo-se para não falar, como que pego numa contradição: de um lado, "os imigrantes" causam problema, embora saiba que apenas "algumas" famílias imigrantes são problemáticas – mas é como se a linguagem comum não conseguisse mais ir contra os efeitos de assimilação coletiva – e, de outro, ele é um dos representantes deles no bairro.

Em sua vida cotidiana, eles são confrontados com a questão de como marcar distância em relação aos "imigrantes" e, ao mesmo tempo, preservar o futuro de seus filhos e tornar a convivência de todos os dias viável[12]. Existe aí um frágil equilíbrio que deve ser construído e reconstruído dia a dia, pois corre risco em qualquer interação dentro do espaço público. Agora, Jacques tem de provar seu status de "bom" vizinho: ele age no sentido de reproduzir a situação de aceitação mútua, mas nunca está inteiramente ao abrigo de uma altercação que se degenere, e vive de sobreaviso para proteger os filhos. Podemos nos perguntar se o que Jacques e Mireille chamam de "degradação" ao falar do bairro não é, além dos incidentes da vida diária, a perda de respeito por certas regras de civilidade e pelo sentimento de pertencer a um coletivo no âmbito local (o "nós"). Eles sentem particularmente essa perda quando observam a sociedade local das crianças e, sobretudo, a violência que toma e atinge os mais jovens. Ela não se limita mais ao mundo dos "adolescentes": há violência nas palavras, nas brincadeiras e nas exclusões que atingem cada vez mais as crianças. Eles veem em torno deles, por exemplo, o comportamento mais agressivo (em palavras) dos pequenos na escola primária, a "patota do aperf" (alunos das classes de aperfeiçoamento da escola primária), composta quase exclusivamente de filhos de imigrantes que já se comportam como potenciais excluídos, rejeitando os "outros". Eles gostariam de minimizar o fenômeno, "é só brincadeira de criança", mas são atormentados por uma preocupação surda: ver seus filhos perseguidos e marginalizados por serem "francesinhos". É como se a violência dos adultos – da fábrica e da concorrência no trabalho, que é uma forma de violência insidiosa, latente, reprimida no interior das oficinas – se transportasse diretamente para o bairro, para o espaço privado, e impregnasse tanto as relações entre os adultos do bairro como o mundo das crianças. Pela maneira como evocam esses casos que mostram como seus filhos são "expulsos" pelos "outros" à medida que crescem – o cuidado que tomam para não empregar palavras ofensivas ou definitivas, para falar pudicamente da autoexclusão a que seus filhos são obrigados –, sente-se neles certa forma de cansaço de ter sempre de "compreender", "aceitar".

Tanto no bairro como na escola, Jacques e Mireille têm a impressão de que as atitudes operárias tradicionais – as atitudes "realistas" – estão "ultrapassadas", são desqualificadas de antemão, embora não haja nada nas condições sociais de existência

---

[12] Essa questão se coloca nos mesmos termos entre as famílias imigrantes cujos filhos vão bem na escola, e cujos pais "seguram" os filhos. Essas famílias, a propósito das quais se diz que estão "integradas", suportam com a mesma dificuldade a proximidade com as famílias imigrantes "problemáticas", e são constantemente assimiladas no discurso unificador sobre os "imigrantes".

das classes populares que pareça dever ou poder justificar esse abandono, muito pelo contrário. Eles se veem isolados, marginalizados, sem poder recorrer a uma entidade coletiva, a um "grupo", para ajudá-los a enfrentar essas transformações (na escola e no bairro). O que o "meio" põe fortemente em questão – objetivamente, poderíamos dizer – é a maneira como eles educam os filhos. É como se tivessem perdido largamente o apoio do grupo local e se tornado minoria na maneira de fazer respeitar certos princípios básicos da educação (as proibições e as punições, a linguagem e os modos). Mas a instituição escolar, um recurso outrora possível para os pais, não mais os ajuda e, na verdade, não "educa" mais.

8. Retorno à escola tradicional

Em julho de 1993, na segunda entrevista, Jacques parece mais calmo, descansado e, sobretudo, menos preocupado. Dessa vez, o tom da entrevista é tranquilo e quase descontraído. A visão que tem das escolas do bairro também é menos catastrófica. As reportagens televisivas sobre as escolas da periferia parisiense fizeram-no relativizar os problemas das instituições escolares ("Ainda não chegamos a esse ponto, tem piores... Enfim, aqui a coisa é mais tranquila", diz ele com alívio). O diretor do ginásio, acusado de "inação", agora é reconhecido pelo "pulso firme" e, principalmente, o tema dos imigrantes está muito menos presente na conversa. Para explicar essa diferença de um ano para o outro, é preciso levar em conta a mudança de trabalho de Jacques na fábrica. Ele "subiu": depois de uma formação de um mês e meio, tornou-se "controlador de cadeia de produção". Seu trabalho agora é mais interessante; ele vê aspectos do funcionamento da fábrica que não via "da cadeia". A imagem que tem de si mesmo não é mais a de um "lacaio", mas de um assalariado competente (e reconhecido como tal: "Tenho um 'coeficiente melhor'", diz orgulhoso), com autonomia no trabalho ("Sou meu próprio chefe no trabalho"), que tenta manter um bom relacionamento com os operadores. Portanto, está numa posição em que tem um pequeno poder sobre os operários do setor.

A abertura de seu futuro profissional talvez explique a nova tolerância que manifesta diante de acontecimentos que, alguns meses antes, certamente lhe causariam arrepios. Ele não fala mais como o operário desqualificado, esgotado e desiludido do ano anterior: aquele que, a partir dos 40 anos, contava o tempo até a aposentadoria e não parava de se preocupar com a escolaridade e o futuro dos filhos. Dessa vez, ele se sente mais "forte", mais confiante, menos atormentado pela insegurança econômica, de modo que agora parece enxergar a escolaridade dos filhos, não como uma sucessão de "minidramas" (que estão sempre pondo em questão o projeto escolar e profissional dos meninos), mas como simples fatos, perniciosos sem dúvida, mas que não podem desviá-lo do caminho que traçou para si. Jacques se sente mais autorizado a falar de possibilidades de futuro para os filhos. Para o mais velho, que concluiu a oitava série, ele já pensa num futuro dentro da fábrica, como operário qualificado ou técnico, mesmo que tenha de "começar de baixo", como ele diz, contentando-se com um bac profissionalizante. É significativo que, desde a primeira troca de palavras, no hall de entrada, Jacques já fale de seu alívio ("O mais velho está encaminhado") por ter posto o filho no centro de aprendizado

164 *Retorno à condição operária*

industrial da Peugeot, onde fará um BEP e, em seguida, um bac profissionalizante[13]. O "encaminhar" é protegê-lo da crescente precariedade do mercado de trabalho e da onda de demissões que "assola" a região no primeiro semestre de 1993[14], optando pelo aprendizado de um ofício na Peugeot. Sua opinião sobre a orientação escolar e o futuro profissional oscila em função da conjuntura econômica e dos "exemplos" dos jovens do bairro que ele conhece. Ora, olhando a sua volta, o que vê nesse ano de 1993? Amigos operários demitidos em massa e filhos de vizinhos que parecem estagnados em seus cursos superiores. Assim, ele evoca o caso do filho de um vizinho, estudante de Deug de matemática, de 22 anos, que não tem esperança de encontrar trabalho com esse tipo de diploma e se vê obrigado a continuar os estudos. A experiência desses vizinhos, operários e moradores de um conjunto habitacional como ele, que se "sacrificam" para garantir escolaridades cada vez mais aleatórias, só faz alimentar o ceticismo de Jacques em relação à "corrida ao diploma". A partir daí, a estratégia escolar menos ruim lhe parece a que consiste em ocupar o espaço (negligenciado) das qualificações operárias de alto nível. Jacques cita como prova a experiência de seu sobrinho, que tem um "bac em plasturgia", um diploma profissional muito procurado hoje em dia pelos empregadores ("Eles são muito solicitados"). Mas "encaminhar" optando pelo centro de aprendizado também é optar deliberadamente pelo setor seletivo do ensino profissionalizante e evitar o "sistema público", que aceita "todo mundo".

> Lá no centro de aprendizado, tem menos "bandalheira" [confusão], para falar claramente, né! Porque as turmas... Eu vejo nos liceus debaixo... [liceu profissionalizante] Eu e a mãe conversamos, e parece que as coisas não estão indo muito bem no Niepce atualmente... [Ele assobia.] Estão com problemas, né [em voz baixa, como se não devesse espalhar]. Teve demissões, uma série de... [problemas] E depois, ao lado, tem o CET [ele se corrige], não, o LEP, alunos que vão e entram para fazer baderna. Pois é, só treta... Não é muito recomendável...

O paradoxo da situação atual é que a Peugeot – cujo arcaísmo na gestão das relações sociais o próprio Jacques pôde avaliar – agora encarna, para ele, a fidelidade à ordem escolar antiga. No centro de aprendizado, os valores do mérito, do estudo e da seleção são respeitados: as 30 vagas oferecidas atraem mais de 150 candidatos ("O aprendizado é bom, seletivo"). Ali, seu filho poderá imbuir-se desses valores "à moda antiga" e moldar sua personalidade. A valorização da precocidade (a idade é

---

[13] Essa ideia não foi longamente amadurecida: ocorreu de repente a Jacques, quando leu um quadro de avisos na fábrica. Pensou então: "Por que não?". Antes, com certeza não se permitiria pensar nessa hipótese, pois acreditava que o aprendizado de um ofício era só para os filhos dos "puxa-sacos". Com o novo trabalho, percebeu que a empresa havia mudado, que confiava mais nas "capacidades" (o que a escola não faz mais, segundo ele), "descoberta" que se deve relacionar com o alargamento de seu horizonte profissional. Pôr o filho no centro de aprendizado (ainda que por concurso) é um dos últimos "privilégios" dos operários da Peugeot: conseguir uma colocação para os filhos. ("É só para os filhos do pessoal", diz ele com certo orgulho à vizinha, que também gostaria de pôr o filho no centro de aprendizado – mas este não é filho de alguém "do pessoal".)

[14] Lembremos que durante esse período de recessão, enquanto os operários da Peugeot eram temporariamente dispensados vários dias por mês, numerosos operários das PME dos arredores, em especial os recém-contratados, eram demitidos.

um critério importante na seleção dos candidatos) e do desempenho escolar, assim como a aplicação do par recompensa-punição, contribuem para tranquilizar o pai. O retorno ao aprendizado de um ofício, próximo da antiga escola profissionalizante da Peugeot, também pode ser analisado como um retorno a uma "escola-oficina", que conjuga entrada precoce no trabalho, avaliação precisa das capacidades e disciplina. Essa é uma solução que responde a uma das obsessões de Jacques e Mireille: fazer frente à indeterminação do futuro escolar e profissional dos filhos, que daqui em diante, aos seus olhos, será um luxo reservado aos filhos de "burguês".

Por trás das "opções" de orientação de Jacques, existe a ideia subjacente de que não se "trapaceia" com o valor escolar dos filhos, que é preciso dizer a verdade a eles e a si mesmo. Os pais deveriam ser capazes de reconhecer os limites de seus filhos, como ele mesmo, que não se incomoda de dizer que um filho é "ruim" em francês, o outro é uma "nulidade" em tecnologia ou o caçula não é nenhum "gênio". Essa forma de moral – moral da "franqueza", da humildade e da honestidade consigo mesmo – está no princípio das escolhas de orientação escolar da família de Jacques e Mireille. É essa moral finalmente que os faz distanciar-se de certas famílias do bairro, que não aceitam o jogo escolar e que, quando se trata do futuro de seus "garotos", mentem para si mesmas e se dão ares de importância (educacionalmente) na base da má-fé. Aos olhos de Jacques e de Mireille, para manter certa forma de dignidade no meio em que vivem, a questão não é fugir dos problemas ou manter uma falsa aparência – menos ainda de sonhar com um grande futuro –, mas de resistir ao clima de abandono, recusando-se a "fantasiar", respeitando certo "senso dos limites".

A ampliação da qualificação operária e a estabilização profissional de Jacques permitem que nessa segunda entrevista ele sustente mais facilmente essa posição e tome certa distância dos diversos tipos de ameaça – o enfraquecimento das regras na escola e a anomia do bairro – que o atormentavam no ano anterior. Se antes os "imigrantes" de certo modo encarnavam essa ameaça multiforme, é porque simbolizavam confusamente a forma extrema de precariedade e de insegurança na qual ele sentia que estava caindo – de maneira lenta e inexorável. Conseguindo uma posição mais estável e promissora na fábrica, Jacques restabeleceu a distância com a base "inferior" do grupo operário. Portanto, permite-se defender melhor atitudes tradicionais, atitudes operárias que poderíamos chamar de "realistas", ainda que pareçam ultrapassadas, desqualificadas de antemão, aos olhos das famílias de OE do bairro, que mais do que nunca veem na escola o único caminho de salvação social para seus filhos.

BOX 1   **A música, os pais e o professor**

Mireille – Romain [o filho mais novo, na quarta série] ficou dois anos sem fazer nada...

Jacques – Não consegue assimilar... Não sabe pôr um número na frente do outro. Não sabe... Enfim, a gente não sabe se ele faz de propósito ou se realmente não sabe... Eu não acho que ele seja burro a esse ponto...

166   Retorno à condição operária

Mireille – Eu acho que ele deve achar cansativo, acho que é isso, deve ser muito cansativo pensar...

Jacques – Em compensação, é o primeiro da turma de primeiro ano de solfejo, está esperando o instrumento para o começo do ano letivo, então... [num tom de dúvida] Ele escolheu sax e vai receber agora... Nisso sim, em música ele é bom, mas na escola... [suspiro] Eu gostaria que fosse bom nas duas.

Foi ele quem quis aprender música?

Jacques – Faz dois, três anos, o professor dele disse: "Olha, vocês precisam dar um instrumento musical para ele". Pensei: "É, pode ser...". Pensei com os meus botões... E disse: "Desde que ele tire notas boas na escola".

Mireille – E como não tirou...

Jacques – A gente esperou pelas notas boas um ano... dois anos... Aí pensei: "Bom, no ano passado ele se esforçou...". Disse a ele: "Você vai poder aprender música". Aí ele foi bem no primeiro trimestre e depois caiu de novo no segundo. [...]

Mireille – O professor montou um coral na escola faz três anos e o coral deu muito certo. Depois, ele fez pressão em cima da gente para ele entrar... "Ele canta bem, tem bom ouvido, é ótimo na flauta. Vocês podem colocar o garoto em qualquer lugar, mas tem de ser em música". Então, a gente tentou neste ano, enfim, em setembro... Parece que deu certo... Por ele [o professor], o garoto já estava em música, e como ele adora...

Por que, na opinião de vocês, existem coisas mais essenciais que aprender música?

Mireille – Para nós, o essencial é a escola, e depois, o fato de... Bom, a gente não quis se meter muito, mas num determinado momento a gente quase brigou com ele.

Porque sentiam que ele fazia muita pressão...

Mireille – Era muita história com a música e pouca com a escola...

Jacques – Era! E depois, ele é um professor, bom, ele é assim. Eles saíram para esquiar, não me lembro mais quando, no ano passado, um dia inteiro... Não deixei o garoto ir porque ele tinha tirado zero em tudo, eu disse que ia dar uma punição do meu jeito. "Ele não vai nem hoje nem amanhã." Fui até lá [à escola] e proibi o passeio... [Imitando o professor:] "Como não? É o sistema pedagógico, nós somos obrigados". Então eu disse: "Não estou vendo relatório nenhum, não tem nada na escola, nada de concreto... Eu sou o pai, tenho o direito de fazer o que quero". Oras... [suspiro]

Mireille – Ele veio logo dizendo: "Mas não se deve punir assim...".

Jacques – Comigo é muito simples: "Não estudou, não tem solfejo, não tem música".

Mireille acrescenta – Não tem coral à noite.

Jacques – E, ainda por cima, o outro [o professor] veio para cima de mim: "Isso não é motivo...".

Mireille – Ah, ele [Romain] ficou de cara amarrada um bom tempo, né!

Jacques – Teve até uma hora que eu disse: "Não precisa chamar a assistente social! Sou eu o responsável pelo garoto". Ah, porque ele tinha o apoio do professor, da escola, de tudo, né!

Pais desorientados 167

BOX 2 **O irrealismo das aspirações escolares dos pais imigrantes**

O testemunho a seguir, de um diretor de liceu da região, é extremamente revelador da imensa esperança depositada na escola e das desilusões que essa esperança descomedida sempre acaba produzindo.

> Sãos os magrebinos, e os turcos também, os que mais rejeitam o LEP. Este ano [1992-1993], isso me impressionou de maneira ainda mais gritante. Nessas reuniões... [com os pais] Vou dar um exemplo de um pai turco que saiu chorando do meu escritório porque julgou mal o que eu disse, e eu fiquei muito contrariado com isso. O garoto estava no primeiro colegial, tinha 2,5 em matemática, 3 em física, era alguma coisa dessa ordem, ele não estava numa situação muito favorável. Íamos no sentido da reprovação, mas eu disse ao pai que teríamos de pensar. Ele podia ser reprovado, mas o problema não era esse. Ele tinha enfiado na cabeça que o filho ia ser médico ou nada. E aí você não pode fazer nada, quer dizer, você fica sem argumento, e pude verificar isso várias vezes. São pais que não têm muito estudo. O que impressiona é o dinheiro que eles gastam com aulas particulares. Fiquei espantado, descobri isso este ano porque, quando me encontro com eles, eles me contam coisas, conversam. Teve um pai que pagou 700 francos em aulas particulares de uma disciplina que não corresponde nem às expectativas nem ao gosto do filho. E aí não dá para convencer, porque existe a integração na sociedade francesa e ela tem de acontecer no nível mais alto.

> *Ao mesmo tempo, o LEP, para eles, é a fábrica. E a gente tem a impressão de que o fracasso dos filhos triplica o fracasso pessoal...*

> Exatamente! E aí, a gente não fica à vontade. Com o pai turco que saiu chorando, eu não estava à vontade. Bom, era o primeiro incidente, mas pensei: "Vamos ter de achar outra forma de dialogar".

> *Mas não existe agressividade por parte dos pais?*

> Não, de maneira geral não, mas são casos que estão mais ligados à questão da suspensão. Isso é muito malvisto. Tive casos de pais, mas depois entendi que era porque tinha um problema de suspensão no frigir dos ovos. Os oito dias de suspensão são uma desonra para a família. Senti e entendi isso há alguns anos: foi com dois alunos que tinham se esmurrado na sala de aula e aí...! Um deles quebrou o nariz. Foi uma história estapafúrdia. Nunca conseguimos saber o que aconteceu. Eles entraram no meu escritório empurrados por outros dois que os seguravam pelo braço. Eu disse: "Muito bem, quero ver seus pais imediatamente". Pude conversar com os pais no dia seguinte. Disse: "Vocês viram o que aconteceu com seus filhos?". "É, ele quebrou o nariz no basquete." E o outro: "Ele caiu da escada". Bom, já começa que os garotos não contaram que tinham brigado. Os pais vieram para me agradecer. E aí, um diante do outro, a honra da família parecia salva, os filhos saíam de manhã para a escola para ficar oito horas e eles voltavam para casa às 5h30.

6

A FUGA PARA A FRENTE

Para a maioria dos filhos de operários, a entrada no ensino geral significa uma "vitória": eles escaparam do ensino profissionalizante e do destino de trabalhador manual que decorre daí, conquistaram o direito da uma esperança maior de vida escolar. No entanto, por conta de sua escolaridade anterior, em geral caótica e insegura, eles não se veem como "bons" alunos. Sabem, sem poder confessá-lo, que entraram para o ensino médio meio que à força, aproveitando-se de uma espécie de acaso da história: a coincidência de sua chegada ao ensino médio com a implantação da política dos "80% no bac". Aliás, sente-se que eles se dividem entre o orgulho de ser "colegial" (indicação de uma promoção coletiva) e a preocupação secreta com sua capacidade de ocupar essa posição de maneira digna.

Esses colegiais da "democratização"[1] diferem em muitos aspectos – origem social, trajetória escolar, relação com o futuro, aspirações profissionais etc. – dos "herdeiros" que, tanto no passado como no presente, frequentam as escolas de ensino médio do centro da cidade.

Como esses alunos, progressivamente orientados para os cursos menos nobres do ensino médio, sem recursos econômicos (o que obriga uma fração cada vez maior a trabalhar meio período) e sem o apoio de um capital cultural familiar, enfrentam as exigências do ensino médio? Como se apropriam de um programa de estudos que foi pensado para outro público escolar? Como vivem essa situação no interior da família? Na segunda parte deste capítulo, veremos que, à medida que prosseguem seus estudos aos trancos e barrancos, surgem conflitos ou tensões entre pais e filhos em torno da continuação dos estudos.

---

[1] São esses estudantes, orientados para os cursos "ruins" do ensino médio, portanto vulneráveis, o objeto dessa investigação por entrevista. A atenção que se dá a eles aqui não deve obliterar o fato de que existe também uma fração de filhos de operários que seguiu um caminho de sucesso na escola.

170 *Retorno à condição operária*

1. Não sentir que o ensino médio seja seu lugar

No ensino médio em massa, com um recrutamento social extremamente heterogêneo, defrontam-se diferentes maneiras de ser e de agir, diferentes culturas escolares, diferentes estilos de vida que se constituíram nos diferentes bairros e escolas de ensino fundamental da região[2].

As classes de primeiro colegial, em que se opera a mistura de alunos provenientes de ginásios diferentes, são os locais onde se estabelecem tanto a competição escolar (na qual os alunos se engajam de maneira desigual) como as rivalidades simbólicas (nas quais estão implicitamente em jogo a definição social de "colegial" e a imposição de uma maneira dominante de ser "colegial"). Poderíamos falar aqui de uma luta de classes "no dia a dia". Por exemplo, a distribuição da turma no espaço físico revela a interiorização da hierarquia social e escolar dos alunos por parte daqueles que vieram do "conjunto habitacional". Nas primeiras aulas de primeiro colegial, os novos alunos de Grandval se instalam nas últimas fileiras, de modo "natural" e quase "instintivo", como se o lugar estivesse destinado a eles: "atrás dos outros", a uma distância segura do professor e ao abrigo do olhar ou julgamento dos estudantes das outras escolas. Mais tarde, alguns deles, estimulados por seu bom desempenho, tomam coragem e se mudam para as primeiras fileiras. Os que largam de mão, ao contrário, passam insensivelmente para o fundo da sala. Monia, filha de um OE marroquino da fábrica, conta que, no primeiro ano em que cursou o colegial, foi recuando pouco a pouco para o fundo da sala, à medida que as notas caíam e ela perdia a autoconfiança: "Quanto mais tempo passava, mas eu ia para o fundo da sala. Depois, aprendi que é melhor ficar na frente. Quanto mais na frente, mais a gente tem vontade de falar".

O modo de falar é outra forma de distanciamento. Para os de Grandval, os "outros", isto é, os alunos das escolas do centro, falam "melhor". Muriel, filha de OE, moradora de uma casa individual e aluna de segundo ano de literatura, foi marcada pela passagem de uma turma de "latinistas":

> [No ano passado,] na minha classe de primeiro ano, havia muitos que falavam no oral, em comparação com a gente... [alunos de Grandval] A gente, na verdade, é burro, porque não sabe se expressar tão bem quanto eles. Então, a gente se sente desvalorizado e pensa: "Bom, é ridículo, a gente nunca vai falar assim"... Porque a gente tem uma expressão ruim, comparado com eles... [Silêncio.] Não sei como dizer... É... [Ela hesita.] Eu sinto isso assim. Me faz lembrar do meu irmão mais velho [estudante de filosofia]. Ele fala bem. E depois, é verdade, eu fico impressionada, porque ele usa frases bonitas, discursos bonitos, comparado com a gente. A gente usa palavras... [Ela hesita.] Palavras simples comparado com eles. [...]

---

[2] Por meio de numerosas entrevistas com colegiais, filhos de operários, estudamos sua passagem do ginásio de Grandval (classificada em ZEP) para o liceu Curie. Essa passagem permite captar, simultaneamente, uma mudança escolar (a passagem da oitava para o primeiro colegial), uma mudança de status não menos importante (de ginasial para colegial) e uma mudança geográfica no caso dos alunos dos "conjuntos" (dos conjuntos habitacionais encravados para os bairros residenciais da subprefeitura). Os alunos de Grandval chegam todos juntos de ônibus (o "especial", reservado para eles), barulhentos e exuberantes, enquanto outros são deixados pelos pais na porta da escola (pequeno cerimonial de despedida, beijos, recomendações, hora do retorno na saída...).

No ano passado, o representante de classe, quando falava, às vezes lembrava aquelas peças de teatro. Ele era realmente... [Ela hesita antes de dizer a palavra, depois solta:] Sacal!

As diferenças no modo de se vestir também impressionam. Os filhos de operários são facilmente identificáveis pelo modo "padrão" de se vestir (jeans, pulôver ou agasalho, e tênis), que não muda do ginásio para o colegial. Suas primeiras impressões a respeito da nova escola giram em torno das "roupas", das "marcas", que simbolizam a distância social entre os alunos. Frédéric, filho de operário da fábrica (militante da CFDT), conta a lembrança que guardou de sua passagem pelo liceu Curie:

O contato com os alunos do Curie me... [Ele se corrige.] Eles me irritavam porque, quando você é de Grandval, você é... [Ele hesita.] Isso significa muita coisa... Não significa que você é necessariamente da área e necessariamente filho de operário, mas significa que seus pais não ganham milhões por mês. Você não pode comprar roupas supertransadas, entende, é tudo assim. No Curie, o que me matou foi o primeiro colegial. Eu não andava na moda, bom, eu usava um jeans remendado, camiseta e o cabelo meio comprido. Eu chego lá, vejo todos aqueles caras com mocassins supertransados e eles me olham com cara de: "Quem é aquele... não aquele selvagem, mas aquilo lá!". Bom, as relações são assim mesmo, pelo menos foi o que me pareceu... [Ele hesita.] Bom, não necessariamente. "Você trabalha com o quê?", na época a gente não trabalhava, então era: "Aonde você mora?". Na verdade, eles começam a marcar você: "Ele é filho de operário", entende. Bom, a coisa era assim e eu não aguentei... Era muito louco... A gente formou um clã... não necessariamente só de caras de Grandval, mas a gente era um clã de caras de bairro meio assim, em que você tem uma identidade porque leva a mesma vida, mora num bloco, é filho de operário. [Ele hesita.] E depois, você fica junto porque tem... Bom, você não tem necessariamente o mesmo pensamento, mas, sei lá, você fica feliz de ver que tem caras que olham para você de outro jeito que não seja que sapato você está usando ou qual é a marca da sua roupa. Isso me marcou muito, principalmente a escola, foi uma época intensa por causa disso, né! E depois, em relação às garotas, foi importante também. Ah, mas as garotas eram um horror... Dava nojo, juro, as minas apareciam de manhã maquiadas de um jeito, penteadas de um jeito, vestidas de um jeito; voltavam de tarde com outro penteado, com outra maquiagem, com outra roupa sei lá o quê. Bom, nem sempre era de marca, mas também não era Tati, eram, acho, filhas de médicos, filhas de cirurgiões, filhas de sei lá o quê! Filhas de executivos, então nem vale a pena, porque quando você sabe o que elas são [socialmente] e ao mesmo tempo...

A crítica às roupas "supertransadas" ou "de marca", da atitude ostentatória dos filhos de "burguês" ("Eles só querem exibir a marca") por parte dos alunos de Grandval é mais uma maneira de advogar em defesa de uma comunidade entre iguais. O universo escolar e a sala de aula devem continuar sendo um local de neutralização das diferenças sociais, uma microssociedade que funcione pela igualdade real e pela promoção coletiva, que não deveria tolerar o despudor dos riquinhos e a encenação da diferença social herdada (unicamente pelo dinheiro). No contato com os "outros", esses alunos têm a impressão de que lhes falta o desembaraço "natural", a capacidade de se relacionar e essa espécie de desprendimento que fazem o colegial "de verdade". Além disso, o que os "marca" e quase os desqualifica aos olhos de professores, acostumados a outro tipo de público, é sua maneira de pensar e de julgar em termos de

172 *Retorno à condição operária*

relação de forças, e sobretudo sua violência, contida e dissimulada, que incessantemente aflora e às vezes explode, constituindo uma espécie de ameaça permanente para a ordem escolar. No fundo deles mesmos, muitos alunos dos conjuntos habitacionais são levados a pensar no decorrer de sua escolaridade que o ensino médio não é lugar para eles.

2. A distância em relação à cultura escolar

Os professores, sobretudo nas classes de primeiro ano, ficaram desconcertados com a chegada desse novo público de colegiais que, dizem eles, têm cada vez mais dificuldade para tomar notas durante a aula e compreender os enunciados dos problemas, mas também para se concentrar, permanecer sentados e ouvir durante certo tempo. Uma professora de francês, coordenadora do clube de teatro, desenvolveu um exercício de relaxamento para início de aula com essas turmas "agitadas" de primeiro ano: "Sabe, mesmo no primeiro ano, é um exercício difícil para eles: controlar o nervosismo, se mover num universo totalmente silencioso, respeitar uma regra limitadora. Eu preciso de uns dois meses para conseguir algum resultado". Os professores que procuram levar em conta as particularidades desse novo público devem constantemente adaptar suas práticas pedagógicas: variar os exercícios, estabelecer um ritmo de aula diferenciado conforme o conteúdo, alternar aulas "expositivas" com estudo de textos ou trabalhos práticos para ter alguma esperança de prender a atenção dos alunos ("É preciso saber dosar com esses alunos"), aliviar as notas no início do ano para dar uma margem de progressão aos alunos, para não "desestimulá-los" etc.

As entrevistas aprofundadas com os "colegiais de conjunto habitacional", orientados para carreiras que escolhem em geral à revelia, fizeram rapidamente surgir um hiato entre suas disposições escolares e as exigências dos professores. Tomaremos como exemplo privilegiado a distância em relação à cultura escolar, a relação que os alunos, em particular os meninos, estabelecem com a leitura[3]. Nessas entrevistas centradas em sua escolaridade passada e presente, poucos alunos evocam de maneira espontânea o ato de ler, exceto quando mencionam durante a conversa os livros que "o professor manda ler". Quando abordo esse tema, há um constrangimento, as respostas são mais breves e os silêncios são mais longos, o que me coloca de novo na posição do professor que testa os conhecimentos e avalia a conformidade com a norma do "dever de ler". Ler é necessariamente poder referir-se ao que veem como livros "de verdade": romances,

---

[3] As investigações estatísticas sobre a leitura dos franceses mostraram uma forte queda na leitura em vinte anos, de 1967 a 1988, em particular entre os alunos de ensino médio e superior. A queda da leitura dos alunos de ensino médio e superior é constatada em todos os meios sociais, contudo é mais forte entre os que têm pouco ou nenhum lazer, em especial entre os titulares de bac. Ver F. Dumontier, F. de Singly e C. Thélot, "La lecture moins attractive qu'il y a vingt ans", *Économie et Statistique*, n. 233, jun. 1990, p. 73. Investigação mais recente, dirigida por Christian Baudelot e baseada numa análise de coorte (acompanhamento de jovens da sétima ao segundo colegial), mostra de maneira muito interessante que a leitura dos alunos diminui quando entram para o colegial (concorrência com outros investimentos, programa literário demais nas aulas de francês etc.). Ver Christian Baudelot, Marie Cartier e Christine Détrez, *Et pourtant ils lisent* (Paris, Seuil, 1998).

"clássicos". De fato, no ensino médio, em que o nível de exigência aumenta (o programa impõe um cânon literário, "o velho francês" etc.), a definição escolar de "ler" exclui suas práticas habituais e gazeteiras de leitor. Para aparecer "bem na fita" – preocupação que raramente os abandona durante a entrevista –, a maioria dos alunos não se atreve a confessar que não "lê" na escola (no sentido da leitura legítima). Reconhecer isso seria dar de si mesmo uma definição contraditória com aquela contida no pacto implícito da entrevista com um(a) "colegial" e, portanto, revelar a diferença que os separa dos colegiais "de verdade". A pergunta sobre a leitura reforça a dúvida sobre a legitimidade de estar na posição de colegial (em especial entre os alunos de literatura) e, mais uma vez, joga sobre eles a suspeita de "incultura" que os professores nutrem contra eles ("Eles não leem", "Eles não sabem escrever", "Eles são ignorantes" etc.).

Ora, muitos leem, não romances ou livros "para a escola", como eles dizem, mas "revistas jovens", histórias em quadrinhos, o jornal local (*L'Est Républicain*), a imprensa esportiva (*L'Équipe, France-Football...*). As filhas de imigrantes entrevistadas gostam de ler "romances reais", "coisas vividas". É dessa perspectiva que se pode compreender melhor a rejeição aos comentários de texto, visto como gratuito ou inútil, por um grupo de três alunas[4] de Grandval.

> Monia – Explicação de texto é uma coisa muito chata. Explicar vinte linhas... não adianta nada, não vale a pena falar mais. Eu não gosto dos comentários... A impressão que a gente tem é que estão inventando coisa. Não sei, às vezes eu tinha a impressão de que o professor se colocava no lugar do escritor, ou no lugar do personagem, e pensava por ele. Vai ver nem era aquilo que o escritor queria dizer. Era isso que me irritava! Então eu nem ouvia.

Entre os alunos, o texto é considerado uma "mensagem" ou um "testemunho", que basta a si próprio, mas podemos nos perguntar também se "comentar" os textos não é entrar já no jogo das referências, das críticas cruzadas, das leituras em segundo grau, isto é, de certo modo dessacralizar os autores, colocar-se em pé de igualdade com eles, permitir-se "criticá-los" – atitudes que só podem se constituir contra um fundo de *certitudo sui* escolar ou cultural que essas alunas ainda não possuem. O comentário sobre as obras coloca-as numa posição de "aprendizes de intelectual" que elas se recusam a adotar, pois implica uma transposição clara demais das barreiras sociais e culturais.

Por não serem estimulados a ler (em especial por meio de textos que falem de sua experiência social) e também por não conseguirem rechaçar as múltiplas ofertas de distração disponíveis no bairro (sobretudo os "colegas"), as práticas de leitura dos colegiais de Grandval revestem um caráter extremamente "instrumental"[5]. É o caso,

---

[4] Monia, Sabrina e Zahia são alunas de primeiro colegial do liceu Curie. Os pais, marroquinos, são OE na fábrica.

[5] Jacques Testanière, em seu estudo sobre a relação das famílias de mineiros do Norte com a escola, já insistia nessa instrumentalização: "Ter êxito nos estudos é o meio de enfrentar o futuro, graças à posse de diplomas: o interesse dos estudos não é intelectual, é social", Jacques Testanière, *Les enfants des milieux populaires et l'école: une pédagogie populaire est-elle possible?* (Tese de Doutorado, Paris, Universidade Paris V-Sorbonne, 1981), p. 161.

174 *Retorno à condição operária*

em especial, do ano de preparação para o bac de francês. Mehdi[6], como muitos de seus amigos, deixaram para estudar na última hora. Na véspera do exame, ele vai à biblioteca de Montbéliard para consultar os dicionários de literatura francesa. Graças aos colegas que já passaram pelo exame oral, ele sabe que alguns examinadores deixam a escolha do autor para o candidato. Consciente de suas lacunas e do tamanho de seu "impasse", ele decide apostar em Rousseau:

> Era o autor que me interessava porque era diferente dos outros. Os outros dizem: "A felicidade na sociedade é o que é preciso, progresso, é preciso progresso". O Rousseau diz exatamente o contrário: "A sociedade está pervertida, o homem"... A teoria do "bom selvagem", o senhor conhece... Então, é o que eu disse, eu gosto dele porque ele não tem as mesmas ideias que os outros, na verdade ele quis impor as ideias dele. Porque eu também gosto de ter as minhas ideias. Quando você olha bem, os outros pensavam assim, ele pensava assim, mas ele não disse: "Ah, puxa, vai ver que sou eu que estou por fora, já que todo mundo é diferente de mim", ele não disse isso, ele insistiu nos pensamentos dele...

> *Rousseau teve uma vida interessante, você leu as Confissões, alguns trechos?*

> Nunca li um livro, nunca li um livro na minha vida, além de *O pai Goriot*, do Balzac, porque fui obrigado... Nunca li um livro na minha vida, nem o Rousseau nem outro autor... Mas eu gosto do Rousseau, também gosto do Voltaire, mas nunca li...

> *Mas, na sua opinião, o que impede você de ler...*

> A preguiça, e depois... [Ele hesita.] Na verdade, não me interessa muito, sinceramente, não é uma atividade que me dá prazer... [Longo silêncio.]

> *Mas você tirou uma nota boa no oral, apesar de tudo você tem sensibilidade literária...*

> [Interrompendo:] Não, é muito grosso [ele se refere ao tamanho dos livros], isso me... isso me... me tira o moral, me desmoraliza... sinceramente! Ah, não, eu penso: "Nem vale a pena começar, você não vai conseguir". *O pai Goriot*, demorei não sei quanto tempo [para ler], demorei pelo menos uma semana para ler. Uma tarde inteira, eu não conseguia... Eu tinha, obrigado, de pegar uma hora de manhã, uma hora à tarde, uma hora à noite. Pedacinho por pedacinho, pouquinho por pouquinho... Porque, de uma vez, eu não ia conseguir, ficava muito irritado... Ah! E depois, é chato! Textos pequenos, ainda vai, como o Rousseau, mas o resto. [...] O Rousseau foi o único, realmente, de quem eu li um livro... Peguei um dicionário, procurei Rousseau e aí caí no texto "Os malefícios da propriedade". Ele usa retórica, eloquência, tudo isso... Disse tudo isso ao professor e com certeza ele deve ter pensado: "Ah, esse cara deve ter conhecimento"... Mas, no fim das contas, é tudo... [Ele hesita.] É tudo biblioteca...

Quando se sentem perdidos na escola, esses alunos não hesitam em confessar seu distanciamento em relação à cultura escolar, ou mesmo em adotar uma atitude de desafio diante da injunção institucional do "dever de ler": "Eu não leio, não adianta nada, de todo jeito", diz Mehdi. É o caso, mais particularmente, quando chegam ao fim de sua trajetória no colegial e já abriram mão de muitas de suas "pretensões". Sem um histórico escolar suficiente para poder entrar em IUT ou em BTS, eles sabem que

---

[6] Fiz várias entrevistas com ele durante seus anos de colegial. Na medida em que ele aparecia como uma "figura" típica do bairro, passando grande parte do tempo fora de casa, na companhia dos amigos (no café, no futebol, na cidade), raramente conversei com ele sobre o tema da leitura nas entrevistas.

estão mais ou menos condenados a seguir as carreiras não seletivas da universidade (as carreiras "abertas", como dizem por eufemismo os conselheiros de orientação). Tendem então a assumir inteiramente a distância em relação à cultura legítima, como se a partir dali não quisessem mais continuar a fingir. Diante de mim, que acompanhei o percurso deles no colegial, alguns acabam dizendo que "não gostam de ler" e "nunca gostaram de ler". A "fachada" de colegial – se não modelo, ao menos digna –, que construíram ao longo do tempo para mim, começa a ruir. Ao mesmo tempo, eles se sentem aliviados por não precisar mais representar o papel antinatural do colegial resolutamente envolvido em seus estudos, que com o tempo acabava pesando sobre eles. Esse personagem, construído para outrem durante os anos de colegial, é distante demais de sua verdadeira personalidade social e do que gostam de fazer na vida de todos os dias: estar com seu bando de amigos, falar "de tudo e de nada" nas áreas entre os blocos, jogar futebol no gramado atrás dos prédios, passear na cidade, ouvir música etc. Embora entrem por algum tempo no jogo escolar que lhes é proposto, aos poucos são levados a se retirar, porque se cansam de ter sempre de enfrentar veredictos escolares negativos e, sobretudo, porque têm cada vez mais consciência do caráter não recuperável de seu *handicap* escolar. Mantendo-se à distância da cultura legítima da escola, eles tentam se proteger, permanecer fiéis a uma parte de si mesmos que está estreitamente ligada a uma história coletiva (a amizade com os "manos do bairro", entre eles desempregados e estagiários), recusando-se a alinhar-se a uma ordem cultural que aprendem com o tempo que não é feita para eles.

3. A dificuldade para escrever

A pouca prática de leitura, a ortografia, em geral, deficiente e o distanciamento do mundo das letras geram nesses alunos muita dificuldade para escrever, em todas as matérias, mas particularmente em francês. Eles são limitados por seu vocabulário, bloqueados pelo cara a cara solitário com a folha em branco. Muitos duvidam de si mesmos ao escrever, a imagem de reles "escrevinhador" que lhes é devolvida pela correção dos professores os paralisa ("Tem sempre um monte de vermelho nos meus trabalhos", diz um deles). A deficiência na escrita é vista como uma fatalidade com a qual devem conviver, sem conseguir imaginar que podem remediá-la sozinhos. Estão acostumados a "viver com isso", e sempre esperam compensar as notas ruins do escrito com o oral. Mehmet, filho de pai imigrante turco (OE na fábrica), titular de um bac B obtido aos 20 anos e estudante de primeiro ano de faculdade na época da entrevista, fala de sua passagem pelo ensino médio, em especial de suas dificuldades em dissertação e, de forma mais geral, em francês:

> No terceiro B, a última nota que tirei foi 4,5... Era sempre em torno de 4,5. Mas foi lá [no terceiro colegial] que comecei a aprender mais ou menos a fazer dissertações, porque no começo, tanto no segundo como no primeiro, não era assim... [num tom um tanto exasperado] Eu não conseguia fazer uma dissertação, nunca soube... Os professores me diziam: "Você precisa de uma introdução, de um plano, você precisa de um plano, e depois um negócio... [Ele tenta se lembrar das frases exatas.] Você tem de desenvolver o plano...".

176   *Retorno à condição operária*

Eles só diziam isso! Davam os planos, mas eu não entendia. Foi o professor de economia do terceiro ano que mostrou para a gente como tinha de fazer... Porque ele, não sei, acho que o que ele fazia me interessou... Me interessou e tudo... E depois, além disso, para passar, economia tinha peso 4. Pensei: "Bom, se eu ficar com 2,5 ou 3, acabou! Vou precisar de não sei quantos pontos, só com isso!". Então, eu relia os trabalhos do meu colega, porque ele era bom, o colega com quem eu andava, ele tirava sempre 6, 6,5, uma coisa assim. Eu relia o treco e tentava fazer a mesma coisa. Olhava e depois, com isso, bom, tentava fazer a mesma coisa. No último trabalho que a gente fez, tentei fazer a mesma coisa e tirei 4,5. Fiz a mesma coisa no bac e tirei 5...

A gente vê que aprender é uma técnica. E antes desse professor de economia do terceiro ano, você achava que os professores de francês, por exemplo, não ensinavam você a fazer?

Talvez não me ensinassem ou talvez... [Ele se corrige:] Porque eu... [Ele hesita.] Para ser franco, eu não sou muito bom em francês... Sou... [Ele hesita.] O jeito como escrevo não é o jeito como ensinam; escrevo como falo, mas quando a gente escreve, precisa mais... [Ele pensa um pouco.] Precisa mais vocabulário, mais técnica... Mas o meu problema é que escrevo como falo! É uma coisa assim... [Risos.]

Aí, em francês, os professores faziam sempre a mesma observação: "Preste atenção no estilo..."

É! Era isso mesmo...! [feliz por ser compreendido] Era sempre "estilo, estilo, estilo"! Era o tempo todo isso... [sorrindo] "Estilo!"... [com um ar pensativo] Era o tempo todo "estilo"... Em todos os meus trabalhos, fosse em história, fosse em tudo, era sempre "estilo"!

E ninguém, em nenhum momento da sua escolaridade, disse para você como melhorar o seu estilo?

Não, só diziam: "Não, o estilo não está bom, o estilo não está bom...". E eu pensava: "Bom..." [sorrisinho]. Nem entendia o que queria dizer estilo... [Pensando:] Bom, estilo é o meu jeito de escrever... É...[Ele ainda procura o que quer dizer estilo.] Na verdade, não me dizia nada... [Silêncio.] Mas eu ia levando, ia um pouco melhor em matemática, achava que podia me recuperar assim...

Ao contrário da escrita, com a qual mantêm uma relação difícil, ou mesmo dolorosa, os alunos (garotos) se sentem mais à vontade no oral, mais afim com a experiência de grupo (o bando de amigos, os jogos de palavras, os desafios orais, a valorização da virtuosidade nesse campo[7]). Sabri, aluno de terceiro B – que se tornou um "bom" aluno depois do primeiro –, explica bem esse contraste:

Agora, no terceiro ano, eu falo muito, seja em história-geografia, em inglês... Gosto de falar, o oral me ajuda muito, me ajuda na escrita. No oral, a professora está sempre ali para me ajudar. E tenho mais facilidade do que na escrita para usar o que a gente viu, figuras de estilo e tudo mais. Quando estou escrevendo, procuro as frases que a gente estudou e nem sempre me lembro. [...] Em todas as minhas dissertações, eles [os professores] dizem que tenho ideias, mas o problema é a expressão, tenho mais dificuldade, uso sempre as mesmas palavras. Mas quando estou falando, eu me expresso bem... Não sei porque acontece isso, consigo me lembrar bem de todas as palavras no oral, mas na escrita...

---

[7]   Ver David Lepoutre, *Coeur de banlieue* (Paris, Odile Jacob, 1997).

4. Uma improvisação escolar

Para reduzir a distância entre as exigências objetivas da instituição e seus recursos escolares e culturais, esses alunos estabelecem ao longo de sua trajetória colegial diferentes técnicas para "dar conta" em sala de aula. Destacaremos aqui aquelas que revelam certa forma de instrumentalização escolar[8], em especial nas disciplinas literárias, em que a falta de capital cultural é particularmente prejudicial. Em francês, por não terem lido as obras, os alunos em geral decoram as respostas corrigidas para em seguida recitá-las no dia do exame oral. Em sua entrevista, Gundur, filho de um OE turco da fábrica, e que acaba de obter um bac A2, explica longamente sua técnica de estudo para a prova de francês do bac. Como nunca leu um romance e sente que tem um enorme *handicap*, ele decora as respostas do professor de francês. Não procurou aprofundar o conhecimento da biografia dos autores. ("Não sei nenhuma data, isso é besteira! Não vale a pena saber data. Não interessa quando o autor morreu, quando nasceu! O que interessa é o que ele escreveu.") Na verdade, Gundur e seu colega Moussa seguiram à risca o conselho do professor de francês, da maneira como o reinterpretaram: ao comentar um texto, mais vale explicar "a forma" do que "o conteúdo":

> Me concentrei nisso o ano todo. Aliás, o professor chamava a gente de "técnico". A gente falava sempre da forma, como ele [o autor] fazia, o pé métrico, a gente contava as sílabas, "é um verso alexandrino, aqui tem uma rima", e tudo mais! A gente falava mais disso. Então, a gente meio que se especializou e virou bom naquilo, em comentário de texto. Na aula, cada vez que alguém tinha um problema, vinha perguntar para a gente, enquanto a gente... [risinho de cumplicidade] Sempre me deu vontade de rir, que achassem que eu era bom naquilo, em comentário de texto. Dizia: "Eu não sei, faço assim, normalmente não sou... [ele quer dizer diferente] Não sou melhor do que vocês!". Me pediam conselhos e eu falava, dava conselhos, e eles achavam que eram superconselhos! [risos] [No dia do exame oral do bac de francês, "cai" *Cândido*, que ele não havia lido, mas diante da examinadora ele recita integralmente as respostas do livro de seu professor.] Na verdade, como estudei duro para as aulas, eu peguei tudo nas aulas, só precisava ler, lia uma frase do texto e vinha tudo, como se o livro estivesse na minha frente. E depois, era simples, vinha sozinho. Até a questão do resumo, eu tinha lido alguma coisa em casa, um pouco antes de ir para a prova, mas li na última hora. Na prova, pensei: "Merda, como era mesmo?". E aí respondi meio por acaso, mas na verdade não foi por acaso, lembrei do que a gente tinha visto na aula. Foi legal, consegui ficar com 7,5.

Vemos bem aqui a que ponto a apropriação puramente mecânica de técnicas de trabalho escolar – o que poderíamos chamar de "hipercorreção escolar" – pode constituir um recurso fundamental para os alunos. Recurso que, do ponto de vista dos professores que interiorizaram todos os códigos da cultura das letras, só pode ser visto como desviante ("Esses alunos estudam... mas bestamente").

Mas é talvez em filosofia que a distância entre as exigências da disciplina (o jogo com a cultura escolar, o "brilhante"[9] etc.) e as disposições escolares desses alunos seja

---

[8] Essas técnicas de trabalho escolar não são em si características dos alunos oriundos das classes populares. Também existe muita "decoreba" nas classes preparatórias, que ocorre, porém, contra um fundo de familiaridade com a cultura escolar. A diferença está na maneira de vestir essa instrumentalização.

[9] Ver Louis Pinto, *La philosophie dans les classes terminales* (Paris, L'Harmattan, 1989).

178 *Retorno à condição operária*

mais patente. Para os alunos (numerosos) que se veem à revelia no curso chamado "literário", as primeiras aulas do ano são um choque. Além do carisma do "professor de filosofia", descobrem um universo intelectual totalmente abstrato e gratuito (a própria imagem do "pensamento") e sentem ao mesmo tempo uma grande dificuldade de compreensão (do vocabulário técnico, do raciocínio, dos "temas filosóficos"). Isso dá origem a um sentimento profundo de impotência intelectual ("Não saco nada em filosofia" é uma frase que se repete com frequência nas entrevistas). Alguns alunos confessam que gostariam de ter tido uma espécie de ano propedêutico de filosofia no segundo colegial, para poder enfrentá-la melhor no terceiro.

A preparação de uma dissertação de filosofia é rica em ensinamentos sobre as modalidades concretas do trabalho escolar desses alunos. Na biblioteca municipal, os alunos de Grandval procuram informações às cegas, consultando primeiro dicionários ou enciclopédias com a esperança secreta de encontrar na *Encyclopaedia universalis*, por exemplo, o assunto já tratado. Em seguida, tiram cópia de numerosos textos – o estoque de fotocópias parece constituir por si só uma mina de massa cinzenta – e, apoiando-se nos conselhos básicos do professor (fazer um plano, uma "introdução", "introduzir os conceitos") e pegando algumas ideias das aulas e dos dicionários, tentam a todo custo redigir uma dissertação. Nadia, aluna de terceiro A2, explica como faz um trabalho de filosofia:

> Bom, nesse caso, o tema era: "Existe sentido em falar de comportamento inumano no homem?". De cara eu já tive de consultar o dicionário, saber o que queria dizer "inumano", "comportamento", enfim, a filosofia! E depois, como eles dizem, definir os conceitos na introdução e depois, como sempre que a gente faz uma dissertação, pegar as ideias dos autores que ela deu em aula. Minha professora me dizia: "Leia", e eu pensava: "Não vou ler não, porque assim pego automaticamente as ideias dela. Se eu ler, vou ser necessariamente influenciada". [...] Aí, peguei o dicionário, um dicionário de filosofia, peguei o vocabulário, né! Tinha uma cópia na *Universalis*. O título era "humanidade e animalidade", encontrei o que queria ali, mas o que eles diziam era muito amplo. Enfim, eles aprofundam demais, mas eu olhei, peguei umas frases, enfim, o que estava sublinhado, o que entendi. Porque não entendi tudo que estava escrito, então... [Silêncio.] É verdade, filosofia não é fácil. Enfim, a gente se interessa pelo que entende, mas pelo que não... [Longo silêncio.]

Um dos problemas do ensino de filosofia é que essa disciplina supõe a adoção de certa forma de intelectualismo que, no universo local, é de pronto tachada de pretensiosa. No bairro, em particular para os garotos, ser rotulado de "intelectual" é correr o risco de se isolar dos outros, de querer se distinguir dando mostra de um "orgulho" mal situado em relação aos amigos relegados aos segmentos desvalorizados do sistema escolar. A passagem para o ensino médio assemelha-se muitas vezes a uma história de identificação impossível com um universo distante demais. Portanto, é difícil para os que entram para os cursos literários (bac L ou mesmo ES) aderir à ideia de uma cultura desinteressada, porque sabem muito bem que esse prazer de esteta os colocará numa situação ambígua em relação à opinião geral própria de seu grupo local.

5. Os macetes para dar conta

As técnicas de trabalho escolar ilícitas no ensino médio são raramente declaradas em situação oficial de entrevista, somente são evocadas depois de estabelecida uma relação de confiança com o entrevistador. No "colegial em massa", a distância entre as exigências e o desempenho escolar dos alunos traduz-se mecanicamente pelo desenvolvimento da trapaça nas atividades vigiadas[10]. Para os alunos "largados" educacionalmente e pouco a pouco desestimulados, essa é com frequência a única maneira de preencher uma série de lacunas anteriores e garantir a passagem que os conserva na condição de colegiais. Todos os anos, os conselheiros educacionais descobrem novos "truques" inventados pelos alunos – alguns se revelam verdadeiros virtuoses no assunto. Na época da investigação no liceu Curie, alguns alunos de terceiro D estavam traficando "colas", comprando e vendendo (20 francos a "cola").

Por exemplo, dez dias depois de obter seu bac B, em junho de 1992, Mehdi desfiava uma a uma as boas notas que tirou naquele ano em história e em línguas. Três meses depois, quando já estava na faculdade, converso com ele sobre seu último ano de colegial, em especial sobre os aspectos clandestinos da vida em sala de aula, que dessa vez ele evoca com uma espécie de júbilo:

É claro que existe cola [no colegial]! Só sei que colei no bac! [Risos.] No bac, com um cara... Tinha um cara bem atrás de mim, eu me lembro que foi em matemática. Pus a folha de lado, porque, sinceramente, a gente não fica muito separado. Ele pôs a folha dele de lado e depois olhava assim, mas tinha uma garota do meu lado que virou a folha dela assim [na direção dele] e eu estava assim [na direção dela] e via tudo. Eu colava, sem drama. [Em seguida, ele descreve em detalhe a técnica que desenvolveu e utilizou durante todo o ano.] Na minha cola, eu colocava as aulas, os exercícios, tudo! Tudo... Em história, tudo... Se não, quando era algum teste, a gente fazia os exercícios num rascunho e passava para o vizinho. Às vezes, a gente simplesmente passava a folha de prova para o vizinho. [...] O professor não via nada. Bom, de vez em quando, ele via; de vez em quando, tinha um que era pego, aí era zero na cabeça! Zero, claro! Eles não dão mole no Curie! Ah, não mesmo! Era zero.

Você não ficava com medo?

Não, não ficava com medo porque só colava na certeza. Olhava e só colava na certeza. Quando via que o professor estava plantado na mesa dele, corrigindo alguma coisa, aí eu colava. Mesmo com o rascunho, ele não via nada. A gente escrevia o rascunho rápido. [...] De qualquer maneira, eu colava em quase todas as matérias. Menos em línguas e em economia. Não colava em economia porque gostava. Colava em história-geografia, e colava adoidado, porque tem muita coisa em história-geografia! É muita coisa mesmo em história-geografia! Tinha até algumas vezes que a gente fazia... A gente pegava as folhas dos professores, as folhas de teste nos armários, nos armários reservados na sala dos professores. Se a gente abria o armário e tinha alguma folha de teste, a gente pegava uma, tirava cópia e depois devolvia. Às vezes, a gente punha aquele negócio por baixo, aquilo que copia tudo [papel-carbono]. Isso mesmo, papel-carbono. Quando era em grupo. Me lembro que teve uma garota no segundo ano, uma amiga minha, a gente tinha um teste de ciências

---

[10] Essa trapaça é altamente variável, segundo os cursos, as classes, as atitudes dos professores etc.

naturais... A gente não estava nem aí porque não tinha mais essa matéria no terceiro ano, mas ela precisava de um pontinho porque estava no limite... [para passar] Então, ela tinha realmente de ser muito boa no terceiro trimestre. Eu pus papel-carbono por baixo do teste e fiz tudo, passei a cópia para ela e depois, no fim das contas, ela nem pensou, pegou o carbono e colou tudinho. Mas os professores não viram nada.

E os outros alunos não diziam nada, ou todo mundo fazia igual? Não tinha nenhum que "dedurava"?

Não, os que não colam não estão nem aí. Eu sabia que tinha umas garotas super-inteligentes na minha sala, e elas me diziam: "Pode olhar, pode pegar a minha prova, tanto faz, desde que você não me encha o saco. Só não fala comigo enquanto eu estiver escrevendo. Vou fazer duas folhas duplas, você pega a primeira e eu fico com a segunda, tanto faz. Se olhar enquanto escrevo, tanto faz...". Foi a Sandra que me disse isso. Já contei isso, ela vai para a faculdade de direito. É uma garota de quem eu gosto muito, né! Realmente, essa garota tem coração. É super-inteligente e superlegal, ainda por cima. Não é uma garota para brincadeira não...

Assim, a "cola" insere-se num contexto ao mesmo tempo escolar e social. De um lado, o nível fraco dessa turma de terceiro ano (um terço dos alunos repetiram o ano) e a homogeneidade do comportamento escolar criam as condições do entendimento entre os alunos e os unem na mesma adversidade (contra os professores, a escola etc.). Com a chegada maciça de alunos oriundos das classes populares, menos seguros educacionalmente, talvez o que caracterize melhor essas turmas de cursos de refúgio do ensino médio seja a importação para o sistema escolar das atitudes e dos valores do bairro (como o senso da solidariedade e da ajuda mútua). Sendo que estas são opostas ao sistema de valores tradicionais do colegial (ascetismo escolar, culto da precocidade e do sucesso, concorrência escolar e estímulo ao individualismo).

6. Uma contestação difusa das normas escolares

Numa escola de ensino médio democratizada como o liceu Curie, é significativo que não haja contestação aberta da ordem escolar. Como diz o diretor: "Não temos problemas de disciplina aqui". O conselheiro educacional esclarece depois: "Aqui, os filhos de operários estudam... Ainda existe respeito pelo professor". Por exemplo, os alunos não dão apelidos aos professores, ou só raramente. De fato, as formas regulares de contestação, transgressão ou inversão simbólica da ordem social parecem ter sido extintas com a chegada do novo público colegial. Por exemplo, a festa da terça-feira gorda desapareceu da escola em 1990.

Em compensação, formas dissimuladas de contestação existem e vão do "retraimento" em classe à deserção (ausências numerosas e repetidas às aulas), passando pela "freagem" escolar (produção de ruído de fundo para impedir o progresso coletivo e limitar o crescimento da distância entre os alunos, atitude ostensivamente hostil a qualquer saber e a qualquer curso). Essas formas de resistência à ordem escolar raramente resultam na organização de algazarras ritualizadas. Apesar de seus dissabores escolares, esses alunos ainda têm certo respeito pela instituição, hesitando em contestá-la abertamente. São movidos antes a dirigir a violência contra si próprios, de certo modo, punindo-se pelo abandono ("Desisti", dizem aos colegas quando param os estudos), pelo atraso e pelas ausências frequentes que comprometem seu futuro escolar. Aliás, nos últimos dez anos, o ensino médio viu desaparecer os "líderes" estudantis e toda a força organizada de contestação política (Juventudes Comunistas Revolucionárias, Jovens Comunistas). A coletividade colegial está desunida, dividida por conflitos de caráter social. A heterogeneidade escolar e social dos alunos do ensino geral impede o surgimento de verdadeiros "representantes", com os quais os alunos poderiam se reconhecer, ao contrário do que ocorre nos liceus profissionalizantes, em que a fortíssima homogeneidade social e o sentimento de pertencer a uma mesma comunidade de destinos permitiram o surgimento de porta-vozes legítimos do grupo durante as greves dos colegiais em 1990 e 1994.

É sobretudo nas classes de último ano que muitos desses alunos tomam consciência do imenso abismo que separa suas disposições das exigências dos professores. A dificuldade ou a impossibilidade de reduzir esse abismo dá a medida de todo o tempo perdido e pode transformar-se num violento ressentimento contra a "cultura", o saber e aqueles que o representam. "Eles" (os "políticos", a Educação nacional, os diretores e, num grau menor de responsabilidade, os professores) bem que tentaram entreabrir as portas do ensino médio a esses alunos, mas esqueceram-se de lhes dar o manual que os faria apropriar-se dos saberes dispensados. Portanto, não causa surpresa que, levados pela maré, carregados pelas ondas, eles divaguem por aí, perdidos num universo que raramente faz sentido para eles, quando não lhes aviva a consciência de sua "inferioridade" (escolar, social, pessoal...). Os mais desamparados se veem presos na armadilha, são obrigados a "continuar" contra a vontade num curso que lhes parece cada vez mais abstrato e inútil. Alguns abandonam (na verdade, os mais atrasados[11]), outros vão às aulas, mas não tomam notas ("Estão sempre com a caneta no ar", dizem os professores), manifestando ostensivamente o tédio, e outros se empenham muito pouco, "jogam com a média", minimizam os esforços, porque sabem por experiência própria que uma média 4 ou 4,5 será "arredondada" para 5 no conselho de classe de fim de ano ou no exame do bac. Diante desses alunos, que Bourdieu e Champagne chamaram de "excluídos de dentro"[12], os pais se sentem preocupados e ao mesmo tempo desarmados.

7. Conflitos de gerações

Os pais operários, "surpresos" com a vagabundagem escolar no colegial, veem-se confrontados com os filhos que, nesse período de suas vidas, experimentam uma juventude que imita aspectos da adolescência burguesa. A passagem para o ensino médio cria, e

---

[11] A estatística que registra melhor esse lento processo de distanciamento da ordem escolar é a do absenteísmo: absenteísmo crônico quando se passa do segundo para o terceiro ano (os alunos com mais de 18 anos podem apresentar eles mesmos as justificativas) e nos cursos desvalorizados (bac G, B e A); absenteísmo esporádico quando se dá uma "provinha" que ameaça punir a falta de estudo dos alunos.

[12] Pierre Bourdieu e Pierre Champagne, "Les exclus de l'intérieur", em Pierre Bourdieu (org.), *La misère du monde* (Paris, Seuil, 1993). [Ed. bras.: *A miséria do mundo*, 5. ed., Petrópolis, Vozes, 2003.]

às vezes aviva, o conflito entre o *ethos* operário dos pais e o *ethos* colegial dos filhos. A participação na cultura adolescente, a descoberta no colegial da ilegitimidade de certo número de práticas populares e a adoção (sob forte limitação orçamentária) de um estilo de vida colegial acarretam um certo distanciamento do meio de origem.

A senhora S., 42 anos, mora no conjunto habitacional de Hauts-de-Court, bairro onde é caseira de uma residência particular. Oriunda de uma família de mineiros poloneses do norte da França, assim como o marido, manteve de sua origem operária uma espontaneidade e uma sensibilidade no trato que fizeram dela uma caseira estimada e respeitada, que não hesita em resolver os problemas cara a cara ou repreender os "arabezinhos" quando "fazem besteira". Seu marido, que tem o "diploma" do ensino fundamental e um CAP de contabilidade, veio trabalhar na Peugeot no fim dos anos 1970 como "funcionário". Eles têm dois filhos: o mais velho, de 21 anos, é estudante de segundo ano de IUT[13] e o mais novo, Anthony, de 16 anos e meio, é aluno de primeiro colegial S [científico]. A entrevista foi realizada durante o feriado de Finados de 1992, num apartamento de Hauts-de-Court, na presença do filho colegial, Anthony, convocado pela mãe a participar. Este, enfiado no sofá, emburrado, não tenta disfarçar o mau humor; presta-se de má vontade ao jogo da entrevista, manifestando abertamente sua irritação com as perguntas, que lhe parecem sem interesse. A exasperação cresce à medida que a entrevista se prolonga – com certeza não imaginou que a entrevista duraria mais de duas horas. No momento de se despedir, ele se "esquece" de se levantar para me dizer até logo, atraindo a fúria da mãe constrangida pela falta de educação do filho ("Anthony, você podia pelo menos se levantar! Não é possível!"). Por si só, a situação de entrevista já mereceria ser longamente relatada por mostrar tão bem os desafios dessas entrevistas em torno da escola. A distribuição de papéis entre mãe e filho e, sobretudo, os microconflitos que não cansam de emergir entre eles – ecos abafados de outros mais abertos que se manifestam entre quatro paredes – permitem uma experiência de investigação que, em alguns momentos, oferece uma espécie de "precipitado" sociologicamente puro das relações entre pais e filhos colegiais no meio popular.

Durante toda a entrevista, a senhora S. tenta estabelecer uma aliança comigo: solicitando minha aprovação, buscando em minhas palavras a confirmação do ponto de vista que ela formou sobre a escola, de modo a enfraquecer a posição contrária, sustentada pelo filho. Para ela, é uma questão de fazer uma autoridade externa decidir os pequenos conflitos que os opõem (por exemplo, a escolha do alemão como segunda língua, imposta pela mãe). Ela aproveita a ocasião da conversa com o "professor" – designado como tal ao filho – para restaurar uma autoridade estatutária comprometida. Também espera que o entrevistador consiga sugerir perspectivas de futuro profissional ao filho. Um conflito latente os opõe durante toda a entrevista. A mãe pressiona o filho a definir um rumo escolar e profissional, porque "os pais têm de se sacrificar, sabe, o senhor nem acredita como! Não é barato estudar". Na verdade, ela se dirige ao filho, que age como se o assunto não lhe dissesse respeito.

---

[13] Ele repetiu o primeiro e o terceiro C do colegial e se formou com um bac D.

Assim, a entrevista é um momento em que ela pode lembrar ao filho – dessa vez com a caução do sociólogo – os imperativos da continuação dos estudos. A senhora S., que de início pendia para os estudos profissionalizantes (curtos), acabou aderindo aos estudos longos, não sem cautela. Foi esse cuidado que levou os pais a escolher o IUT para o filho mais velho, contrariando a sua vontade. ("Não era um garoto que pudesse frequentar uma faculdade. Digamos que não levava o estudo a sério. Ele precisava de uma escola que tivesse um acompanhamento. Na faculdade, ele talvez nem entrasse na aula.")

Durante toda a entrevista, Anthony permanece desconfiado e na defensiva. Após repetir o primeiro colegial para garantir a aprovação para o segundo S, Anthony percebe, dois meses depois do início do ano letivo, que está atrasado em relação aos outros alunos. Sua posição de estudante com dificuldade explica o fato de, num primeiro momento, Anthony tentar não dar chance ao entrevistador, preferindo não exprimir opiniões ou se refugiando prudentemente na opinião da mãe, que não hesita em responder por ele. Ele confessa que é "péssimo" em matemática. Diante do silêncio que se segue, a mãe pergunta num tom firme, para não deixar dúvida: "Como assim? Você pode dizer a nota, Anthony!". Ele obedece docilmente, num tom de menino "pego no pulo": "Deve ter sido 2,5, mais ou menos, e depois, em física, 4,25". Existe nessa preocupação de fazê-lo confessar suas notas verdadeiras uma chamada à ordem no que se refere à atitude que se deve ter no ensino médio: não mentir, não esconder as notas ruins, não "trapacear" nas provas. A senhora S. sabe muito bem que os alunos de cursos científicos entram numa competição escolar às vezes feroz, e que já começam a pegar as "manhas", a esconder as notas, a mentir por omissão. Ela lembra ao filho que, em família, eles podem e devem contar tudo uns aos outros: nada do que acontece na escola é segredo ou vergonhoso. Também é significativo que, logo depois desse pedido de esclarecimento, a mãe tente tranquilizá-lo, evite dramatizar e tente lhe dar um empurrãozinho ("O trimestre ainda não acabou, ele ainda pode se recuperar"). Nesse estágio da escolaridade dos filhos, é sobretudo essa missão de apoio moral e afetivo que os pais de meio popular estabelecem para si. Durante a entrevista, sempre que pode, a mãe tenta valorizar Anthony em comparação com o irmão (que é cinco anos mais velho e a mãe diz que era mais "esperto" que ele). À sua maneira, tenta estimulá-lo, passar-lhe autoconfiança. Destaca seu temperamento "belicoso" ("Ele não é igual ao irmão, nunca faria uma prova sem estudar"), no fato de ser sério e organizado ("Você sempre faz os seus trabalhos muito antes, não deixa para a última hora. Ele sempre faz os trabalhos com antecedência, se organiza").

Sentindo-se duplamente observado nessa entrevista (pela mãe e pelo "sociólogo"), Anthony tenta preservar, acima de tudo, o que poderíamos chamar de intimidade escolar (suas atitudes em sala de aula, seus colegas). Toma o cuidado de não revelar aspectos clandestinos da vida na escola que possam aumentar a desconfiança da mãe. Em sua presença, prefere se manter evasivo e elíptico. Insensivelmente, ao questioná-lo, reproduzimos uma situação de exame que o confronta com suas insuficiências de aluno de segundo S (após dois meses de aula, ele descobre que não está à altura: "Existe um abismo", reconhece amargamente).

184 *Retorno à condição operária*

Quando perguntado sobre seus próprios estudos, Anthony "abaixa a cabeça". E não é por acaso que somente no final da entrevista ele se oponha diretamente à mãe em relação ao ensino profissionalizante e aos alunos de LEP, que ele considera uns "idiotas" – como diz à mãe num tom revoltado. É a chance de introduzir a discussão sobre o liceu profissionalizante e a relação com os alunos do LEP:

E você, no primeiro colegial, não pensa em ir para um LEP?

Anthony – Não [como um grito de revolta]!

Senhora S., prontamente – Não tem nada de vergonhoso em ir para o LEP! Você fala como se fosse uma vergonha!

Anthony, defendendo-se – É sim... Não tenho a mínima vontade de entrar lá...

E o que faz você tão decidido nesse sentido?

Anthony, depois de um curto silêncio – Bom, é que eu sei quem vai para lá e não me interessa conviver com esse pessoal.

Porque eram eles que "bagunçavam" na aula?

Anthony, para se livrar da pergunta – É, é...

Senhora S. – O LEP, diz logo... [Silêncio, em seguida ela hesita.] Porque, para ele, o LEP é igual à Adapei [instituição que acolhe crianças com problemas mentais] [dito com uma espécie de raiva contida].

Anthony, protestando timidamente – Ah não! Não exagera! Mas todo mundo que está no LEP foi quem não fez nada na sexta série, tá!

Senhora S. – Mas às vezes eles também "se destacam" e, apesar de tudo, conseguem aprender um ofício...

Anthony, num tom cético – É...

Senhora S. – O que também acontece com a orientação... O senhor não acha que, apesar de tudo, era melhor antigamente: um certificado de estudos e o aprendizado de um ofício...? Hoje, todo mundo vai para a quinta série, mas nem todo mundo tem capacidade para ir para a quinta série. E depois, todo mundo vai para o colegial. Antes, só os melhores iam para o colegial, quer dizer, para o ginásio... É isso que está errado...

Foi isso que a senhora viu na sua escolaridade?

Senhora S. – A minha geração sim... Eram os cinco melhores, eu acho, que continuavam depois da quarta série... Os cincos melhores ou os seis primeiros, não me lembro mais como era. Os pais eram chamados, eu me lembro que a minha mãe foi chamada por causa da minha irmã, e foi assim que ela foi para o ginásio. A minha mãe talvez não tivesse pensado em mandar a minha irmã para o ginásio, foi o professor que viu que ela tinha capacidade para estudar, que empurrou: "Ela tem de ir". Acho que a minha mãe nem tinha pensado nisso.

A senhora S. começa a falar com certo prazer de sua escolaridade, de seu certificado de estudos e em seguida do CAP de costura obtido numa escola particular ("Porque não tinha outra"); eram estudos para "ter um ofício". Ela gostaria de ter feito enfermaria, mas o pai, cético, dissuadiu-a diante de suas notas ("Ele tinha medo que eu não conseguisse, porque eu era uma aluna mediana"). Volta então à desvantagem de ter iniciado o primário sem saber falar direito o francês, já que fez o maternal numa escola polonesa ("O senhor sabe, era o patronato, tinha a igreja, o patronato... Nem queira saber! Catecismo em polonês, escola em polonês e tudo"). O que a diferencia de sua irmã caçula (28 meses mais nova), que depois se tornou professora (de primário e em seguida de ginásio, em francês, história e geografia), é que ela fez o maternal numa escola francesa e teve um excelente curso preparatório. Ela se lembra de sua professora na época, cujo nome logo lhe vem à memória, e mais particularmente de seu comportamento autoritário (a régua de madeira e a persistência em fazê-la aprender o alfabeto) e do medo ("Eu tinha pavor de ir para a escola e, é verdade, aquilo me perturbava").

Seu filho não sabe de nada disso?

Senhora S. – Não, não, ele não conhece essa história. Ele caçoa de mim, diz o tempo todo: "Lá vem você com o seu CAP!" [risos]...

Mas isso é um testemunho histórico (virando-me para o filho, que responde com uma careta de dúvida).

Senhora S. – Os "52" [faixa de idade de 1952] foram os últimos a fazer o CEP*... Era obrigatório...

Dizem que era um exame difícil...

Senhora S. – É claro! Tinha até o negócio de esportes e tudo... Agora, é brincadeira de criança! [risos]

E depois, a senhora tirou o seu CAP?

Senhora S. – Tirei o meu CAP de costura, escrito e prático... E depois, arrumei trabalho em 68, 69. Com todas aquelas manifestações que teve. Mas eu me divertia, porque assim a gente não era obrigado a ir para a escola. [...] Trabalhei quatro anos em Lille... Retocadora. Vendedora retocadora. [...] Nas lojas de roupa e confecção... Nunca trabalhei em fábrica...

E em relação à orientação escolar, alguma vez pensaram: "LEP nem pensar", em relação ao que seu marido conta da fábrica, ou "meus filhos nunca vão fazer um trabalho manual"?

Senhora S. – Não, não, a gente nunca pensou assim... Porque, se eles não tivessem capacidade para continuar os estudos, eu teria colocado os dois para aprender um ofício, né! Ah não! Nunca pensamos: "Nunca isso, nunca aquilo"! Eles [os professores] sempre disseram que eles tinham capacidade para continuar os estudos, então sempre fizemos de tudo para eles continuarem. Mas se não tivessem capacidade, teriam ido para um LEP e tudo mais, né! De qualquer maneira, eles têm um CAP e um diploma pela frente, e depois o bac profissionalizante, e, nesse nível, tem os que se destacam. Não, a gente não é contra não! Em todo caso, vai faltar operário, né! Já está faltando! Sapateiro, tudo, né! [O filho ri das palavras da mãe.] Ô puxa vida! [para o filho].

E você, que tem o ponto de vista do aluno, trabalhar na fábrica...

Senhora S., interrompendo – Não entendo por que você acha isso do LEP... Porque é verdade, não? Tem casos de pessoas com problemas que vão para o LEP, às vezes o senhor vê [virando-se para mim], a um passo da Adapei... Têm alguns assim, é isso que você vê [para o filho]?

---

* Certificado de Estudos Primários. (N. T.)

186 *Retorno à condição operária*

Anthony – Não, eu só não gosto [num tom enfastiado]. Não tinha nada para mim lá... [Silêncio.]

Senhora S. – Talvez um dia você precise de um encanador na sua casa!

Anthony – Mas não é assim que a gente tem de ver as coisas... Senão, a gente tinha de saber todas as profissões.

Senhora S. – Você tem de ser um bom faz-tudo...

Você não faz pequenos consertos?

Senhora S. – Faz sim! Ele sabe pintar... Pinta, estofa, dá uma mão... Topa qualquer coisa. [Explico longamente o interesse das perguntas: compreender o crescente desinteresse pelo LEP, a importância da percepção dos outros etc.]

Você talvez perceba os que vão para o LEP como diferentes de você. Eles têm interesses diferentes dos seus, não? Você se sente diferente deles?

Anthony – É, é... Pode ser [incomodado].

Senhora S., num tom indignado – Mas nem por isso você acha que eles são uns idiotas!

Anthony, com um ar falsamente desolado – É, acho...

Senhora S., extremamente surpresa – Acha, ainda assim!

Anthony, para se justificar – Você precisava conversar com uma dessas pessoas... Na verdade, elas não conseguem manter uma conversa... Quando abrem a boca, é só besteira! A impressão que a gente tem é que elas inventam! Para tentar acompanhar a conversa...

8. A vergonha social

A entrevista mostra dois pontos de vista irredutivelmente opostos e irreconciliáveis. A mãe desafia o filho, força-o a dizer o que até então ele apenas havia deixado subentendido a respeito dos alunos de LEP, porque se "martiriza" com sua atitude: ela gostaria de acreditar que as palavras de menosprezo e quase de insulto com que ele se refere aos alunos dos liceus profissionalizantes são apenas uma maneira de falar, que não correspondem ao que ele pensa de verdade. Entretanto, ao ouvir o filho, ela teme que ele se torne um desses "esnobentos"[14] que desprezam os alunos de LEP e tudo que tenha a ver com o trabalho manual. Ao mesmo tempo, procura protegê-lo dele mesmo e reintegrá-lo no círculo familiar, exaltando suas qualidades. "Anthony também faz pequenos consertos", "ele topa qualquer coisa", o que significa que ele não se deixou engolir totalmente pelo sistema escolar, que a distância entre eles não é tão grande como suas palavras dão a entender à primeira vista.

Em alguns momentos, o filho aproveita a ocasião dada pela entrevista para se distanciar da mãe, para demarcar seu território escolar diante dela. Sabendo que, apesar de tudo, é um "eleito" da escola por ter conseguido chegar a um segundo S, ele não cansa de tentar se destacar dos alunos dos liceus profissionalizantes. Num primeiro momento, ele vai "devagar", repetindo as categorias de julgamento da escola (os alunos

---

[14] Esse é o termo que ela emprega para se referir aos filhos de "burguês" da escola, que só vestem roupas de "marca"...

orientados para o LEP são os alunos que foram mal no ginásio). Mas a mãe, ex-aluna de CAP, ao falar dos atuais alunos de LEP, fala também de si mesma, dá a eles uma chance de sair da situação em que se encontram (de "se destacar", como diz ela) e não os prende ao status do mau aluno. É por isso que reage prontamente contra a maneira como o filho rotula os indivíduos. A postura dele se assemelha demais ao olhar "de cima", de menosprezo, com que se olha para as classes populares. Num segundo momento, Anthony assume sua "ingratidão" até as últimas consequências e atreve-se finalmente a desafiar a autoridade moral da mãe. O que o exaspera é essa defesa saudosista do aprendizado de um ofício (sapateiro, encanador), embora ele tenha escolhido outro caminho. O filho segue à risca a ordem da mãe, diz a "sua" verdade, ou seja, que considera os alunos de LEP uns "idiotas". Lança publicamente contra ela uma afronta moral. Entretanto, o essencial nessa série de trocas de palavras entre mãe e filho é o momento em que a mãe decide esclarecer a questão, pôr em pratos limpos, desatar o nó. Com certeza, eles já discutiram isso inúmeras vezes, ela já deve tê-lo repreendido por seus "julgamentos", que para ela são julgamentos de classe, típicos de um trânsfuga recente, de um filho de operário "influenciado" pela escola, que de certo modo passou para o lado inimigo.

Em alguns momentos, quando a mãe fala, sente-se que o filho fica incomodado, olha para o alto ou se defende com um sorriso irônico. Aliás, o contraste entre a maneira de um e outro falar é surpreendente: ela fala de maneira espontânea, viva, bastante alto, sem se preocupar particularmente em construir frases bonitas, e emprega o que poderíamos chamar de "falar popular", enquanto ele fala de maneira mais calma e comedida, às vezes utilizando expressões e palavras que traem a passagem pelo ensino geral ("conviver"...), como um aluno que se expressa de maneira "reflexiva". É óbvio que a senhora S. sente a distância que se abre entre ela e o filho e desconfia fortemente que a escola tem responsabilidade nisso, em especial pelo contato com garotos que ela chama de "esnobentozinhos", num tom violento. Ao mesmo tempo, ela quer ser respeitada, quer assumir sua herança e aquilo que ela é socialmente sem nenhuma vergonha. Isso a leva sempre a reagir prontamente às palavras do filho ("Ô puxa vida!") e a pô-lo em seu lugar, lembrando o respeito da ordem familiar e da hierarquia das idades (por exemplo, quando ele critica um de seus professores porque tem 50 anos). Ela gostaria de acreditar que o filho não está tão corrompido (moralmente), que o mal não é tão profundo e que ele diz palavras inconsequentes. Teme que ele se transforme numa espécie de "monstro social" que, contaminado pelo inchaço de suas aspirações escolares, desqualifique a história dos pais. Embora tenham estado sempre atentos à escolaridade dos filhos, a continuação da escola se voltou contra eles: o filho joga os velhos diplomas dos pais na cara deles, porque se ilude com o anacronismo que consiste em ler os diplomas de antigamente pela bitola dos diplomas de hoje.

Nesse momento da entrevista, duas histórias sociais, duas gerações representadas pelas pessoas da mãe e do filho, se enfrentam. Pelo relato detalhado de seus estudos primários, a mãe tenta mostrar o peso do contexto (histórico e social), o estreito caminho permitido aos filhos dessas famílias operárias do Norte, a pouca ambição que os pais depositavam nos filhos. A entrevista com o sociólogo lhe dá a oportunidade

188 *Retorno à condição operária*

de mostrar ao filho aquilo que a "construiu" socialmente, aquilo que em grande parte explica o que ela é hoje (uma "caseira" reduzida em geral a fazer a limpeza doméstica) e a diferença de condição em relação à irmã mais nova, que se tornou professora ("A verdade é que ela foi favorecida", diz com alguma amargura na voz). Enfim, ela conta ao filho "toda" a sua história, talvez pela primeira vez de forma tão detalhada. Ele, com sua atitude indiferente e seu "ar de superioridade", reage como um colegial de sua geração, que se converteu aos estudos longos e interiorizou a desvalorização dos estudos profissionalizantes. Acusando indiretamente de ignorantes as pessoas que fazem (ou fizeram) estudos profissionalizantes, do alto de sua nova posição de colegial, o filho dilapida na presença da mãe e sem nenhuma cerimônia uma parte essencial da herança familiar.

Durante toda a entrevista, Anthony se contém para não soltar seu "fel" e mostrar seu rancor. No entanto, pelos olhares, em geral, sombrios que lança contra a mãe, sente-se uma raiva reprimida que com certeza tem a ver com uma espécie de vergonha de si mesmo: a vergonha de ser um "falso aluno de científico" que tem sérias dúvidas sobre sua capacidade de continuar nessa carreira, mas que apesar de tudo deve fingir que joga o jogo do aluno de S (inteligente, estudioso, combativo). A vergonha, que ele não consegue esconder de mim, tem a ver também com os modos diretos da mãe, seus gostos, sua franqueza. No fim da entrevista, com o gravador desligado, relembro com ela seu passado no Norte. Feliz por rememorar as histórias da família, a imigração polonesa e suas tradições (o idioma, as canções e a música polonesa), ela vai buscar no fundo do armário da sala velhos LPs de canções polonesas. O filho, "antenado" musicalmente (toca violão, gosta de rock dos anos 1970), reclama num tom entre sério e brincalhão: "Ah, não! Não mostra isso! É só velharia!". A mãe ri, mas gostaria de passar para ele essa parte da memória familiar. Na verdade, Anthony expressa um ponto de vista de colegial aculturado em ruptura com seu meio social de origem, com seus antigos colegas de bairro, a quem critica por sua "ignorância", por sua maneira de "bancar os bons".

Na escola, onde os filhos de executivos são relativamente numerosos, ele não gosta de falar de seu bairro (um "bairro de árabes", diz de modo seco) nem do fato de a mãe ser caseira ("Tudo quanto é árabe conhece a minha mãe", diz ele, lamentando a visibilidade comprometedora da mãe, às vezes obrigada a fazer limpeza nos arredores do centro comercial). A escola é um local de competição social onde ele não pode jogar o jogo. É a mãe que insiste várias vezes com ele para que diga que em Doncourt (onde está localizada a escola) só tem "esnobe". Anthony é obrigado a reconhecer ("É, é uma escola de esnobentos"). Para a mãe, o termo expressa essencialmente a preocupação de se destacar pelo dinheiro, pela ostentação de uma situação financeira ("o jeito de se vestir é esnobe"). Para ele, é a chance de fazê-la reconhecer que ele gostaria de não ter de confessar sua pobreza na escola.

Senhora S., num tom agressivo – Mas você não conta que é a sua mãe que faz as suas camisas...
Anthony – Não, não tem por que dizer...
Senhora S. – Pois devia! [Silêncio, constrangimento.] Não custa nada! Só o preço do tecido...
Você diz... Mas ele não vai dizer, porque tinha de ter a marca "Lacoste"... [risos]

Anthony – Não, eu não ligo para isso... Desde que eu goste...

Senhora S. – Ah, bom! Pelo menos isso...

Essa entrevista exemplar – pela violência surda das relações entre mãe e filho meio engrandecido pelo curso científico – mostra bem como pais e filhos de meios populares se veem pegos muito a contragosto na cilada da continuação dos estudos. No início, os pais "empurram" os filhos, ainda que o prolongamento da escolaridade nunca tenha sido evidente para eles, e, no fim, veem-se diante de "criaturas" que, sob muitos aspectos, escapam de seu controle. O que mais impressiona no caso de Anthony é sua violenta rejeição a ser "herdado por uma herança" ["hérité par l'héritage"]: herança profissional (o CAP, o ofício manual), cultural (o mundo operário do Norte), mas também residencial[15].

9. Moral operária e moral escolar

Enquanto na fábrica os pais e/ou as mães são submetidos à intensificação do trabalho, ao estresse e à vulnerabilidade cada vez maiores, os filhos – colegiais que se iniciam com mais ou menos segurança e entusiasmo nos estudos longos – tomam certa liberdade em relação às exigências escolares: muitos dos que se orientam a sua revelia para as carreiras relegadas do ensino médio mais "enganam" do que estudam de verdade, mas ao mesmo tempo se beneficiam plenamente das vantagens estatutárias ligadas à condição de "colegial". Como os pais podem "compreender" os filhos? Como podem não ficar intrigados, chocados, pela diferença entre o que viveram como operários (desde os 16 ou 18 anos, quando começaram a "dar duro") e o doce *farniente* que hoje, em geral, parece constituir a vida de colegial? A escolaridade no ensino médio é um "mistério" dificilmente penetrável quando não se tem a chave para interpretá-lo. Do mesmo modo, que atitude adotar em relação à fraude escolar (que, como vimos, tende a se desenvolver nos cursos desvalorizados do ensino médio)? Mesmo que, é claro, os pais deem importância às notas, estas devem ser obtidas de modo legal. Contudo, diante da nova moral da concorrência entre colegiais, em que todos os meios são válidos para não ser "rebaixado" ao nível dos alunos de LEP, a moral popular parece brutalmente sem valor. De que adianta a honestidade num universo em que só contam as "notas", o "desempenho"?

Certo *ethos* popular feito de "orgulho" e "honestidade" foi invalidado. Nesse terreno, é grande a incompreensão entre as duas gerações, sobretudo entre os filhos e as mães, que são as guardiãs da antiga moral. O endurecimento da competição escolar contribui para a desvalorização dos valores dos pais ("pobres, mas honestos") pelos próprios filhos, que "no contato" com os filhos das classes médias e altas percebem, às vezes, a necessidade da trapaça para continuar na corrida. Na entrevista coletiva

---

[15] Perto do fim da entrevista, ele diz ter "aversão" ao bairro e aos moradores, apesar de a mãe ser uma "figura" conhecida e estimada. Quando peço que precise de que se constitui essa aversão, ele insiste no "barulho" (do ônibus que passa a cada vinte minutos) e no "ambiente", mas não consegue explicar essa aversão visceral com palavras.

190 *Retorno à condição operária*

com as mães de família da FCPE, fomos levados a falar por alguns momentos sobre a fraude em sala de aula, sobre os alunos que colam (o "coleiro", no linguajar local). Uma mãe relativiza ("Isso sempre existiu"), outra joga a culpa nos professores, que deveriam vigiar melhor os alunos durante as atividades. Todas reconhecem, no entanto, que essa tática não traz vantagens no exame do bac ("No dia do bac, o menor deslize e você é punido"), embora o risco nem sempre seja dissuasivo ("Tem quem cole mesmo assim"). Nesse momento, a senhora H. conta como conversou com seus filhos sobre essa questão:

> Senhora H. – Sabe, eu sempre recomendei a eles, sempre disse: "Prefiro um zero do que um dez roubado de alguém". Sempre disse isso a eles. Não digo que nunca colaram. Eles são iguais aos outros, mas sempre fui muito exigente nisso. É honestidade, é principalmente isso...

> *Isso remete ao que a senhora disse agora há pouco sobre o que podia passar para os seus filhos... A senhora também tem valores para passar?*

> Senhora F. – Ah, sim! Claro. A honestidade. Tem coisa que a gente pode passar e tem um monte de conhecimentos que a gente não tem. Mas o trabalho, a honestidade, a retidão, não mentir...

> Senhora H., cuja voz é coberta pela voz das outras – Aliás, eles criticam a gente por isso.

> Senhora J., sorrindo – No mundo de hoje, não sei se a honestidade ajuda muito...

> *[À senhora H.:] E a senhora acha que, agora que cresceram, eles criticam vocês por causa disso?*

> Senhora H. – Ah, sim! "Você é dos anos 50" [risos das outras duas]. O senhor veja [riso geral], sempre me ensinaram assim, que "roubar uma nota é roubar". "Não veio do seu esforço", eu digo a eles. "E depois, você vai ficar perdido no próximo trabalho, fica perdido, não aprende, não ganha nada com isso". Eles precisam ter uma educação de base, depois, se não quiserem mais... [ouvir]

> *A senhora diz a eles para estudar de maneira regular. A senhora tenta controlar os estudos deles, por exemplo, no fim de semana...*

> Senhora H. – Tento, tento sim... [Silêncio.]

> *É mais difícil nessa idade?*

> Senhora H. – É, é mais difícil porque ele fica no quarto... [Silêncio.]

> Senhora F. – Eu disse que a minha filha estuda, mas ela fica no quarto, então eu não sei mais. Porque, quando vou ver o que ela está fazendo, ela diz [imitando a voz estridente]: "Você está me perturbando!" [risos].

> Senhora H. – Se não fez nada e não estudou, você nunca vai saber...

Se durante a entrevista essas mães de família, todas mulheres de operários da fábrica, expõem longa e sistematicamente a lista de queixas que têm contra o sistema escolar atual, é porque, aos seus olhos, ele põe objetivamente em questão os elementos constitutivos do *ethos* das classes populares, aqueles mesmos que elas têm a incumbência de transmitir para as novas gerações e que fazem a respeitabilidade dos operários: a valorização do trabalho, do esforço, o gosto pela atividade e pelo trabalho bem-feito, o respeito pelos iguais, a ajuda mútua, o aprendizado de meios legítimos para "se defender". É por esse motivo que os pais operários parecem constantemente obrigados a travar combates de retaguarda (repisando a velha arenga de aluno dos anos 1950) contra os próprios filhos, acostumados a obedecer a outros princípios na escola. As transformações desta (direito aos estudos longos e prolongados) e a modernização dos métodos pedagógicos (uma mistura de desprendimento e de jogo com a instituição no gênero pós-1968) impõem um modelo ético e social de comportamento que nem sempre se adapta à situação dos filhos.

10. Colegiais em ruptura com sua herança

Ascendendo ao ensino geral, os filhos têm a impressão de que transpuseram uma barreira. O prestígio inerente ao status de colegial coloca-os em condição de negociar acordos com os pais ou mesmo de contestar certas formas de autoridade paterna. A intensificação da competição escolar e o alargamento do horizonte social no colegial levam os filhos a adotar, pouco a pouco, um sistema de atitudes e de condutas sociais que os faz distanciar-se ou romper com a cultura operária dos pais. A evocação da escolaridade dos filhos sempre leva (de forma mais ou menos marcada) à comparação da escola de antigamente com a de hoje e, portanto, à confrontação (implícita) dos pontos de vista das gerações sobre as transformações dessa instituição. Embora as gerações se caracterizem por estratificações diferentes de experiências sociais (em especial de "primeiras experiências, que são decisivas para a percepção do mundo social), a discrepância entre as experiências escolares da geração dos pais operários e as dos filhos oferece uma espécie de caso experimental para o estudo dos mal-entendidos entre gerações no meio operário. Além do fenômeno da continuação dos estudos mensurável estatisticamente, passa-se outra cena, dessa vez no interior da família: a cena do confronto mais ou menos aberto das culturas de classe. As múltiplas incompreensões entre pais e filhos, reflexo da distância escolar, social e cultural dessas duas gerações, revelam bem as ambiguidades inerentes ao fenômeno do prolongamento dos estudos em meios populares.

O principal objeto de mal-entendido entre pais e filhos é o valor dos estudos e dos diplomas dos pais. Os filhos julgam o passado escolar dos pais a partir da hierarquia atual de diplomas e da regra de prolongamento dos estudos. O estado presente do campo escolar e a tabela de valores escolares desvalorizam o CAP da geração anterior, assimilando-o ao CAP ou ao BEP da geração atual. O olhar retrospectivo anula a hierarquia das carreiras do antigo regime escolar: os filhos ignoram as diferenciações pertinentes dos níveis de estudo de seus pais (a posse ou não do certificado de estudos, e mais ainda do CAP, que na maioria das vezes levavam a uma "profissão" ou a um posto de operário qualificado). Apenas o valor de face do diploma "diz" alguma coisa às novas gerações, que são vítimas não de uma ilusão sobre o valor dos diplomas profissionais do passado, mas, ao contrário, de uma espécie de hiper-realismo que certamente os faz exagerar a desvalorização dos diplomas profissionais de hoje.

Nesses anos de crise, criou-se pouco a pouco uma ilusão em torno do valor do diploma. É essa ilusão que leva os pais a subestimar seu próprio diploma técnico, a avaliá-lo a partir apenas de seu valor atual, efetivamente muito diminuído. Hoje, a des-

192 *Retorno à condição operária*

valorização acelerada do CAP e, por extensão, do BEP desqualifica retrospectivamente o CAP de antigamente, o CAP dos pais, que, no entanto, podia levar a um emprego de operário qualificado. Ora, as entrevistas com os pais – eles mesmos titulares de um CAP ou de um BEP – mostram que, apesar de não endossarem completamente essa visão reconstruída *a posteriori* do CAP de antigamente, eles não ousam valer-se dele diante dos filhos. O fato de se recusarem a defender o valor de seus títulos escolares, isto é, seu valor social, explica-se no contexto de desvalorização da história pessoal desses pais e da história coletiva do grupo operário. Logo, em geral os pais operários estão prontos a aceitar o veredicto escolar a respeito de seu CAP e assim deixar impor-se uma visão anacrônica de sua história. Poderíamos dizer esquematicamente que, à medida que os filhos "progridem" na escola, os pais "regridem", passando do status de "fracassados" relativos na época de sua própria escolaridade para o de "fracassados" absolutos nos dias atuais.

O olhar dos filhos – em particular dos que chegaram ao colegial – sobre os estudos dos pais operários não é muito diferente da visão dos responsáveis da fábrica de diferentes níveis (diretores executivos, técnicos, "chefes"...) sobre seus operários ("ignaros", "inconversíveis" etc.). Os pais operários vivem e sofrem a desqualificação do valor de sua força de trabalho e de seus diplomas tanto na fábrica e no mercado de trabalho como, se é que se pode dizer assim, "em casa", onde a contestação vem dos próprios filhos. É claro que nem todos os pais se rendem incondicionalmente; muitos gostariam de poder explicar aos filhos que apenas o contexto mudou, que é difícil, se não falacioso, comparar duas épocas diametralmente opostas. Teriam de recorrer à história para dar sentido e coerência a sua própria trajetória escolar e profissional, para reinseri-la num quadro sócio-histórico e relacioná-la, por exemplo, com a história das fábricas e do mercado de trabalho, a história das relações entre pais e filhos, a história do recorte das idades sociais (todas estreitamente entrelaçadas). Mas como, e com que legitimidade, eles podem transmitir essa memória familiar e operária[16]? Como fazer os filhos sentirem a pouca margem de manobra que eles tinham quando eram adolescentes (o próprio termo é anacrônico), a força da pressão familiar e social para trabalhar "cedo" (a hierarquia de valores era muito diferente), a vontade de se emancipar em relação aos próprios pais (eles tinham de "obedecer", "calar a boca" ou "ir embora"), com os quais a distância era bem maior do que é hoje?

O apego a uma tradição escolar desusada, em particular a emblemas ultrapassados da antiga ordem escolar (a mala e o livro), envelhece os pais operários aos olhos dos filhos. Eles guardam da passagem pela escola primária e pelo ginásio de suas infâncias o apego à forma tradicional da relação pedagógica e ao equipamento simbólico do "aluno". Ora, valores como o respeito pelos professores e pelo saber, materializado no livro e na mala, perderam-se, foram carregados por uma espécie de dissolução das regras básicas da ordem escolar. Procurando impor os antigos

---

[16] A memória das lutas operárias – a memória da greve, dos conflitos, das manifestações, das "brigas" sindicais – é transmitida com mais facilidade; já a memória escolar é como que desqualificada por antecipação, como uma memória que é sempre meio indigna.

hábitos e regras, as mães de família dos meios populares se veem infalivelmente repelidas ao passado, ao "arcaico" ("De cara, a gente mostra que tem 50 anos", diz a mãe que tenta impor o uso da mala ao filho). Elas não conseguem imaginar que a escola possa ser desviada dos objetivos que consideram essenciais (a transmissão do saber, o aprendizado da disciplina, a neutralização das diferenças sociais) e se deixe impregnar por considerações que lhes parecem fúteis, como, por exemplo, a moda (roupas, mochilas...). A transformação da relação com a escola, simbolizada por esses "*gadgets*" [aparatos], parece atentar contra essa espécie de culto que as mães militantes do "ensino laico" lhe consagram. A sua maneira, elas tentam resistir à ideologia do "leve" e do "tranquilo", procurando preservar alguns aspectos da tradição escolar dos quais não abrem mão.

> Senhora F. – Acho que os garotos não conhecem mais, talvez, o método correto de estudar, acho que têm um método errado de estudar, e estou me referindo à base. Quando dizem que no nível do primário as crianças não precisam fazer lição de casa, que as crianças não devem estudar, que é só seguir naturalmente, e mais isso e mais aquilo... é com muito custo que... Pois é, acho isso muito sério. Quando a gente não ajuda as crianças a ir além, elas não adquirem o hábito de estudar! Elas não adquirem o hábito de se esforçar! Elas só fazem o mínimo. E faz dez anos que esses garotos só fazem o mínimo, e é por isso que agora a gente tem tanta reprovação, eles continuam fazendo o mínimo! Eles passam, mas fazendo o mínimo... Eles não adquirem desde pequenos a preocupação de estudar, de fazer a lição bem-feita e tudo mais. E isso vem também da educação nacional...
>
> Senhora H. – Antes, os professores ficavam em cima...
>
> Senhora J. – No primário, eles têm lição, vejo pela minha filha, olha... [num tom de admiração]
>
> Senhora F. – Normal, a professora dela é dos anos 50! [Risos.] É por isso que quando dizem que não se deve ajudar na lição... [suspiro que significa "tenho minhas dúvidas"] A gente ajuda os filhos. Enquanto eles estão no primário, a gente ainda tem essa chance... Mas quando você vê aquelas famílias de imigrantes, lá de cima, eles não podem ajudar, então, se a gente não fizer alguma coisa por eles, quem vai fazer? Está todo mundo largado! E depois é aquele desastre. [...] [Antes, o primário] era mais rígido e tudo...
>
> Senhora J. – Não deixar sair para o recreio, as reguadas nos dedos... Se você faz isso hoje, os pais dão queixa, mas de vez em quando não faria mal nenhum. De todo jeito, no ginásio, os garotos estão acostumados a não fazer nada. [Curto silêncio.] Talvez seja culpa nossa também, os garotos têm muito mais apoio hoje. Quer dizer, antes, o professor dizia uma coisa, a gente nem discutia: se ele disse, é porque é verdade. Agora, tem sempre a versão da criança. A gente leva em conta a versão da criança, mas a criança diz o que bem entende. Com o reconhecimento do direto das crianças e tudo mais...
>
> Senhora F. – Isso não é bom, não é nada bom. Eu preferia como era antigamente... Eles [os professores] puxavam o nosso cabelo, doía, as reguadas nos dedos... Mas pelo menos funcionava...
>
> Senhora H. – Mas os professores mudaram porque... Eu volto à ideia de que antigamente ser professor era uma vocação, eles não se incomodavam de ficar até as 6 horas com um garoto, se ele não tivesse cumprido a detenção. Agora, vai procurar um professor às 4h30! Você não encontra! Isso acabou, você não encontra! Eles vão embora, horário é horário. Você pode vir à 1h30, antes da aula, na hora do recreio... mas nunca depois do horário de

194 *Retorno à condição operária*

aula. Tem um ou dois, como a professora Fraissange. Lucie [sua filha] está com ela, e não é raro que ela fique até as 6 horas.

Senhora G. – A professora Briffault também era boa, ela ligava: "Vem falar comigo, estamos com um problema".

Senhora J. – Com os professores mais novos, horário é horário. É horário de escritório. Você não pode ir falar com eles às 4h30. Se você está com algum problema, você tem de vir na hora do recreio, é o melhor horário, e eles dizem isso. No começo do ano, no primeiro dia de aula, eles fazem a gente entrar nas salas, explicam como eles trabalham, e mais isso e mais aquilo, e se tiver algum problema, você vem à 1h20 ou na hora do recreio, porque às 11h30 ou às 4h30: "Veja, nós também temos família", a jornada acabou. Além do mais, os professores novos fazem muita atividade extraescolar. A professora da minha filha ainda é do método antigo... Aprendizado sólido, duro. E o que acontece é que isso choca, porque é a única que ainda faz isso... Antes dela, não tinha esse rigor e, depois, também não vai ter... Ela é a única no contexto. Antes, eram todos assim. [Pouco depois, a conversa gira em torno do livro como suporte pedagógico.]

Senhora F. – Apesar de tudo, o livro dá um suporte! O garoto pode procurar ali, se está atrás de alguma coisa. As fotocópias são boas, mas não muito. Porque o livro é um suporte, faz a criança pensar em ir procurar num livro. Eu não concordo com essas fotocópias...

Senhora H. – E depois, as folhas acabam saindo de ordem...

E sobre esses problemas pedagógicos, livros ou fotocópias, vocês chegaram a falar com os professores?

Senhora F. – Em pedagogia, vocês, pais, não dão palpite. É trabalho deles. Vocês não entendem nada de pedagogia. De cara, hein!

Senhora J. – É, não se meta...

Senhora F. – A gente já teve de enfiar a viola no saco mais de uma vez! [Eu rio da expressão.] Ah, é! É, é verdade! A pedagogia não é da nossa conta, aliás, está nos livros. Os pais não podem interferir. Só no fim do ano, talvez, na hora de escolher o manual, mas, senão, nunca... Mas, em relação às fotocópias, eu sou contra! Porque eles perdem...

Senhora J. – Eles trabalham cada vez mais com isso, até no primário. Só trabalham assim...

Senhora H. – A gente não conhecia isso...

Senhora F. – O livro... [Ela procura a palavra adequada.] O livro é sagrado, faz parte do... Sei lá... Em todo caso, para mim, escola sem livro não é escola! A gente pode tocar, folhear, revirar, pegar... Já as folhas, as folhas... [Exaltada:] As folhas não são nada!

Senhora H. – Briguei durante anos para ele levar uma mala, mas ele queria a mochila, aquela coisa mole. Eu era contra, mas não consegui...

Senhora J. – Amassa os livros...

Senhora H. – Era o que eu dizia a ele, mas ele respondia: "Todo mundo tem". Então, tive de... Teve tanta história por causa dessa mala, tanta história! Nossa! Quanta história, meu Deus! Porque, no começo do ano, eu comprava uma mochila como aquelas de antigamente, de couro... Não de couro exatamente... Três semanas depois, eu ia ao porão, via a mala e pensava: "Mas como é que ele está indo para a escola, então?". Ele pegava...

Senhora F. – Um bornal!

Senhora H., lembrando do que disse ao filho – "Então me dissesse que estava mais..."

Senhora J. – Mais na onda...

Senhora H. – É isso que reprovo nele, esconder para... Não gosto desse tipo de atitude...

Enquanto os "miraculados da escola" (as raras crianças das classes populares que passaram pelos obstáculos da seleção escolar nos anos 1950 e 1960) tiravam da escola armas culturais e certa forma de segurança social (que permitia objetivar a distância que se criava em relação aos pais), muitos colegiais da "democratização" se mantêm à distância da cultura escolar e continuam seus estudos aos trancos e barrancos ("A gente seguiu a onda", dizem alguns quando chegam à faculdade). Nesse caso, o distanciamento em relação aos pais ocorre pelo mal-entendido e em geral pela má-fé, especialmente porque não se justifica mais pela exemplaridade da carreira escolar dos filhos. O "retorno relacional" dos filhos para com os pais é aqui se não inexistente, ao menos muito limitado. De um lado, os pais fazem "sacrifícios" financeiros e morais, e arriscam uma aposta alta e perigosa na escola. De outro, o prazo para o "retorno do investimento educacional" – para falarmos como os economistas – estendeu-se sensivelmente e a escola passou a ensinar "coisas erradas" aos filhos – relação com o tempo e com o dinheiro, o modo de ver as "pessoas simples". Ao que parece, a escola é vista exclusivamente como um local de aculturação ao modo de vida do adolescente burguês, uma aculturação que para muitos se reduz a uma aspiração fantasiosa. A distância social e afetiva entre pais e filhos não tem como contrapartida obrigatória a segurança de um destino escolar e social melhor. Portanto, esse modo de escolarização tem um custo duplo. O prolongamento dos estudos dos filhos faz com que os pais se tornem ainda mais "velhos": velhos por sua falta de cultura e por sua maneira de agir e de sentir, e velhos por não poderem deixar nada como herança aos filhos.

Tabela 1. Evolução da divisão dos alunos de segundo ano das três escolas de ensino geral e polivalente (1982-1983/1991-1992)

	1982	1985	1989	1992
2º A	16,5	17,1	13,7	13,5
2º B	13,5	16,3	20,3	20,9
2º S	38,9	39,3	39,3	42,9
2º G	21,6	20,2	20,4	16,9
Total	100	100	100	100
Total de alunos	871	888	1252	1310

Tabela 2. Divisão dos alunos de segundo ano por curso, segundo sua origem social (1993-1994)

	Executivos	Prof. int.	Empregados	Operários
2º S	26,4	26,2	6,7	30,2
2º A	13,7	23,1	11,1	40,2
2º B	12,5	18,1	8,1	44,8
2º G	4,4	10,3	10,3	59,3
2º adapt.	4,9	4,9	14,8	44,3
Total	16,4	20,3	8,8	40,6

196 *Retorno à condição operária*

Tabela 3. Divisão dos alunos de terceiro ano por curso, segundo sua origem social (1993-94)

	Executivos	Prof. int.	Empregados	Operários
3º A	19,0	20,0	4,5	50,0
3º B	8,2	19,9	10,5	43,4
3º C	32,0	21,2	8,3	26,1
3º D	17,2	28,8	9,4	35,6
3º G	5,7	17,6	6,4	49,3
Total	15,8	21,8	8,0	40,7

Tabela 4. Divisão dos alunos de segundo ano por idade, segundo sua origem social

em %	No ano	Um ano de atraso	Dois anos de atraso	Total
Comerciantes	59,3	28,8	11,9	100
Executivos	73,5	21,5	5,0	100
Prof. int.	68,5	21,7	9,8	100
Empregados	53,6	31,4	15,0	100
Operários	47,3	33,3	19,5	100
Aposentados	37,1	33,3	29,5	100
Total	55,1	29,3	15,7	100

Tabela 5. Divisão dos alunos de terceiro ano segundo seu atraso escolar e seu curso

em %	No ano	1 ano	2 anos	3 anos	Total
3º A	40,5	30,5	18,0	11,0	100
3º B	31,3	36,3	24,2	8,2	100
3º C	67,2	22,4	9,1	1,2	100
3º D	41,3	32,5	15,6	10,6	100
3º G	8,4	20,3	33,8	37,5	100
Total	36,6	28,3	20,6	14,5	100

Tabela 6. Evolução da taxa de aprovação no bac dos alunos do liceu Curie (1982-1983/1991-1992)

	1982	1985	1989	1992
bac A	85,8	73,7	79,8	67,6
bac B	89,7	69,5	67,1	62,5
bac C	86,9	75,9	77,8	85,5
bac D	77,4	84,1	73,8	67,8
bac G	76	48,4	69,8	59,1
Total	83,1	72,1	73,5	69,3

BOX 1 **Liceu Curie: uma "boa" escola confrontada com a democratização**

O liceu Curie, o antigo "bom" colégio da região, teve de dar conta de um grande afluxo de alunos oriundos, em sua maioria, do ginásio de Grandval, classificado em ZEP. O diretor – de 1981 a 1992, e extremamente hostil à "democratização" a marcha forçada – queria acima de tudo preservar a reputação de "seu" colégio: de um lado, com o auxílio dos professores de ciências, mantendo a seletividade das classes de "científico"[17]; de outro, orientando à revelia os alunos do primeiro ano para as classes de "não científico". Os alunos com desempenho fraco ou medíocre eram "orientados" – podemos empregar aqui o termo que serve para definir a passagem para o ensino profissionalizante – para as classes de A e de B, em que a resistência dos professores à democratização do ensino e ao "baixo nível" parecia menor. A evolução da distribuição entre os cursos mostra que: de um lado, o curso A foi destronado, se é que se pode dizer assim, pelo curso B (de 1981 para 1994, o total de alunos passou de 24,7% para 13,9% e de 14% para 25%, respectivamente), e, de outro, os cursos S e G conservaram suas respectivas parcelas. A análise das taxas de feminização dos cursos mostra no período uma masculinização pronunciada no curso S (a parcela feminina cai de 54,1% para 38,8%) e menor no curso B. A desvalorização do curso B do liceu Curie pode ser notada não só pelo forte crescimento da proporção de alunos com atraso, mas também pelo fato de ser "evitado" pelos alunos oriundos de famílias de quadros superiores[18]... O curso B, que era muito bom nos anos 1980 (a taxa de aprovação no bac era próxima da taxa do terceiro ano C e largamente superior à taxa do terceiro ano D, que na época era o elo fraco do liceu), serviu tanto de peneira quanto de amortecedor ao avanço dos "novos colegiais". O liceu Curie teve uma queda sensível em suas taxas de aprovação no bac (de 83,1% em 1982-1983 para 69,3% em 1991-1992), em especial nos cursos que receberam a maior parte dos "novos colegiais" (B e D), enquanto o curso C continuou apresentando bons resultados.

---

[17] Somente 20% dos alunos de terceiro ano C são filhos de operários, contra um terço no liceu Du Rocher. Somente 11% dos filhos de operários do liceu Curie estão no terceiro ano C, contra 21% em A, 24% em B e 20,2% em G. No total, 34,6% deles estão nos cursos científicos, contra 48,2% no outro liceu clássico.

[18] A proporção dos filhos de quadros superiores no segundo ano em cada um dos cursos é um indicador pertinente da hierarquia das carreiras: quanto menor essa parcela, mais baixo na hierarquia das carreiras estão os cursos em questão (como aqui, em ordem decrescente: S, A, B e G).

EPÍLOGO

17 de março de 1994: esse dia de manifestação nacional contra o contrato de inserção profissional[1] reúne alunos de ensino médio e organizações sindicais e políticas que apoiam o movimento. Em Montbéliard, 2 mil alunos de ensino médio da região ocuparam as ruas durante boa parte do dia, bloquearam a rodovia pela manhã e invadiram a estação de trem à tarde. Os sindicatos da fábrica (CGT, CFDT e FO[*]), juntos novamente como na greve de 1989, também se mobilizaram para denunciar o "Smic[**] jovem". A particularidade local é que as manifestações ocorreram separadas[2]: enquanto a manifestação dos alunos de ensino médio se desfazia num extremo da cidade, a dos operários se iniciava no outro. A "coordenação colegial" recusou categoricamente as propostas de ação conjunta dos representantes operários da fábrica. Os alunos de ensino médio da região, em sua maioria de origem popular[3], recusaram a mão estendida pelos velhos operários. Nesse dia, o rompimento entre a geração dos operários e a geração dos alunos de ensino médio se consumou simbolicamente.

Em nível nacional, a semana de 7 a 11 de março foi a segunda semana de agitação de alunos de ensino médio e superior. Para o dia nacional de manifestação (10 de março), os alunos de ensino médio de Montbéliard não chamaram à manifestação

---

[1] Para combater o desemprego dos jovens, o governo Balladur criou, no início de 1994, no quadro da lei quinquenal para o emprego, o contrato de inserção profissional, que permitia aos empregadores contratar jovens desempregados, inclusive os que tinham bac mais dois anos de estudos superiores, por um salário correspondente a 80% do salário mínimo. Os estudantes de ensino médio e superior (sobretudo os de IUT e BTS) se mobilizaram e ganharam o apoio das grandes organizações sindicais, que criticaram o "Smic jovem".

[*] Força Operária. (N. T.)

[**] Salário Mínimo Interprofissional de Crescimento. (N. T.)

[2] Nas outras manifestações ocorridas na França, os sindicatos se manifestaram com os colegiais, apesar de terem seguido atrás deles nas passeatas.

[3] Naquele dia, não foram nem os "bons" alunos nem os filhos dos executivos da fábrica (tendencialmente resguardados das medidas do CIP) que se manifestaram, mas os filhos das classes populares relegados às carreiras menos nobres, os colegiais semiacúlturados de que falamos no capítulo anterior.

200   *Retorno à condição operária*

de forma coordenada. A mobilização foi improvisada[4]. Foram os alunos dos liceus profissionalizantes, e não os alunos do ensino geral, que iniciaram o movimento, como sempre fizeram desde 1990. Não se preparou nada nos LEP: nem panfletos, nem palavras de ordem, nem assembleias gerais. Havia simplesmente grupinhos de alunos que "queriam fazer alguma coisa"; um professor os aconselhou: escrever cartazes e compor canções. Essa primeira manifestação espontânea de colegiais, sem representantes e sem trajeto submetido às autoridades policiais, provocou alguns "excessos" (uma vidraça quebrada, uma loja da rua exclusiva para pedestres danificada, cerca de trinta camisas da marca Lacoste roubadas...). No dia seguinte, enquanto as escolas de ensino geral voltavam à normalidade, os liceus profissionalizantes continuavam agitados: os alunos queriam dar continuidade ao movimento. Os alunos do LEP mais "duro" da região tentaram entrar no liceu Curie e cometeram alguns roubos e depredações. Foi depois desse incidente que o movimento colegial tomou forma: criou-se uma "coordenação colegial independente", em parte sob a égide da diretoria do liceu Curie[5]. Em nenhum momento, esses representantes colegiais (a maioria garotos) procurou aproximar-se dos sindicatos para preparar o dia "da unidade", em 17 de março. Os sindicalistas que tentaram uma proximidade esbarraram no indeferimento de alguns desses colegiais. Militantes da CGT da fábrica entraram em contato por telefone com os representantes colegiais. Na segunda-feira antes da grande manifestação da quinta-feira, um representante de oficina da CGT apresentou-se sem avisar no pátio de sua antiga escola para falar com os representantes. A visita provocou rebuliço; ele foi "mal recebido", conta o diretor do colégio da ZUP[*]. "Os alunos entenderam mal a presença dele na escola, não gostaram, ficaram com a impressão de que queriam usá-los; além do mais, ele foi embora no exato momento em que começou a voar armário e os garotos não viram aquilo com bons olhos, ficaram com a impressão que ele se mandou na hora em que a coisa esquentou". Houve aí uma profunda incompreensão entre gerações. O militante da CGT da fábrica que voltou muito seguro de si a sua antiga escola, talvez com a lembrança "pós-1968" da reaproximação dos operários com os estudantes, não avaliou a que ponto os alunos do ensino médio haviam mudado nesse meio tempo.

---

[4]   Como atividade social que exige mobilização de recursos e de um capital simbólico coletivo "já existente", a manifestação levanta a questão da invenção local de um *know-how* "manifestante". Ela mostra indiretamente, por seu desenrolar improvisado, que os "novos colegiais" não são politizados como seus predecessores, que a tradição da politização colegial contra a ordem estabelecida foi interrompida com sua chegada.

[5]   A infraestrutura (sala de reuniões, fax, copiadora) foi posta à disposição do coletivo colegial. Os representantes das escolas de ensino geral tiveram papel preponderante na coordenação do movimento, já que os alunos do LEP mais reivindicativo se recusaram a entrar no jogo da conciliação. Os membros dessa coordenação – dois representantes por escola – eram todos representantes de classe ou de estabelecimento escolar, e a maioria fazia parte do Comitê de Ação da Vida Colegial, em nível acadêmico. Suas funções na instituição escolar os designaram como representantes "naturais" do movimento na escola. Portanto, esses "líderes" não tiraram sua legitimidade de filiações políticas ou sindicais e sempre insistiram na independência do movimento. Essa característica dos representantes, que serviu como uma garantia de não politização do movimento, foi destacada por eles próprios para se contrapor a qualquer aproximação com as organizações sindicais ou estudantis.

[*]   Zona de Urbanização Prioritária. (N. T.)

No dia da manifestação, no momento em que os colegiais acabavam de se manifestar e se dispersavam pela cidade, os operários da fábrica se reuniam na frente da estação de trem e assumiam o comando. A cena é espantosa: os "jovens" voltavam para casa com suas faixas enroladas e cruzavam nas calçadas com os "velhos" que haviam acabado de sair das oficinas (conseguiram "licença para sair", alguns ainda de azul e outros de verde-limão) para, por sua vez, manifestar solidariedade com a juventude "explorada" (eram talvez quinhentos ou seiscentos operários). A manifestação dos sindicatos operários deu a "estranha" impressão de reunir os mesmo operários de 1989, só que cinco anos depois, precocemente envelhecidos, como se estivessem numa "foto de época". Poucos jovens operários estavam presentes, todos alinhados à FO (usavam o broche espetado no blusão), mas iam e vinham entre os grupos da FO e da CGT. Via-se ali, ao vivo, uma geração operária que envelheceu na fábrica e, por dever moral, representou pela enésima vez a cena da mobilização operária e da manifestação no calçadão. Naquele dia, os operários da fábrica pareceram isolados, sem nenhuma força que os substituísse. A "juventude" – pela qual aqueles "velhos" operários se manifestavam – os manteve ostensivamente à distância, como se os abandonasse à própria sorte. Os "velhos" quiseram mostrar sua solidariedade até o fim. Para nada. Daí a aura de tristeza que envolveu a manifestação. Naquele dia, uma geração operária se descobriu órfã de sucessores, de luto pela esperança, com a sensação de que tinha sido "largada" pela juventude. Como se, como operários, estivessem condenados a cair no esquecimento da história, a encarnar o passado definitivamente.

Os membros da coordenação colegial não quiseram se envolver com "os sindicatos", como diziam. Ao contrário, tentaram marcar distância pública e fisicamente. Desfilar ao lado dos sindicatos operários seria entrar na "política" – da qual tinham uma espécie de horror instintivo – em pé de igualdade com eles. Os "eleitos" – políticos, representantes operários (esses "sindicalistas que não conseguem entrar em acordo nem entre eles") – provocavam a mesma rejeição. A "política" era considerada uma defesa de direitos conquistados por gerações que lhes pareciam "instaladas". O termo que empregavam de maneira indiferenciada – "os sindicatos" – remetia a "conflitos", "histórias", "enroscos" (para retomar um dos termos utilizados por eles). A evocação dos sindicatos pelos "representantes" colegiais nunca estava relacionada à tradição operária, à memória das lutas e dos combates. Podemos nos perguntar se, além da crítica ao "político", no sentido largo do termo, não havia também, na atitude dos colegiais, uma relutância quase que inconsciente de se colocar ao lado dos "macacões de trabalho", dos "sem-diploma". Desfilar ao lado dos operários seria correr o risco de comparar-se a eles, de anular a pequena diferença que, por toda a sua trajetória escolar, eles se esforçaram pacientemente para construir e fortalecer. De certo modo, os "sindicatos" – ainda que fosse apenas pela exposição dos rostos dos manifestantes (cansados e envelhecidos antes do tempo) e das vozes (graves e fortes) – representavam física e moralmente uma realidade do mundo do trabalho que a experiência colegial renegou largamente.

A manifestação sindical operou como que o retorno do recalcado operário nesses colegiais semiaculturados pela ordem escolar: fez a maioria deles tomar consciência

202 *Retorno à condição operária*

de que, querendo ou não, a condição operária é um dos horizontes possíveis para eles. Naquele momento, havia uma diferença enorme entre os operários envelhecidos e os colegiais com um futuro potencialmente aberto (a carreira estudantil abria os braços para eles). Contudo, para aqueles colegiais que se encontravam no fio da navalha, a recusa violenta e ostentatória de qualquer intimidade com sindicatos e operários exprimia outra coisa: a negação de sua fuga para a escola e de um futuro indeterminado e já preocupante. Ora, parece que, para manter essa esperança, era preciso haver um rompimento forte e público com o mundo dos operários – era a forma dos colegiais convencerem de que haviam passado de maneira irreversível (assim esperavam) para "o outro lado". Isto é, para o lado do ensino médio e dos estudos, portanto para o lado da condição social de "estudante"[6].

Assim, a separação temporal entre as duas manifestações (colegial e operária) lembra uma "não passagem" de bastão simbólica entre as duas gerações, uma rejeição da herança por parte dos herdeiros. Naquele dia, os colegiais traçaram um limite, uma fronteira social e simbólica entre os dois grupos, como se quisessem romper de uma vez por todas, e em público, com um passado que os impedia de decolar (na escola). Ao mesmo tempo, pareciam querer conjurar o medo (coletivo) de não conseguir levar esse rompimento até o fim. Esse ato de separação da parte dos alunos de ensino médio da região foi ainda mais marcante porque os interesses comuns, que podiam unir a luta dos colegiais à luta dos operários, eram "evidentes", em especial se levarmos em conta a situação do emprego no nível local. O slogan "pais dispensados, filhos mal pagos", que foi ouvido várias vezes em outras manifestações e foi retomado em seguida em nível nacional por manifestantes e políticos de esquerda (Michel Rocard e Robert Hue), expressava bem a base de um interesse comum entre as gerações. Ora, em Sochaux-Montbéliard, o paradoxo é que a temática da solidariedade entre gerações não foi retomada nem uma única vez pelo movimento colegial, muito embora o problema das condições da reprodução do grupo operário se colocasse ali de maneira aguda. Avalia-se bem por esse exemplo a profundidade da crise da "politização operária" no nível local (e nacional): a politização no trabalho, nas oficinas, não se propaga – ou não se propaga mais – para fora dos muros da fábrica. As instâncias de socialização política dos jovens que existiam antes (Juventude Operária Cristã, Ação Católica Operária, as alas jovens da CGT e da CFDT) não se renovaram de fato. A democratização do ensino médio não viu surgir temas de politização que levassem adiante o movimento precedente, e contribuiu de maneira não negligenciável para aquilo que podemos chamar de "despolitização" dos alunos.

Nesse dia em particular, os alunos de ensino médio se distanciaram não só dos sindicatos, mas também dos "arruaceiros" (os jovens dos conjuntos habitacionais, os desempregados). O que estava no centro das preocupações da coordenação era passar

---

[6] Se fizeram questão de reafirmar ostensivamente o sentimento de pertencer ao mundo dos colegiais, ao universo "estudantil", é também porque o olhar lançado sobre eles, como colegiais, em especial pelo corpo dos professores de colegial, os fazia sentir que não eram colegiais "de verdade". Nesse sentido, não é por acaso que o colégio mais presente na greve tenha sido o colégio da ZUP, o antigo colégio de curso G, com mais alunos de origem popular.

uma imagem "respeitável" do movimento colegial. O desafio da manifestação era construir simbolicamente um grupo – o "grupo dos colegiais" – que, pela representação política que deu de si mesmo naquele dia, estabeleceu a fronteira que os separava dos outros grupos jovens: de um lado, excluindo os que não podiam legitimamente pretender fazer parte dele (os desempregados, os jovens estagiários que batalhavam, isto é, o conjunto dos "arruaceiros" em potencial); de outro, segurando as rédeas dos alunos dos liceus profissionalizantes (cuja parcela mais turbulenta era temida e mantida longe da coordenação porque ameaçava manchar o movimento), que faziam parte do "grupo" de maneira estatutária, graças unicamente ao alcance semântico do termo "colegial". A organização dessa manifestação separada pareceu uma encenação de unidade cuja função era mascarar a enorme diversidade de características sociais dos alunos de ensino médio e negar a provável diferenciação de seu destino escolar e profissional. A manifestação daquele dia contribuiu para a construção e para a crença na ficção social do grupo dos colegiais como grupo "real" e ao mesmo tempo como "comunidade de destinos", a de futuros estudantes universitários a caminho da ascensão social. Foi uma forma de afirmação de um grupo "fragilizado", porque atormentado pelas contradições da escolarização em massa.

TERCEIRA PARTE
A DESESTRUTURAÇÃO DO GRUPO OPERÁRIO

7

AS CONTRADIÇÕES DE UM
JOVEM MONITOR

Sébastien, 27 anos, é monitor na RC2. Titular de um bac G3, entrou para a fábrica como temporário em junho de 1990, trabalhou alguns meses na cadeia de produção na oficina de acabamento (RC0) e depois, em 1992, foi para a RC2 como monitor. Como tal com diploma, acumula em sua pessoa um conjunto de propriedades que fazem dele um personagem-chave para a compreensão das práticas de trabalho e das formas de comando nas novas oficinas modernizadas. A análise desse "caso" permite de fato penetrar no cerne dos problemas da transformação das oficinas nos anos 1988-1992. Quando eu (Michel Pialoux) me encontrei com ele (numa sexta-feira à noite, no fim de setembro de 1993), ele havia chegado a um tal estado de exasperação que avisou ao contramestre e ao chefe de oficina, dois dias antes, que estava desistindo do posto de monitor e queria voltar a trabalhar "na linha" [de produção]. Declarou-se absolutamente decidido a deixar o mais rápido possível uma fábrica na qual sua vida parecia ter se tornado "impossível" – e, de fato, ele saiu alguns meses depois. Foi por intermédio de sua irmã, Dorothée, 22 anos, que tem um contrato de emprego solidário (CES*) com uma biblioteca de Montbéliard, que entrei em contato com ele. Ela havia me falado de seu irmão, "que trabalhava na RC2" e estava "tão desgostoso" com o trabalho de monitor que havia decidido sair da fábrica.

Refletindo ao longo de todos esses anos sobre as transformações nas oficinas de acabamento e roupagem de carcaça, de certo modo eu havia "pré-construído" o modelo do personagem do monitor com bac, a encarnação das novas contradições da oficina,

---

* Trata-se de um contrato de inserção profissional para pessoas com dificuldade em encontrar emprego; essas pessoas são contratadas por tempo limitado por órgãos públicos e recebem de 65% a 100% do salário mínimo. (N. T.)

mas foi somente naquele momento que o encontrei em carne e osso, por assim dizer[1]. Eu sabia que esse tipo de personagem existia, mas não achava que pudesse encontrá-lo, de certo modo, no estado de ideal encarnado. Ainda tinha em mente, no momento em que o entrevistei, o eco das palavras de numerosos operários da RC1 e da RC2 sobre os monitores e a ambiguidade da relação que estabelecem com eles, vistos tanto como "puxa-sacos" quanto como pessoas "de quem não se guarda raiva".

A análise do caso de Sébastien é extremamente importante por diversas razões. Ela dá a possibilidade de refletir sobre a reordenação das identidades operárias, sobre sua recomposição contínua e caótica, sobre o choque entre identidades constituídas em momentos e em condições diferentes. Nesse sentido, a questão da relação entre as gerações operárias parece fundamental. Na história e na situação de Sébastien condensa-se de modo particularmente violento a questão do "choque" num mesmo local entre indivíduos que podem ser designados como "operários", mas que o são de maneira tão radicalmente diferente que podemos nos perguntar se o termo ainda faz sentido.

1. Vergonha de ser OE, ódio da fábrica

O pai de Sébastien trabalhou como OE na fábrica de fundição de Sochaux durante mais de trinta anos: trabalho duríssimo, que arruinava a saúde dos operários. Hoje, doente – com um câncer que não foi reconhecido como doença de trabalho e com problemas cardíacos –, está pré-aposentado. Sébastien pouco o vê. Os pais são divorciados. A mãe é faxineira e trabalha como auxiliar de limpeza numa escola da comuna. Sébastien se casou um ano antes. Hoje está separado e em processo de divórcio. Como a irmã, mora no apartamento da mãe, num "bloco" de um "conjunto" em B., uma vila operária próxima da fábrica. A maioria dos apartamentos vizinhos são ocupados por famílias de trabalhadores imigrantes (marroquinos e turcos).

De aparência bastante frágil, Sébastien parece muito nervoso. Olhos fundos, olheiras quase pretas (ele me diz que não consegue dormir há várias noites), ele parece tenso e, ao ouvi-lo falar, logo entendo por quê. Os encontros marcados com ele por intermédio da irmã dias antes haviam sido desmarcados. Estava claro que, mesmo tendo aceitado a ideia sugerida pela irmã de fazer uma entrevista comigo – um "professor de Paris" –, Sébastien não estava com muita vontade de me ver. Disse claramente: "De manhã, a ideia de falar da fábrica com alguém como você não me desagradava, mas à tarde, depois do trabalho, não, realmente, eu não ia aguentar...". Acabei forçando um pouco a situação, indo ao apartamento dele (na verdade, da mãe) na companhia da irmã, por volta das 18 horas, numa hora em que sabíamos que tínhamos grande chance de encontrá-lo. Acertei em cheio: naquele momento, ele estava disposto a conversar sobre ele, sobre a fábrica... E conversamos até às 21h30, sentados em volta

---

[1] Aliás, podemos acrescentar que, apesar de em toda pesquisa de campo existir uma grande parcela de tentativa e erro, de iniciativas fracassadas etc., sentimos certa satisfação quando de repente encontramos "encarnada" a figura cujos traços ou épura nós construímos idealmente, e diante da qual de repente temos a sensação de que reúne em si os principais aspectos de um conjunto de contradições.

de uma mesa. Tive a sensação de que por ele ficaríamos conversando até tarde da noite. No início, a mãe e a irmã estiveram presentes por alguns minutos e, para sua alegria, ouviram o começo da entrevista. Logo em seguida, porém, deixaram a sala. Voltaram no fim da entrevista.

Sébastien entrou rapidamente no jogo da entrevista e me disse que tinha sido um prazer para ele. Convencido de que ia sair da fábrica em poucos dias, tinha muita vontade – como não cansou de repetir – de deixar um testemunho "no calor da ação", dizer o que considerava ser a sua verdade. Aliás, combinamos nos encontrar para falar da evolução de sua posição na oficina. Como combinado, voltei dois dias depois na companhia de Christian Corouge para filmar seu "testemunho". Pedi a ele que retomasse o relato, falasse mais uma vez de sua oficina, de sua experiência de trabalho. Nós o filmamos por mais de duas horas. O segundo relato, no movimento e no tom geral, é muito parecido com aquele que transcrevemos abaixo, mas distingue-se pela ênfase, dada de maneira diferente em vários momentos. A presença de Christian e a natureza das perguntas que ele fez levaram o relato a seguir novos rumos: voltamos a falar da relação com os velhos, da política e da sindicalização. Depois disso, estive com Sébastien várias vezes antes de ele sair definitivamente da fábrica, em abril de 1994.

Na época dessa primeira entrevista, considerava que já havia mais ou menos concluído minha investigação (iniciada em 1989) sobre a modernização das oficinas de acabamento, agora oficinas de Roupagem de Carcaça. Graças às entrevistas com algumas dezenas de operários, agentes de controle e técnicos, e pela análise de numerosos documentos, agora conheço a história das mudanças corridas nas oficinas RC1 e RC2 em grandes linhas e em detalhes. Depois de fazer várias entrevistas "de balanço" em julho de 1993 com "velhos" operários e militantes tarimbados de diferentes sindicatos, tive a chance de finalmente fazer uma entrevista com um monitor em condições adequadas. Pensei primeiramente em fazer uma "entrevista de verificação", que não acrescentaria muito em termos factuais, mas poderia permitir um aprofundamento da questão da identidade dessas categorias que hoje, de certo modo, são obrigadas a entrar no jogo da promoção profissional. Como vimos, o monitor é um personagem-chave no espaço dessas novas oficinas, ele está na intersecção dos problemas de comando, das mudanças na organização do trabalho e das modalidades a partir das quais as identidades profissionais estão se (re)construindo.

Para compreender o sentido dessa entrevista[2], é indispensável situá-la precisamente no tempo, isto é, na história das oficinas. Como vimos, a ocupação da RC2 terminou na primavera de 1992. Isso significa que Sébastien esteve bastante tempo ao lado dos "velhos" da RC0 (antigo acabamento), e que sua relação com eles, com o envelhecimento deles, acabou por se complicar. Imaginamos que se ele tivesse ido antes para a RC1, por exemplo, em 1990, de certo modo ele teria sido "sugado", "aspirado" por outra "subcultura": a dos "condutores de instalação", dos técnicos, que tinha outra relação com o corpo, com o mundo. Na verdade, ele se viu obrigado a

---

[2] Essa entrevista me parecia tão interessante porque tinha tudo para ser diferente daquelas que havia feito até então, bastante às pressas e em situação semioficial, com monitores mais velhos ou chefes de equipe.

210   *Retorno à condição operária*

trabalhar durante quase dois anos ao lado dos operários de acabamento mais velhos, mais "cansados". Portanto, não nos surpreende que, com o tempo, a distância entre eles tenha aumentado.

Quando chegou à RC2, no início de 1992, foi exatamente no momento em que a hierarquia dava a entender por mil e uma indicações que havia desistido de converter a massa de "velhos" à modernidade, ao contrário do que se dispôs a fazer três ou quatro anos antes. Em compensação, iria exigir cada vez mais deles, aumentar o ritmo e sobrecarregar os postos de trabalho. Foi com essa situação que Sébastien se viu confrontado, foi ela que ele teve de vivenciar e administrar. Foi precisamente a época em que o controle disse (de maneira implícita): "Desistimos de impor nossa ideia de grupo a vocês, vamos dar livre curso ao funcionamento dos grupos informais, perturbar o menos possível, vamos ser mais tolerantes, vocês podem imitar gritos de animais, podem beber anisete como bem entenderem, vamos aceitar o velho jogo de esconder entre os agentes de controle e os operários, mas vocês vão pagar por isso no nível do trabalho, porque vão ter de entrar num lógica de retorno ao taylorismo muito dura". Foi a época também em que houve, correlativamente, uma mudança no papel do monitor. De 1989 a 1991, o monitor ainda era um instrutor, um animador, um dinamizador, o fermento que deveria fazer a massa crescer, a pessoa que deveria ensinar aos outros a lógica da disponibilidade e da polivalência. A partir de 1991-1992, e na medida em que se para de exigir disponibilidade dos OE, tende-se a jogar tudo nas costas do monitor, a exigir que apague todos os incêndios. Espera-se tudo dele, que dê conta de tudo, que faça o papel tanto do bombeiro como do tapa-buraco. É o que resume Sébastien quando diz que o estão "deixando louco".

2. A sensação de ter caído numa armadilha

Assim que Sébastien começa a falar, fico surpreso com a violência de suas palavras, com a emoção que o domina, com a maneira como fala do desejo de sair da fábrica, ou melhor, da impossibilidade de continuar por mais tempo. E é essa violência mesma que me interessa. Obviamente, ela me parece dirigida contra a direção, vinculada a uma profunda decepção no que se refere às esperanças que ele havia alimentado; mas também me parece dirigida de certo modo contra ele mesmo, ligada a uma interrogação sobre seu valor social, sobre aquilo em que ele está se transformando, sobre seu medo. A reflexão que faz sobre o funcionamento da fábrica parece a mesma que faz sobre o mundo fora da fábrica, sobre o valor que dá a si mesmo, sobre a representação que os outros fazem dele e sobre a representação que ele próprio construiu de si mesmo. E tudo isso com uma violência que não encontrei nos meses anteriores entre os operários relativamente velhos que entrevistei.

Tive várias vezes a sensação de que a angústia, o sentimento de ter caído numa "armadilha", às vezes a violência, ou em todo caso afetos muito fortes, ameaçavam engoli-lo. Apesar de, num primeiro momento, Sébastien ter controlado bem a vazão das palavras e o ritmo das frases, pareceu que muito rapidamente foi tomado pela emoção, pela agitação, pelo sentimento de estar diante do insuportável que havia marcado os dias anteriores. Evidentemente ele se dirigia a mim, não podia me abs-trair (de vez em quando eu o estimulava com alguma pergunta); mas, com exceção de mim, ele dava a impressão de que havia retomado uma espécie de diálogo com ele mesmo sobre temas que não cansou de remoer nos dias anteriores. E sua voz quase falhava quando retomava certas questões, como a miséria dos "velhos" da cadeia de produção (o desgaste, a inumanidade de sua condição, a maneira como imitavam gritos de animais) e a recusa vinda do fundo do coração de se tornar igual a eles. O que mais me impressionou foram as múltiplas mudanças de tom (que se perderam na transcrição), a maneira como em certos momentos sua voz subia, descia e depois quase sumia, assim como a maneira como associava a referência de sua própria situação à dos "outros", revelando com isso que se sentia absolutamente diferente e ao mesmo tempo muito próximo deles...

Agora, com o distanciamento, também me parece impressionante que a entrevista não tenha tomado a forma de um questionamento. De imediato, supus que Sébastien tinha alguma coisa importante para me dizer e que teria de deixá-lo falar e "seguir sua inclinação". Supus que falaria da oficina em termos que os outros operários não falariam. Fiz pouquíssimas perguntas e, sobretudo, perguntas factuais. De certo modo, deixei-me guiar por seu desejo de falar sobre certos temas, entendi que não poderia questioná-lo sobre pontos que seriam dolorosos demais para ele mencionar. Ou melhor, esperava que ele falasse deles por iniciativa própria, diretamente ou por vias tortuosas. O que se vê no centro de seu testemunho é obviamente a questão da "dureza" do trabalho para ele e para os outros, mas também a questão de sua ambi-guidade social, seu mal-estar na fábrica e, de modo mais genérico, os caminhos que estavam se abrindo para ele seguir sua vida.

Parece que a situação (o fato de Sébastien estar disposto a sair da fábrica, de não ter mais nada a perder...) permitiu fazer certas críticas, evocar certos pontos sobre os quais a maioria dos operários, fossem eles quais fossem, se recusaria a falar – especial-mente os que dizem respeito à questão da negligência no trabalho, do "dane-se" e da quase sabotagem. É como se, sentindo-se incessantemente em questão nos dias anteriores, à mercê de broncas e humilhações, Sébastien não receasse mais falar dessas negligências como uma prática maciça com que se defrontou a cada momento de sua vida no trabalho. Ora, quem trabalha na oficina nunca se predispõe a tratar desses assuntos: nem "operários de base", nem representantes de oficina, nem agentes de controle, nem "auditores" têm interesse em se manifestar sobre isso. Já Sébastien tem uma motivação simbólica para evocar essas questões durante a conversa que tenho com ele, na medida em que quer prestar conta da exasperação que está sentindo. Ficamos tentados a dizer que só um monitor exasperado poderia dar informações precisas sobre essa questão.

A forma do discurso de Sébastien (tanto a temática como o modo de expressão...) parece largamente determinada pela ideia que ele faz de mim, da minha pessoa, do meu papel e dos meus interesses. Ele me vê como um professor universitário parisiense, amigo de Christian, que conhece certos aspectos da evolução da fábrica. Além disso, sou associado de imediato a este último, que não pude deixar de mencionar quando apresentei a mim e ao meu projeto, logo que nos conhecemos. Essa ideia de mim, ele a construiu também nas conversas com a irmã, que já tinha lhe explicado várias vezes o sentido da minha iniciativa e o interesse que tinha em encontrá-lo. Parece que ele esperava ser perguntado sobre certos temas, como as mudanças na oficina, pressentia que abordaríamos essa questão, sabia também que eu estava a par de sua intenção de sair da fábrica, que gostaria de falar sobre isso e também sobre sua experiência como monitor na oficina, sobre sua relação com os chefes. Ele provavelmente se preparou para falar sobre muitos pontos, esperava fazer um discurso de denúncia sobre a fábrica e os diretores. O que me impressionou, porém, foi a maneira como agarrou a oportunidade de falar sobre ele também, sobre "seus" problemas, de não deixar somente as minhas perguntas se imporem. Ao mesmo tempo, é como se temesse por antecipação que eu abordasse certos temas que pudessem ser "delicados" e arriscassem colocá-lo em situação de vulnerabilidade e fraqueza; vi logo que ele os abordaria com cautela, depois de ter me "sondado".

Dois temas se mostram particularmente delicados: de um lado, seu próprio "puxa--saquismo", sua "submissão" à empresa, a questão do jogo que fez, a maneira como tentou garantir sua promoção na oficina; de outro, a relação com os "velhos" OE da oficina, em especial com os militantes e os representantes, com os quais ele sabe que tenho afinidades. Esse, sem dúvida, é o ponto mais sensível, em que de certo modo se enquadra o problema de sua relação com o mundo. São as desavenças com os "velhos", a maneira como é visto por eles e como ele próprio os vê, sua recusa em identificar-se com eles. Ele pode falar comigo sobre o que os velhos o fizeram sofrer, sobre a maneira como o "puseram na linha"? Provavelmente não... Ele procurou construir uma imagem valorizada de si mesmo; ora, abordar essa questão seria expor-se, mostrar-se em seus aspectos mais frágeis.

Tive a sensação de que, nessas condições, apesar de se dispor a abordar certos temas (ele sabia, por exemplo, que poderíamos concordar numa condenação da fábrica...), ele deixou passar um bom tempo até me falar dos "atritos", das "dificuldades" com os velhos e, sobretudo, da forma precisa que essas dificuldades tomaram. O que se encontra aqui é todo o problema de sua relação com outra geração, com uma geração com a qual acredita que sou política e emocionalmente solidário. Do mesmo modo, eu desconhecia até que ponto ele seria capaz de me confessar a "vergonha" que sentia por se considerar um OE, tema que vi logo que estava no centro de seu problema existencial.

Vi, portanto, que era preciso insistir na "apresentação" que ele tentou fazer de si mesmo desde o início. Seria necessário também entender melhor por que ele não quis se encontrar comigo depois de ter concordado com a ideia de uma entrevista. Cansaço, esgotamento? Sem dúvida, mas não só. Tive a impressão de que foi atraído pela ideia de "trabalhar" com um "intelectual"; mas ele sabia que estava condenado a um equilíbrio dificilmente sustentável, sobretudo porque me apresentei desde o início como amigo de um militante. Seria exagero falar de "medo", mas ele pressentia que poderíamos tocar em temas embaraçosos, perigosos. Pressentia que teria se não de se justificar, ao menos de se defender. Sua irmã havia dito a ele que o fato de querer sair da fábrica interessava ao "professor". E parece que isso o estimulou intelectualmente e ao mesmo tempo o deixou preocupado. Muitas passagens da entrevista se explicam pela percepção que ele tem a meu respeito: um "professor" capaz de compreender certas coisas que outros não compreenderiam.

É claro que nada disso tira o interesse da descrição que ele faz das dificuldades da gestão da mão de obra na oficina. Contudo, é preciso seguir a dinâmica da entrevista em suas sinuosidades e em sua complexidade, levar em conta, por exemplo, o fato de que a mãe e a irmã estavam presentes no início, voltaram no final e encaminharam a conversa para temas que não foram escolhidos por acaso. Apesar do nítido prazer que sente em conversar comigo, e mesmo da confiança que demonstra ter em mim depois de meia hora de entrevista, tive a sensação de que havia pontos dolorosos demais, sobre os quais ele não poderia falar. Embora tenha aceitado falar longamente sobre as relações conflituosas com a hierarquia, senti que estava bastante relutante em falar dos "pegas" que ocorriam com os OE de sua equipe (agora chamados de "montadores").

Na verdade, tenho razões para acreditar que esses "montadores", muito mais velhos que ele, o fizeram "penar" e que, entre os motivos para sua saída, a relação difícil com eles pesou muito mais do que ele diz. No fundo, ele não entende os OE, não pode e não quer mais entende-los. Sébastien vê de maneira muito negativa a extrema dificuldade desses "velhos" para se "adaptar" à situação das novas oficinas, ou melhor, para *renegociar* sua identidade corporal (e, para além dela, toda a sua identidade profissional), para se adaptar, por exemplo, às novas "áreas de descanso", ao tratamento informal dos chefes, para admitir as novas exigências em matéria de disponibilidade, tudo aquilo que para ele, ao contrário, parece bastante "natural". O que ele literalmente não consegue "entender" é o significado que a saída da antiga oficina tem para a maioria deles, a ruptura que representa com os monitores, com os hábitos (no sentido mais forte do termo) que apaziguavam, integravam e de certo modo protegiam, contribuindo para dar uma forma de coesão a esses OE. Portanto, se ele fala pouco da transferência das oficinas, dos problemas que ocorreram nessa ocasião, não é só porque ele se recusa a se submeter a uma problemática que impus a ele de fora, como fiquei tentado a acreditar por um momento; mas é também porque, aos seus olhos, essa questão não tem nem o mesmo sentido nem a mesma importância que tem para a grande maioria dos operários. Para ele, a ida para a RC2 não é vista com inquietação, como um fato traumático, mas como uma esperança – que, aliás, se frustrou rapidamente.

3. Trajetória escolar e disposições sociais

Filho de operário, mas sem nenhum conhecimento das práticas das oficinas, foi designado quase de imediato, logo depois de sua contratação como temporário e de alguns meses de oficina, para funções de "comando" e, ao mesmo tempo, de "treinamento"[3] de velhos operários com 40 anos ou mais. Após ter se envolvido a fundo nas funções que lhe foram dadas, ter trabalhado algumas vezes até quatorze ou quinze horas por

---

[3]   É preciso sublinhar o fato de que nem todos os monitores dessa oficina apresentam esse perfil, alguns têm uma longa experiência de oficina atrás deles – dez anos ou mais.

214 *Retorno à condição operária*

dia, ter se "arrebentado" pela fábrica, como diz, ter se apresentado como voluntário durante três meses para o trabalho sujo e baixo (aceitou várias vezes substituir os operários da oficina que entraram em greve), Sébastien julgou, "de repente", (na verdade, depois de um longo trabalho com ele mesmo) que a situação era absolutamente insuportável. Não aguentaria "continuar" na oficina uma semana ou nem um dia a mais como monitor. Acha que foi "enrolado", e sua decepção parece ter um caráter duplo: de um lado, estima que foi enganado em relação a sua esperança de ascensão profissional, entende que o futuro se fechou para ele, sente que foi ludibriado; de outro, sua decepção é inseparável da consciência vaga de que os operários da cadeia de produção – velhos ou envelhecendo – estão numa situação "impossível", num sofrimento do qual de certo modo ele se compadece e ao mesmo tempo tenta se distanciar. Uma parte de seu "drama" se deve ao fato de se ver como semelhante e, ao mesmo tempo, como completamente diferente dos OE.

Com um bac G, Sébastien pertence a uma geração ludibriada. Encarna os problemas dessa geração, a quem se fez acreditar que poderia escapar da fábrica e agora é obrigada a voltar com o coração despedaçado. Está entre esses filhos de operários que conseguiram evitar o LEP e o ensino profissionalizante – para o qual normalmente se encaminhariam em outros tempos –, porque o desempenho que tiveram na escola permitiu que tentassem a sorte no ensino geral e, sobretudo, porque os pais quiseram poupá-los da dureza que eles mesmos viveram e ainda vivem. Ora, mesmo com um bac, Sébastien se viu "reabsorvido" pela fábrica, que estava próxima demais para que pudesse realmente romper com ela. "Passou" por ela e acabou voltando, depois de ter acalentado o sonho de se inscrever na universidade de Besançon. E só se afastará da fábrica à custa de um rompimento extremamente penoso. Aliás, talvez seja obrigado a voltar para ela com um enorme ressentimento. Todo o seu discurso sobre a fábrica é marcado e estruturado por essa história. A percepção que ele tem da fábrica é indissociável da compreensão do que é seu *habitus* e do que foi sua trajetória. O problema essencial que vê no trabalho é sua capacidade para ser realmente "chefe": chefe numa oficina onde os velhos operários ainda são uma presença maciça.

No fundo, para ser bem-sucedido, Sébastien precisaria ter os traços "duros" do operário. Ele é chamado a trabalhar num universo que, apesar das aparências e de certas mudanças reais, perdeu muito pouco da antiga rudeza, um universo em que a violência continua presente e a concorrência entre operários cresceu e endureceu. Na verdade, a passagem pelo sistema escolar de certo modo fragilizou os filhos de operários não qualificados, como Sébastien. Eles parecem ter perdido uma espécie de segurança de classe, ainda que tenham ganho outra coisa: uma abertura para o mundo, uma curiosidade, uma sensibilidade que tende a afastá-los de sua cultura familiar original.

A partir do caso de Sébastien, compreende-se que o que acontece na oficina está intimamente ligado ao que ocorre na cabeça e no corpo dos atores sociais[4]. Em outras palavras, não se pode analisar as disfunções e as contradições que ocorrem na oficina

---

[4] A análise vale para ele, mas os princípios podem ser aplicados por extensão a todos os outros "subgrupos" de assalariados dessa oficina.

As contradições de um jovem monitor 215

se, ao examinar a questão mais de perto, não se tiver compreendido que as disposições dos assalariados se constroem em grande parte fora da fábrica. Sébastien talvez fosse um monitor "ruim", na medida em que não tinha as características exigidas ou, em todo caso, não as que os diretores atribuíam a certa categoria de titulares de bac em 1989. Em certo sentido, ele talvez tenha sido "corresponsável" pelo fracasso da reorganização da oficina. É possível que não tenha jogado o jogo que os diretores queriam ou que, após uma avaliação que se revelou falsa, acreditaram que ele jogaria. De fato, está claro que por volta de 1988-1989 a direção da fábrica acreditou que seria necessário e realista injetar um pouco de "inteligência" nas oficinas, rearranjar o processo de trabalho daqueles que, até então, eram tratados como simples executantes. A ideia podia funcionar com certos "jovens" vindos de fora da região, por exemplo. Com um assalariado construído socialmente como Sébastien, porém, ela tinha muito menos chances de dar certo, ou melhor, para que desse certo, outras condições teriam de ser satisfeitas. Todo o seu passado reprimido (a dura infância operária, o pai violento que voltava esgotado para casa) voltou à tona e contribuiu para não deixá-lo se comportar como a hierarquia queria que se comportasse.

A sua maneira, Sébastien pareceu me dizer o que os economistas e os sociólogos do trabalho, especialistas reconhecidos nesse tipo problema, nunca chegam a formular, porque não levam em conta certos elementos fundamentais para a compreensão desses problemas. Na verdade, e em grande parte, esses "problemas" se constroem fora da fábrica, na medida em que têm a ver com a representação que os atores sociais são levados a fazer de si mesmos; com a questão de sua identidade, construída ao longo do tempo e por meio da relação com os outros; e com a questão das formas de dominação que pesam sobre eles, como, por exemplo, a vergonha (ou o orgulho) social que sentem. No caso de Sébastien, vê-se claramente que "por pouco" não houve um reajuste de identidade – aquele que leva a transformar necessidade em virtude. "Normalmente", Sébastien poderia ou deveria ter se tornado agente de controle ou "pequeno" técnico dedicado à fábrica. Por que esse ajuste que deveria ter ocorrido não ocorreu? Essa pergunta se insere num conjunto de contradições que têm a ver, indissociavelmente, com os espaços social e econômico[5].

4. "Prefiro morrer não fazendo nada a morrer na Peugeot"

Nas páginas a seguir reproduzimos algumas passagens da entrevista com Sébastien.

Em que momento você entrou para a fábrica?

Bom, fui contratado no fim de 1990, mas antes eu já tinha trabalhado seis meses como temporário. Saí do Exército em junho de 1990... Arranjei um estágio remunerado na Peugeot... Fui, porque não queria ficar todo esse tempo... Estava meio impaciente porque queria postos que me interessassem... [Falamos brevemente da escola que frequentou, das três repetências no terceiro colegial e do bac G3 que obteve...]

---

[5]   Isso remete também à maneira como Sébastien luta contra uma herança que o oprime e à dupla limitação que resulta disso. Ver Pierre Bourdieu, "Les contradictions de l'héritage", em *La misère du monde* (Paris, Seuil, 1993). [Ed. bras.: *A miséria do mundo*, 5. ed., Petrópolis, Vozes, 2003.]

216   Retorno à condição operária

E logo depois do bac?

Exército! Entrei para o Exército. Prestei o bac em junho de 1989 [tenta se lembrar das datas]. Voltei do Exército só para prestar o bac... Depois, era ou uma faculdade, porque eu não tinha histórico, nível, para fazer um BTS ou um DUT... Mas depois que vi como era na faculdade... Todos os meus amigos... Se tivesse ido para a faculdade... Não teria feito nada... Ou então era começar a trabalhar.

Você hesitou?

É... hesitei... E depois [num tom neutro, com a intenção de ser irônico], como eu era muito inteligente, repeti algumas vezes... [A irmã e a mãe caem na gargalhada; risada geral.] Quer dizer, eu já estava com alguma idade... Depois... Queria continuar ganhando a minha vida.

Então não hesitou muito tempo?

Não, me candidatei a um emprego de bedel numa escola de ensino médio, aqui perto de casa... Fui aceito... Mas depois as coisas aconteceram muito rápido. Ou eu ia trabalhar na Peugeot, porque foi o primeiro emprego que me apareceu, mesmo como temporário, e eu queria ganhar meu dinheiro, ou ia ser bedel na escola. E ia para a faculdade, né...

E se tivesse ido para a faculdade, o que tinha vontade de fazer?

[Baixando a voz, como se estivesse meio encabulado:] Sociologia... [Todo mundo cai na gargalhada de novo.] Ou psicologia... [Risos.] Bom [gesto cansado], não, eu queria ganhar a minha vida, ganhar dinheiro. Então, na fábrica, eu fazia regulagem de capô, problemas de ventilação... [Baixando a voz:] Eu não entendia nada do serviço, né! [...]

Você nunca trabalhou numa máquina?

Não, não... Bac G é técnico de vendas... e é bem tranquilo [risos]. Se a gente olha para o trabalho que faço atualmente na Peugeot, não tem nada a ver com o meu bac! Nada a ver! Então, cheguei lá e fiquei completamente perdido, né!

"Eles latiam... Pensei: 'Aonde é que fui me meter?'"

E que impressão teve da fábrica?

Pois é... [Silêncio.] Isso me fez pensar muito, me fez fazer uma série de perguntas... [Silêncio.] É, eu estava, como dizer? Num outro mundo... Eu, que nunca tinha visto nada... Já começa que, lá dentro, um jovem que dá de cara com gente... Faz 25 ou 30 anos [num tom de ligeira aversão] que eles fazem o mesmo serviço... que colocam a mesma peça... Eles trabalham como robôs, é insano. [Ele mantém o mesmo tom, meio de repulsa, para falar dos operários.] Então, isso me chocou... Porque, como dizer? A reação deles... eles fazem o trabalho deles como robôs... E depois, ficam... [ele procura a palavra] não "abobalhados", mas... na minha opinião, "abobalhados"... [tom de grande cansaço] Eles latem... Eu me lembro que no começo, quando entrei, eles imitavam animais de fazenda... Eles latiam, um fazia a galinha, outro fazia o galo... Era o dia inteiro assim... Eu também comecei a ficar abobalhado... Pensei: "Aonde é que fui me meter?". Era um extravasamento... E depois, ainda hoje... Ainda tem os que começam a gritar de repente... Acho que é uma energia que eles querem gastar... num espaço de tempo muito curto... para se livrar de todo aquele estresse, daquele trabalho... desgastante, eu acho... Desgastante, duro, cansativo... [Silêncio.] É verdade que às vezes é muito duro! Acho que é isso. E depois, tem vezes que até eu tenho vontade de fazer igual... Às vezes eu nem me dou conta... Falo qualquer besteira... rio...

com coisas que nem valem a pena... mas sinto vontade de rir... Tenho de me controlar, às vezes... Porque, senão, fica impossível...

É nervoso?

É, é nervoso... Precisam extravasar. Então, às vezes, começam a gritar... alto, até parece... Viram uns... Mas [com aversão] é para se soltar, se livrar de todo o estresse, do cansaço, e depois... [Cito algumas "figuras" da oficina que ele não conhece em sua maioria.]

Tem muitos que estão esgotados... Quando olho para eles assim... E depois, já começa que... quando eu era pequeno, meu pai trabalhava na Peugeot... trabalhou durante 25 anos na fundição... E eu via quando ele saía... [Silêncio.] Quando eu era adolescente... quando saía com amigos, a gente voltava da balada às 4 horas da manhã, eu via os ônibus e ficava mal... A gente via o pessoal chegando... de ônibus... de bicicleta também... Eu pensava: "Olha lá, coitados"... são uns coitados... eu sou um... [erguendo a cabeça, aumentando um pouco o tom de voz.] Então, eu não tenho mesmo vontade, não quero mais... [hesitando] ser como eles... Está na cara... no rosto deles, na maneira de ser, mas agora que faz três anos que estou na cadeia de produção... Bom, eu entendo, eu entendo... É realmente uma escravidão... Dizem que a escravidão foi abolida, mas eu não acho... Não dá... a carga de trabalho... o ganho de produtividade... a qualidade... "Vocês têm de ser os melhores, os primeiros", né!

Mas você está na Roupagem de Carcaça, uma oficina ultramoderna, apresentada como modelo, onde se levam as pessoas para visitar...

É, eu trabalho na RC2. A RC2 é melhor que a RC1, eles não fizeram as mesmas besteiras que na RC1, mas ainda não é... Não sei quantos bilhões foram investidos lá, 6 ou 8 bilhões, não sei... Mas eles deixaram um monte de coisas de lado. [...] Mas o cúmulo é o ritmo, a carga de trabalho! Aí é insano! Eu, no começo, quando entrei... A gente passava pelas linhas, via os caras trabalhando, eles pegavam uma peça... A gente via os caras andando devagar em volta do carro... depois punham a garra... passavam um cabo pela carcaça... Aí, você pensa: "É tranquilo, é fácil, o cara faz o serviço sossegado". Só que ele passa aqueles cabos oito horas por dia, durante meses, anos... Ele passa um cabo em dois segundos, enquanto você leva quinze minutos. É incrível! Uma garra ou uma coisa que parece simples de montar num carro, a gente acha que é rápido... E depois, tem todos os movimentos inúteis que a gente faz quando começa... [ele fala com veemência, como se quisesse me convencer] No começo, a gente não consegue entrar no ritmo...

Que operação exatamente você fazia?

Tinha a regulagem de capô... a chapatesta do capô... a grade do ar... Eu atava todos os cabos do lado direito. Também fazia o pedal do acelerador... Que mais? Durante meus seis meses como temporário, fiquei no mesmo posto... Onde também fiquei um bom tempo, vários meses, foi na montagem dos para-choques dianteiros, no 205... E depois... Mas aí passei para monitor... Porque o que eu queria... Cheguei lá com o meu bac G3, não achei que fosse ser o gerente da fábrica, mas achava que ia ter um trabalho interessante... mais na minha área... Tenho conhecimento de tratamento de textos... E depois, sempre me prometeram... "É, você não vai ficar muito tempo, você vai ver..." Faz três anos que estou lá! Faz três anos que estou na cadeia de produção! Então eu briguei... briguei mesmo para conseguir esse lugar de monitor que estava querendo... Eu não disse que queria ser monitor. Só disse: "Quero mudar"... Achava que, apesar de tudo, tinha capacidade para fazer alguma coisa mais interessante, então fui obrigado a ir até o chefe do pessoal, sem passar pelo contramestre... Meu contramestre passava o tempo todo, mas nunca achava tempo para telefonar... Então fui falar com o chefe do pessoal... Bom, aí ele me disse: "Bom, é isso... Tem isso, tem aquilo... Você pode fazer isso..." Eles não tinham uma solução, de verdade, para o meu problema. Quer dizer, eles nunca foram capazes de me dizer: "Você pode fazer isso, você pode fazer aquilo"...

Nunca propuseram a você uma formação na fábrica, por exemplo, para ser condutor de instalação, CI?

Não posso mais ser CI! Passei nos testes... Psicologia C, ou sei lá como eles chamam isso... para poder ser CI, e depois... Bom, a partir do resultado, eu tive... "Sim, muito bem... você foi muito bem nos testes... mas postos de CI, bom [com uma espécie de raiva], só daqui a quatro anos!" Também fiz testes para ser AET, agente de estudo de tempos, é a única área que me permitiria ser Etam, que me permitiria ter um trabalho... um trabalho um pouco [ele procura a palavra] "digno", um pouco... Bom, fui bem nos testes, mas eles pegaram os melhores entre os que fizeram os testes... Foi a única coisa positiva que me propuseram desde que entrei para a Peugeot. Fora isso...

E depois, num dado momento, propuseram que virasse monitor?

É, mas virei monitor antes de fazer os testes para AET, então eu já era monitor. Eles me disseram: "Bom, é isso, você vai ser monitor em tal lugar". Eu estava na linha 205, 205-405, onde eles faziam principalmente 205, passei para uma linha onde só faziam 405. E depois 405 MI 16, 405 US, enfim, tudo modelos que eu não conhecia, e me colocaram lá. Nessa época, eu ainda estava no antigo acabamento... Comecei como monitor lá, mas por pouco tempo, muito pouco tempo, a oficina já estava no fim! Bom, meu futuro chefe me disse: "Bom, é isso, você vai pegar o seu caderninho e vai anotar todas as operações de todos os montadores" [num tom de indignação contida]. Foi assim que fiquei sabendo.

"Hoje, ter um bac é nada, é zero"

Pegava às 4 horas da manhã, às vezes, e depois, à noite, telefonava para a minha mãe... Para pedir para ir me buscar de carro, às 11 horas... Em vez de sair às 9h30, saía às 11 horas, meia-noite. E depois, a recompensa, qual era? Pois é, não tinha. Esperei três anos, me dediquei a fundo, até... Quando olho hoje, quando sair, porque estou numa fase [assobio], quer dizer, [com violência] na Peugeot eu não fico mais, não quero mais ficar, não quero mais nem ouvir falar. Então, agora, estou começando a dizer o que tenho vontade de dizer, a abrir o bico, a brigar mais, a dizer o que penso, né! [Silêncio, depois num tom quase de provocação:] Mas substituí os caras do outro turno que cruzaram os braços, que quiseram fazer manifestação e até me perguntaram se eu queria ir também. Mas eu disse sim para o chefe de oficina... Por quê? Porque realmente esperava e me dedicava a fundo para conseguir alguma coisa mais concreta... Não queria ficar na Peugeot, não queria ficar 25 anos na cadeia de produção da Peugeot [com violência]. Não quero, não quero, é triste dizer isso, mas não quero... Para mim, não é nem questão de orgulho ou de notoriedade ou de... Porque, no fim, vou me orgulhar do quê... Hein? Hoje, ter um bac é nada, é zero, a gente não faz mais nada com um bac. Mas, enfim... Achava que podia fazer alguma coisa...

É, pode ser um trampolim...

É, eu pensava: "Nossa"... Então, eu substituía aqueles caras que punham para fora o descontentamento deles e eles [a hierarquia] me diziam: "Você pode vir? Você vem?". E eu dizia que sim, o tempo todo... Sim, sempre sim, sempre fiz de tudo, fiz o máximo, para mim, quer dizer, porque eu pensava: "Um dia, bem, um dia eles vão me dizer: 'Você é um bom elemento... Acho que você pode fazer uma coisa diferente do que você está fazendo agora...'". Nada, nada, nada, absolutamente nada! Nada!

É loucura da parte deles...

Então, para mim, acabou... [Silêncio.] Então, agora, cheguei a um ponto que disse ao meu contramestre: "Não quero mais ser monitor. Não vou fazer o meu trabalho, não vou me mexer... Mas corro como um louco, como um louco. Eu corro como um louco, é isso! Não sei se é o fato de ser jovem e os antigos se aproveitarem disso, porque... Não sei, eu acho que sim... Tem os espertos, tem sempre os que... Ah! "Ele não conta para o chefe...", "Ele faz o serviço", "Ele não conta..."

Tem os que tentam se aproveitar...

[Sem agressividade:] É, é isso. Porque, entre os monitores, quando acontece um problema, tem os que vão direto contar para o chefe ou para o contramestre, e depois, pronto, vem o outro, berra com todo mundo... Não é igual, no fim. Mas estou cheio de correr, cheio de fazer o meu serviço, mais os outros, mais o dos outros... Apesar de saber que o serviço deles é duro... [com uma espécie de perda de esperança] prefiro ficar no posto. Hoje, fico no posto o dia inteiro, podia escolher, podia continuar como monitor ou ficar no posto. Quem devia ficar no posto era um antigo monitor... Um antigo, ainda por cima... Estava no posto antes de ontem, atrapalhou o cara que vem depois dele... Fez corpo mole, né! Ou então não se empenhou. Pensei: "A gente não pode se dedicar a fundo, a fundo, porque, se a gente se dedica a fundo, a gente acaba se matando"... Mas ele não se esforçou, né! Aí ele irritou todo mundo, e o outro, o que trabalha depois dele, "deixou passar". Mas eu não queria fazer o trabalho dele etc. Então, eu "subi" o outro que não queria saber de nada, devolvi as peças não montadas do que vem antes. No fim, disse ao chefe: "Hoje, eu fico no posto e ele fica como monitor...". Pelo menos eu sabia o que tinha de montar: tenho tantas peças para montar em tal carro, tantas peças para montar em tal outro... Pode ser mais duro, mais difícil, porque, quando a gente não está acostumado, sofre mesmo, mas faz o que tem de fazer, cumpre as oito horas e [bate palmas] acabou! Acabou! Quando fico no posto, escuto o telefone tocar o tempo todo: "Está faltando isso, está faltando aquilo, vai para cá, vai para lá..." Porque tem dias... É uma catástrofe! Tem dias que é uma catástrofe! Ah, não digo que não tive dias tranquilos... Mas também não vou mentir, tive dias realmente tranquilos, em que tudo correu às mil maravilhas...

"Eles me fizeram ver que eu não devia pensar, porque no fim eu desestabilizava o grupo"

Não tem um monte de histórias sobre rádios que incomodam alguns e agradam a outros...?

Ah, tem! Bom, quem tem rádio leva o rádio e liga. Então, tem os que sintonizam na NRJ, tem os que sintonizam na Nostalgie, outros na Fun Radio, outros em sei lá o quê. E depois, tem um que é mais potente do que o outro, tem um que não consegue ouvir, tem os que gostam, tem os que não gostam...

Isso gera tensão...

É, não é... Mas gera tensão... Claro, muitos dos velhos talvez não suportem música... Mas eu posso dizer que sou a favor... também sou jovem, gosto... Para mim, é uma sorte ter música! Porque, senão, do jeito como as coisas acontecem na oficina, se não tem música... Já começa que não tem conversa entre os caras, porque eles não têm tempo para conversar... Eles trabalham, não têm tempo para conversar. Antes, no antigo acabamento, eles ficavam muito perto uns dos outros, conversavam, iam mais devagar... Tinha mais convivência... tinha mais... Agora isso acabou, acabou! Então, se não tem o rádio, bom, nem preciso dizer! No fim mesmo, é uma sorte ter isso... Eu meio que entendo... Entendo que às vezes eles berrem... No fim, prefiro um cara que berra, como um [do meu setor] que de repente faz "ô iá iá!" [solta uma espécie de grito gutural muito alto], mas tem de berrar... Da primeira vez, quando ouvi, fiquei assustado, achei que tinha acontecido alguma coisa grave, um negócio sério, entende? Mas não, ele... [ele solta um suspiro profundo] Ele esvazia tudo, né, tudo que está na cabeça dele, toda a aversão, porque eles sentem aversão, né! Todo... "cansaço", de uma vez só, bum, explode, é muita coisa...

São pessoas de que idade, mais ou menos, no setor onde você é monitor?

No meu setor é muito variado. Tem muitos jovens e, quando digo "jovens", é até 35, 40 anos. Depois tem os... um pouco mais velhos... Tinha um até, não sei o que aconteceu com ele, tinha 60 anos ou mais, era um turco que tinha vindo... Para poder trabalhar, ele tinha de ser de tal ano, devia ter tal idade, senão não era contratado... Ele mentiu. Agora, o coitado vai trabalhar todo encurvado... [Longo silêncio. Retoma em voz muito baixa.] Então, eu penso: "Vou ter de trabalhar até os 70 anos para me aposentar, para ter uma aposentadoria pequena, 70 anos de cadeia de produção, enfim, até os 70 anos na cadeia para poder me aposentar! Porque comecei com... não... com 24 anos. Então, penso: "Não, não quero, não quero isso". Mas por que essa decisão, essa vontade de sair? Porque eu penso que, com 27 anos, se eu não der esse passo... se não fizer a... se não tomar uma decisão agora, vou passar o resto da vida lá, e eu não quero isso. Quando olho para eles, não, eu fico muito... É... é... Não, é demais, é lamentável... Não quero ser infeliz... E eu sou infeliz, sou infeliz. Sou infeliz...

Em todo caso, o trabalho e ao mesmo tempo...

Mas eu sou mais infeliz lá [ele dá um tapa na cabeça], enfim, tanto intelectualmente, na minha cabeça, quanto fisicamente. Porque, fisicamente, ainda sou jovem, ainda posso aguentar o tranco. Não tenho 60 anos, quando a gente começa... quando o cansaço começa a pesar mais. Sou jovem, ainda posso... me mexer! Mas eu não aguento mais, fico me perguntando, me dizendo: como? Por quê? Por que todas essas coisas, tudo isso que estou contando? Penso nisso o dia todo, o tempo todo, penso sem parar. Eu queria tentar entender! Só sei que meu contramestre me fez ver que eu não devia... que eu não tentasse entender, justamente! Não, é verdade! Não se deve... Entende, não se pode pensar na Peugeot. Se você está na Peugeot, você não pode pensar! É verdade! Você não pode pensar, eles me fizeram ver que eu não devia pensar, porque no fim eu desestabilizava o grupo... [com ironia] E aparentemente foi o que aconteceu...

Porque algumas vezes... você faz os outros sentirem que você não...

É, algumas vezes eu digo para os meus montadores: "Estou cheio", digo a eles: "É, vocês é que estão certos". Às vezes, eu digo isso... E depois, digo: "É, não me interessa, vou deixar passar". Quando não aguento é porque não aguento, e aí até o meu chefe não aguenta. Não aguento acompanhar. Os montadores têm dificuldade! Eu tenho dificuldade. Se eles não acompanham, como é que você quer que eu acompanhe também? Porque se tem um que não acompanha... Mas se são doze que não acompanham! Eu, sozinho, não posso acompanhar pelos outros! Então, meu chefe de equipe me disse: "Ok, vamos substituir você". Porque aparentemente a culpa era minha... Não sei fazer o "comando", não sei... Porque o "comando" é... Me chamaram, me disseram que o comando era diferente, era... Ou a gente sabe conduzir, sabe fazer ou não sabe. Aparentemente, eu não sei! Se, para eles, o comando é assim, do jeito que eles fazem, bom, então eles não vão muito longe... Porque, não sei, as empresas estão apelando cada vez mais para sociólogos, psicólogos... para tentar entender. Mas lá na Peugeot, eu vejo, eles não fazem isso. Por quê? [...]

Você nunca participou de um círculo de qualidade?

Nunca! Eles diziam: "Os monitores vão todos para os círculos de qualidade, vai ser obrigatório para todos os monitores". Eu nunca fui, nunca! Tem monitores que fazem, sei lá, 60 quilômetros, que vem de Lure ou de Vesoul, ou sei lá de onde... Quando eles vêm de ônibus, não querem ficar nem duas horas a mais, mas vão voltar como? E depois, para quê? Mas eu nunca me envolvi em círculos de qualidade, nem sei por quê, já que eles me elogiavam. É, tenho a impressão de que era realmente o estudo [ele assume um tom aplicado] dos problemas... como na escola, né! Era como se você passasse para um outro mundo, do... do montador idiota para o intelectual que reflete sobre um...

Era a imagem que eles queriam passar das novas oficinas...

Mas entre a prática e a teoria tinha um abismo, era completamente... [procurando a palavra] diferente, é isso, era completamente diferente.

Então, eles realmente não deram a você nenhuma esperança de formação, nem nos últimos meses, quando você disse que não queria mais ser monitor e tudo mais, eles não abriram nenhuma outra perspectiva?

Não. Falei com o chefe do pessoal, com o meu contramestre, eles me disseram [destacando as palavras:] "Não, não tem futuro para você aqui". Não tem! Eu não tenho futuro na Peugeot, eles me disseram. O meu chefe de equipe me deu o endereço de um emprego fora de lá. Porque estou me candidatando em tudo que é lugar. Tenho até uma entrevista amanhã. Na primeira oportunidade, eu saio. De todo jeito, disse que preferia... É triste dizer isso, porque tem tanta gente querendo um emprego... Mas eu prefiro ficar sem fazer nada. Prefiro morrer não fazendo nada a morrer na Peugeot. É triste dizer isso, mas não dá! Eu não aceito! Tem gente que aceita! Prova disso é que tem os que estão bem, que fazem o trabalho deles, e tem até os que não querem mudar, eles não querem mudar de posto! Durante anos, conheci gente lá que dizia: "Faz vinte anos que aquele lá encaixa argolas". Faz vinte anos que martela daquele jeito e está feliz! Ele gosta daquilo! E não quer mudar! Mas eu não aceito! Não aceito nada nessa profissão, nada! Não aceito nada! Não aceito! É mais forte do que eu... Não entendo. Não entendo que seja... É uma miséria, para mim, é uma miséria... Não aceito. Não aceito que as pessoas sofram desse jeito e que... E por esse salário, porque, sei lá, apesar de tudo... Bom, eu não sabia o que fazer no começo, todo mundo costuma exibir o primeiro salário... Não digo que fiquei... Eu não queria esconder, não sei, achava que tinha de ter mais... [ele quer dizer "comedimento", "compostura"] Mas não, todo mundo exibe o salário...

E você relutou?

É, é. Porque, no fim, eu achava que o meu salário não era da conta de ninguém. Apesar de que todo mundo sabe quanto ganha um montador na Peugeot que está começando. Então, eu achava que nem valia a pena esconder. Mas não ia dizer que ganhava 8 mil francos, né? Então, eu relutei um pouco no começo... Mas depois a gente conversou e vi que tem um cara lá, com 23 anos de casa, que ganha 6.131 francos. Posso dizer que quem trabalha sua a camisa. Mas ele é representante da CGT, não sei se é por isso... se isso conta ou não... a gente fica se perguntando... [Ele hesita em tocar no assunto, espera minha reação.] Então... Mas, esse representante, em compensação, está certo, agora eu entendo, ele nunca está lá. Quer dizer, ele sai em comissão, faz... Mas ele se esforça de verdade, cuida de... dos operários, dos problemas e tudo mais...

Ele procura...

E todo mundo que quer se sindicalizar me diz que... [Interrompendo-se:] Não sou sindicalizado. Justamente, para chegar onde cheguei, pensava: "Não vou me sindicalizar, não vou tomar o partido desse ou daquele". Porque, quando isso acontece, puxam você para todos os lados. Ah, é, é para o Siap, o sindicato dos representantes da Peugeot, é para a CGT também, é para tudo... E eu tenho a minha visão própria sobre essas coisas, quer dizer, todo mundo tem a sua visão sobre a vida e sobre as coisas que acontecem. Não quero dizer a mim mesmo... me apresentar em tal lugar e depois, sei lá, ter de... Como eu disse aos outros, eu teria de argumentar e, depois, saber por que me meti naquilo. Ou eu me metia e ia fundo ou nem valia pena... Não sei, eu precisaria saber argumentar e depois saber expor, né! Então, eu não quis me rotular, pelo fato de esperar nunca me colocar a favor de um sindicato, ficar de um lado ou de outro, de sei lá o quê, eu tinha medo que isso me prejudicasse na minha carreira. Porque fiz tudo "isso" [referindo-se à função de monitor; ele começa a falar de maneira solene], fiz tudo isso com a esperança e esperando ter um trabalho, uma recompensa, ou seja, sair da cadeia de produção – porque, para mim, aquilo é inaceitável – e fazer um trabalho interessante. Quer dizer... [suspiro], mas... [suspiro] Tanta coisa para nada! Para nada! Depois de três anos, se eu fizer um balanço, vou dizer que perdi três anos, porque tenho um salário, mas...

E o salário de monitor em relação ao de montador é 300 ou 400 francos a mais?

É... Mas eu estou pouco me lixando para isso, faz três anos que estou lá, recebo brutos 6.700 francos, 6.730 francos... Em fevereiro do ano passado, por quatorze horas de trabalho efetivo, deu só 5.000 ou 5.200. Todo mundo ficou feliz! Agora não vamos mais ter a ajuda da Peugeot, depois das três cinquenta... Depois de cinquenta e uma horas trabalhadas no ano, a gente não tem mais direito a ela... [alusão à maneira como são pagas as dispensas remuneradas] Então, até março, a gente não vai receber nada, ou quase nada. Bom, como eu moro com a minha mãe, não tenho muita... Dá bem, né! Mas se você tem casa e tudo mais, se você tem uma coisa ou outra [assobio]. E depois, vou lhe dizer que os caras, quando saem, estão cansados... cansados... Cansados, esgotados. Esgotados mesmo! Não quero sair esgotado desse jeito. Não tenho medo de trabalho. Trabalho não me assusta, mas só trabalhar, só trabalhar! Não quero viver correndo, o tempo todo atento, ser... Porque são oito horas pesadas! E os AET, os do estudo de tempos, sabem disso. Eles vêm cronometrar e... Os ganhos de produtividade estão nos movimentos inúteis que a gente faz. Então, eles observam, por exemplo... Eles me explicaram... Você pega o martelo... você tem de martelar uma peça, por exemplo, ou sei lá o quê, qualquer coisa. Bom, você pega o martelo, você larga o martelo, você... Sei lá o que você faz, mas pega de novo o martelo e depois... Bom, eles cronometram tudo isso, observam todos os movimentos inúteis, veem quanto tempo dá, bom, tudo isso é tempo perdido, que você não usou para fazer a sua montagem ou o seu serviço, é tempo que você podia usar para fazer outro trabalho. Então, você pode trabalhar mais. Eles me disseram que lá, na AET, para os gerentes, o operário tem de... ele tem de conseguir fazer o serviço em sete horas e setenta minutos. Mas, quando chega de noite, ele tem de estar cansado! É, sim! Eles me disseram isso... Depois de oito horas e dez minutos, o cara não pode estar... [longo assobio] ser capaz de... vai, vai, vai! O cara tem de cumprir o trabalho e ficar... não digo "morto"... mas tem de ficar... "quase morto". Eles têm de cumprir o trabalho deles e ficar "cansados". Antes de mais nada, o objetivo das sete horas e setenta minutos é esse, é fazer os caras trabalharem assim, é o que eles querem, é isso que eles querem...

"É triste dizer isso, tem tanta gente querendo um emprego, mas, juro para você, eu não quero esse emprego"

Mas, justamente, o interessante é que, quando eles implantaram essas novas oficinas, eles disseram que iam fazer o contrário, que iam acabar com a lógica taylorista das cronometragens, da divisão do trabalho etc. "Vamos recompensar o trabalho..." Essas oficinas foram citadas como exemplo em toda a França, em 1989... Mas quando a gente vê o que aconteceu em três anos, é uma organização pior do que a anterior...

Pois é! Pois é! É a escravidão moderna, é a escravidão moderna. É, é a escravidão moderna, e tem gente lá, na RC2, que está disposto a... [ele baixa a voz] tem os que pedem para se machucar, que quase dizem: "Vai, bate o capô na minha mão!". Ou que no fim de semana tem vontade de... Teve um que me disse não faz muito tempo: "Ah, eu enfiava a serra elétrica para me machucar e não ter mais de trabalhar"... Mas as pessoas estão... estão quase todas nessa situação, bom, é o que elas me dizem, não sei se fariam, mas estão muito insatisfeitas. Teve um que me disse não faz muito tempo: "Ah, juro para você", ele disse, "Ah, eu juro para você, até na penitenciária o pessoal fica mais satisfeito, tem televisão, tem tudo, tem o que comer, mas a gente, aqui, a gente pena para"... E no fim é verdade, se você pensar bem, é triste dizer isso, tem tanta gente querendo um emprego... mas, juro para você, não quero esse emprego. É por isso que, assim que vier o próximo plano de demissão, eu me mando. Eu me dei um limite, porque estou com 27 anos, não posso esperar mais dez anos, né! Senão, estou ferrado, estou ferrado, e se é para fazer a minha vida lá dentro, prefiro ficar desempregado! É triste dizer, mas... Acho que, com o meu bac... espero... acho que tenho mais chance de arrumar outro trabalho do que outra pessoa. Mas é por isso que acho que posso me permitir falar um pouco dessas coisas, entre aspas, porque ninguém está a salvo de... Sei que nunca vou... [baixando a voz] Não, eu não quero trabalhar, não, eu não quero mais trabalhar... Pergunta para a minha mãe, para a minha família, eu não paro de falar nisso, não paro, estou ficando deprimido... E à noite, de domingo para segunda, quando estou "de manhã", olho a cada meia hora para o relógio, não durmo... E é igual com todo mundo, não é só comigo, é com todo mundo.

Muitos dizem isso...

[...] Só que agora eu estou numa fase em que tenho vontade de fazer tudo ao contrário. Eu, que substituía o pessoal que cruzava os braços, pois é, agora eu digo abertamente, bem alto: "Eu vou ser o primeiro", se eles cruzarem os braços ou fizerem greve, eu vou ser o primeiro a pegar a bandeira, a gritar, a dizer o que tenho para dizer! Cheguei a esse ponto! Só Deus sabe como dei o máximo de mim, achava que era a melhor coisa que eu podia fazer para melhorar de situação, e faz três anos que estou fazendo isso...

Numa fábrica que é a maior da França, devia existir possibilidades de carreira, de organizar um pouco...

Palavra de honra, nada, zero, não tenho nenhuma contrapartida, tenho a impressão de que nós somos... Aliás, não é uma impressão, nós somos peões, eles estão pouco se lixando para a gente, pouco se lixando mesmo, é verdade, não querem nem saber, nem saber. Mas eu me divirto, eu me divirto quando eles falam, me dá vontade de rir, me dá vontade de rir...

Mas os contramestres ficam um pouco no meio do fogo cruzado, também...

É, os contramestres ficam no meio do fogo cruzado. Assim como eu fico entre os meus montadores e o meu chefe, e o contramestre, bom, o contramestre fica entre a oficina, a linha de montagem e o chefe de grupo ou sei lá quem... Aí, o chefe de grupo diz: "Ei,

224 *Retorno à condição operária*

escuta aqui, a qualidade ficou abaixo do objetivo, assim não dá". Então, eles passam para o chefe de equipe, ou então, nessa hora, por exemplo, o que acontece é que estou numa fase em que radicalizo. [...]

"Eles deram o pretexto de que eu não sabia comandar... O comando, e tudo mais, é diferente, não fui feito para isso, não estou à altura"

É obrigação dele...

É, então eu normalmente devia... Um bom monitor, mesmo não estando ali, tem de ver... No geral, é assim, o monitor tem de estar sempre ali, a linha não pode parar... Então, eu devia estar ali... mesmo não estando. Eu devia estar ali, mas fui trocar um bocal a sessenta metros dali, num espaço de preparação, não vi que a linha do outro cara parou, ou que ele fez parar. Não, isso eles não querem saber, é assim, eles têm sempre razão, eles estão sempre certos. Um dia, por exemplo, a fibra do assento... é a fibra que você cola no encosto do carro antes de mandar para a guarnição, enfim, tem uma parte de madeira e papelão e outra metálica... Então, um dia chegou uma reclamação que a fibra não estava colando, bom, ou era a cola ou era o cara que não estava fazendo direito o serviço dele. Teve chiadeira, o contramestre veio para cima de mim... Bom, eu disse: "Escuta, é isso"... Expliquei e disse: "Vamos falar com o montador", e o montador: "Olha, eu colo desse jeito, eu faço assim". "Ah, mas você não pode colar na ferragem, não segura, tem de colar no papelão." "Ah, é?" Aí ele disse: "Mas eu colo um pouco em tudo, eu colo"... "É, mas..." Resumindo, uma discussão sem fim... O montador começou a colar no papelão. Três semanas depois, reclamação! Assim não dá, assim não dá! Então, o contramestre volta e me diz: "Assim não dá, vamos ter de rever isso, continua a mesma coisa, que bagunça é essa, você tem de ficar em cima dos seus carros, do seu pessoal". Eu disse: "Escuta, eu não sei, mas se não tem cola suficiente, se não segura, não segura mesmo". O trajeto entre ele colar a fibra e ela chegar no fim da linha (eu fico no início da linha, onde tem os cabos, bem no início da linha)... Enfim, uma coisinha que não cola direito, logo depois descola... Mesmo com os outros montadores, é só um cara entrar no carro para fazer uma operação que a peça cai... e ele não tem tempo para brincar de colar de novo. "Mas assim não dá, assim não dá." Então eu disse: "Escuta, eu não sei, porque ela cola bem em cima do papelão". "Ah, mas não é no papelão que tem de colar, é na ferragem." "Quem foi que disse isso?", "Meu chefe". Eu disse: "Meu contramestre". O chefe foi falar com o meu contramestre e disse a ele: "Pois é, o Sébastien disse que você disse que tinha de colar no papelão e que agora tem de colar na ferragem". "Não, não, foi ele que disse!" Enfim, eu estava errado, só Deus sabe como eu guardo essas coisas, se ele me diz para colar no papelão e eu colo, depois não dá certo e eu sou o primeiro a levar bronca, você acha que eu não vou prestar atenção para depois tentar fazer o melhor possível? Não dá para acreditar... Por aí você vê o ambiente ruim, e depois é...

O fato de você ter um bac e os contramestres não, isso atrapalha?

Sei que o primeiro contramestre que tive tinha um CAP de marceneiro, o que tenho agora não é grande coisa, nem sei se tem algum diploma, e depois, né, eles sempre elogiaram o meu bac, o fato de eu ter um bac, mas no fim das contas não estou nem um pouco interessado nos elogios deles, não tenho nada contra, mas... Por mais que digam que sou o mais bonito, o melhor, o mais educado, o mais legal, não me interessa...

Eles não ironizam, quando dizem que você não está à altura do serviço, mesmo com um bac?

Ah, sim, com certeza, mas, de qualquer maneira, o fato de eu dizer que não quero mais ser monitor... Me irritava, eu não aguentava mais... Mas eles disseram: "É, é verdade, em todo caso, o grupo não funciona mais", eles deram o pretexto de que eu não sabia, que eu não estava à altura, que não fui feito para ser monitor. O comando, e tudo mais, é diferente, eu não fui feito para isso, não estou à altura. Então eu disse: "Se não sou competente, coloca outro no meu lugar". Se eu não sou competente, muda, coloca outro. Só que o que aconteceu é que hoje, no primeiro dia que o outro lá me substituiu, ele fez "quinze pontos" de demérito, porque tentou ajudar alguém, mas as peças que ele montou, ele montou tudo errado. Eu dei uma risadinha de lado, fiquei contente. Mas, além disso, eu quero ficar bem com o pessoal...

Você tem a impressão de que deixam você de fora?

Nunca me zanguei com ninguém, nunca disse: "Esse é um imbecil, aquele é isso, aquele outro é aquilo". Sempre me coloquei no nível deles, sempre, mesmo daquele que não sabia falar muito direito francês. Tem alguns árabes lá, bom, às vezes eu até falava em árabe com eles, algumas palavrinhas para ser mais simpático, para mostrar que sou... Veja, eu estou na região [alusão ao "conjunto" onde ele mora], não dá para fazer diferente, então a gente sabe sabe ser um pouco...

Não existe tensão na linha entre os árabes e...

Existe, existe... Mas eu, pessoalmente, com os árabes ou com os estrangeiros em geral, eu não tenho problemas. De qualquer maneira, faz 27 anos que moro em B., sempre morei aqui com eles, sei como é, me dou bem com eles e, depois, eles não me incomodam, quer dizer, é natural, a gente vive assim... Mas tem uns que... É, meu contramestre... Ah, é um tal de "esses árabes imundos" e "mete tudo num barco e que exploda", enquanto isso os árabes imundos trabalham, não exigem absolutamente nada e são deixados nos postos deles até morrer.

São caras já de idade, que em geral têm vinte anos de cadeia de produção nas costas...

É. Eu acho que esses caras, por tudo que são, têm de ser respeitados. Têm realmente de ser respeitados... Eu me revolto quando olho para eles. Fico revoltado, sempre fiquei... desde pequeno. Eu via meu pai, e nem posso dizer que a gente conversava sobre o trabalho dele, ele me contava uma coisa ou outra... Ainda que há vinte anos fosse diferente do que é hoje. Às vezes ele dizia que fazia 80 graus no verão nos fornos ou não sei lá onde. Eu via esse pessoal sair, quando eles saíam da fábrica...

"É agora que eu quero viver, tenho a sorte de ter um bac [...]. Os outros estão condenados, sabem disso e ainda dizem: 'Estamos condenados'"

Você é o mais velho?

É, e sempre disse ao meu pai: "Nunca vou trabalhar na Peugeot". Nunca, nunca, nunca. E no dia em que entrei para a Peugeot, bom, meu pai não demorou muito para me dizer: "Pois é, está vendo, você está bem contente de estar na Peugeot por enquanto". Quando entrei, fiquei contente por ter conseguido um emprego e um salário. Eu queria o dinheiro, e tive, mas a que preço! E agora não quero mais esse dinheiro! Todo mundo tem uma decepção na vida, sei que com 27 anos... Como disse o chefe de pessoal: "Não sei para onde estamos indo, mas estamos indo reto", e eu disse: "É, estamos indo reto", mas eu não vou reto, porque não quero me acabar até os 70 anos para me aposentar e depois fazer o quê? Tem sentido isso? E depois, que vida é essa? É agora que eu quero viver. Também não digo que quero parar, bancar o esperto e não fazer nada, ou então sei lá... Não existe limite e eles sabem disso ainda por cima: ou é a fábrica, ou você está condenado a penar, quer dizer...

Ao desemprego, né...

É, ao desemprego. Então, para um cara como eu, ainda dá, ainda não é tarde para mudar e encontrar um trabalho... Tenho a sorte de ter esse bac que me dá alguma notoriedade, um pouco mais do que os outros... Os outros, ao contrário, estão condenados, eles sabem disso e ainda dizem: "Estamos condenados". E depois, vão impor a eles séries de trabalho cada vez mais duras, coitados, eles vão ser obrigados a trabalhar de joelhos, de joelhos! É, sim, de joelhos! E eles sabem disso...

Mas a ideia de se sindicalizar, de brigar dentro da fábrica, você não leva fé nela?

Pff! Não sei. Pff! Não levo muita fé, não sei. Se bem que não posso dizer que conheço bem esse... Estou longe de tudo isso, tenho a impressão de estar, não à margem, mas... Porque eles me... Todos me chamaram. Tinha alguns que me interessavam, outros não...

A verdade é que os jovens hoje...

Eu, no começo, enfim, sei lá, os jovens estão cada vez mais... Enfim, os jovens que trabalham lá, como eu, não são sindicalizados. E depois, nem têm vontade... Você não é capaz nem de ter uma conversa com o seu chefe de pessoal, para falar, então! E falar do quê, para quê? Eu brigaria na Peugeot se soubesse que estou condenado a ficar na Peugeot, se soubesse que estou na Peugeot para o resto da vida, aí sim. Suponhamos que eu fique na Peugeot, que não arrume trabalho fora, é a minha única solução, aí sim, aí eu acho que começaria a brigar, porque me matei três anos e durante três anos não tive nenhuma contrapartida, isso me consome! Isso me mata! Então, com certeza. [...]

"Ele me disse: 'Daqui a dez anos você ainda vai estar aqui e vai estar igual a gente'"

Se eu não arranjar emprego, vou me mandar assim mesmo, porque não quero ficar igual a eles. Eles são doentes da cabeça! Eu vejo, são uns pobres coitados, esses caras são uns pobres coitados, só pela maneira de se vestir, pelo rosto deles, pelo... Quer que eu resuma? A gente chega na segunda-feira, por exemplo, no turno da manhã, às 5 horas: "Oi, tudo bem?". "Pff! Para uma segunda..." No meio da manhã: "E aí, tudo bem?". "É, daqui a pouco é o lanche." Chega o lanche: "Tudo bem?". "É, o lanche foi bom." Depois: "Tudo bem?". "É, daqui a pouco é a manutenção" e logo depois: "É, daqui a pouco é a segunda manutenção". E depois: "Tudo bem?". "Ah, 1 hora, ah, 1 hora" e quando dá 1 hora, bom... Quando a gente se vê... porque a gente vê constantemente essas pessoas... "Então, tudo bem?" "Agora está." E é todo dia assim, e quando chega a quinta: "Tudo bem?". "Amanhã vai ficar melhor." E quando chega a sexta: "Tudo bem?". À noite, ou ao meio-dia, ou à 1 hora, quando a jornada acaba, como já é quase fim de semana: "Tudo bem". E depois: "Tudo bem?". "Ah, tudo bem, é fim de semana." É assim.

Vocês nunca conversam...

Um pouco, mas não são conversas como essa com você, existe... Já começa que eles não entendem francês, você já tem dificuldade para...

Sim, mas os militantes da CGT, da CFDT, você não vê esse pessoal?

Vejo, tem uns que eu vejo, a gente conversa um pouco... Tem um representante da CGT que é do meu grupo e sai com frequência, é ele que eu substituo, aliás, hoje mesmo... Converso um pouco com ele, ele me conta um pouco, mas ele... Não sei, não são conversas... Não critico o que ele faz, mas o que... Digamos que não é uma conversa... Quer dizer, a gente não fala da economia do país [risos], do Fundo Monetário Internacional ou do problema da... [ele procura a palavra] É muito "concentrada", muito... já é "sintetizada"...

Você quer dizer que não é uma conversa de verdade? São caras que têm 40 ou 45 anos e existe um abismo entre eles e você...

Quando falam comigo, bom... Nunca vou esquecer... Quando comecei, eu ainda era temporário, depois no fim me contrataram, teve um que... Estava conversando um pouco com ele e aí eu disse: "Ah, é, mas eles vão me transferir daqui, eu tenho um bac...". Eu estava orgulhoso do meu bac, estava orgulhoso do meu bac e disse: "É, vão me transferir, vou fazer isso, vou fazer aquilo", porque a direção tinha me dito: "Vamos fazer isso, você vai ter isso, você vai ter aquilo". E ele me disse: "Daqui a dez anos você ainda vai estar aqui e vai estar igual a gente". Agora eu penso, já faz três anos, não posso esperar mais dez, faz três anos e continuo na mesma...

Mas naquele momento aquilo machucou você?

Me machucou muito, pensei comigo: "Que história é essa? Ele pensa que sou idiota ou o quê? Tenho vontade de fazer outra coisa, quero fazer outra coisa, tenho possibilidade de fazer outra coisa, quem ele pensa que eu sou? Não sou um...". Não estou falando mal deles, tenho o maior respeito por eles, porque, quando comecei era... Pensei: "Que bobagem é essa? Ele é idiota ou o quê? Não é porque ele tem vinte anos de cadeia de produção que vou ficar vinte anos na cadeia de produção". Mas eles me fizeram ver, o chefe do pessoal me fez ver que eu não tinha nenhum futuro, e ele me disse: "Não sei para onde estamos indo, mas estamos indo reto". E eu disse: "É, tá bom, legal".

"Tenho ojeriza do que faço"

Tenho 27 anos, não, para mim a vida não é isso, estou infeliz e não quero continuar infeliz assim. Talvez eu continue infeliz de qualquer jeito, talvez, porque a verdade é que quem não tem dinheiro, não tem trabalho é infeliz. Mas não acho que... Enfim, é a minha opinião... Tem gente que talvez não seja tão infeliz assim, apesar de tudo, porque se matar... Não, você se dá conta? Não, é... Para quem não aceita fazer uma coisa que... fazer uma coisa que a gente não aceita é muito duro, é muito duro...

A gente perde o rumo...

Eu faço uma coisa que não aceito de jeito nenhum, que detesto, que... tenho ojeriza... isso me... É simples, isso me... Como disse antes, às vezes, quando tem uma parada, quer dizer pelo menos... É insano, é insano. Às vezes tenho vontade de chorar. Mas eu tenho 27 anos e penso: "Você não vai chorar por causa disso, por causa deles..." Tenho vontade de chorar, ah, tenho, tenho vontade de chorar...

Isso já aconteceu na fábrica?

De chorar? Acho que sim, no começo, quando fui falar com o chefe de pessoal, quando expliquei tudo, é, acho que chorei, me parece...

Mas você viu os outros, mesmo os caras mais velhos, suponho que...

Chorar? Não, nunca vi ninguém chorar, mas... Nunca vi ninguém chorar... Não tem lágrima no rosto deles, mas ficam com cara de quem... Quando falo com os que estão assim, eles ficam com cara de choro, você vê pela cara... Às vezes eles me olham, me olham e acham que sou o salvador, porque vou ajudar no posto, mas não posso fazer mais do que isso. Quando eles me veem, até parece que é o Messias que está chegando, mas... Não, é uma miséria para mim, é uma miséria para eles... sinceramente. [...]

[Sébastien pergunta sobre os artigos que pretendo escrever e o modo como vou tratar do seu "caso".] Gostaria de ler, depois, tudo isso que você está fazendo, gostaria muito. Bom, eu não leio muito, não li mais desde que saí da escola, mas gostaria muito... Além do mais, é uma coisa que me diz respeito... De qualquer maneira, só eu posso resolver o problema, eu é que tenho de tomar uma decisão. Estou com 27 anos, talvez faça uma besteira, já fiz muitas na vida, em todo caso, mas essa besteira eu não vou deixar passar, ou seja, sair da Peugeot. Com ou sem emprego.

Existe a "dificuldade" do trabalho, mas existe também essa situação em que você está, de ter de exercer uma autoridade sobre o pessoal...

O que já não é do meu temperamento, não fui feito para entender, não tenho perfil para ser chefe, não estou ali para dizer: "Você faz isso, você faz aquilo e você fecha o bico". Não, eu vejo o cara e digo: "Bom, vou dar uma mão... É, eu sei que é duro". Mas os caras me dizem: "Assim não dá, assim não dá", e eu respondo: "Eu sei". Digo: "Eu sei, mas não depende de mim, se dependesse, todo mundo estaria com a vida feita e, depois, a gente trabalharia normalmente, não seria escravo desse jeito...". Digo a eles: "Eu sei, mas não posso fazer nada, tento fazer meu serviço da melhor maneira possível, tento desafogar um pouco todo mundo, tento...". Enquanto fui monitor, tentei estar... É, tentei ficar o mais perto possível deles, quer dizer, eu ficava dividido entre o meu contramestre, que queria me puxar para o lado do chefe de oficina e da Peugeot, e depois, do outro lado, eu via... a miséria, né... Então, eu aceitei, aceitei mesmo, ficar do lado da Peugeot e passar o diabo o dia inteiro, mas por causa do meu... Como dizer? Por causa das minhas horas extras e tudo mais, durante três anos, fui puxa-saco, é verdade. Mas agora acabou, porque no próximo plano de demissão, eu me mando. Vou ver no que dá a minha entrevista amanhã, se o cara me disser: "Ficamos com você, amanhã ou depois você está contratado", eu saio no mesmo dia, mesmo com 2 mil francos a menos, mesmo com menos do que o salário mínimo, ou sei lá o quê... Prefiro fazer um serviço pequeno por um salário pequeno, viver, mesmo que tiver um pedaço de pão para comer e um par de sapatos novos a cada dez anos, vou ficar mais do que satisfeito, porque não aguento mais trabalhar na Peugeot. Não, tem gente que ri, que diz que sou um idiota, tem gente que ri... Penso um pouco no meu pai, porque ele acha que, se eu não tiver trabalho, eu vou me ferrar, vou ser... um nada, né... Não, a vida para mim não é isso, não é ter um emprego, um carro, um... Não é só isso, quer dizer, não é só o lado material... não é só isso, eu sei que é importante, mas não é só isso. [...]

De qualquer maneira, é impossível arranjar alguma coisa pior do que na Peugeot, na cadeia de produção. Meus amigos me dizem: "Você tem 27 anos, mas cai fora, procura por aí, procura qualquer coisa, pior não vai ser!". Para mim, esse trabalho está no nível mais baixo da sociedade, é verdade. Antes, era a vergonha... [virando-se para a mãe] Minha mãe, quando a gente era pequeno, dizia: "Seu pai trabalha na cadeia de produção, que vergonha!", era uma vergonha trabalhar na cadeia de produção... Agora, isso diminuiu um pouco, porque agora ter um trabalho já é uma sorte, seja na cadeia de produção ou não... Mas, para mim, apesar de tudo, é o nível mais baixo da sociedade [...].

5. Jovens e velhos: desprezo cruzado

A entrevista com Sébastien chama a atenção para o fato de que, com o tempo e como consequência de numerosos mecanismos, criou-se uma enorme distância entre os universos intelectuais dos "velhos" e dos "jovens". É preciso tentar entender como essa distância (cultural, social e intelectual) formou-se e abriu-se entre as duas gerações: no interior das oficinas, na escola, na relação com a autoridade, com o corpo e também com a política. As duas gerações não se opõem apenas em termos de ideias, crenças e valores, mas também se enfrentam num sistema de relações de poder e na representação que fazem de seu próprio valor social...

Assim, Sébastien encontra-se numa situação ambígua: nascido e criado numa família de operários, ele sabe que seu único trunfo social é o bac, mesmo sendo um bac desvalorizado. Sempre sonhou escapar da Peugeot, mas compreendeu, ao mesmo tempo, que sua única esperança para "melhorar de situação" era apelar para a fábrica. O que Sébastien não diz, não pode dizer e apenas dá a entender indiretamente, é que, as relações de trabalho sendo o que são nas oficinas, os velhos OE têm prioridade sobre o monitor e pesam muito sobre sua ação, reduzindo desse modo e cada vez mais, à medida que o tempo passa, sua margem de manobra. Podemos nos perguntar, por exemplo, se o recurso sistemático de Sébastien ao adjetivo "lamentável" para caracterizar o estado de espírito dos velhos montadores não é uma referência a uma relação de forças que ele não consegue controlar, na qual está preso e sobre a qual hesita em falar...

Os velhos operários, com frequência, impõem duras sanções simbólicas aos jovens monitores. Eu não poderia excluir o fato de que tenha ocorrido conflitos entre Sébastien e os velhos, conflitos que o marcaram duramente e sobre os quais evidentemente ele não pode me falar numa primeira entrevista, ainda mais sabendo da minha proximidade com alguns dos velhos operários. Parece-me sobretudo que a atitude de Sébastien, tão preocupado em marcar distância desses velhos operários, em mostrar que não é e nunca será do mundo deles, provocou da parte destes uma desconfiança misturada com agressividade e ressentimento.

O que Sébastien afirma diante de mim[6] é sua recusa a entrar no universo intelectual dos operários da oficina, é a vontade, várias vezes reafirmada, de se manter à distância deles, dos rituais próprios da geração antiga. É como se, apesar da distância que o separa desses trabalhadores, ele visse neles a encarnação da ameaça que pesa sobre ele, daquilo com que quer, justamente, romper. Pior do que isso, como que para justificar sua atitude, ele procura impor, de maneira muito "natural", uma imagem extremamente negativa dos velhos operários: ouvindo-o, parece que estes estão fadados a uma espécie de vida vegetativa. O que Sébastien também não quer entender é a forma complexa que podem assumir os rituais de consumo de bebidas alcoólicas ou de transgressão, ou ainda as formas "arcaicas" de compromisso que se estabelecem entre os agentes de controle de baixo e os operários. De maneira mais ampla, ele não consegue entrar na lógica de resistência passiva que os velhos operários desenvolvem sob múltiplas formas. É com dificuldade que ele compreende a ambiguidade dos comportamentos, a covardia que podem manifestar em diversas ocasiões, a maneira como alguns procuram "participar" etc. Assim, ele oscila entre uma condenação moralizadora praticamente sem apelação e uma espécie de compaixão pelo desgaste dos velhos, pelo medo deles diante do mundo.

---

6   Dois dias depois, ele dirá a mesma coisa com uma espécie de ingenuidade desconcertante diante de alguém como Christian Corouge, cuja identidade se construiu como a de um operário e que continua a pensar como tal contra tudo e todos.

230 Retorno à condição operária

Na verdade, Sébastien nunca tentou entrar num dinâmica de compreensão do que ocorre realmente dentro das oficinas. Depois de ter trabalhado três anos nas oficinas, ele foi "naturalmente" levado a repetir a maioria das visões globais e estereotipadas dos técnicos e dos executivos da fábrica. É como se os "jovens", os BTS, os "bac pro" ou os ex-temporários, marcados pelo medo, não conseguissem se colocar no lugar dos outros. Porque são desvalorizados ou estão a caminho de serem desvalorizados, ou porque representam uma ameaça para ele, o fato é que Sébastien está enfronhado demais em seus próprios problemas para poder operar esse distanciamento. Ele não consegue compreender o significado das atitudes de autoderrisão, de gozação, de aversão, de humor negro e ácido, tão características do grupo dos velhos operários e que Durand, a sua maneira, mostrou tão bem[7] (ver a expressão "bancar o louco para não enlouquecer"). Os "novos" são incapazes de compreender, por exemplo, as atitudes trocistas de certos OE em relação às ideias políticas – e pelas quais se expressa o que poderíamos chamar de amor frustrado. Já Sébastien parece decididamente apolítico, desprovido de qualquer confiança nas formas políticas instituídas.

Por outro lado, devemos levar em conta o modo como os velhos operários da fábrica veem jovens como Sébastien e refletir sobre o significado da gozação quando ficam sabendo de histórias de jovens que quiseram "subir" entrando no jogo da empresa e acabaram caindo na armadilha. Quando Christian ouve a meu pedido a primeira entrevista gravada com Sébastien, ele manifesta várias vezes sua "irritação" com o monitor e ao mesmo tempo um interesse apaixonado pelo que ele conta, pelo relato de suas rixas com o controle da oficina. Sinto que ele reage, de certo modo, como se estivesse com seus colegas de trabalho e em certos momentos se contivesse para não deixar transparecer toda a sua amargura contra o puxa-saco; ao mesmo tempo, na minha presença, ele não ousa ir longe demais e se esforça para entrar numa lógica de "compreensão" de todas as situações da oficina.

No fundo (e Christian percebeu isso de maneira confusa[8]), Sébastien não tem nenhuma das características do bom companheiro, no sentido tradicional (um "colega", em oposição ao puxa-saco). O jogo das oposições, do modo de categorização que bem ou mal havia funcionado até então, acha-se profundamente desestabilizado aqui: Christian sente que Sébastien passou para o outro lado e que os diplomas escolares que possui o impedem de vivenciar como "operário" na fábrica. O que está envolvido nessa relutância que não chega a encontrar palavras para se expressar? É ao mesmo

---

[7] O livro de Marcel Durand, *Grain de sable sous le capot*, citado anteriormente, mostra de certo modo como numerosas práticas de oficina – as mesmas que Sébastien evoca com uma espécie de compaixão ou repulsa – têm *um sentido social*. À sua maneira, Durand traz à tona esse sentido social, mas ainda assim, *grosso modo*, ele apresenta essas atitudes de uma maneira que as valoriza, que as marca com um sinal positivo. É essa lógica que Sébastien é radicalmente incapaz de compreender, sobretudo esta mistura de atitudes: hostilidade contra o trabalho na fábrica e submissão de fato às ordens do controle, por medo.

[8] Precisaríamos analisar com mais cuidado a situação de Christian Corouge: estando em minha companhia, ele sabe que deve "compreender" e compreende. Muitas vezes, porém, a natureza leva a melhor e ele volta a reagir como um OE de base quando ouve o discurso do monitor.

As contradições de um jovem monitor   231

tempo certa relação com o corpo, certa relação com a sociabilidade e certa relação com a política – estando todas essas três coisas profundamente interligadas.

Fundamentalmente, todos os OE sentem que o conjunto das "qualidades" das quais acreditam dispor – inclusive a "boa vontade" que alguns demonstram em relação à fábrica e que poderia ter parentesco com certa forma de puxa-saquismo – acha-se profundamente desvalorizado. E diante disso, mesmo que compreendam as dificuldades em que se encontram certos jovens, mesmo que se compadeçam de algumas de suas formas de aflição (em que reconhecem o que seus próprios filhos sentem), não conseguem se impedir de manifestar desconfiança, hostilidade e, às vezes, raiva em relação a eles. É evidente que o mal-entendido – mas trata-se aqui apenas de um mal-entendido? – torna-se ainda mais forte quando aquele que encarna a "desvalorização" é encarregado num determinado momento de lhes dar ordens ou conselhos[9].

Muitos dos velhos OE têm a sensação de estarem presos a seus postos de trabalho e de terem sido ludibriados em relação à esperança que tinham de escapar da condição de operário por meio de um esforço coletivo. São numerosos os que se tornam como que exilados internos, fechando-se numa microcultura feita de autodepreciação, autoderrisão e raiva de si mesmo. Na maioria das vezes, contudo, esse mal-estar se traduz num retraimento (no alcoolismo, por exemplo), na impossibilidade de falar, numa violência transportada em geral para o interior da família. Na falta de recursos externos – em especial os que durante muito tempo foram proporcionados pelo grupo da oficina (quando ainda era unido), pelo sindicato e às vezes pelo partido político no nível de certa representação que podiam fazer de si mesmos, permitindo que lutassem contra esse sentimento acentuado de ilegitimidade –, muitos se tornaram cada vez mais isolados e infelizes[10].

---

[9]   Por exemplo, se Christian Corouge caçoa maliciosamente quando me ouve falar de Sébastien, é porque está convicto de que Sébastien não é (ou não é mais) um operário. No fundo, Corouge reserva sua compaixão para os operários "de verdade", aos que ele mesmo designa como operários ou que designam a si mesmos como tais. Se ele caçoa é sobretudo porque se ofende com o olhar que Sébastien lança sobre esses velhos operários que ainda são "colegas", é porque, embora afirme compreendê-lo (mais uma vez, por causa da minha presença), no fundo ele não aceita essa maneira de agir e de se expressar; ele não pode se impedir, embora lhe desagrade, de vê-lo como uma espécie de não operário, e ao mesmo tempo como um operário puxa-saco.

[10]   Daí certas tentativas para conseguir assumir no registro do humor negro uma identidade social profundamente desvalorizada. Alguns, como, por exemplo, M. Durand, por meio da escrita, conseguem isso de uma maneira que ainda é digna, que ainda permite salvar a honra. É preciso evocar aqui essa espécie de *ternura* com que muitos dos velhos operários falam de Durand e afirmam se reconhecer nele, ainda que alguns achem que ele "exagera um pouquinho". O que agrada são seus gestos de derrisão e de provocação. Se de certo modo aceitam se reconhecer nele, é porque sabem que ele é *produto de uma história* pela qual eles mesmos passaram, produto de experiências fortes que eles mesmos viveram. É porque são submissos, e só podem se submeter, que gostam da maneira como ele se revolta e ridiculariza o mundo dos chefes. De certo modo, a fortíssima desilusão política que atingiu em cheio a velha esperança operária condenou os OE, que não se conformavam com as novas formas assumidas pela dominação patronal, a procurar refúgio no humor negro, no riso ácido etc., que parecem ter se tornado "traços de época". É compreensível que essas atitudes de caçoar choquem, sobretudo os jovens que passaram pelo ensino médio. É claro que, por trás do humor negro, é preciso reconhecer a angústia, o sofrimento... Sébastien entrevê com horror esse nó de paixões entrelaçadas e desvia-se dele o mais rápido possível.

É preciso insistir aqui no tema do desprezo cruzado, da extrema sensibilidade ao desprezo que eles sofrem ou projetam contra os outros[11]. Podemos evocar mais uma vez a violenta hostilidade dos OE contra os BTS, e a maneira como se manifesta. Existe uma verdadeira dificuldade para falar desse sofrimento (dos OE), para encontrar, ao mesmo tempo, palavras para expressá-lo e porta-vozes para manifestá-lo, isto é, "simbolizá-lo". Ele é vivido na esfera privada, na intimidade do grupo. Em geral, é a gozação ou a interjeição que o supre. As chances de se queixar do que sentem confusamente como uma agressão são limitadas. O que mais impressiona é que as queixas não podem mais se manifestar no registro político. Uma espécie de raiva que não consegue se expressar aflora e faz pensar naquela que muitos operários franceses sentem em relação aos "imigrantes" e às formas de censura que pesam sobre ela. Essa hostilidade não está ligada apenas ao que acontece na oficina, às "dificuldades" que sentem objetivamente, por exemplo, para "subir" na hierarquia da empresa; ela está ligada à quase impossibilidade de encontrar pontos de referência, ao medo do futuro, ao sentimento de que as esperanças que alimentavam para eles ou para os filhos se frustraram.

6. Impressionar pelo físico, impor-se pela palavra

Fundamentalmente, a relação com a política nas oficinas de OE passa pelo corpo[12]. A solidariedade se constrói nas práticas cotidianas de trabalho que envolvem profundamente o corpo. Os velhos operários, na grande maioria de origem rural, foram moldados pela forma de trabalho que sofreram (25 anos de taylorismo geraram certa vergonha de si próprios e, ao mesmo tempo, certa valorização de sua força física): ela induziu a certa lentidão ou peso. Eles são o que poderíamos chamar de geração "rija", cuja personalidade social se construiu na fábrica por meio de um certo tipo de esforço físico e numa lógica de confronto com os chefes. A partir do fim dos anos 1980, esses OE foram confrontados com a obrigação de renegociar nas novas oficinas as antigas posturas corporais constituídas de longa data na velha oficina de acabamento. A maioria dessas atitudes, que antes era evidente, foi posta em questão. E eles não puderam encontrar em lugar nenhum os recursos que seriam indispensáveis para ter sucesso nessa reconversão (ou mesmo para empreendê-la).

Com o tempo, a politização – ou certo tipo de politização –, com tudo que implicava de relação específica com o corpo, acabou surgindo para a maioria dos OE como um recurso identitário fundamental. Estava intimamente ligada à crença de que o "grupo" dos operários constituía uma força social decisiva, porque dispunha

---

[11] A atitude em relação aos "imigrantes" na fábrica, ao mesmo tempo próximos e distantes, não é tão *diferente*. O controle dos afetos é cada vez mais difícil, os operários não têm mais (ou cada vez menos) maneiras de dominar esses afetos. Durante muito tempo, a política foi uma maneira de controlá-los e dominá-los. Ora, as crenças políticas ruíram. Poderíamos analisar simultaneamente o desenvolvimento de certas crenças religiosas (seitas) e a abertura para acusações de "bruxaria", como em certas sociedades urbanas africanas em via de se desorganizar.

[12] Ver Michel Pialoux, "Alcool et politique: la modernisation d'un atelier de carrosserie dans les années 1980", *Genèses*, n. 7, 1993.

justamente da "força de trabalho". A palavra "força" possuía uma série de conotações valorizadoras: o trabalho trazia em si um conjunto de possibilidades; essa força de trabalho podia ser mostrada, exibida nas passeatas, nas manifestações etc. Sabemos o quanto esses esquemas estão ligados a formas de teorização marxistas[13]. Para compreender a maneira como a desconfiança entre gerações pode se construir no próprio decorrer dos processos de trabalho, seria preciso retomar a questão do dispêndio do corpo no esforço de trabalho, e também a questão da implicação do corpo nos rituais de sociabilidade: na oficina, no café, em família etc. Poderíamos evocar as reuniões no sindicato, a maneira como a cerveja, o anisete e o uísque são dispostos nas mesas. Depois do trabalho, eles recuperam o fôlego bebendo álcool (como naquelas reuniões que muitos representantes de oficina chamam de "missa", reuniões em que esses operários se apresentam com uma postura conseguinte ao modo como trabalharam durante o dia, como se despenderam fisicamente). Na confrontação com os "jovens", os "velhos" OE "sentem" que alguma coisa está se desfazendo hoje na relação que tinham com seus corpos, na maneira como durante muito tempo puderam valorizar esses corpos.

Já os jovens pertencem a uma geração formada pela e na escola, a quem essa instituição deu certo número de desejos e aspirações, a quem algumas vezes conferiu um título, um diploma, a quem sobretudo deu uma aparência física diferente, uma maneira de ser diferente, um timbre de voz diferente, novas maneiras de se expressar e de se comportar, que tendem a ser vistas como "afetadas", "pretensiosas" etc. Muitos desses jovens são designados, muito rapidamente e sem nenhuma preparação, a funções de animação e enquadramento que parecem particularmente delicadas; veem-se isolados no meio dos "velhos". É flagrante a "oposição" (que percebi também em campo, em especial ao longo das entrevistas) entre a estatura física da maioria dos representantes OE (a altura, o peso, a propensão a "berrar"[14], a maneira como se dirigem aos outros) e a fragilidade de muitos "jovens", que, depois de passar pelo ensino médio, em que mais ou menos fracassaram, se reconhecem pela maneira de falar, pela aparência intelectual (tipo de roupa, formato dos óculos etc.). Um ex-temporário que se tornou representante no fim dos anos 1990 explica: "Para virar representante, percebi logo que tinha de largar os óculos e usar lentes... Os óculos não pegavam bem com os 'velhos'".

---

[13] Durante muito tempo, a vulgata marxista – que era como a base de referência comum a muitos dos setores operários – exaltou o operário. Durante anos, a temática do *homem forte* que brande o martelo guardou um sentido em fábricas como a de Sochaux... Pode-se dizer que durante décadas existiu uma espécie de afinidade entre certos esquemas dessa vulgata marxista e a maneira como muitos desses operários de origem rural, duros no trabalho, viviam sua relação com o mundo. Teríamos de prosseguir essa análise retomando os temas da virilidade operária, da autoconfiança e da arrogância masculina.

[14] Vindos em geral do campo (inclusive os imigrantes), às vezes brutos, do tipo que transpira força física e fala muito alto, eles dão uma impressão de força "contida". É nesse tipo de representante que a grande maioria dos OE se reconhece. Ao longo das entrevistas com os velhos OE, percebi de maneira vaga que eles sentem profundamente que um elemento essencial de sua força social, que um dos raros recursos de que ainda podiam dispor – sua força física – está se desvalorizando, tanto porque estão envelhecendo física e socialmente, e o grupo não se renovou, como também porque, nas próprias oficinas, a dominação técnica está aumentando, e o peso do capital intelectual cresce a cada dia.

Por seu olhar pouco seguro, em geral meio esquivo, os jovens dão a sensação de não estarem exatamente no lugar deles. Em seus esquemas corporais, em suas maneiras de ser (eles se recusam a beber com os outros, a se associar aos rituais), eles são uma espécie de negação viva do que são os OE.

Poderíamos dizer que quase todos os jovens da fábrica – técnicos, BTS, jovens engenheiros, funcionários(as), como também a maioria dos jovens operários – entram em parte por iniciativa própria nesse modelo "meritocrático" com tudo aquilo que ele exige de mudança em termos de relação com o corpo, com a sociabilidade etc. Com isso, eles permanecem no modelo de concorrência difundido pela escola e mais precisamente pelo ensino médio. Poderíamos falar também de uma espécie de "cumplicidade" ou de "afinidade" objetiva entre as práticas da empresa, que tenta implantar seu novo modelo de gestão da mão de obra, e o movimento geral da sociedade francesa, incentivado e ao mesmo tempo criado pela escola, que hoje valoriza tão fortemente a postura descontraída, o corpo flexível, essas atitudes "jovens" que parecem ter parceria com a modernidade.

8

A CRISE DA MILITÂNCIA OPERÁRIA

Falar em "crise" da militância operária significa, em primeiro lugar, que o grupo dos militantes da fábrica não se reproduz mais, não consegue mais produzir "velhos" militantes como fazia antes regularmente. "Não existem substitutos", constatam preocupados e amargurados os militantes da CGT e da CFDT, que veem as seções sindicais da fábrica envelhecer de maneira inexorável. No entanto, essas poucas considerações sociodemográficas podem passar uma imagem enganadora do que é realmente a influência dos militantes na empresa. A manutenção do voto majoritário na CGT dentro das novas oficinas de carroceria desde o início dos anos 1990 mostra que uma parte importante dos operadores continua a confiar nos representantes para defendê-los, para impedir que a Peugeot "vá longe demais" na intensificação do trabalho, na "flexibilização", na distribuição aleatória dos bônus, na "perseguição aos doentes", em resumo, na "exploração". Se existe "crise", é mais estruturalmente na relação entre os representantes e a "base", no sistema de expectativa e recompensa que durante muito tempo funcionou nas oficinas de OE. Para compreender essa "crise", é preciso refletir sobre a maneira como o grupo de militantes contribuiu para a existência do grupo operário. O que fazia com que a coisa "funcionasse"? Por que houve um rompimento nos anos 1980? Por que e como a relação dos operários com a esperança, com a crença, com a política mudou nesse período? Por uma abordagem que visa captar no tempo e de maneira concreta o enraizamento social das práticas militantes e políticas, tentaremos compreender a maneira como a relação com o político e com a militância se formou, como valores e crenças se arraigaram nos militantes. É por esse desvio que se pode mostrar como o recuo sindical se efetuou, como práticas deixaram de ser eficazes, como valores e crenças se desfizeram pouco a pouco, em suma, como uma instituição cujo funcionamento parecia óbvio entrou "em crise". De fato, essa história, vivida coletivamente, continua a "martirizar" os operários, a

236 *Retorno à condição operária*

estruturar e orientar suas ações; ela deixou marcas que são indissociáveis da identidade social operária e militante[1].

1. A especificidade da militância dos OE

A politização operária nas oficinas de OE, como a que se formou nos anos 1970, encontra sua especificidade numa relação com a política construída com base na defesa de interesses imediatos (salário, tempo de trabalho, bônus, promoção etc.) e em torno de um sistema de formas de solidariedade prática constituído ao longo do tempo, por meio de lutas. Observando atentamente as relações que se estabelecem na oficina entre o representante e sua "base", entre aquele e o controle, vê-se como se constroem juntas a resistência individual e a resistência coletiva: em que circunstâncias, por exemplo, os operários recorrem a um representante para ter respaldo, em que contextos preferem apelar para o agente de controle, em que condições a iniciativa é bem-sucedida ou não. Para além da cultura de solidariedade, poderíamos falar de um "sistema político" próprio da oficina, baseado em "equilíbrios", que teve coerência durante muito tempo e no interior do qual o representante ocupava um lugar eminente. O desafio dessas lutas é a dignidade, ou mais exatamente, a maneira de se defender contra a queda – sempre possível e presente na cabeça – na indignidade.

A particularidade dessa politização operária reside exatamente em seu enraizamento no trabalho. Nas oficinas, falar do trabalho é falar de política, não no sentido de ter uma opinião política, mas fazer referência às "brigas", à relação com os "chefes", aos incidentes, às indignações, às humilhações. Portanto, é sempre evocar mais ou menos formas de solidariedade e de oposição a um inimigo. Em outras palavras, eles não aderem globalmente a "ideias" sobre a classe operária, sobre a maneira de resolver esse ou aquele problema político, mas pronunciam-se, acima de tudo, a respeito de realidades concretas que experimentam em relação a indivíduos específicos. O "estilo", os "valores" que certos militantes propõem acabam marcando a consciência do grupo, impregnando a mentalidade dos membros do grupo. Assim, essa forma específica de politização, elemento central da cultura de oficina, contribuiu para, literalmente, formar um grupo, o que vivenciou as lutas, a fragilidade das conquistas e a lembrança do que foi obtido. Nos anos 1970 e no início dos anos 1980, a relativa coesão do grupo de OE estava ligada à existência de uma ação política persistente e renovada, a certo modo de presença dos representantes e dos militantes no centro dos coletivos de trabalho, tal como estes se constituem numa organização taylorista.

---

[1] Para que a análise fosse completa, evidentemente seria necessário fazer um esforço para estabelecer a ligação entre a longa história nacional do movimento operário e a história local do sindicalismo operário. Na impossibilidade de fazê-lo aqui, pode-se confiar na comparação com outros estudos monográficos sobre outros grupos operários localizados. As investigações aprofundadas de Jean-Noël Retière (sobre os operários de Lanester, comuna de residência dos operários do arsenal do Lorient), de Olivier Schwartz (sobre os operários do Norte) e de Florence Weber (sobre os operários de Montbard), de Bernard Pudal e Jean-Paul Molinari (sobre os operários comunistas), dão pistas fecundas para iniciar esse trabalho de comparação, ainda que no essencial suas investigações parem no início dos anos 1990.

É claro que a especificidade da militância dos OE está ligada à particularidade sociocultural desse grupo. A maioria possui poucos recursos sociais em que se apoiar. Diante da dominação cultural e simbólica que sofrem, alguns se inclinam a reagir pela violência. Uma violência que na maioria das vezes está adormecida, oculta, mas pode explodir em certas circunstâncias, como nas greves (quando se vê que é "gente que desembesta, que vai em cima", como diz um desses representantes OE). O representante é aquele que, acima de tudo, se defronta com a angústia dos "pequenos", que nunca entenderam direito (o contracheque, a forma como são contadas as horas que trabalharam etc.), que não conseguem ler ou preencher os formulários etc. Ele deve saber ouvir, compreender, tranquilizar, encontrar soluções, ainda que essas histórias "complicadas" que ele deve "destrinchar" o desconcerte, irrite e em geral desmoralize, porque vê nelas a submissão de alguns desses operários à dominação dos patrões. A força do sindicato depende da qualidade da relação que os militantes mantêm com os operários de seu setor de trabalho, aqueles com quem eles convivem diariamente nas equipes. É pela maneira como ele constrói a relação de forças com o chefe de oficina, com o contramestre[2] ou com o chefe de equipe, pela capacidade de chamar os colegas para a ação no momento decisivo que a reputação social do militante se constrói. O que faz seu carisma é o estilo de trabalho que ele pratica continuamente, por exemplo: a maneira como "agride" um agente de controle, mas também a maneira como chega a um acordo com ele, a maneira como elogia um e provoca outro. É, por fim, a maneira como seu modo de ser se afina com os valores do grupo.

A qualidade da relação que os militantes mantêm com os operários de base (sua "dedicação" ou o que é tematizado como tal) vem tanto do fato de serem reconhecidos irrestritamente como operários, quanto de sua capacidade de fazer prevalecer certo tipo de valores e práticas na oficina (valores que, em larga medida, são "viris"). Mas é preciso ver que, na maioria das vezes, o militante não impõe seus próprios valores: ele apenas retoma os do grupo, depurando e estilizando-os para transformá-los em ferramenta política. O ideal de militante nessas oficinas, como ouvimos em geral, é (era) que ele seja a alma do grupo, tão próximo dos OE que consiga expressar a totalidade de suas aspirações. Poderíamos dizer até que a fantasia desse tipo de militante é dissolver-se no grupo, anular-se como porta-voz, de certo modo estar sempre sob o controle do grupo, rejeitando assim a lógica social inserida no processo da delegação. Daí o privilégio concedido aos "momentos de fusão", de comunhão, durante os quais se pode entrever um mundo mais justo e mais solidário.

Essa relação entre os militantes e a base só pode durar e se estabilizar graças a uma afinidade (profundamente social) que se constrói entre eles e fornece as condições estruturais de reprodução da relação de confiança. No entanto, é preciso insistir desde já na dificuldade da tarefa dos militantes. Diante da direção, eles estão na primeira fila, são regularmente estigmatizados e exposto às sanções. Contudo, possuem uma

---

[2]   Nas velhas oficinas de carroceria, os agentes de controle (ao menos os chefes de equipe e os contra-mestres) não eram os "inimigos", porque ainda eram percebidos como membros do grupo, ainda que, por outro lado, não o fossem totalmente. Existia ao menos uma relação de cumplicidade que podia se estabelecer com base numa homologia de *habitus* e também em certas atitudes éticas.

grande força de resistência, não cansam de se respaldar, ajudar, apoiar. Diante dos outros operários, por sua trajetória social "anormal" – como em geral são um pouco mais diplomados que os outros, têm um BEPC* ou um CAP, poderiam ter se tornado operários profissionais, mas enredaram-se no jogo da "luta" na oficina –, encontram-se num situação de descompasso em relação ao seu grupo de pertença, exprimindo ainda mais exemplarmente a difícil condição de seu grupo porque sentem o próprio infortúnio cultural de forma mais dolorosa[3].

No fundo, a militância dos OE pode ser compreendida como derivada de uma conjunção de duas ordens de fatores. De um lado, a proximidade social permite aos porta-vozes do grupo falar de maneira digna e fiel (com as palavras, os humores e a violência do grupo...). De outro, algumas condições materiais favorecem o surgimento de uma cultura de oficina que insere o trabalho militante em certas formas: regulação das múltiplas pequenas trocas e favores entre os operários, negociação de arranjos e compromissos com o controle para autorizar certas transgressões (por exemplo, o consumo de bebidas alcoólicas[4]), envolvimento nos ritos que facilitam a sociabilidade de oficina e, em especial, tudo que diz respeito ao uso dos intervalos, dos tempos de parada e, mais particularmente, da hora do lanche. Esses momentos são capitais na vida da oficina, porque são carregados de sentido social: o grupo se remodela e se recria em torno do compartilhar da comida, da bebida e do cigarro, numa espécie de fraternidade cuja brevidade é apreciada com conhecimento de causa.

Naqueles tempos áureos da vida de oficina, a vida "de verdade", a que não é limitada, de certo modo recuperava-se os direitos, longe da disciplina da fábrica. Somos tentados a dizer que é precisamente nesses momentos em que pipocavam as brincadeiras, em que todo o universo doméstico voltava à cena, que ocorria o trabalho essencial do militante. Podemos dar como exemplo as refeições de sexta-feira feitas nas mesas da oficina, uma operação de "desvio" do uso das bancadas de trabalho vista como tal: os operários comiam ali mesmo, e os agentes de controle tinham seus hábitos longe dali. O fato de comer nas mesas da oficina era vivido como uma espécie de revanche jocosa contra a ordem da fábrica (eles "rangavam" e cuspiam em cima). Christian Corouge exprime muito bem o sentimento de que essas refeições feitas nas mesas da fábrica tinham alguma coisa de singular, eram uma espécie de transgressão e davam a cada um dos participantes o sentimento de pertencer a uma comunidade, a uma fraternidade recuperada, reconquistada. Era nesses momentos que se estabeleciam os laços que lhe permitiam desempenhar melhor seu papel, ver-se indissociavelmente ligado ao grupo, portanto ser eficaz, porque então podia se apresentar como a expressão da "comunidade" da oficina.

---

* Diploma de estudos do primeiro ciclo, obtido na conclusão do primeiro ano do ensino médio. (N. T.)

[3] Para compreender a difícil relação do militante de cadeia de produção com o grupo que ele ao mesmo tempo representa, exalta e detesta, remetemos ao trabalho realizado com Christian Corouge e publicado em *Actes de la recherche en sciences sociales* em 1984 e 1985.

[4] Aqui, remetemos o leitor a análises já publicadas. Michel Pialoux, "Chroniques Peugeot", "Alcool et politique: le militantisme ouvrier dans les ateliers de carrosserie", "Crise du syndicalisme et dignité ouvrière" (entrevista com Florence Weber), *Politix*, n. 14, 2. trim. 1991.

A crise da militância operária 239

Assim, o trabalho militante contribuiu para marcar socialmente o espaço da oficina, facilitando ou legitimando o trabalho (inconsciente) de apropriação pelos membros do grupo desse espaço estranho e hostil que é a cadeia de produção. Em certos casos, tinha-se a impressão de assistir a uma espécie de revanche em que cada um retomava uma parte do papel social deixado na entrada da fábrica: os pequenos consertos, o trabalho secundário, o mundo doméstico, a política, o esporte, os filhos, a família, a comida, o álcool etc., irrompiam na oficina.

Portanto, o prestígio, o poder ou a autoridade moral de um militante, sua "influência" nesse tipo de oficina, devem-se muito menos à qualidade ou à inteligência de suas intervenções em termos de estratégia, ao seu "realismo", à maneira como retoma palavras de ordem vindas de cima, do que a sua capacidade de exprimir os valores do grupo; pelas brincadeiras, pela "tiração de sarro", ele deve ser capaz de passar uma imagem do grupo que lhe seja fiel e o valorize. O prestígio do militante expressa-se também em sua arte de imaginar condutas que nem sempre são explicitadas como bravatas ou desafios[5], mas são vistas desse modo, assim como na arte de sentir o estado da relação de forças com o controle (saber até onde pode ir) para obter essas "pequenas vitórias morais" que fazem muito pelo reforço de seu capital de simpatia e de admiração diante dos operários da oficina.

Em 1990, na RC1, os operários redigiram uma petição para pedir a demissão de um profissional que estava provocando a perda de bônus[6]. Mathieu, um "velho" representante da CGT, OE, conta como, numa situação semelhante, prevaleceram os antigos reflexos.

Teve outro caso: era um deficiente físico que tinha restrições médicas e que mandaram para a RC1. Mas o cara não conseguia acompanhar. Ele produzia muito defeito, penalizava os caras da equipe, exatamente como no outro caso. E os caras começaram a chiar. Então, eu e um colega representante, a gente foi lá e conversou com os caras. Eles queriam suspender o trabalho para fazer a pessoa em questão sair, porque ela perturbava o "bom andamento" deles. Mas a gente conseguiu inverter a coisa. A gente disse: "O que vocês vão fazer? A culpa não é dele, coitado, é o posto dele na linha, ele precisa sair da linha, ir para um posto onde vai poder se virar...". E disse para o chefe: "Escuta, se você não arranjar outro posto para ele, a gente suspende o trabalho!". A gente inverteu tudo. A gente explicou bem, disse: "Olha, isso é um negócio mais...". [Ele procura a palavra adequada, mas não enconrta; ele quer dizer: solidário, fraterno...] "Vocês não se dão conta do que estão fazendo? É muito sério. Se cada vez que tiver um cara com problemas, os colegas começarem a dizer: 'Bom, esse aí tem de cair fora!', aonde é que a gente vai parar, hein? Aí o patrão não vai ter mais do que reclamar, vocês vão fazer o trabalho do jeito que ele quer!" No novo grupo também é assim, quer dizer, se está todo mundo no mesmo barco e tem uma laranja podre no cesto, os caras vão fazer o outro entender que ali não é lugar para ele e vão botar para fora. Mas

---

[5]   Ver a invenção de slogans e palavras que vão direto na mosca, como o termo "engravatados" para designar os pequenos supervisores da fábrica, que garantem a manutenção da ordem nas cadeias de produção durante as passeatas dos grevistas dentro das oficinas.

[6]   Ver o relato feito por Michel Pialoux em "Le désarroi du délégué", em Pierre Bourdieu (org.), *La misère du monde* (Paris, Seuil, 1993), p. 413-32. [Ed. bras.: *A miséria do mundo*, 5. ed., Petrópolis, Vozes, 2003.]

240 *Retorno à condição operária*

a gente inverteu a coisa, e funcionou! Eles disseram: "Vamos falar com o chefe. Eles têm de tirar esse cara, a linha não é lugar para ele. Ele tem restrições médicas, elas não estão sendo respeitadas. Ele não consegue manter o posto, a culpa não é dele, você vai ter de arranjar um posto fora, senão ele vai parar a equipe". Bom, ele disse: "Está certo, vamos arranjar outro posto". Esses foram os dois casos em que a gente teve de intervir. No outro caso, a gente teve mais dificuldade... [risos] Eram uns caras que estavam muito mais... que estavam muito mais próximos de nós [os sindicatos], que eram sindicalizados, mas que reagiram com hostilidade contra essa pessoa. Aí a gente teve dificuldade.

E como foi resolvido?

Bom, o cara acabou se integrando, e depois, bom, a coisa se acalmou. A gente soltou um panfleto que dizia que aquilo era entrar no jogo da direção, que realmente tinha consequências sérias. [...] A direção, do jeito como ela concebeu o grupo e tudo mais, ela não queria mais interferir... Ela deixava a iniciativa para o pessoal do grupo, de fazer a coisa andar do jeito deles. Isso incluía a exclusão dos colegas que não eram capazes de acompanhar. A gente teve a sorte de conseguir reagir a tempo. Porque a gente não sabia aonde ia parar aquilo tudo... Mas com certeza eles vão insistir, eles não dizem, mas nunca reconhecem uma derrota. Mas digamos que hoje eles não têm meios para conseguir isso. [...]

Vocês têm a impressão de que, tomando essas iniciativas, vocês podem conseguir alguma coisa, que não vão sair derrotados a cada vez?

Não, em geral a gente ganha. [Hesitando um pouco.] A gente é criticado no sindicato... Enfim, a hierarquia do sindicato sempre critica a gente, os militantes do acabamento, por não fazer grande coisa. Mas a gente faz muita coisa. Mas são coisinhas de nada que mesmo assim têm um certo valor para o pessoal, em cima das condições de trabalho, em cima de um monte de coisa. E aí, onde a gente intervém, a gente ganha. Mas a desgraça é que a gente não faz muito panfleto! A gente não divulga.

2. O representante de oficina e sua "base"

Foi num contexto específico – em Sochaux, onde havia uma organização taylorista rígida, uma busca constante de produtividade, a presença de um controle "duro", um campo sindical estreitamente ligado ao campo político, um conjunto de crenças "fortes" que se perpetuavam – que os militantes, por toda a estrutura da oficina, foram chamados a tornar-se personagens centrais da vida social: pessoas "dedicadas" aos colegas, "apóstolos" que estavam prontos a se sacrificar por eles, pela causa (havia ali uma forma de sacralização do coletivo operário). Em torno dessas figuras semicarismáticas cristalizaram-se uma resistência e uma vida social intensas. Em muitas oficinas, os representantes da CGT ou da CFDT foram figuras "complementares", que possuíam qualidades, particularidades aparentemente contraditórias, mas que eram igualmente esperadas pelos operários. Contra o fundo de um discurso materialista ("Nossos salários!", "Grana!"), podiam desenvolver-se formas de ação baseadas num "jogo" de valores e de crenças complexas que davam espaço para formas múltiplas de engajamento (na fábrica e fora dela).

Analisemos mais em detalhe como se estabeleceu o sistema de trocas, materiais e simbólicas, entre os representantes e os operários nessas oficinas de OE.

A crise da militância operária   241

Os militantes, que se "sacrificavam" pelos "colegas", recebiam em contrapartida reconhecimento e certa autoestima, que em parte eles devolviam aos "outros". Em troca, estes últimos deviam mostrar-se à altura da grandeza moral de seus mandatários. O acordo entre as duas partes só era possível contra um fundo não de semelhança, mas de homologia de *habitus* adquiridos na infância e na adolescência. Em outras palavras, certo número de experiências fundamentais garantiam a possibilidade de se comunicar, de sentir uma pertença comum. De certo modo, cada um devia garantir aos outros certa imagem de si mesmo e também a afirmação de que o grupo, o coletivo, era um "valor" que devia ser respeitado, que a preservação da autoestima dependia da preservação dos valores do grupo. Existia ali uma forma de equilíbrio instável: era preciso que cada um se mostrasse à altura da ideia que o outro fazia dele. Indiretamente, existia também a possibilidade de uma "exacerbação" do sistema, contra um fundo de busca de dignidade, de defesa da honra social operária. O que estava em jogo era o próprio mecanismo que, segundo a análise feita por Bernard Pudal, permitiu o desabrochar e o desenvolvimento do stalinismo e das elites stalinistas – contra um fundo de humilhação[7].

Por mais instável que fosse, esse sistema, essa ordem garantia "vantagens" para as duas partes. Para os OE de base, garantia serviços, assistência nos confrontos com os chefes, na defesa de seus "direitos", de seus salários, de suas condições de trabalho[8]. Garantia também uma imagem e um orgulho que se baseavam no sentimento de pertencer a um grupo – o dos "carroceiros", dos "operários Peugeot", elementos de uma entidade mais vasta: "a classe operária" –, tudo isso sendo inseparável de uma esperança política "vaga". A ideia de emancipação e de promoção da classe ficaria para mais tarde.

Para os representantes, a militância garantia "pequenas" vantagens: sair por alguns instantes da cadeia de produção, poder ir às reuniões, escapar de certas formas de intimidação praticadas pelos chefes etc. Ele participava de uma espécie de subcultura – a subcultura militante –, que poderia ser a condição de acesso para a "alta cultura", por intermédio das atividades do comitê de empresa (biblioteca, clube de fotografia, exposições etc.) e das casas de cultura. Muitos viviam uma vida nova, sentiam-se engajados num outro mundo. A militância podia ser o ponto de partida para uma espécie de "aventura intelectual".

Os grandes momentos da história do grupo, os que fornecem as referências e pelos quais os operários se definem, foram evidentemente os momentos de luta e de greve (as

---

[7]   Ver Bernard Pudal, *Prendre parti: pour une sociologie historique du PCF* (Paris, Presses de la FNSP, 1989).

[8]   Os colegas do representante (de seu "grupo imediato" de trabalho, mas também os que ele conhece pessoalmente...) esperam muito dele. Ele se envolve num trabalho multiforme, em geral descrito como trabalho de assistência social ou de informação (esclarecer questões pequenas, preencher formulários). Às vezes acontece de ele negociar com os chefes, mas na maioria das vezes efetua tarefas ingratas no dia a dia – que acredita serem indispensáveis para o sucesso de qualquer trabalho político. Dado o nível de conhecimentos técnicos de que dispõe no início, ele deve "cultivar-se", tornar-se mais "eficaz"; em geral faz questão de assumir responsabilidades em vários níveis, participar de diferentes grupos de trabalho ou comissões (todo o sistema legislativo o incita a isso...).

greves de 1981 e de 1989 deixaram lembranças indeléveis). Eles fortalecem a ideia de que é por um movimento coletivo que se realizam os "avanços" sociais, mas também transformam – ao menos por um momento – a imagem que os membros do grupo fazem de si mesmos no nível individual, provocando uma espécie de intensificação maciça das trocas, mudando o regime das "paixões" que existe no interior do grupo. É também por essas trocas (de representações, de afetos...) que as figuras carismáticas se constroem, que a "influência" de alguns se impõe. Contudo, esse sistema de favores e contrafavores, de "trocas simbólicas", que era o alicerce da relação entre os representantes de oficina e "sua" base, alterou-se pouco a pouco ao longo dos anos 1980. Por intervenção dos arranjos e dos compromissos, a possibilidade de construir essa autoestima se deteriorou. Em certa medida, porém, essa desestruturação do "sistema" político da oficina estava em estado latente naquilo que poderíamos chamar de contradições estruturais do representante.

Para poder garantir a defesa dos outros OE, é preciso que o militante seja diferente deles, que aceite se separar momentaneamente das pessoas de "seu" grupo". Na verdade, é preciso que participe das atividades externas ao grupo, por exemplo: formar-se, pelo menos, num quadro sindical ou político, aprender a falar em público, a vencer o medo, a timidez, e apoiar-se em estruturas externas, nas que são fornecidas pelo movimento operário organizado (a instância que legitima sua atividade de defesa dos outros). O risco que ele corre – e que ele descobrirá aos poucos – consiste em se afastar dos membros do grupo, com os quais, ao mesmo tempo, pode acontecer de ele se identificar de um modo específico, quase mítico, em razão da "incompreensão" dos "outros" (os executivos, "os de fora da empresa", às vezes alguns OE), em razão da "realidade" da condição operária, em particular a que vivem os trabalhadores da cadeia de produção.

O saber que ele acumula e o domínio da palavra que adquire fazem dele um trânsfuga potencial, alguém que pode querer "subir" ou fugir da fábrica. Os outros sabem ou pressentem isso, portanto o militante pode ser suspeito de trair ou de um dia querer trair o grupo. Daí as formas múltiplas como os "outros", os OE de "base", chamam à ordem. Para não dar chance a essa suspeita, ele deve fazer mais do que esperam dele: tornar-se plenamente militante, envolver-se totalmente na nova função, estar sempre disponível para os outros.

O representante funciona sob um duplo olhar e valendo-se de uma dupla fidelidade: a dos "colegas" da oficina e a dos colegas do grupo militante, com os quais é levado cada vez mais a se identificar. Isso pode explicar a frequência entre os velhos militantes de discursos do tipo: "A CFDT [ou a CGT] me deu tudo, me trouxe tudo", e o sentimento crescente de uma dívida com elas. Para apaziguar as tensões que existem neles, que habitam sua pessoa social, esses sindicalistas realizam, em geral, uma espécie de "inversão simbólica", que visa mostrar que ainda continuam do lado dos "proletários", não pactuam com os "chefes" ou com os "puxa-sacos". É uma lógica temível, que desgasta, que pode se autossustentar, mas também pode se desregular a partir do momento em que a dúvida se insinua. E os caminhos pelos quais a dúvida se insinua são múltiplos.

3. O representante pego na contramão pelas transformações da oficina

A posição do representante de oficina pode reproduzir-se enquanto os militantes estiverem seguros de certa representação de si mesmos (fortalecidos pela aliança com certos partidos ou certos grupos sociais); enquanto subsistir certo tipo de crença, como a convicção de que, agindo como agem, estão participando de um projeto mais amplo; e enquanto existir, no nível local, certa forma de organização do trabalho, um tipo de relação "violenta", que quase necessariamente chama para o conflito. Em Sochaux, o desenvolvimento (e às vezes a exacerbação) dessa lógica militante em sua forma antiga foi possível até a metade dos anos 1980, mas a partir daí o "mecanismo" de reprodução emperrou: os antigos militantes não acreditavam mais, ou em todo caso não "como antes", e se perguntavam se deviam e como deviam continuar. Não surgiram (poderíamos dizer que não se apresentaram) novas figuras no "mercado" da militância. O militante de plantão podia tentar resolver essas dificuldades por meio de compromissos provisórios e dificilmente confessáveis, ou por uma fuga para a frente.

Num primeiro momento, devemos insistir nos efeitos das transformações do trabalho operário. No quadro da antiga ordem taylorista, as condições de trabalho eram objeto de múltiplas lutas em que o representante provava seu valor. Ele devia mostrar sua capacidade de resistência não só verbalmente ou no registro da provocação – lógica de inversão simbólica em que alguns se revelam verdadeiros virtuoses –, mas também por uma contestação codificada e argumentada "de dentro". Reportando-se à análise marxista da exploração e "cercando" no próprio local de trabalho os mecanismos de extorsão da mais-valia (os mil e um "truques" da direção para amealhar tempo nas cadeias de produção...), os representantes haviam conquistado uma capacidade de negociação informal que também fazia seu poder simbólico e forçava o respeito dos outros OE. O local de trabalho era um terreno que estava quase inteiramente investido politicamente e em que as próprias palavras funcionavam num registro "político", num registro de denúncia permanente, poderíamos dizer. A politização dos OE apoiava-se nesse motor de "tomada de consciência de classe" que era a "exploração" no trabalho, nas múltiplas formas que ela revestia, em sua brutalidade. Os militantes também eram sustentados nessa empresa pela possibilidade de opor-se de maneira violenta às figuras emblemáticas que representavam fisicamente a ordem taylorista: os agentes de controle de baixo, os cronometristas, o departamento de métodos, aqueles que os operários chamavam de "galés". Esses personagens detestados davam corpo à animosidade dos OE e atraíam o fogo cruzado dos militantes. Eles encarnavam um inimigo comum, concreto, bem identificado: os que buscavam aprender os macetes dos OE, intensificavam o ritmo de trabalho para aumentar a produtividade em proveito do "patrão" e estavam ali "para colocar você contra a parede".

Ora, essas figuras já não estavam tão presentes nas oficinas, o estilo de comando havia mudado, era exercido por pessoas menos atacáveis de frente (como os "BTS").

O *leitmotiv* dos militantes nesses últimos anos – "Não tem mais sociabilidade", "Não tem mais ambiente" – traduz em larga medida a perda do poder de ação que eles tinham antigamente. Antes, os militantes OE podiam levar uma contestação argumentada até os chefes, movidos pela preocupação de tornar o trabalho dos OE um pouco mais inteligente e recusar a "ordem das coisas" dentro das oficinas, porque estavam convencidos de que "valiam mais do que aquilo"[9]. Esse "trabalho" era vivido pelos militantes como uma formidável abertura de horizonte, como uma conquista sobre si mesmo, uma maneira tortuosa de ter acesso à cultura. Para alguns, era também a única forma de "se segurar" como OE. Esse "saber prático" era sobretudo um "saber de luta", luta que devia dificultar a vida dos "chefes" e que, a sua maneira, passava uma imagem positiva do grupo de colegas, combativa e ao mesmo tempo "construtiva". Esses "velhos" OE militantes, formados ao longo dos anos 1960 e 1970, forjaram suas próprias categorias de pensamento por meio da "luta". Portanto, tendiam a interpretar as transformações em andamento nas oficinas a partir dessa cultura política. Não transigiam com a ordem da fábrica, sempre exigiram satisfações. Eram, ao mesmo tempo, herdeiros de uma história coletiva (em especial das lutas duríssimas do pós-1968 e dos anos 1970) e vítimas dela.

Ora, a generalização dos fluxos tensos e a presença maciça da eletrônica tiveram como consequência tirar das mãos dos militantes os meios de "desafiar" os chefes no trabalho e, portanto, de colocá-los em questão. Era grande o risco de o militante acabar se tornando um "chiador no fundo da fossa", como diz um OE entrevistado. Apenas os militantes que abandonaram o grupo dos OE podem dizer isso abertamente; os outros – os que ficaram – não podem confessá-lo, ou o formulam de maneira muito eufemizada.

O que estava em jogo não era apenas a imagem deles como militantes, mas era também o fundamento material sobre o qual ela se apoiava: o saber prático, o conhecimento da empresa, essa espécie de pequeno capital nativo específico ao mundo da fábrica. Eles teriam de reconhecer que estavam tão "largados" quanto os outros no que dizia respeito às transformações do trabalho[10], o que objetivamente os aproximava dos OE de base. Era mais cômodo para eles insistir em mudanças, ao mesmo tempo, mais eloquentes e mais controláveis porque faziam sentido dentro de uma história (a reviravolta da vida coletiva nas oficinas, a "pressão" do grupo sobre os indivíduos, a exigência de disponibilidade, a perda dos pequenos espaços de liberdade etc.) e permitiam recuperar o registro da denúncia.

Um obstáculo a mais no trabalho dos representantes foi a dificuldade cada vez maior que sentiam para resolver as lutas de concorrência (entre operários), na medida em que foram formados e treinados pela antiga lógica do grupo para, nas lutas frontais, opor-se à "hierarquia". Era suficiente ter a capacidade de mobilizar atrás deles

---

[9] Não podemos esquecer que esses militantes, que às vezes possuem bons CAP (obtidos nos anos 1960), poderiam ter se transformado em bons profissionais. Alguns, que têm até níveis de primeiro ou segundo colegial e pararam os estudos sem grande remorso para "entrar para a empresa", "sabiam" o que estavam fazendo: havia vantagens bem tangíveis (bom salário, garantia de emprego) e, em certa medida, a "escolha" de uma filiação operária, a aceitação de uma herança.

[10] Nas entrevistas com os militantes OE, na maioria das vezes as mudanças ligadas à informatização da produção são evocadas incidentalmente, "de banda". As palavras "novas" da gestão produtiva (como "cadenciamento") não são explicitadas, como se não pudessem ser objeto de uma apropriação pessoal ou coletiva, e pertencessem necessariamente ao mundo dos engenheiros ou dos "BTS".

as pessoas da equipe. Diante da lógica atual de enfrentamento, os representantes não podem (ou não sabem como) opor-se – porque são paralisados pelos esquemas que continuam a estruturar suas cabeças –, senão dando uma espécie de lição moral cívica em nome da "classe" – o que não ousam fazer realmente – que evidentemente não "atinge" os jovens, as maiores vítimas da concorrência.

A partir daí, a atividade essencial do representante consistia em manter – contra todas as manobras da direção e com o que poderíamos chamar de "cumplicidade" de certos membros do grupo – a antiga moral: a ajuda mútua e a solidariedade, a honra do grupo, sua capacidade de resistência, sua dignidade ostentada, sua vontade obstinada de não se rebaixar diante do patrão, de não dar chance aos julgamentos ferinos dos executivos a respeito dos OE. Para os militantes que restam, trata-se de tentar manter a todo custo – quase sozinhos e de maneira um tanto desesperada – a unidade do grupo contra todas as forças centrífugas (objetivas e subjetivas) que os dispersam, dissolvem ou partem em pequenas individualidades. No entanto, se perdem a confiança em si mesmos, eles perdem a confiança nos outros. Pouco a pouco, muitos descobrem que o trabalho sindical faz cada vez menos sentido, a partir do momento em que faltam perspectivas políticas no sentido amplo do termo. Eles "se descobrem" então no papel de "assistentes sociais"[11], termo negativo que remete a tarefas profundamente desvalorizadas. Essa tomada de consciência ocorreu justamente no momento em que a hierarquia da fábrica entendeu que podia e devia tirar proveito dessa fragilidade. Muitos militantes viviam o trabalho de OE como a contrapartida obrigatória de um trabalho propriamente político que "dignificava" sua existência e no qual podiam investir. Afastaram-se dele à medida que a ação sindical se desvalorizou.

É evidente que é preciso insistir na diversidade das situações, porém é particularmente interessante refletir sobre o caso dos militantes situados na base mais inferior da instituição sindical, porque parecem mais próximos dos outros operários. Alguns se esforçaram para manter a antiga moral do grupo. E em geral conseguiram, por menos que a conjuntura se prestasse a tanto (a greve de outubro de 1989).

4. O embaralhar das antigas clivagens

"[Hoje] não existe mais confiança entre os operários." Essa é uma das primeiras coisas que os velhos militantes ou operários dizem nas entrevistas. Aos seus olhos, essa "confiança" existia nos tempos em que os cortes no interior do grupo de trabalho eram claros. De fato, durante muito tempo, era nítida a distinção entre os "peugeotistas" e os "antipeugeotistas". Havia entre eles uma gama de atitudes complexas, numerosos operários que se determinavam uns em relação com o polo Peugeot, outros em relação com o polo sindical. Havia também um sistema de divisões inequívocas: OE e OP, agentes de controle e operários. Na metade dos anos 1990, o conjunto desse "sistema"

---

[11] Trabalho que eles já realizavam com mais ou menos relutância e indisposição (em todo caso, como contrapartida obrigatória e incômoda do trabalho propriamente político que sua ação implicava). Notemos também que esse trabalho tende cada vez mais a ser assumido pelos monitores...

246 *Retorno à condição operária*

tende a se embaralhar. Não é mais possível para o observador de fora cindir em dois ou três grandes blocos a população dos assalariados com base em critérios políticos ou parapolíticos. As antigas referências se fendem. Entre os que mais ou menos fazem parte do grupo dos "colegas" em seu setor de trabalho, ou que, ao menos, não são considerados "puxa-sacos" ou "Siap" (ligados ao sindicato da casa, "vendidos para a empresa", no linguajar militante), alguns entram no jogo da empresa, mas pedem aos representantes de oficina (com os quais em geral mantêm o vínculo) para, a sua maneira, salvar a honra do grupo e também a deles.

Poderíamos dizer que todo mundo se tornou "meio puxa-saco" nas novas oficinas. Contudo, a necessidade de se proteger contra uma ordem econômica que, mesmo sendo estranha e indecifrável, exerce uma enorme pressão sobre eles (e sobre sua vida particular) incita à tolerância com os "puxa-sacos". Muitos têm a sensação de que as antigas formas de resistência se tornaram inúteis, não evitam a obrigação de se adaptar à modernização a qualquer custo. Os puxa-sacos tradicionais podiam se exibir como tais, haviam escolhido seu campo e, de certo modo, assumiam sua escolha. Os OE que entraram no jogo da direção nos últimos anos (passaram a monitores, aceitaram uma promoção, "puxaram o saco" para conseguir bônus) fazem isso dissimulando, com vergonha, com uma espécie de má-fé, em geral em detrimento dos mais fracos (por exemplo, os imigrantes), tirando desforras "mesquinhas" contra os outros. Se agem assim, é sobretudo pelo medo, pelo desejo de conservar seu lugar. Em alguns, pode-se ver também a vontade de "se renovar" moralmente, individualmente, de se tornar mais "construtivo" (como dizem os jovens temporários com outras palavras), de querer acreditar que podem se não escapar da condição de OE, ao menos vivê-la de outro modo, por exemplo, rejeitando o ambiente de "imundície", violência e luta, e aspirando a formas de participação e de cooperação.

Mas ao contrário dos "puxa-sacos" de antigamente, que combatiam de maneira clara e dura a CGT e a CFDT, os OE que entram no sistema não têm ideologia para eles. Por isso, é difícil estigmatizar suas ações como práticas "indignas" – em nome de que moral? –, ainda mais que, diante das novas exigências econômicas e das obrigações que pesam sobre a fábrica, a antiga moral sindical às vezes parece "arcaica" até para os próprios militantes.

O antigo grupo de trabalho estruturava-se em torno dos "colegas", de certos valores, e sobretudo *contra* os chefes e os puxa-sacos. Era uma espécie de comunidade autônoma em sua maneira de resolver os problemas com os chefes; os representantes, em especial, conheciam bem a arte de envolvê-los ou "comprometê-los". Ora, nas novas oficinas, particularmente na primeira fase da transferência para a RC1[12], o "grupo" se dividiu. A moral do grupo não consegue mais se impor e, assim, graças ao trabalho dos "informantes", o grupo torna-se "transparente" para os chefes. Falta o informal, o

---

[12] Nos primórdios da RC1, era significativo que não houvesse luta aberta, protestos públicos, mas apenas resmungos surdos, pessoas que praguejavam pelos cantos, amaldiçoavam a "empresa", xingavam de maneira isolada, como se essas "insatisfações", essas dores não pudessem se somar ou se cristalizar. As insatisfações e os sofrimentos da vida no trabalho tendiam a expressar-se somente no registro da "queixa", passando deles uma imagem de "vencidos", de "chorões".

implícito, o confidencial, que unia os operários. O grupo não oferece mais proteção coletiva, todos se sentem sob o olhar e a ameaça dos outros. No entanto, essa transformação não ocorreu com pessoas novas: foram os próprios operários que de certo modo "viraram as costas", aqueles mesmos que entraram em greve e compartilharam os momentos áureos, aqueles em quem os militantes tinham "confiança". Velhos militantes se sentem traídos por outros velhos, por "sujeitos" que envelheceram com eles no trabalho, em geral "antigos grevistas", não por "puxa-sacos". Os militantes têm a impressão de que um mundo ruiu, perdeu seus valores, suas referências, virou de pernas para o ar. O espetáculo do grupo desunido é o símbolo de uma derrota em ato, da falência de certa moral.

5. O desgaste dos militantes

Nessas condições, como se admirar de ver tanto cansaço e desânimo entre os militantes e os representantes de oficina? Muitos são tomados pelo sentimento de não poder mais participar de uma coisa "grande", que vá além do universo "estreito" em que vivem, que permita a identificação com os outros. Sente-se entre os militantes também uma espécie de decepção muito profunda: nos últimos dez anos, com ajuda do contexto econômico e político, a direção chegou a controlar quase que inteiramente a dinâmica da vida social, e todos se acomodaram na passividade, na "resignação". Ora, eram essas crenças que davam sentido à vida, faziam com que todos continuassem firmes e aguentassem as humilhações da fábrica e dos chefes. Uma vez que desapareceram, o que restou na vida da fábrica para poder se "agarrar"? Nada, a não ser a esperança de uma pré-aposentadoria ou a consciência amarga de ver o grupo "diminuir" (e às vezes "se diminuir"). Nesse contexto de desestabilização coletiva e desmoralização individual, vários militantes buscam de maneira mais ou menos discreta uma saída honrosa: uma formação[13] ou um trabalho longe dali. No momento em que toda a sua história os leva a pensar coletivamente, isto é, em termos de emancipação comum, muitos começam a pensar em si mesmos, em seu futuro pessoal, quase ao mesmo tempo (como que por um movimento de "contágio"). Se, por exemplo, a saída dos militantes para fazer uma formação ocorre com peso na consciência e má-fé, é porque a ideia de que estão traindo o grupo "martiriza" os que se comprometeram a representá-lo, a "servi-lo". A essa altura de suas histórias individuais[14], eles não podem fazer outra coisa a não ser tentar "melhorar de situação", mesmo correndo o risco de trair os "colegas".

---

[13] Mas que preço deveriam pagar por entrar num caminho em que corriam o risco de não ganhar grande coisa e se decepcionar terrivelmente? Teriam de pagar com a renúncia ao grupo de colegas e a tudo que até então havia dado sentido a sua vida? Em geral, os representantes parecem ter uma enorme dificuldade para se exprimir sobre essas questões de formação. Nada disso é da ordem do contável, do dizível... Eles soltam algumas observações como apartes. Por quê? É que é muito difícil confrontar, encarar "isso" de frente, porque está misturado a coisas dolorosas demais. As relações entre o individual e o coletivo, o sistema das escolhas, foram pensados até então de maneira muito específica. É todo esse sistema que de repente se encontra privado de sentido.

[14] Evidentemente seria preciso situar cada uma dessas proposições genéricas no quadro de estudos aprofundados a respeito das trajetórias profissionais e sociais dos militantes.

248 *Retorno à condição operária*

A fuga dos representantes, que se acelerou após a euforia que sucedeu à greve de 1989, alimenta suspeitas e ressentimentos contra porta-vozes tradicionais do grupo. Com a saída de vários militantes para seguir uma formação fora da fábrica (sabe-se que não retornarão), os OE que ficam, e estão "condenados" a permanecer na cadeia de produção, descobrem que não formam mais uma comunidade de destinos. Essas saídas dos representantes reforçam a suspeita de que muitos destes se aproveitaram dessa posição para preparar melhor o futuro, escapar da cadeia de produção e, por último, da fábrica. A própria crise da militância operária alimenta o fim da crença na atividade militante como devoção desinteressada e agrava essa espécie de ressentimento que os OE de base não podem deixar de sentir pelos representantes e que, em retorno, fortalece a convicção de certos militantes de que é hora de partir.

As qualidades que outrora formavam o "bom" militante – a capacidade de tomar a palavra, a aptidão para trabalhar com casos, a especialização num campo de ação sindical, a aquisição de um pequeno capital social e intelectual ligado à atividade militante – podem ser percebidas a partir daí como ameaças que visam indiretamente os OE, condenados a ficar porque não possuem esses trunfos. Os que supostamente deveriam defendê-los aparecem então como os que podem escapar da injustiça suprema que é ter de continuar na cadeia de produção pelo resto da vida, sem esperança de melhorar sua situação. A fuga dos militantes faz com que os OE avaliem de maneira concreta a distância que os separa. Retrospectivamente, faz também com que compreendam a "ilusão" da fusão entre os militantes e o grupo, trazendo à luz diferenças sociais no próprio interior do grupo operário local (diferenças de idade, de nível cultural, de capacidade para se virar...). A saída dos militantes para seguir uma formação faz com que tomem brutalmente consciência de sua própria impotência, assim como reforça a convicção de que não têm outra alternativa para se proteger a não ser procurar uma "saída" dentro da própria empresa, legitimando assim as atitudes de desapego em relação aos antigos valores defendidos e agravando a perda de confiança em relação aos representantes.

A maioria dos militantes tenta responder às demandas contraditórias dos operários de base com os meios de que dispõe, dia a dia. Alguns se retiram de mansinho, pé ante pé, fingindo acreditar que atrás deles vêm outros dispostos a pegar o bastão, não querendo se explicar muito sobre essa "saída", em meio ao mal-estar e à má-fé. Outros se agarram às formas antigas de militância, tentam a todo custo ainda fazê-las funcionar. Os que resistem melhor são os militantes solteiros ou mais velhos (cujos filhos já se "ajeitaram" na vida), que investiram pesado na fábrica e têm a preservar um capital simbólico conquistado a duras penas. Ainda existe uma "demanda" por parte dos operários para que alguns continuem a ocupar posições militantes na oficina, a assumir sua defesa da maneira tradicional – o que é perfeitamente compatível com a suspeita cada vez maior que alimentam contra eles. Como a "oferta" de militantes potenciais diminuiu consideravelmente (o "viveiro minguou", dizem muitos militantes, em especial o da Juventude Operária Cristã para a CFDT e o dos Jovens Comunistas para o PC), o "sistema" ainda repousa sobre os velhos militantes OE, os que se mantêm firmes e resistem, rodeados de respeito e acima de qualquer suspeita de

A *crise da militância operária*   249

arrivismo, e continuarão até a pré-aposentadoria, admirados, carregados nas nuvens, mas dos quais todos dizem que ninguém, salvo por milagre, virá substituir. Foi em referência a eles, ao prestígio de que desfrutam, que os operários votaram a favor da CGT nas eleições para representante de oficina, como símbolo de uma dignidade à moda antiga que todos sabem muito bem que o grupo em seu conjunto não pode mais ser o emissário[15].

Muitos desses militantes têm o sentimento de que são (e devem permanecer) fiéis a si mesmos e podem viver essa fidelidade no pequeno grupo de colegas, que não parece mais tão fechado como era antes. Têm a impressão de que não podem ceder – moralmente – diante da Peugeot, mas recebem cada vez menos as gratificações a que teriam direito no sistema antigo. Além disso, em geral são confrontados com problemas de família muito duros. Muitos entram numa lógica de defesa da honra social: o importante para eles é não perder a dignidade diante dos colegas ou da empresa. Ora, eles constatam que continuar como representante aumenta os riscos, que só traz dor de cabeça no nível individual e que eles toleram cada vez menos o que admitiam quando ainda podiam cogitar a melhoria de um destino coletivo. Percebem que sempre estarão fora da lei na fábrica, definitiva e redibitoriamente barrados, impedidos de "subir".

Contudo, a análise do desengajamento militante e da crise dos valores militantes não pode se ater unicamente ao universo da fábrica. Deve levar em conta os acontecimentos nacionais ou internacionais. Ora, quais são os fatos marcantes da conjuntura sociopolítica do fim dos anos 1980 e início dos anos 1990? A queda do Muro de Berlim em 1989 e a derrocada do comunismo no Leste europeu. Esses acontecimentos tiveram forte repercussão na consciência dos operários, ainda que os militantes tenham uma enorme dificuldade para falar sobre isso[16]. O militante, mesmo que esteja há anos engajado na ação político-sindical, sente-se atingido pelas críticas disparadas contra a utopia socialista e pela maneira como degenerou num regime tirânico. Chega a não ousar pronunciar certas palavras, a sentir-se despossuído de uma parte de sua história que, no entanto, foi central para ele, na medida em que estava ligada a um trabalho de autorreabilitação pelo ingresso na militância. Esse trabalho de (re)construção de si mesmo cambaleia e não encontra mais os pontos de ancoragem, as referências externas ao mundo dos operários (em especial as intelectuais) que o apoiaram durante tanto tempo. E isso numa conjuntura em que o que ele vê ao redor dele na fábrica (pauperização moral, sentimento de queda inexorável) não invalida os esquemas críticos que ele põe em prática para pensar sua condição e a de seus camaradas, muito pelo contrário. Ele não consegue se convencer de que está errado. Nesse sentido, é impressionante que o sofrimento dos velhos militantes da CFDT (de sensibilidade socialista e cristã) pareça em geral mais agudo, ou em todo caso se expresse com palavras mais

---

[15]   Em Sochaux, o voto na CGT era mais fácil porque os laços com o PC pareciam muito frouxos, desde a cisão entre reformadores e ortodoxos.

[16]   Eles falam apenas por meias palavras, quando são colocados numa relação com o interlocutor que se assemelha à relação de confidência. Ver a entrevista com um operário comunista, em Michel Pialoux, "Le vieil ouvrier et la nouvelle usine", em Pierre Bourdieu (org.), *La misère du monde*, cit., p. 331-48.

250 *Retorno à condição operária*

pungentes, que o sofrimento dos militantes da CGT, como se estes últimos tivessem recursos suficientes em sua história para distanciar-se – por um cinismo impregnado de humor negro – de um passado que às vezes tentam dizer que acabou, mas do qual, evidentemente, não conseguem se desligar.

Por toda a sua história, e também pelo que veem todos os dias na fábrica[17], os militantes OE encontram uma dificuldade específica para romper com os esquemas que durante muito tempo os ajudaram a pensar e a ver o mundo, portanto a vivê-lo. Não conseguem passar de uma visão de mundo dominada pelo enfrentamento e pela luta para uma visão mais pacífica, que permita entrever interesses comuns entre a empresa e os assalariados. Essa é a razão por que aparecem, sobretudo para os assalariados mais jovens da fábrica, como pessoas "bitoladas", "bloqueadas" ou "fanáticas", que repetem sempre a mesma cantilena. Essa dificuldade para operar uma espécie de reconversão intelectual também está intimamente ligada à quase impossibilidade em que se encontram de operar a mais ínfima reconversão social. Ao contrário dos porta-vozes instruídos do grupo operário (antigos executivos, técnicos ou mesmos "profissionais"), que dispõem de certo capital cultural e às vezes posam de intelectuais – por exemplo, os que atingiram os níveis centrais dos aparelhos sindicais –, esses militantes OE parecem muito mal preparados para construir uma nova identidade para si mesmos, o que poderíamos chamar de identidade de "recuo", que permitiria que ainda fizessem "boa figura". No fundo, eles são o bobo da história: pagaram o preço mais alto e não souberam nem "tirar o time de campo" nem romper com certo tipo de crença, como os outros – mais "espertos". Sobraram poucos campos de atividade em que podem investir suas antigas qualidades, com exceção do trabalho social (no sentido amplo do termo) e certas ações de comunicação e educação popular (alguns tentaram entrar nessa área). A maioria acaba se retraindo na família, local de uma espécie de solidarização deslocada, e transferindo para os filhos uma esperança que não podem mais depositar na "promoção coletiva" (como ainda se dizia nos anos 1970) de um grupo – o dos operários – a caminho de se desagregar.

6. A hostilidade dos jovens contra o sindicato

Hoje, o que hoje mais preocupa e desmoraliza os militantes da CGT e da CFDT é o envelhecimento das seções sindicais e a ausência de "substitutos" jovens. Embora nos últimos anos a chegada de jovens representantes (25-30 anos) na carroceria[18] tenha provocado um leve estremecimento na CGT, o fosso que separa os velhos e os jovens operários em relação ao sindicalismo e à política não se fechou. Na época de nossa investigação, ficamos impressionados com essa oposição nas entrevistas que fizemos

---

[17] Como aquele operário de apenas cinquenta anos que, na nossa primeira estadia, em maio de 1988, desabou no seu posto de trabalho, fulminado por uma parada cardíaca.

[18] Eram todos antigos temporários, contratados como "fixos" no início dos anos 1990 que, depois de entrar no jogo da empresa, se decepcionaram ("Levaram a gente no papo"). Ao aderir à CGT, abandonaram qualquer perspectiva de "subir" e fizeram a difícil escolha de permanecer como simples operadores.

com os jovens temporários[19], vindos do norte e do oeste da França nos anos 1987 a 1990. Entrevistamos muitos que haviam acabado de cumprir seu contrato com a Peugeot. Estavam então "no aguardo" de um emprego estável, de uma residência própria, de uma situação conjugal fixa, de um futuro simplesmente. Embora fossem "biologicamente" jovens (entre 25 e 30 anos), na verdade eram "velhos" temporários. Entre a saída da escola e o contrato com a Peugeot, passaram-se sete ou oito anos durante os quais tiveram fases de esperança e fases de desemprego, mais ou menos longas, às vezes de um ano inteiro, em que perdiam qualquer esperança. A partir daí, aprenderam a desconfiar dos estágios "de araque" (TUC, CES, SIVP* etc.) pelos quais passaram. Na idade deles, os anos contam em dobro: cada novo fracasso é vivido mais dolorosamente do que o anterior, o custo moral do recomeço é cada vez mais elevado e a soma de esforços e de energia para começar de novo é cada vez maior. Sente-se que são atormentados pelo medo de "cair" e, como dizem, de "acabar na mão das assistentes sociais".

No relato de alguns a respeito do trabalho em Sochaux, a fábrica aparece como um porto seguro; o contrato de temporário é uma ocasião única que se oferece a eles para provar alguma coisa e desmentir em ato os preconceitos e os rótulos que recebem quando entram para a fábrica ("Os temporários não estão nem aí"). No trabalho, dão prova de coragem, tenacidade e abnegação. Não compreendem a freagem, a sabotagem, as formas de resistência latentes na empresa. O que descobrem na fábrica, nas linhas de montagem, os deixam indignados: velhos OE que "resmungam" o tempo todo, que "bebem", que se divertem fazendo "guerrinha" contra os "chefes", ou pior ainda, que sabotam o trabalho. Esse tipo de atitude, o que restou da cultura de oficina dos anos 1970, lhes parece um luxo para "privilegiados". Nunca lhes viria à cabeça opor-se aos "chefes", a quem respeitam – em especial porque "resolvem" seus problemas com a hierarquia e esta os ajuda, "dando cobertura" na agência de emprego temporário. O "chefe" é aquele que avalia a maneira como eles realizam o trabalho e, assim, exerce uma espécie de poder de contratação sobre eles. No trabalho, o perigo não vem dos "chefes", mas dos "velhos" OE, que os repreendem ou azucrinam para fazê-los entrar no jogo deles. Quanto aos representantes, eles não os veem ("Eles não se interessam pelos temporários, a gente não fica"), de modo que são percebidos como defensores dos "velhos", que estão bem "instalados" e impedem os jovens de entrar.

Ao contrário de seus "antecessores"[20] (os OE de 35 a 45 anos), com quem trabalham lado a lado nas cadeias de produção, os temporários já experimentaram sua

---

[19] Ver Stéphane Beaud, "Le rêve de l'intérimaire", em Pierre Bourdieu (org.), *La misère du monde*, cit., p. 349-65.

* Respectivamente, Trabalho de Utilidade Pública, Contrato de Emprego Solidário e Estágio de Inserção na Vida Profissional: são estágios de meio período em associações e órgãos públicos, com duração máxima de um ano; os estagiários recebem, em geral, meio salário mínimo. (N. T.)

[20] Um dos interesses de realizar um trabalho comparativo entre os velhos OE e os jovens em situação precária, como se faz aqui, é poder objetivar o grupo dos velhos OE por meio do olhar dos jovens operários (dos "precários", sobretudo) e vice-versa. Pode-se fazer surgir a lucidez e a cegueira cruzadas dos dois "grupos", elas próprias constitutivas de cada um desses "grupos". Poderíamos dizer que, de

252   Retorno à condição operária

impotência social. Estão numa situação de "fraqueza estrutural" que se deve tanto à marca negativa imputada pelo sistema escolar quanto à sua incapacidade de pensar o que quer que seja a respeito da estrutura social. Por exemplo, eles não sabem como designar sua "exclusão". Em sua maneira de apresentar seu percurso, é significativo que hesitem constantemente entre o registro da denúncia e o da racionalização. Ainda que às vezes fiquem tentados a se deixar levar por um discurso violento e imprecativo contra os "patrões", sente-se que eles não conseguem levar até o fim a linguagem de enfrentamento de classe. Voltam sempre a um discurso mais moderado e mais moral, como se tivessem sempre de se preocupar em atrair as boas graças do "empregador" (termo que empregam com mais frequência do que "patrão"). A utilização recorrente do vocabulário jurídico, que remete diretamente à diversidade de contratos de trabalho que tiveram nos últimos anos, é a maneira privilegiada que têm para dar conta de sua "exclusão" e assim eufemizá-la. Eles são gente de "pequenos contratos", estão acostumados a "conviver com isso". Por exemplo, para falar do término de um contrato, eles nunca dizem que foram "despedidos" ou "mandados embora" de uma empresa, mas que pararam de trabalhar "ao fim do contrato". A experiência de precariedade e a situação própria do temporário – os empregadores no sentido jurídico são as agências e não as empresas que os utilizam – contribuem para produzir uma espécie de "impunidade patronal" e uma conversão forçada ao realismo econômico: os patrões são eximidos enquanto "empregadores" potenciais, e os "exploradores" (a palavra também é utilizada) são os "outros", as agências de emprego temporário e às vezes o Estado, que não "intervém".

Eles não são "operários" de fato, porque sua socialização operária foi superficial e estão quase sempre sob a ameaça de cair na assistência social. Sozinhos e isolados diante de "inimigos" dispersos (as agências de emprego temporário, os abrigos etc.), eles se consomem em combates individuais perdidos de antemão. Uma das características de sua condição é o estreitamento de seu horizonte, o encerramento na vida do dia a dia, provocado por seu status de "não pessoa social" (de "não adulto" também): sem emprego estável, portanto sem residência própria e sem possibilidade de obter empréstimos (para comprar um carro ou uma moto, por exemplo), daí certa forma de dessocialização. Eles estão à margem, à parte, nessa espécie de "*no man's land*" para semiexcluídos que são os abrigos para trabalhadores. É impressionante o contraste com os abrigos para jovens trabalhadores dos anos 1960 e 1970, politizados, abertos para a vida e para a cultura, em que se tinha um aprendizado sobre a revolta e a política, ao passo que hoje a revolta que existe contra o dirigente é a revolta de indivíduos isolados, que leva a combates solitários, sem apoio coletivo.

Outra diferença fundamental entre os "velhos" e os "jovens" vem da maneira de pensar sua condição, de colocá-la em palavras, de tematizá-la. A militância operária criou instrumentos de luta que se rotinizaram, os militantes serviam-se deles "naturalmente"

---

certo modo, os jovens em situação precária dizem a verdade sobre os velhos, ou mais exatamente, a verdade que os velhos não podem dizer, ou seja, que a obsessão que vivem é a exclusão e o que está associado a ela, a obsessão da degradação (a relegação social, o álcool, a perda da residência própria, o celibato), o medo do futuro...

e hoje se servem do sindicato como estrutura objetivada das lutas passadas; eles criaram técnicas ao longo do tempo para se proteger das marcas de indignidade na fábrica, para construir uma resistência coletiva à ordem da fábrica. Os jovens em situação precária, diretamente confrontados com a dominação econômica, não dispõem de ferramentas simbólicas que lhes permitam pensar-se como grupo ou como classe. Não possuem palavras coletivas à disposição para exprimir sua aflição. Está claro, por exemplo, que não podem se reconhecer no vocabulário sindical, que aos seus ouvidos soa como um vocabulário esotérico, reservado aos ricos, aos "bem colocados". Estão sem porta-vozes e uma das formas assumidas por seu sofrimento social – fora da violência da dominação econômica – é a ausência de representação na cena pública. Deduzem que não são considerados dignos de serem representados no espaço público e isso justifica aos seus olhos a escolha que fizeram pela autoexclusão de tudo que tenha a ver com "política" (participação nas diferentes eleições, vida sindical ou associativa...)[21].

Vê-se bem que, diante dos temporários, o trabalho de politização dos representantes não pode mais se apoiar nas pequenas humilhações e frustrações da vida de fábrica, já que estas não são percebidas como tais (de preferência são postas entre parênteses ou negadas). O representante é talvez aquele que justamente vem lembrá-los do que são obrigados a aceitar. Sua postura tradicional, a da denúncia, não se ajusta mais às disposições submissas desses jovens (precisemos: quando não estão estáveis no emprego). É como se não falassem de uma mesma honra social: de um lado, os *established* (os "velhos OE") defendem a honra social historicamente constituída de um grupo que lutou para tentar preservar "conquistas" materiais e simbólicas pelas quais pagaram caro; de outro, jovens temporários cuja dignidade social passa, em primeiro lugar, pelo fim da sucessão de "bicos", que os esgota física e moralmente. Portanto, não é "brigando" na fábrica que eles pretendem se defender.

Enquanto seus antecessores eram ao mesmo tempo formados como operários e politizados, os "jovens em situação precária" estão bloqueados num estágio de expressão "pré-política" e "pré-operária", à margem dos partidos, das palavras de ordem, condenados à revolta individual, à vociferação desarmada, aos gritos para extravasar. Estão reduzidos – tanto entre eles como diante do entrevistador – à fanfarronice de protesto. Enquanto os velhos OE dispõem em geral do registro da autoderrisão ou do humor negro, que são uma espécie de recurso simbólico e de capacidade de conseguir rir de si mesmo, os temporários são socialmente fracos demais para lançar mão dessa arma. Resta-lhes apenas a violência verbal, que aflora constantemente durante as entrevistas e que, quando estão "no limite", eles às vezes não conseguem controlar. Privados tanto de trabalho como de meios simbólicos para lutar, são levados por essa despossessão dobrada a desenvolver uma oposição multiforme a todos que, para eles, tiveram tempo (os "velhos", os "políticos"...) e ao Estado, que não os ajuda.

Ao contrário dos OE que entraram para a fábrica nos anos 1960 e 1970 e foram marcados pelo modelo do operário profissional, que eles tinham bem diante dos olhos

---

[21] Parece-nos que o que se diz aqui a respeito dos "temporários" vale para a maioria dos jovens operários.

254   *Retorno à condição operária*

(as grandes figuras da fábrica), os jovens em situação precária têm diante deles uma geração de OE desmoralizada, que parece estar deixando como única herança essa "cultura de oposição", que para eles é infrutífera. Eles gostariam, acima de tudo, de provar seu valor no trabalho, de passar uma imagem deles próprios que fosse diferente da que é dada pelas instâncias de classificação pelas quais passaram (a escola em primeiro lugar, mas também as instituições de formação e de gestão de desemprego). A essa altura de sua trajetória "profissional", a empresa parece ser a única instituição capaz de lhes restituir algum crédito social. A diferença é grande em relação aos OE dos anos 1960 e 1970, que tinham ainda a possibilidade de "largar" a fábrica a qualquer momento. E se ficavam, podiam tirar certo orgulho do fato de ser operário da Peugeot ou, pela luta sindical, de realizar um trabalho de autorreabilitação.

Pela experiência dos "jovens em situação precária" hoje, podemos ver melhor o que a atitude "combativa" dos OE na fábrica deve não só ao pleno emprego, mas também às disposições contestatórias (que também foram chamadas de "humor anti-institucional") desenvolvidas, num primeiro momento, na escola (nos CET ou nas escolas profissionalizantes[22]) e conservadas, num segundo momento, pelos primeiros anos de socialização operária no interior das grandes oficinas de OE. Fundamentalmente, o que desapareceu com a "cultura antiescola" (destruída de certo modo pela continuação generalizada no ensino geral) foi o gosto pelo desafio e pelo espírito de bravata, a sensibilidade à humilhação e uma espécie de mola contestatória que podia soltar-se ao menor movimento de "injustiça". Podemos vê-la bem na maneira como, por exemplo, para evocar as possíveis sanções por faltar ao trabalho, um desses temporários emprega um vocabulário do tipo escolar ("levar um puxão de orelha", "tomar uma bronca", "levar um sabão", expressões que emprega como um aluno que ainda receia ser pego em erro). Como se as advertências no trabalho fossem o prolongamento, em outro domínio, das punições escolares e, sobretudo, como se não existisse nenhuma possibilidade de resistir a essas ameaças, que parecem ser veredictos inapeláveis. Vemos a que ponto o fechamento do horizonte profissional, da vida no dia a dia, contra um fundo de consciência cada vez mais viva do custo moral do fracasso escolar diante das respostas sofridas na busca por emprego, produz uma espécie de "assimilação" das hierarquias sociais e do sistema de sanções na sociedade. Em consequência, uma das principais molas de ingresso na militância para muitos OE, a saber, a "frustração escolar" de pessoas inseridas precocemente no trabalho, parece ter poucas chances de funcionar com esses jovens em situação precária, que são "frustrados do trabalho".

Para "cavar seu lugar", um dos (raros) recursos que têm é a disposição para entrar na "modernidade", tornando-se operadores eficientes, disponíveis, sérios, cooperativos etc. É desse modo que esperam apropriar-se do trabalho, torná-lo vivível e aceitável. Em resumo, ser operário de uma maneira diferente, sem o estado de espírito "resmungão", "chiador" de seus antecessores. Aliás, em geral, os militantes dizem a respeito dos raros

---

[22]   Na fábrica, elas tinham ocasião de desenvolver-se plenamente de maneira diferenciada, segundo as origens geográficas e sociais, por exemplo: para os operários urbanos, a cultura operária familiar transformava-se facilmente em cultura antiescola e, para os filhos de camponeses, em gosto pela independência e horror a ser comandado pelos chefes de baixo escalão.

jovens contratados que: "Eles entram na lógica da empresa", no sentido de que: "Eles fazem o jogo do patrão". Se tomamos o ponto de vista desses jovens, podemos nos perguntar se muitos não estão simplesmente tentando pertencer a uma comunidade. Isso explica o fato de, num primeiro momento, eles se contentarem com as relações "legais" no trabalho (aceitam bem o tratamento informal[23] e não reclamam da proximidade social imposta pela hierarquia, muito pelo contrário). Tem-se a impressão de que o essencial para eles é não serem limitados a uma posição de OE que lhes parece "operária demais", "dominada demais". Eles encontram uma solução temporária para isso no jogo com as ambiguidades estatutárias do "operador", que permite que, uma vez dentro da empresa, não se considerem inteira ou exclusivamente operários. Os jovens se apressam em adotar as novas denominações da fábrica (operador, linha, grupo...) e aderir à temática da qualidade, coisa que os velhos operários próximos dos militantes se recusam a fazer, quase por princípio. O trabalho simbólico de eufemizar a condição operária (imposição de um ritmo de trabalho, peso das relações hierárquicas, posição de dependência e de subordinação, dominação no trabalho etc.) parece particularmente conforme às aspirações dos jovens operários, que se servem dele para tomar distância da atribuição de identidade como "operário Peugeot", com o único inconveniente de terem de se prevalecer dessa identidade fora da fábrica, em outras cenas sociais, para obter uma ou outra vantagem (alojamento, comitê de empresa, reduções do comitê etc.).

A oposição entre os "velhos" e os "jovens" operários repousa, sem dúvida, sobre modos diferentes de inserção profissional, diretamente ligados às transformações ocorridas no mercado de trabalho nos últimos vinte anos, mas repousam também sobre uma grande diferença em seus modos de politização. Nenhum princípio transversal e unificador como a luta contra o patrão ou o capitalismo alia esses indivíduos; ao contrário, o que atravessa o grupo operário são microconflitos. A questão que se coloca então é a da formação de grupos de interesse, por exemplo: com quem eles vão se solidarizar? O que ainda existe de comum entre os velhos OE e os jovens é talvez um conjunto de atitudes de base relativamente próximas (do campo do "infrapolítico"), um fundo de revolta comum e partilhado que se alimenta de uma mesma experiência de humilhação. Mas essas experiências comuns – e aí reside o problema – parecem não poder mais conduzir a uma unificação dos interesses.

Uma parte dos temporários – mais particularmente os oriundos da região de Sochaux, que prefeririam não ser contratados da Peugeot – estabeleceu uma forma de distanciamento em relação ao modelo operário tradicional que se deve distinguir da atitude do "jovem operário cooperativo". Por suas atitudes – trabalhavam com um *walkman*, sem macacão, de camiseta, taciturnos, às vezes se recusavam ostensivamente a se comunicar com os colegas, atrasavam-se com frequência no turno da manhã etc. – ou pela maneira como denegriam o trabalho e a vida de fábrica, os

---

[23] Pensamos, entre outros, num aluno de segundo ano de bac profissionalizante que, ao evocar seu estágio de um mês numa empresa, disse do patrão: "A gente se tratava por você, chamava o patrão de Jacques... Era muito legal".

temporários deram aos "velhos" OE a impressão de que não respeitavam os códigos sociais estabelecidos de longa data nas oficinas. Comportavam-se como "operários de passagem". Sua relação com o trabalho, feita de desprendimento e certa forma de "dane-se", estava em total oposição com a imagem de operário tal como havia sido construída pelo movimento operário francês, aquele que em certa medida os militantes encarnavam: a imagem do produtor, do criador de "valor", imbuído da nobreza do trabalho operário, dos valores de solidariedade e de "calor humano" de classe, coisas que faziam com que se pudesse lutar por e em nome dessa abstração que era a "classe operária". O que os velhos militantes percebiam desses "operários de passagem" – essa espécie de frivolidade na conduta de alguns – parecia antinômico, quase ofensivo à "postura" e à "dignidade" da classe operária – construídas com tempo e paciência pela luta sindical e política precisamente contra as representações dominantes e desdenhosas das classes trabalhadoras. O "jovem em situação precária" surgiu aos olhos desses velhos OE militantes como alguém que não podia ser considerado realmente "operário", na medida em que a palavra implica fundamentalmente a ideia de luta, história, combate e esperança política (de um futuro radiante). Para eles, esses jovens nunca seriam militantes. Sua irrupção nas oficinas fez com que os OE tomassem brutalmente consciência de que havia se aberto uma distância cultural irreversível entre as gerações operárias. Esse questionamento de identidade foi ainda mais doloroso porque vinha do próprio "interior" da condição operária, de seus próprios filhos. Os "velhos", e em especial os militantes, sentiram então que não poderiam transmitir nada de seu saber ou de sua experiência "política": o fio das gerações operárias na fábrica havia se rompido.

Mas é preciso voltar ao modo de construção dessas gerações. A consciência particularmente viva da necessidade atual de diplomas "superiores" (medidos praticamente em termos de duração dos estudos acima do bac) teve como efeito objetivo, e quase retrospectivo, fazer com que os OE que entraram para a fábrica sem diploma – "sem nada" – passassem por pessoas que "deram sorte", beneficiaram-se de um efeito de geração e, de certo modo, não deveriam ter muito do que se queixar. Com o endurecimento da competição escolar e a desqualificação das formações profissionais curtas (CAP, BEP), os jovens pouco ou não diplomados tenderam a conceber às avessas a geração dos OE da fábrica (que em muitos sentidos é a geração de seus pais) como uma geração despreocupada, se não "feliz", unicamente na medida em que não teve dificuldade para conseguir emprego. Essa visão *a posteriori* da geração dos pais isola um momento de tudo aquilo que foi sua trajetória profissional (a inserção no mercado de trabalho) e abstrai o sistema de limitações em que essas pessoas estavam inseridas (por exemplo, como conta Gérard, OE de origem rural, os filhos de camponeses fugiam do trabalho na terra para ter acesso aos bens e às diversões da "sociedade de consumo").

Ao longo desses últimos quinze anos, o que se perdeu foi a própria ideia de um progresso coletivo do grupo operário. Com ela, desapareceu a esperança política de uma mudança radical das relações sociais com base num modelo do tipo socialista. A aflição específica dos militantes operários reside talvez na extrema dificuldade que sentem para pensar sua condição e a de seu grupo em termos "políticos", como lhes ensinou a história do movimento operário francês. Hoje, cada um acaba definindo por si próprio "suas" maneiras de defender "sua" dignidade – dignidade, aliás, pela qual não lutam com menos veemência, mas da qual se resignam a admitir que não vai necessariamente concordar com a dos outros. Essa é uma situação que, em geral, deixa as pessoas desamparadas, porque mexe com sua autoestima, com a representação que fazem de seu valor no mundo social, com o sentimento de sua identidade – aquela que de certa maneira era "garantida" pela militância.

BOX 1   **OE, militantes da CGT, barrados na carreira**

Alguns OE escolheram o caminho do escalão, "vestiram a camisa" e tornaram-se agentes de controle, chefes de oficina e até executivos. Os que estavam inseridos numa tradição operária militante ou foram politizados na fábrica (ou na escola profissionalizante) se tornaram militantes sindicais da CGT ou da CFDT. Os "profissionais" dominavam as seções sindicais da fábrica: eram eleitos para comitê de empresa, comitê de higiene e segurança, negociavam com os executivos. A maioria assumia responsabilidades políticas em nível local, no Partido Comunista Francês, no caso dos militantes da CGT, e no Partido Socialista Unificado ou no Partido Socialista, no caso dos militantes da CFDT. Algumas grandes figuras militantes saíram desse meio dos profissionais da fábrica, seus nomes eram sempre evocados com respeito e admiração e marcaram a memória dos operários da fábrica, como conta um OE.

> Henri – E depois, nesse meio tempo, foram tomadas medidas dentro da fábrica que mudaram isso; para ser P2, você tinha de ser nomeado pela hierarquia, e como eu já era militante, bom, para os militantes a porta estava fechada, eles enrolavam o mais que podiam, tentavam desanimar as pessoas o mais que podiam... de modo que...
>
> *Na época, isso parecia evidente...*
>
> Henri – É, mas sempre existiu dificuldade para os militantes na Peugeot, não era um fenômeno novo, era... Mas, aí, o fato de precisar ser nomeado pela hierarquia era uma dificuldade a mais, porque até então as coisas corriam relativamente bem, por princípio, tradições... Enfim, a gente tinha a nota do teste para P1 e com ela podia se candidatar ao teste para P2; a gente fazia o teste para P2, ficava como P2 algum tempo, mas era assim. Mas, aí, a complicação era justamente a nomeação da hierarquia... Então, os anos se passaram e eu não podia me candidatar ao teste para P2, porque a hierarquia não me nomeava. E a nomeação era P2/1, eu acho [...]. Você precisava ser nomeado P2 e em seguida fazer o teste para P3, então fiquei bloqueado um bom tempo, não consigo me lembrar... Então, remei um bom tempo até ser nomeado para P2 pela hierarquia, em 1982... Foi com a lei Auroux, digamos que eles ficaram meio preocupados... Aí, finalmente, fui nomeado P2, mas ainda tinha uma obstrução da parte da minha hierarquia para eu fazer o teste para P3 e, contra isso, a gente não pode fazer muita coisa porque, no fim das contas, é uma apreciação subjetiva, e a argumentação contra isso é: eu faço o meu trabalho, quero poder prestar o teste, mas...

BOX 2 — As lutas em torno do comitê de empresa como enfrentamento de duas representações do grupo operário

Nos anos 1980, a CGT e em parte a CFDT concebiam o comitê de empresa (CE) como um braço armado institucional do sindicato. Caixa de ressonância das palavras de ordem sindicais (ver a ênfase em seu papel de contestar os diferentes aspectos da política patronal), devia defender com vigor certa concepção da gestão das atividades sociais e culturais, exprimindo o ponto de vista da cultura "dada" aos operários e favorecendo a solidariedade entre assalariados. Tratava-se mais fundamentalmente de construir nas instituições do CE uma contracultura local capaz de resistir à influência da Peugeot e fornecer quadros "operários" de socialização às famílias operárias da região, em especial aos filhos (o que está, por exemplo, no centro da argumentação contra o fechamento das colônias de férias). É preciso levar em conta também que esse modelo cultural, representado igualmente pela gestão cegetista do CE, entrava em sinergia com a cultura desse sindicato por meio das formas de ação militante nas oficinas. Havia uma divisão da ação sindical dentro e fora da fábrica com aquilo que chamavam de "Cidade" (que agrupava uma biblioteca grande, salas de reunião etc.). A CGT e a CFDT perderam o CE nas eleições de 1984. O novo CE, dirigido por uma aliança entre FO, CFTC, Siap e CGC, inverteu o curso das coisas e tendeu a "privatizar" as atividades oferecidas. Nesse sentido, a luta contra essa privatização instituída pelo CE peugeotista foi uma verdadeira luta política: uma crítica à iniciativa individualista da nova gestão do CE. Eles denunciaram a dissolução das antigas práticas que produziam e reproduziam o coletivo e a política que punha entre parênteses a vida conflituosa da empresa. De certo modo, essa política contribuiu para destituir a fábrica de "realidade", operando assim uma espécie de desvio do CE, que se concebia na memória militante como uma propriedade dos assalariados com um papel de contrapoder mínimo diante da "Peugeot". Encontramos implicitamente aí uma concepção totalizadora do CE como instrumento de politização do social e da cultura, mas também do doméstico e do privado que se opõe diametralmente à concepção consumista da aliança entre FO e CFTC de privatização do social e do cultural, constituindo-se com isso uma modalidade essencial do trabalho de despolitização conduzido pela direção da Peugeot e por seus aliados.

BOX 3 — As "questões" pessoais na fábrica

Um militante da CGT denuncia aqui a maneira como os agentes de controle misturam vida profissional e vida familiar.

> Não acho que existam realmente "conselheiros de oficina". Com a gente, em geral, são os agentes de controle que fazem uma entrevista. E se por acaso sentem que alguém está com algum problema, eles convocam o cara: "Não sei, a gente está disposto a conversar com você, se está com problemas de família ou de dinheiro, empréstimo e tudo... A gente está disposto a ajudar, mas você não pode [em voz baixa] 'largar' a gente assim... Se ficar doente, avisa a gente que está doente!". Eles começam a jogar com a vida familiar depois, ficam

A crise da militância operária   259

falando com ele... Depois, tem outra pessoa que vem e diz: "Olha, o senhor Y veio falar com a gente, disse que a mulher dele está querendo se divorciar...". E eles dizem: "É, o fulano falou com a gente. A gente conseguiu resolver o problema dele, foi até lá falar com eles". Eles dão exemplos precisos e em geral é alguma coisa íntima... entre os caras, e eles dizem: "Você veja, por exemplo, o problema do senhor Y...".

É uma maneira de envolver as pessoas...

É... porque, além do mais, não dá... Eles não estão na pele deles... Quando acontece um problema sério e tudo... então eles dizem: "É, falaram com a gente sobre esses problemas... A gente sabe que você está de licença-saúde, só que você está com um problema... mas a gente está disposto a ajudar...". Então o cara consegue fazer um esforço no sentido de, mesmo estando doente, vir trabalhar... Conheci um cara que estava em processo de divórcio e tudo, eles chamaram o sujeito e depois disso ele não faltou mais, enquanto antes ele faltava muito. Fui falar com ele e aí ele me disse: "Eles não resolveram o meu problema... mas me deram apoio moral". E disse também: "A CGT não me deu esse apoio...". Ainda por cima, ficou bravo com a CGT! Eu disse a ele: "Você não disse nada para a gente... e depois, são problemas pessoais, a gente não quer...", e ele: "É, é, mas não tem jeito... não pode ter medo... tem de entrar nas questões pessoais...". Então [a tática da direção] tem retorno.

BOX 4   **O desafio das horas de delegação para um militante de cadeia de produção**

Patrick, 35 anos, foi de 1981 a 1990 representante da cadeia de produção na oficina de acabamento. Deixou a função há um ano. Ainda filiado à CGT, aceitou constar da lista de representantes de seu setor como suplente.

Eu, agora, ainda sou suplente, mas a gente não tem mais as horas [de delegação], mais nada.

Mas o fato de os representantes terem horas de delegação não provoca ciúme?

Bom, digamos que a gente passa um bom tempo em campo, né! Os caras veem a gente... [na cadeia de produção] Eles sabem que a gente tem essas horas para eles e tudo... Mas não entendem que a gente tenha quinze horas [de delegação], acham que a gente fica num escritório... Mas como em geral a gente está em campo, a gente explica que tem isso e isso [para fazer], perde uma hora, tem mais aquilo, perde outra hora... Em geral a gente ultrapassa as horas [de delegação], né! Eles [os caras da cadeia de produção] acham que a gente tem o tanto de horas que quiser, não entendem que a gente tem quinze horas e só... [Silêncio.] E são dos antigos. Ainda agora tem gente que diz: "Ah, você não é mais representante, não vai mais poder vadiar" e tudo mais... Coisas desse tipo... Bom, o cara, o representante, perde um salário por ano... E quando chegam as eleições ou quando tem uma briguinha ou alguma coisa assim, a gente ultrapassa logo as horas... É igual quando tem caras que chamam a gente por isso ou por aquilo... Tinha meses que eu pegava 20, 25 horas, dependendo!

E aí o seu chefe descontava as horas?

Ah, sim... Bom, tinha uns dois ou três que me diziam: "Bom, vou pôr uma hora a menos...". A gente ultrapassava uma hora, como chegou a acontecer comigo (aliás, preciso achar a carta)... Uma vez, a gente ultrapassou uma hora em março, meia hora em abril, eles marcaram tudo e depois "passaram a mão" num único mês, em julho, justo antes das férias. E aí me levaram duzentos, trezentos paus... Eles pegaram todos os meses, aqueles mesesinhos em que eu ultrapassava meia hora, uma hora no máximo.

Mas eu tenho a impressão de que os caras acham que o representante usa essas horas para vadiar, como você disse.

É sempre igual, os caras que trabalham onde tem um representante da CFTC, Siap ou coisa parecida [sindicatos da casa], os caras que ficam ali o dia inteiro, eles não fazem nada. Aí eles veem realmente... Os caras da CFTC, da FO, nunca estão lá... Então, os caras [da cadeia de produção] veem isso. A gente não pode dizer que eles são bobos, eles não são burros... [Silêncio, em seguida ele retoma outra ideia.] Era igual, antigamente, a gente distribuía panfletos, né! E eles [os chefes] punham a gente contra a parede: "Você não tem licença, não tem direito [de panfletar]", mas os outros [representantes da CFTC, Siap] faziam o que queriam. Eu acho que eles pararam um pouco por causa disso.

E agora, nessa história de panfleto, eles não pegam mais no pé?

Não... Na RC1, eles deixam distribuir desde que não fique jogado no chão, que a gente não deixe em qualquer lugar... Eles dizem: "Vocês podem deixar na área de descanso". Mas, em compensação, um representante como o Hamid não consegue sair sem licença... Ah, ele não tem muita moral. Há um ano [pouco depois da greve de 1989], todo mundo estava com a moral lá em cima, o conflito tinha acabado... Em um ano, caiu! [Falamos das últimas eleições de representantes de oficina em que a CGT obteve 60% dos votos na RC1.] Quando cheguei no sindicato naquela noite, logo depois teve um que veio para cima de mim e disse: "É onde tem peão que dá merda". Quer dizer, os caras da LO... Ele só via isso... É, porque no turno A, no turno B, o pessoal vota junto... Mas eu disse a ele: "No chassi, tem peão, mas no acabamento também tem...". Mas eles dizem que foram eles que fizeram a gente perder... Pode ser que o turno A tenha votado mal, ou o turno B, a gente não pode saber, né... É sempre essa guerrinha... [num tom irritado]

E entre os reformadores e os ortodoxos [do PCF], ainda existe tensão?

É, existe... mas eu não sou mais... não cuido muito dessa parte... Bom, foi um pouco isso que me chateou... Sei que no começo tinha muita tensão... Era terrível ver essas coisas, se tinha uma reunião, acabava em gritaria... Tinha vezes até que voava cadeira no sindicato e tudo... Eu não vi, mas teve... Bom, teve uma vez que voou uma cadeira, mas os caras nunca ficaram sabendo, era uma coisa entre a gente... Bom, a gente não dava mais dinheiro para o sindicato...

BOX 5   **A ação do representante de oficina**

Patrick – [Hoje] o representante pode agir, mas não sozinho... só se tem gente atrás dele. Faz duas semanas, mandei chamar o representante porque a gente estava em quatro e eles tinham eliminado um posto, então a coisa não andava. Depois, eles colocaram um cara a mais, mas ele não fazia a mesma série que a gente, estava em formação, tinha vindo para aprender. [...] Mas a gente chama cada vez mais o representante para fazer trabalho de assistente social. O cara vai falar com ele: "Estão faltando mil pratas no meu contracheque!"... Ele vai até o escritório e foi o cara que pisou na bola: ele não informou as faltas no trabalho... São sempre coisas assim, no fim das contas... Ou então o cara volta de licença-saúde e informa as faltas para o chefe de equipe, quando devia informar para a Previdência...

Ou então dois ou três meses depois: "Está faltando isso, está faltando aquilo". Bom, as discussões em torno da qualidade ainda dá para defender: caras que são punidos porque se esqueceram de fazer tal coisa e levam uma advertência, isso não é normal! Mas essas coisas de contracheque... E depois, os ciúmes: "O outro tem quatro bônus por escolha, eu não tenho nenhum...". A gente não pode brigar por essas coisas. Você vai dizer para o chefe: "Você deu cinco bônus por escolha para fulano neste ano e nenhum para sicrano?". O chefe vai chamar fulano e dizer: "Você não vai ter mais bônus por escolha, a culpa é do sicrano, que reclamou". Eu acho que o bônus tinha de ser dividido, ponto. [...] Fiquei sem bônus por escolha e num único ano recebi três: recebi dois naquele famoso dia em que saiu um artigo no jornal que dizia que quem nunca tinha recebido bônus por escolha ia receber... [risos]. [Julho de 1992.]

BOX 6 **"Dá desgosto militar... a gente está no limite do derrotismo"**

Mathieu – Ah, não é fácil militar, sabe... A gente também não está num ambiente muito... Na semana [do turno] da manhã, eu vejo, sabe... De manhã, a gente está no limite do derrotismo... Não tem mais vontade... Como todo o clima que existe em volta... [Silêncio.] Às vezes nem tenho vontade de pegar as licenças de delegação para ir nesse ou naquele lugar... porque... não tenho vontade... A gente está desmoralizado, não sente que os caras chamam a gente... Andei conversando ultimamente com Richard, Pierrot e Hamid [representantes da CGT da RC] e é geral, não é uma fase boa, a gente não sabe o que fazer... Dá desgosto militar... As pessoas não dizem coisa com coisa... É isso, é aquilo... [Mudando bruscamente e olhando direto em nossos olhos, faz uma pergunta direta:] "Mas vocês, no nível pessoal, vocês não analisaram os resultados das eleições dos CE?". [Julho de 1993.]

BOX 7 **"O suprassumo da delegação"**

Trecho da entrevista com Jérôme, jovem operário, representante da CGT, 30 anos.

Mas no nível dos operários, a gente vê que a coisa vai de mal a pior... mesmo fora a radicalização da vida no trabalho, o cotidiano na cadeia de produção, é um "dane-se" total... Um exemplo: ainda na semana passada, a gente distribuiu o Métallo [jornal da CGT] especial sobre seguro social; ali a gente explicava a maquinação que faz com que não sejam os altos salários que financiem as pensões... Quando a gente distribuiu para os porteiros, eles entenderam, berraram, a gente sentiu que eles ficaram revoltados, mas depois... [refletindo] eles vivem praticamente o momento. Então, o interessante seria, se a gente quer fazer alguma coisa, juntar cinquenta pessoas que se "irritam" no mesmo momento, ao mesmo tempo. Isso não é fácil. Eles vivem o momento. A gente viu isso ainda na semana passada, eles [a direção] quiseram fazer uma velhacaria com o começo das férias, quer dizer, queriam compensar no sábado o último dia na fiação. A fiação é uma oficina trazida de Bart onde tem principalmente mulheres. Então, a gente foi lá, conversou um pouco com elas para saber o que achavam. Elas discordavam, é claro, a gente via isso, mas quando a gente perguntou: "Se ainda assim eles impuserem a compensação, o que vocês vão fazer?". "Bom, aí a gente vai ver". Só. Acho que tem cada vez mais situações em que as pessoas discordam, mas não sabem o que fazer.

Em parte porque têm a sensação de que não existem mais perspectivas, possibilidades reais de mudança...

Teve uma coisa que achei muito interessante na época das eleições legislativas. Bom, ganhou a esquerda, Jospin, as 35 horas sem perda de salário etc. Aí eu conversei um pouco sobre política com uns caras para ver como eles estavam reagindo. Eles estavam bastante felizes, no fundo, por Jospin ter ganhado, porque assim era melhor, não iam precisar se mexer, iam ter as horas, isto é, eles atingiram, eu acho, o supra-sumo da delegação, do sistema delegatório. Agora, não existe mais necessidade de representante sindical, a gente vai diretamente no governo. "Eles vão ajudar a gente." E isso é uma coisa que a gente vê o tempo todo hoje, que corresponde justamente ao individualismo, isto é, eu não vou eu mesmo, eu mando os representantes. Tem gente até que manda outro operário, sindicalizado ou não, para falar com o representante de oficina para não entrar diretamente em contato com ele. [Risos.]

BOX 8   **A redação dos panfletos**

Como vocês redigem os panfletos, conforme o humor de cada um?

Um responsável da CGT, OE – Depende... Só sei que faço muitos... Agora, pus Yvette para fazer um, e ela está me tirando do sério, porque já faz uns dias que estou dizendo para ela fazer, e acho que ela é que tem de fazer porque ela é secretária do CHS e conhece melhor do que eu o setor, então é ela que tem de fazer... E depois, ela tem os colegas de setor que sentem a questão na pele... Acho que é melhor deixar eles fazerem porque eles analisam a questão como sentem. [...] Eu sou mais... isto é, quando é um panfleto geral, eu tenho de ficar mais no estilo, não diria austero, porque não gosto, mas quando é um panfleto de setor, se preferir, eu gosto de trabalhar com ironia, muita ironia, entende, e posso dizer que, em princípio, eles ficam mordidos... Posso dizer que não tem nada pior que a ironia para atingir alguém... Me lembro de um panfleto: "Os AS no festival de Avoriaz", ali eu escrevi: "Salários: 2 mil léguas submarinas" etc., depois dizia umas palavras e os caras, eu vi, eles se torciam de tanto rir, e dois meses depois ainda pediam os panfletos. A gente tem de reconhecer que nem sempre consegue o resultado esperado, mas o objetivo do panfleto é ser lido, não é? Então!

BOX 9   **"Quando toda essa gente de brio for embora..."**

Gilles, OE, antigo responsável da CGT, nos dá uma entrevista no momento em que decide deixar a fábrica para seguir uma formação (julho de 1992).

Em geral, os melhores militantes que existem nas oficinas são justamente antigos sindicalizados ou não sindicalizados, mas que estão impregnados de um certo número de ideias, princípios [imitando um tom firme e seguro de militante]: "As coisas devem ser ditas como são, e não de outro modo". E, em geral, esses antigos contam na vida da oficina, mesmo que não sejam forçosamente os mais dinâmicos no nível da luta, mas na vida cotidiana e tudo mais, eles passam um certo número de... Vou dar um exemplo: na minha oficina, a gente sempre parou às 12h45 [e não às 13 horas, horário "legal"], pegava a sacola, ia para o vestiário etc. E aí a gente arrastava todo mundo. São métodos de ação, de resistência

muito limitados, que nem são percebidos assim, mas que, hoje principalmente, vão totalmente contra os objetivos da direção. E isso conta nas oficinas. Quando toda essa gente
de brio for embora, a geração que ficar não vai ser uma geração impregnada de certa luta
sindical... Mesmo o pessoal de 30, 40 anos, é uma geração que lê muito menos, que é capaz
de grandes revoltas, mas não tem essa tranquilidade cotidiana que faz a gente ser capaz de
se opor dia a dia, modestamente... Às vezes parece assim, mas isso permite formar um
corpo... [Silêncio.] Isso, daqui a algum tempo, a gente não vai ter mais.

9

ENFRAQUECIMENTO DO GRUPO OPERÁRIO E TENSÕES RACISTAS

Ao longo de nossas numerosas estadias em campo desde a metade dos anos 1980, nós acumulamos, de maneira esparsa, um material rico e ao mesmo tempo discorde sobre a questão das relações entre "franceses" e "imigrantes"[1], não só nas oficinas (ver capítulo 3), mas também fora delas. No início, a questão do voto operário a favor da Frente Nacional[2], menos ainda que a do "racismo operário", não era para nós um objeto de

---

[1] É por comodidade de expressão que empregamos essas duas palavras. Por "imigrantes" deve-se entender evidentemente os grupos que são "visualizados" no espaço local como estrangeiros, independentemente de sua nacionalidade (o que explica as aspas). Na boca dos operários locais, e em particular dos que moram em bairros onde são levados a conviver com a população estrangeira residente, a expressão "os imigrantes" remete aos "magrebinos" (argelinos e marroquinos) e aos turcos. Esse grupo é socialmente heterogêneo (por exemplo, os argelinos formam uma imigração antiga, datada dos anos 1950 a 1960, apesar de ter se renovado constantemente), mas seus diferentes elementos têm em comum o fato de compartilhar do mesmo estranhamento por parte dos "autóctones" em função de sua aparência física (a fácies, a cor da pele, as roupas tradicionais usadas pelos "velhos") e de seus hábitos culturais (em primeiro lugar a religião, mas também os hábitos alimentares, a divisão sexual dos papéis, a maneira de educar os filhos etc.). Essa denominação exclui os imigrantes de imigração antiga, como os espanhóis e os italianos, assim como os de imigração recente, como os portugueses e os iugoslavos. Esses imigrantes "europeus" não serão os últimos a tomar distância dos "árabes" ou dos "turcos", de acordo com uma lei bastante conhecida dos historiadores da imigração. Portanto, no grupo dos operários locais, podemos distinguir, de um lado, o grupo dos "estabelecidos", no sentido de *established* (operários franceses, mas também operários de imigração europeia, como espanhóis, portugueses e mesmo iugoslavos, que em geral construíram suas casas, educaram seus filhos, instalaram-se na região etc.) e, de outro, o grupos dos *outsiders* vindos para a França, que compreende os imigrantes dos anos 1970 (marroquinos e turcos). Os argelinos instalados de longa data na região são vistos tanto como "ex-colonizados" quanto como "vencedores" da guerra de independência. Ao longo dos últimos anos, com o recrudescimento do islamismo no Irã e na Argélia, a suspeita de trazer a ameaça islamita para terras francesas pesa cada vez mais sobre eles.

[2] Na eleição presidencial de 1995, a Frente Nacional, com Jean-Marie Le Pen como candidato, foi o partido político francês que obteve a maior proporção de votos operários (30%).

266 *Retorno à condição operária*

pesquisa em si. Mas a partir de 1993-1994, como o tema estava cada vez mais presente em campo e aparecia com frequência nas entrevistas (com os operários, mas também com os professores e os assistentes sociais), nós não podíamos ignorá-lo e não levar em conta sua importância em relação ao nosso objeto de pesquisa. Ao mesmo tempo, as interpretações propostas por numerosos cientistas políticos a respeito do enraizamento da Frente Nacional nos meios populares[3] não correspondiam, de todo, com nossas observações. Embora esse voto, sem dúvida nenhuma, tenha uma forte dimensão de protesto, não podemos desconhecer o fundo estrutural contra o qual se destacam as relações entre operários franceses e operários imigrantes hoje, isto é, o contexto de "vulnerabilidade de massa" (para retomar a expressão de Robert Castel), que foi descrito em grande parte nos capítulos anteriores: a deterioração das condições sociais de existência (nível de vida, insegurança, angústia em relação ao futuro), a concorrência no trabalho, a diminuição das esperanças de promoção (para o pai e para os filhos), a ideia fixa da desqualificação social, a esperança e a decepção ligadas à continuação dos estudos. É levando em conta esse pano de fundo que se pode compreender a atração pelas temáticas da Frente Nacional nos meios populares, e em especial pela da "preferência nacional".

Um fato chamou particularmente nossa atenção no início dos anos 1990: a coincidência entre o fato de a CGT ter subido posições nas novas oficinas de montagem (60% dos votos na RC1) e o aumento regular de votos a favor da Frente Nacional nas cidades operárias da região (entre 20% e 25% de votos nas eleições presidencial e municipal de 1995[4]). É claro que não podemos deduzir dessa coincidência uma identidade entre os operários que votaram na CGT nas eleições profissionais da fábrica e aqueles que votaram na Frente Nacional nas eleições legislativas ou presidenciais. Contudo, podemos legitimamente supor que certo número deles votaram na Frente Nacional e isso nos instigou a aprofundar a comparação das relações entre "franceses" e "imigrantes" no interior da fábrica e no espaço social fora dela.

Uma de nossas hipóteses para explicar essa assimetria dos votos nesses dois espaços sociais é que a cristalização racista nos meios populares ocorre menos em relação ao comportamento dos pais imigrantes na fábrica do que em relação ao dos filhos fora dela. Em outras palavras, o que restou de destino compartilhado e de lembranças comuns (trabalho, lutas, "brincadeiras") entre velhos operários na fábrica ainda forma um escudo protetor contra a "contaminação" das ideias racistas. No entanto, fora da fábrica, esses mecanismos não existem, ou não existem mais, e assim dão espaço ao crescimento da espiral racista de uma parte do grupo operário – "estabelecido",

---

[3] Por mais instrutivas que sejam em termos de geografia eleitoral, as análises dos "cientistas políticos" envolvem em geral conceitos frouxos e discutíveis ("populismo", "lepenismo de esquerda", "anomia urbana"...), que não permitem dar conta verdadeiramente da complexidade das atitudes políticas desse tipo de eleitor.

[4] Em especial, nos quatro grandes conjuntos habitacionais ocupados por operários especializados, em sua maioria de famílias imigrantes (magrebinas ou turcas), ou nos bairros onde existe uma proximidade espacial entre as famílias operárias francesas que vivem em casas e as famílias imigrantes que moram nos apartamentos dos conjuntos habitacionais.

mas a caminho da desqualificação – contra jovens oriundos da imigração, vítimas de desemprego e de diversas formas de estigmatização.

Nas empresas, os velhos "franceses" sentem-se ao mesmo tempo distantes e próximos dos imigrantes (os militantes referem-se a eles como "velhos colegas imigrantes"), que também têm 25 anos de fábrica. Sentem-se "explorados" como eles. Mesmo que as relações entre franceses e imigrantes sejam tensas em alguns momentos (por exemplo, na época da guerra do Golfo ou durante as fases de terrorismo islâmico na França), ainda existe certa solidariedade que se recria em função da hostilidade contra a Peugeot e da absoluta desconfiança em relação aos "chefes". Além disso, na fábrica de Sochaux, esses imigrantes – em sua maioria cansados e envelhecidos precocemente – não são percebidos como concorrentes no mercado interno de trabalho: de um lado, porque foram pouco a pouco eliminados da fábrica (sobraram menos de 10%); de outro, porque quase sempre são colocados em postos "duros". Se ficam à distância e não fazem proselitismo religioso (como aqueles que os operários franceses chamam de "barbudos"), não são considerados uma ameaça real.

Nas entrevistas ou observações, os discursos que se referem de forma explícita aos "imigrantes" (ver boxe "Questão de método") na maioria das vezes concernem aos filhos: o termo "imigrantezinhos" serve em geral para designar os filhos de árabes. Aliás, em geral por receio de serem suspeitos de "racismo" quando enveredam nesse campo para denunciar a má conduta de certos jovens, os entrevistados tomam o cuidado de distinguir os pais – que "deram duro" – dos filhos, acusados, sobretudo, de "vadiagem" e de falta de respeito. Esse discurso dos velhos operários sobre os "jovens imigrantes" também exprime os temores que surgiram com a concorrência entre jovens pouco ou não diplomados no mercado externo de trabalho[5]. Mas é principalmente fora da fábrica, nos conjuntos habitacionais e no espaço público, como vamos ver, que as distâncias entre "franceses" e "imigrantes" se revelam, que as lógicas de desvalorização material redobram as depreciações simbólicas.

1. Um 14 de Julho entre operários profissionais

Evocaremos aqui uma das cenas mais "duras" que presenciamos ao longo desses anos em campo, e durante a qual, de maneira complexa, surgiu a questão dos imigrantes.

Estávamos em 13 de julho de 1989 na região de Montbéliard. As comemorações do 14 de Julho estavam sendo preparadas por toda a parte (era o ano do bicentenário da Revolução Francesa). Passamos a tarde com Daniel Z., filho de um operário da fábrica. Conhecíamos o pai de Daniel havia alguns anos: ele era OE em Sochaux, mas não na cadeia de produção; de origem camponesa, não exercia atividade sindical, mas tinha carteirinha da CFDT havia muito tempo. Ele trabalhava "à margem", cuidando de

---

[5] Nesse caso, as sensibilidades são exacerbadas. Ainda que na fábrica de Sochaux os filhos de árabes ou de turcos sejam também "filhos do pessoal", os outros devem vir antes deles. A presença de filhos de imigrantes no local de trabalho é percebida pelos pais franceses como um favorecimento aos "imigrantes", com prova (ou sinal) de uma espécie de discriminação positiva não dita que privilegiaria os "imigrantes" em detrimento dos filhos de "franceses".

268 *Retorno à condição operária*

um enorme jardim aonde ia todos os dias. Além da satisfação de jardinar, que vinha de sua origem camponesa, ele não fazia mistério da economia que aquilo representava: "A gente tinha filhos para alimentar". Sua mulher, que era faxineira, tinha uma personalidade forte, enérgica e eficaz: trazia todo mundo na linha. Ela militava em várias associações, entre elas a de pais de alunos. Os quatro filhos foram bons alunos no ensino secundário e na universidade. Daniel, o mais velho, na época aluno de classe preparatória provincial, pretendia fazer literatura em Paris. Portanto, tratava-se de uma família de OE que, sob muitos aspectos, distinguia-se claramente das outras e podia ser aceita pelos OP. A família morava num loteamento formado havia cerca de dez anos e ocupado por operários (na maioria qualificados), agentes de controle e alguns funcionários da fábrica. A maioria das famílias era de antigos residentes de conjuntos habitacionais que haviam se mudado dos prédios nos anos 1980, quando a presença das grandes famílias de imigrantes se tornou cada vez mais "invasiva".

Passamos a tarde conversando com Daniel a respeito de seu trabalho e de seus estudos, depois jantamos com ele e falamos descompromissadamente sobre seus anos de colégio, Montbéliard e arredores. Ele tinha horror desse mundo operário, que descreveu como "pequeno", "tacanho", "mesquinho" (termo que voltava com frequência a sua boca), fechado em suas rivalidades; seu sonho era escapar daquilo. Sonhava, sobretudo, com Paris, com a cidade grande, amplamente aberta, um mundo que lhe parecia muito distante da "estreiteza" das pessoas da região. Havíamos sido convidados a comer a sobremesa e a tomar o café na casa dos pais. Eles estavam agradecidos por cuidarmos de seu filho. Daniel não nos acompanhou, como se não quisesse "assistir" àquilo, nos ver com os pais. Eram 22 horas. A família, que havia convidado vários vizinhos, colocou algumas mesas na garagem, no subsolo da casa, por isso o clima era muito diferente daquele que poderia reinar numa sala de jantar ou de estar. Desde às 19 horas, estavam fazendo a "festa" na garagem: aperitivos, bebidas, vinho do Jura; as férias estavam se aproximando e soprava um vento de liberdade. Três ou quatro famílias de vizinhos estavam presentes, entre elas a dos G., ao todo umas doze pessoas. O meio social era homogêneo. Também estava presente Henri H., de cerca de 50 anos, chefe de equipe da fábrica, acompanhado da mulher. Politicamente, o meio era claramente à esquerda: vários haviam militado no Partido Comunista e no Partido Socialista.

Quando entramos na garagem, fez-se imediatamente silêncio, depois fomos saudados com brincadeiras ruidosas: "Chegaram os parisienses!". Foram amáveis, mas deram ênfase seja ao fato de sermos duplamente estranhos (à região e ao meio operário), seja à idade e ao status que nos separavam. O mais velho de nós (Michel Pialoux) foi chamado a noite toda de "mestre" (em respeito ao seu status de "professor doutor"), e o mais novo (Stéphane Beaud), por seu status de "assistente", foi apelidado de "contramestre" por Guy, um vizinho da família, operário qualificado da fábrica. Ele empregou a expressão "mestre e contramestre" a noite toda, fazendo os outros (amigos dele) rirem à nossa custa.

Os convidados estavam na sobremesa e já haviam bebido o suficiente – havia várias garrafas vazias sobre as mesas. Estavam esperando por nós. Os pais de Daniel haviam avisado que viríamos; nós seríamos a "sensação" da noite: professores universitários, parisienses, metidos com os OE "lá de cima" da cidade e vistos, de certo modo, como bastante próximos dos imigrantes do bairro Grandval. Clima animado, regado a álcool (o dia havia sido muito quente, havia um ambiente de festa, rojões estouravam do lado de fora). Fomos convidados então a nos sentar e a comer um pedaço de bolo. Conhecíamos a maioria dos que estavam lá. Muitos estavam mais ou menos a par de nossa investigação na região. Sabiam quem era Christian Corouge e, a partir do que os pais de Daniel haviam explicado, faziam uma ideia de nossa iniciativa. Em compensação, não conhecíamos Guy. Como teve um papel importante nessa noite, vamos apresentá-lo mais longamente.

Operário qualificado, Guy estava na casa dos cinquenta e era então do Partido Comunista. Havia lutado na guerra da Argélia e tinha uma espécie de hostilidade visceral contra os árabes: pertencia àquela geração da guerra que nunca conseguiu esquecer. Não "suportava" o fato de nos interessarmos pelos OE, em geral, e pelos imigrantes, em particular. Ao mesmo tempo, não gostava do nosso trabalho e nos fez entender que também não "gostava" de nós. Sob o efeito da bebida, entregou-se logo às suas paixões e revelou seus pensamentos sobre nós e os árabes. Naquela noite, "explorou" a situação, a conjuntura – véspera do 14 de Julho de 1989, clima de brincadeira – e nosso "interesse" pelos operários. Fez brincadeiras que não poderíamos censurar sem passar por ranzinzas, por pessoas que não sabem "viver" ou "rir". Ao longo de toda a noite, fez "provocações" contra os imigrantes, assim como também contra as mulheres, os professores e os "intelectuais". O contexto era singular: ele sabia que estávamos encurralados, não podíamos ir embora, passar uma lição de moral, protestar ou desrespeitar as leis da hospitalidade. Não tinha sido ele quem tinha convidado, por isso estava em vantagem.

Foi no momento em que começamos a comer que, de repente, ele tirou do bolso do blusão uma granada militar – uma bela granada dos anos 1960 –, fingiu desarmá-la, girou-a sobre a cabeça e berrou: "Fora, seus ratos! Vai explodir, vão embora!". E jogou-a debaixo do mesa, na nossa direção. Todo mundo ergueu as pernas, levantou-se, gritou, olhou para os outros com cara de: "Dessa vez ele exagerou". Guy sentou-se, rindo às gargalhadas da brincadeira que havia feito. As mulheres vieram se desculpar por ele: "É o showzinho dele, não fiquem zangados, ele bebeu um pouco... É uma mania, ele sempre faz isso quando tem gente..." [subentenda-se gente importante]. Entendemos logo que o que ele queria evocar era a "limpeza". Seu gesto remetia à guerra da Argélia: em nossa honra, se é que podemos dizer assim, ele simulou que arremessava uma granada numa [vila]. Quem participou da guerra da Argélia em geral relata casos assim: os soldados cercavam as aldeias e, se desconfiavam que havia *fellouzes*˙ no local, jogavam uma ou duas granadas.

Quando a comoção diminuiu, e depois de todos já terem rido o suficiente da traquinagem, eu (Michel Pialoux) fui me sentar à mesa de Guy e comecei a conversar com ele. Entendi que não poderia evitar essa conversa. Não falar de seu gesto, não retomá-lo, seria ignorá-lo, dar uma indicação de desprezo que Guy poderia levar a

---

˙ Combatentes da Frente de Libertação Nacional, partido político criado em 1954. (N. T.)

mal. Aliás, os outros convidados, que gostariam de esquecer o incidente, teriam preferido que eu não iniciasse essa conversa. Então, comecei a falar com Guy: fábrica, mudanças no trabalho, sindicato, política. É claro que ele me fazia perguntas sobre o que eu estava fazendo, o que tinha visto. Duas ou três pessoas entraram na conversa, entre elas duas mulheres: a dele e a do agente de controle. No início, vieram as frases aduladoras, do tipo: "Você sabe mais do que eu", "Você conhece a história melhor do que eu", mas, como a conversa se estendeu, pude rapidamente distinguir o essencial: "Na verdade, você viu o mesmo tipo de gente para a sua investigação, os que estão sempre se queixando. É sempre desses mesmos caras que se fala, nunca dos outros". De certo modo, ele tentou nos dizer que nós, os "intelectuais", somos atraídos por esse "tipo de gente" e não queremos enxergar que pessoas como ele também estavam condenadas a uma vida medíocre, que não mereciam, porque haviam conhecido outro tipo de vida antes, porque "estavam predestinados a um destino melhor". Com o passar dos minutos, tudo isso começou a ser dito de maneira cada vez menos gentil, cada vez mais agressiva. Ele reprovava a minha camaradagem com Christian Corouge, mas não ousava dizer isso na minha cara.

Vários temas se entrelaçaram. Os imigrantes: "Só tem para eles! Não se fala nos outros! Eles invadiram a gente e ninguém diz nada. Vieram para trabalhar como serventes, já é muito poderem ficar. Que deixem a gente em paz! Os OE, no fim, não são tão coitados assim! Mas dos OP (como ele), que foram abandonados, que foram passados para trás pelos técnicos, deles ninguém fala. Sem dúvida, a Peugeot explora os operários, mas não é tão ruim quanto dizem". Para ele, nós dramatizamos, pintamos um quadro escuro. É verdade que as coisas estão piorando no trabalho, mas, mesmo assim, o verdadeiro problema é a queda contínua dos salários, a falta de perspectivas. Em resumo, de roldão fui metralhado, subjugado. E, para complicar a situação, ele multiplicou as provocações contra as mulheres, na frente da própria esposa, que não dizia nada (ou protestava timidamente quando ele ia longe demais), enquanto a esposa do chefe de equipe e as outras protestavam, "brigavam" com ele. Não guardei uma lembrança realmente precisa dessa troca de palavras, ditas num ambiente bastante particular. Mas entendi logo que era a nós que se destinavam, que era a nós, os "intelectuais" que estavam fazendo uma investigação sobre os "operários", que ele queria provocar. Seu discurso se apoiava num argumento que voltava constantemente: "Vocês, os 'intelectuais', que acham que podem falar dos operários, vocês se deixam iludir, tomam tudo ao pé da letra, se deixam levar pela emoção e não veem o que acontece realmente. Mas nós não estamos dispostos a nos deixar engambelar pelos árabes, pelos OE piolhentos de Grandval. Quanto a Corouge ('seu colega', como ele diz), ele admitia que havia dois ou três OE frequentáveis, assim como meia dúzia de imigrantes 'legais', quando muito. Mas o problema não é esse. O problema é que ninguém fala de 'nós', os que realmente são merecedores, os 'verdadeiros' operários".

Fiquei surpreso com o modo como uma temática cegetista/comunista – que expressa hostilidade contra a fábrica, contra os patrões – acaba se articulando com uma temática de ódio ou menosprezo pelos imigrantes. Tentei fazê-lo voltar ao seu ato: o arremesso da granada. Que sentido queria dar àquilo? Fui prudente. Ele se recusou a se explicar em essência, respondeu dando risada ("Você só precisa adivinhar"). Procurou olhares cúmplices a sua volta, sem encontrar, aliás. "Rato", "cabra", "negralhada" não são palavras que se assumem, mas quando se está entre amigos... Certamente pesou na fama que tínhamos de nos preocupar de preferência por OE – imigrantes, portanto –, dos que moravam na parte alta da comuna, em Grandval. Além disso, entre os filhos de operários, nós nos interessamos por um (Daniel) que demonstrava por todo o seu comportamento que não suportava a vulgaridade do bairro, das oficinas, da fábrica. Por tudo isso, os convidados sentiram confusamente que estavam sendo questionados, eles e sua maneira de ser, e isso aumentava o menosprezo de que também se sentiam vítimas na fábrica. Esses velhos OP, que em outros tempos teriam posto um freio a essa escalada de ideologias racistas, ao envelhecer desenvolveram com a política uma relação cínica, estimulada pelos acontecimentos dos últimos dez anos.

Guy pertencia àquela velha geração de OP comunistas que tinha entre 50 e 60 anos e estava em pré-aposentadoria ou prestes a se aposentar. Muitos lutaram na guerra da Argélia entre 1954 e 1962. Na fábrica, tiveram a possibilidade de "subir", mas tinham afinidades com o controle de baixo e com os militantes. Na época, pareciam desiludidos, muito poucos ainda eram militantes ativos; com a derrocada do comunismo, sofreram uma grande desilusão política e tendiam a adotar um tom sarcástico, a não esconder mais o desprezo que sentiam pelos OE e pelos imigrantes. Na fábrica, ainda votavam na CGT, mais por fidelidade, porém, do que por convicção. Viram o mundo deles ruir. Se, por um lado, faziam reflexões contra a direita – em especial porque detestavam a Peugeot e tudo que ela simbolizava –, por outro, também podiam fazer comentários claramente racistas. Entretanto, na frente dos "intelectuais", eles controlaram o discurso e, em princípio, não deixaram transparecer esse lado deles mesmos.

Veremos que essa atitude dos OP difere da dos OE que têm contato com famílias imigrantes nos conjuntos habitacionais. A proximidade espacial vai de par com a concorrência pelo uso dos equipamentos coletivos do espaço urbano (escola, material cultural ou esportivo, escadas e entrada do prédio). Gostaríamos em particular de insistir nos conflitos em torno da escola e da educação das crianças.

2. OE contra imigrantes

Nos principais bairros formados pelos conjuntos habitacionais da região, a maioria dos conflitos entre "franceses" e "imigrantes" ocorre em torno da maneira de educar as crianças e os adolescentes[6]. Em primeiro lugar, a crítica mais frequente diz respeito

---

[6] Para compreender as tensões existentes entre as famílias instaladas de longa data no bairro (tanto francesas como de imigração antiga) e os recém-chegados (famílias de imigrantes que chegaram no fim dos anos 1970 e nos anos 1980), é preciso levar em consideração, de um lado, a concentração de famílias de imigração recente (marroquinos e turcos) nos bairros classificados em DSB (Desenvolvimento Social dos Bairros) e, de outro, a fortíssima sobrerrepresentação de filhos de imigrantes entre os jovens de menos de 20 anos. Esses dois fatores, conjugados com a sobrerrepresentação de jovens de origem imigrante entre a população de desempregados nesses bairros, concorrem para garantir a forte visibilidade dos "imigrantes" no espaço público e concentrar os conflitos no modo de educação dos filhos ou no comportamento em classe.

ao número de filhos dos imigrantes: eles têm "demais", não aprenderam a "parar"[7]. Negando-se a concentrar o investimento educacional em uma descendência restrita, eles comprometem o futuro dos filhos. A acusação de descuido alimenta-se também da suspeita – cada vez maior à medida que aumenta a crise do emprego – de um desvio dos fundos públicos em detrimento dos "franceses". Essas práticas de natalidade são o que mais choca a sensibilidade dos operários franceses, em sua maioria convertidos ao malthusianismo[8]. Não faltam casos em que os entrevistados citam, com espanto, famílias magrebinas em que a diferença de idade entre os cônjuges é enorme (o marido tem 50 ou 60 anos e a mulher tem menos de 30) e o crescimento da família parece não ter limites. Em uma de nossas últimas estadas em campo (julho de 1997), ouvimos o caso de um marroquino de cerca de 55 anos citado como exemplo da "irresponsabilidade" de certos imigrantes: ele já era pai de uma família numerosa, sofria de um câncer incurável e tinha feito outro filho na mulher: "Uma hora a gente tem de parar!", diz, ultrajado, o operário (francês) entrevistado.

Em segundo lugar, as famílias grandes, pela liberdade dada aos filhos, pela ausência de uma "vigilância" estrita, pela falta de rigor dos horários, encarnam o modo antigo de educação popular, com o qual uma parte crescente de famílias populares francesas queria romper para maximizar as chances de promoção dos filhos. Os filhos de imigrantes são acusados de "vagabundear" até tarde da noite, de fazer barulho, de "responder" para os adultos, de serem "mal-alimentados", "malvestidos" e de parecerem "mendigos". Grande parte dos mexericos gira em torno do "dinheiro": importa menos o nível de renda dos "imigrantes" – os baixos salários dos pais são compensados pelos benefícios sociais (os "auxílios", que estão no centro das conversas e da rivalidade entre franceses e imigrantes) – do que a distribuição dos gastos e as prioridades orçamentárias expressas por ela. Os pais imigrantes que continuam mais ligados ao país de origem (em especial os marroquinos e os turcos) têm um comportamento de economia forçada para poder financiar os retornos, caros e frequentes, à terra natal, o que os leva a restringir sistematicamente os gastos com os filhos. As despesas com educação são tratadas como custos flutuantes, que variam conforme as prioridades do momento, enquanto os gastos ligados ao país de origem e à manutenção da sociabilidade na família expandida – vistos como acessórios pelos não imigrantes – são custos fixos. Esse comportamento de consumo é o inverso do comportamento dos operários franceses e estrangeiros da região, que põem os gastos "com" os filhos em primeiro plano.

As conversas em torno dos "imigrantes" evocam de maneira recorrente a destinação do dinheiro público: uma parte do dinheiro "deles" é dinheiro "nosso", resultado da redistribuição. Esse é o argumento que as famílias francesas dão para justificar o "direito" de olhar e comentar as escolhas orçamentárias dessas famílias imigrantes. Essas

---

[7] Sob muitos aspectos, essa crítica é comparável à que as classes médias faziam das classes populares, nos anos 1945 a 1965, de "parecerem coelhos".

[8] Esquecem-se talvez com muita facilidade do custo do controle da natalidade em termos de perda do calor do lar (o que é muito bem descrito por Hoggart no caso das famílias populares inglesas) e do fim da "proteção imediata" de que fala Robert Castel, isto é, o senso de ajuda mútua e de solidariedade.

escolhas são sutilmente identificadas e dissecadas pelos "vizinhos" que usam a mesma escada ou moram no mesmo "bloco" e conhecem em detalhe os principais componentes do modo de vida de cada um. Assim, os gastos dos imigrantes considerados inúteis ou de ostentação, segundo a norma de consumo "francesa" – o consumo das famílias operárias serve de referência local –, são sempre fortemente criticados[9] como expressão de práticas arcaicas ("Eles não estão mais na terra deles; depois de tanto tempo aqui, eles podiam fazer um esforço"). Num dia, fica-se sabendo que tal imigrante de tal "bloco", pai de família numerosa, comprou um J7 (furgão da Peugeot) e, no outro, que comprou uma quantidade enorme de presentes para levar para a sua terra, ou que alguém pediu um mês de licença "não remunerada" para ficar dois meses em seu país. Todos esses gastos seriam feitos em detrimento do investimento na educação. Como se diz em geral: "Enquanto isso, as crianças apertam o cinto", "Você nunca vê um filho de imigrante com uma bicicleta, vai tudo para a compra do carro para a volta" etc. Esses arbítrios orçamentários levam a um sistema: ainda segundo esses mesmos comentários, os gastos dos "imigrantes" ocorrem sistematicamente em detrimento dos filhos e em proveito do país de origem, e, se seguirmos a lógica do raciocínio implícito dos operários locais, em prejuízo do país de acolhida, se não "contra" ele. Nesse sentido, eles são alimento constante para a crônica dos "mexericos" do bairro. O "ciúme" está no centro desse processo. No cerne dos pequenos atos de acusação feitos pelos "vizinhos" contra esse tipo de imigrante, encontramos a ideia de que eles sacrificam o bem-estar e o futuro dos filhos em nome da própria vaidade de imigrante, porque querem aparentar que subiram na vida quando retornam à terra natal. Procedendo desse modo, eles não agem como "bons pais", preocupados com os filhos. Por isso, são objeto de uma condenação moral inapelável por parte dos operários franceses (assim como de outros imigrantes que se adaptaram à norma ocidental), que os acusam de hipotecar o futuro dos filhos.

A presença das famílias imigrantes[10] e de seus filhos nos conjuntos habitacionais – o peso que têm nas escolas de ensino fundamental em ZEP, a forte visibilidade das crianças no espaço público (nos arredores dos blocos, nos cafés, nas feiras, nos supermercados, nas praças etc.) – evoca o antigo modo de educação popular e lembra às famílias francesas (que tentaram se afastar desse antigo modo de educação) aquilo com que romperam para garantir a promoção escolar e profissional de seus filhos. O "investimento" escolar supõe, além de um certo número de condições materiais de estudo (por

---

[9] Assim como elas, aliás, são criticadas por outros operários franceses. Essa atitude não visa especificamente as famílias imigrantes. Ela é uma das molas do *ethos* econômico e da moral das classes populares.

[10] As famílias imigrantes que moram nesses conjuntos habitacionais são famílias particularmente grandes (em geral mais de seis filhos), cuja descendência se espalha ao longo do tempo. Os filhos ficam em casa até bem depois de terem saído da escola (em geral até um casamento tardio). Os meninos mais velhos são, normalmente, desempregados ou "estagiários" (e, nesse caso, tendem mais ainda a desempenhar o papel de "guardiões da tradição", em especial a dos papéis sexuais), e os mais novos brincam embaixo da escada (seu "território"). Além da divisão tradicional dos papéis, que ordena que os meninos evoluam fora de casa, os "adolescentes" do ginásio ou do colegial não podem ficar em casa porque não têm espaço para eles (em geral dividem o quarto com um ou vários irmãos), ou como frequentemente diziam nas entrevistas, "tem muito barulho".

exemplo, tranquilidade e espaço para estudar), o isolamento do grupo familiar em si mesmo e o corte com o exterior. Essas são condições favoráveis à construção de um interesse familiar pelo êxito escolar dos filhos. Nas famílias imigrantes que chegaram mais recentemente à França e começaram mais tarde seu ciclo de assimilação[11] (as famílias são grandes, a divisão dos papéis entre o casal ainda é tradicional), o modo de educar os filhos caracteriza-se por uma forte diferenciação do status entre meninas e meninos, e por uma maior liberdade dada a estes últimos[12].

Esse modo de educação faz surgir, por contraste, o rigorismo de que hoje dão mostra certas famílias populares, tanto francesas como estrangeiras[13]. A observação regular que fazem estas últimas das práticas educacionais das famílias grandes do bairro, e a identificação do que aos seus olhos virou "má educação" fazem com que elas avaliem melhor o custo moral e psicológico desse esforço para adotar um novo modelo de educação: efetuar uma vigilância constante, lutar contra a facilidade e o descaso, ensinar a respeitar interdições que eles mesmos nunca tiveram, sem ter certeza nenhuma de que essa nova atitude educativa levará a vantagens diretamente perceptíveis. A negligência educacional dos "outros" sempre pode ricochetear (os filhos podem "se deixar influenciar") e anular a soma de esforços e privações que eles se impuseram para não reproduzir os esquemas educacionais transmitidos por seus próprios pais. Por se tratarem de fenômenos profundamente interiorizados – o que chamamos de *ethos* de classe –, as tomadas de posição em relação à educação dos filhos sempre ganham um caráter eminentemente reativo. Como podem aceitar que o "laxismo" dos outros ponha em questão a disciplina que tentam impor a si mesmos e aos seus filhos?

---

[11] É o caso, em especial, das famílias marroquinas e turcas, que na maioria continuam presas a um sistema "tradicional" de obrigações ligado à emigração. Ainda que a obrigação de enviar dinheiro diminua aos poucos (a casa de "lá" já foi construída), como foi mencionado, os retornos ao país de origem são caros e frequentes, ocasionando um aumento de despesas em razão da viagem, da revisão ou da compra do carro e dos numerosos presentes para a família. Ao mesmo tempo, os encargos com a educação na França aumentam regularmente, à medida que os filhos crescem e dão continuidade aos seus estudos. No entanto, o orçamento da maioria das famílias imigrantes da região – mais as marroquinas e turcas que as argelinas, cuja instalação na França é mais antiga – continua organizado por esse sistema de gastos "prioritários" direcionados para o país de origem – embora saibamos muito bem que devemos evitar uma visão homogeneizadora dessas famílias. De fato, esses "imigrantes" hesitam entre a fidelidade ao país de origem e a "integração" no país de acolhida, e essa hesitação varia fortemente de acordo com a conjuntura econômica e política. As sucessivas investidas do voto em Le Pen, sua onipresença na mídia e os acontecimentos internacionais, como a guerra do Golfo, contra um fundo de preocupação com o emprego na fábrica, fragilizam terrivelmente os imigrantes e desencorajam qualquer veleidade de enraizamento, às vezes tendo o efeito de reforçar o apego à cultura de origem. Ao inverso, as fases de calma política e/ou de retomada econômica afirmam a convicção de que vão "ficar", na região e na França, e precisam, antes de mais nada, garantir o futuro dos filhos.

[12] Em relação aos "jovens desempregados", "estagiários" e os que estão mais distantes na corrida escolar (os menos presos em casa em razão das obrigações escolares), tempo livre e falta de dinheiro se conjugam para fazê-los passar grande parte do tempo no espaço público, de livre acesso, gratuito (ou barato): praças, centros comerciais, calçadão da cidade "grande", biblioteca municipal, ônibus etc., de modo que "só se veem eles" no bairro e na cidade.

[13] Essas famílias de imigrantes são invisíveis no bairro por causa do foco negativo nas "famílias [imigrantes] com problemas".

Podemos dar como exemplo a partilha das bolsas de estudos entre pais e filhos, que ilustra o modo como os filhos de imigrantes contribuem para definir as normas de conduta dentro da classe de idade e, com isso, exercem uma pressão vista em certas famílias operárias francesas como uma intromissão. Em uma dessas famílias francesas de Grandval (em que então somente o pai exercia uma atividade profissional), os pais recebiam as bolsas de estudos das duas filhas colegiais (uma no segundo G e outra em BEP) e as juntavam à renda habitual da casa. As filhas se beneficiam indiretamente, em especial sob a forma de compra de roupas: a filha pedia dinheiro à mãe para comprar este ou aquele objeto e a mãe em geral dava ("A gente não priva de nada", "Quando ela pede, ela compra o que quer"). Ora, na maioria das famílias imigrantes do bairro, a "bolsa" é recebida diretamente pelo aluno (quando é maior de idade) e usada como mesada, em especial para comprar as próprias roupas. A filha, que na época cursava o segundo colegial, descobriu esse princípio de distribuição conversando com um amigo do bairro, aluno da mesma escola que ela; como o princípio lhe convinha, ela exigiu o mesmo tratamento dos pais, como um direito. Eles ficaram escandalizados com a ideia de que a filha pudesse suspeitar que estivessem "se aproveitando" de sua bolsa de estudos; recusaram-se a qualquer negociação com aquilo que lhes parecia uma questão de princípio. O pai reprovava com veemência esse tipo de comportamento, que, segundo ele, autorizava para a filha a ideia de que os filhos de imigrantes tinham mais vantagens que ela e levava à ilusão de uma autonomia maior, quando na verdade essas crianças sofriam mais restrições que as dele. Ele viu com irritação que esse raciocínio doméstico de "imigrantes", em que entra toda a relação tradicional com os filhos e com o dinheiro (reinterpretada em função da possibilidade de ajuda social "francesa"), funcionava como um modelo para a filha. Ela, em busca de emancipação dos pais, fingia desconhecer o sistema de limitações que constitui a contrapartida obrigatória desse raciocínio (não viajar nas férias e outras formas de privações materiais, menos investimento na educação etc.).

Esse tipo de prática é, em geral, uma fonte de recriminações às famílias imigrantes (que vivem "nas costas" dos filhos), porque torna mais complicada a tarefa dos pais apegados a certos aspectos da educação "operária" tradicional (*grosso modo*, a que receberem de seus pais). A convivência no mesmo bairro, que ocorre, sobretudo, nos "contatos mistos" entre os filhos (na escola, na rua, na área dos blocos), impõe sub-repticiamente normas que a maioria dos pais operários franceses não podem seguir, a menos que modifiquem a divisão de gastos, as práticas de consumo (e os princípios de prioridade orçamentária subentendidos), e aceitem, principalmente, uma mudança nas relações entre gerações dentro da família; em resumo, sejam obrigados a alinhar-se aos "imigrantes" e a adotar suas normas econômicas e éticas.

3. Os "jovens imigrantes" como grupo contrastante

Para extrair a chamada questão da "imigração" de seus pressupostos culturalistas, é preciso trazer para o centro da análise o problema do emprego. Nas novas fábricas, em especial as que foram implantadas nos últimos seis ou sete anos em conexão com o desenvolvimento acelerado das novas formas de subcontratação, a admissão de filhos de imigrantes, seja de nacionalidade francesa ou estrangeira, é cada vez mais difícil. Eles são aceitos somente com muita relutância. Para que isso ocorra, é preciso que alguém (um irmão, um pai) seja seu fiador dentro da fábrica. A superabundância de candidatos para um posto é tamanha que uma negativa nunca pode ser imputada de racista. Aliás, em geral, a empresa se protege da acusação contratando alguns portugueses ou um magrebino. É evidente que quanto menos diplomas tiver o postulante, maior a probabilidade de ser descartado do emprego, e, até pouco tempo, era raro que um jovem cujo nome soasse magrebino fosse contratado. Alguns patrões admitem isso abertamente. Como vimos, o problema também se coloca na escola, no momento de obter estágios para os alunos do ensino profissionalizante. Os encarregados de conseguir estágio nas pequenas empresas de mecânica ou plasturgia falam de uma degradação regular da situação: muitos patrões que antes aceitavam filhos de "magrebinos" hoje os recusam. Os alunos "franceses" são os primeiros a conseguir estágio; os que ficam sem são alunos cujos nomes são árabes ou turcos: "Veja a lista dos alunos de 'bac pro'", diz um professor de LEP, "os que têm nome... [árabe] Pois é, eles não são aceitos, ninguém quer esses alunos". Desgostoso, outro professor conta: "Eles [os empregadores] querem 'boa apresentação', mas na verdade isso quer dizer 'não árabe'". Alguns professores chegam a se deslocar pessoalmente para tentar vencer a resistência dos patrões ou dos "diretores de estágio", para atestar a qualidade do candidato ("ele tem ambição", "ele é boa gente, eu garanto"). Poderíamos dizer que se trata de uma resistência passiva à contratação dos filhos de árabes que parece perfeitamente legal e ninguém pode contestar. Aliás, na maioria das vezes os patrões se agarram à oposição que os assalariados franceses manifestariam (dizem que já têm problemas suficientes com seus assalariados franceses para acrescentar mais um) e às vezes ainda se atribuem o papel de defensores dos "imigrantes" contra a má vontade dos "franceses".

Essa discriminação na contratação que atinge os jovens de origem imigrante (em bom português, os que têm nome ou aspecto árabe ou turco), difícil de medir e estabelecer[14], obriga os menos diplomados a apelar para as instituições públicas de emprego (ANPE, centro de apoio ao emprego) a fim de conseguir um "estágio", isto é, um status social com uma pequena renda (2 mil francos). Os obstáculos à contratação dos filhos de imigrantes levam naturalmente a sua sobrerrepresentação na ANPE ou no centro de apoio ao emprego; eles se apresentam em grupos de dois ou três para negociar ou às vezes exigir estágio[15]. Relegados a esses locais que acolhem essencialmente os perdedores da corrida ao emprego, eles às vezes se fazem notar pela ironia desiludida e pela violência verbal. Quanto mais cresce sua visibilidade nessas instituições, mais se difunde a acusação de que "só tem para os árabes". Os conselhei-

---

[14] Nas fichas enviadas aos recrutadores há indicações codificadas, como "1", FN (francês de nascimento) ou AVB (azul, vermelho e branco), que significam que negros e árabes são indesejáveis para aqueles postos de trabalho.

[15] Ver Stéphane Beaud, "Stage ou formation? Les enjeux d'un malentendu: notes ethnographiques sur une mission locale de l'emploi", *Travail et Emploi*, n. 67, 1996.

ros do centro de apoio "brigam" para que eles sejam aceitos nos estágios e ganhem confiança novamente[16]; esses esforços podem ser interpretados como uma forma de preferência pelos "imigrantes".

O campo de possibilidades tem se restringido consideravelmente para esses "jovens imigrantes"[17]. Excluídos de forma duradoura do mercado de trabalho pouco qualificado, alguns saem da região (algumas moças vão trabalhar na Suíça na área de restaurantes e hotelaria, e os rapazes aproveitam a colheita de frutas e as vindimas no Sul ou vão trabalhar em Oyonnax) ou sonham em abrir uma empresa. Outros "vadiam", às vezes começam a viver de pequenos expedientes. A falta dramática de futuro aviva de maneira considerável o ressentimento desses jovens e explica a radicalização de seu comportamento numa espécie de espiral incontrolável: a violência sofrida permanentemente (violência econômica, violência da pobreza material, violência do "racismo") transforma-se em violência reorientada, às vezes contra eles mesmos, mas em geral contra os "outros", contra os "franceses" fadados ao opróbrio público. Diante do "racismo" difuso que visa os "árabes", a resposta segue a lógica do troco: estigmatizados como "árabes", chegam ao ponto de glorificar sua "arabidade". Após a morte de Khaled Kelkal, vimos surgir vários "Viva o islã" nas paredes dos prédios condenados; nos últimos dois anos, alguns encostos de bancos de ônibus que levam aos "conjuntos" foram cobertos de slogans vingativos ("Viva a Argélia", "Foda-se a França"...).

No espaço local, esses "jovens imigrantes" formam a "minoria dos piores" de que fala Elias, à qual todos os outros filhos de imigrantes são cada vez mais assimilados. São percebidos como uma ameaça para as famílias respeitáveis do bairro (tanto francesas como estrangeiras) e seus filhos: ameaça física (extorsão, brigas nas escolas, pegas

---

[16] No jornal local, os filhos de imigrantes são amplamente majoritários nas fotos de grupo de estagiários (contratos de emprego solidário com as municipalidades de esquerda).

[17] Para retomar a expressão de Gérard Noiriel, "os jovens imigrantes não existem". Mesmo se restringirmos a análise ao grupo dos jovens de origem árabe, a investigação etnográfica mostra que ele é composto de diferentes subgrupos. Se nos limitarmos aos garotos, os que estão entre os mais diplomados – e viram as portas das profissões de classe média se fecharem pouco a pouco por causa de seu nome ou da cor de sua pele – tendem a redescobrir suas "origens", sua "cultura" por meio da música (*rai*), da dança e dos livros (islã modernizado). Alguns se voltam para a religião e se convertem. Os menos diplomados, os que mais se sentem num beco sem saída, eternos estagiários e desempregados de longa duração, acabam se autoexcluindo e demonstram sua raiva de diversas formas: provocando os "franceses", ofendendo gratuitamente, pichando as fachadas dos conjuntos habitacionais murados ("Abaixo Israel"). Postos à margem da sociedade francesa, eles se sentem em comunhão com os deserdados do mundo muçulmano, oprimidos pelo Ocidente como eles. Não dizem "capitalista" porque a linguagem de classe é profundamente estranha a eles; tendem sobretudo a ver as coisas de maneira étnica e em termos de relações Norte–Sul. Por exemplo, a guerra do Golfo foi uma grande lição para os jovens imigrantes dos conjuntos habitacionais, uma lição de política para a maioria deles: uma humilhação que os feriu e magoou profundamente. Convenceram-se da covardia do Ocidente e da força todo-poderosa do dinheiro. Como essa guerra, "eles" (os norte-americanos, os europeus, os "brancos", as potências coloniais ou neocoloniais) queriam humilhar mais uma vez os árabes, fazê-los ajoelhar-se, levá-los a render-se. O apoio das autoridades francesas – tanto políticos quanto professores – à luta anti-Saddam só fez reforçar o ódio desses jovens contra o país de acolhida de seus pais e o retorno a um "arabismo" construído como utopia social (muitos falam um árabe dialetal e não dominam o árabe literário).

debaixo das escadas, provocações diversas aos "rumes"* etc.) e, sobretudo, ameaça social (papel de "baderneiros" nas classes ou, ainda mais grave, ingresso duradouro de alguns no mercado das drogas). Por representarem um modelo possível de identificação para as crianças – em especial os "traficantes", que ainda jovens ganham dinheiro "fácil" e "andam de BMW" sem nunca ter trabalhado –, ameaçam essas crianças e suas famílias com o pior dos riscos, o que consiste em arruinar a estratégia de ascensão por meio da escola, destruindo os sonhos de promoção social acalentados pelos pais. Por isso, eles são um ponto de fixação, estão no centro das conversas. Os mexericos locais alimentam-se diariamente dos gestos e das ações dos membros mais turbulentos dessa minoria: pequenos furtos, comércio de droga, "roubo" ou atos ilícitos maiores. A imprensa local presta contas regularmente desse ritual dos "casos locais" e é sempre abundantemente comentada pela população: os nomes (árabes) dos autores dos fatos do dia são citados, a delinquência dos "estrangeiros", isto é, dos filhos de estrangeiros, não é um mito, é bom não contestá-la, só quem não vive esse fenômeno dia a dia pode se permitir minimizá-la ou negá-la ("A gente vê isso todo dia", "É triste, mas não se pode dizer o contrário" etc.). Essa pequena delinquência alimenta continuamente o sentimento de exasperação dos moradores dos bairros em relação aos "jovens imigrantes", que em função de um certo número de parâmetros pode transformar-se em manifestações de racismo comum.

O ônibus que liga o conjunto habitacional de Grandval ao centro de Montbéliard é um observatório instrutivo das relações entre gerações no bairro. Enquanto microcosmo social que condensa num espaço restrito o modo predominante das relações sociais no bairro, ele mostra o conflito de vizinhança e de valores que opõe esquematicamente os "jovens" e os "velhos" (aqui, "jovens de origem imigrante" e "velhos franceses" das classes populares), em especial na concorrência do uso dessa forma de espaço público. No ponto da praça comercial, os jovens do bairro em geral brigam e acotovelam-se para entrar primeiro, para passar na frente dos outros[18]. Uma vez no ônibus, os garotos se dirigem para o fundo, na maioria das vezes correndo e fazendo barulho. Ficam atrás, de certo modo em território reservado para eles, em grupos de dois ou três. Sentados ligeiramente mais alto que os outros passageiros, dominam a cena, falam em voz alta, gesticulam, colocam ostensivamente os pés sobre os encostos, encarregam-se de "animar o ambiente". Do fundo, vêm com frequência ruídos diversos, zombarias, comentários sobre este ou aquele morador de Grandval que entra no ônibus. Entre eles, arreliam uns aos outros, fazem piadas e se exibem sem parar, ocupando teatralmente o espaço que eles transformam em palco. Quando o nível sonoro aumenta de repente ou insultos e palavras particularmente inadequadas são pronunciadas, os passageiros da frente se viram na direção dos "baderneiros" para mostrar com o olhar sua desaprovação. De fato, pouquíssimos protestam abertamente,

---

* Forma como os árabes se referem aos cristãos e, de modo mais geral, aos europeus. (N. T.)

[18] Entre muitos desses jovens, há uma busca ansiosa – febril até – de ocupação do espaço público: eles precisam ser os primeiros a ocupar o espaço aberto, a exibir-se de carro pela cidade, a estacionar na frente do centro comercial e deixar o motor ligado, com a música "a toda" etc.

o motorista do ônibus, acostumado com essas cenas, fingi que não ouve. Parece que todo mundo se resignou a esse tipo de comportamento e acabou se acomodando.

Os alunos das escolas de ensino geral ficam no meio do ônibus, na posição de intermediários entre os "velhos" e os "jovens do fundão" (os "engraçadinhos"). Os aposentados, as pessoas de meia idade, enfim, os adultos "franceses" instalam-se rapidamente na frente, escolhem os primeiros lugares; sempre manifestam certo receio ou repugnância quando têm de sentar mais para o fundo; as mulheres francesas sentam-se agilmente em seus lugares, evitando aventurar-se muito no fundo. Instalam-se ligeiramente encolhidas, como se quisessem parecer menores, põem a bolsa sobre os joelhos e seguram-na firmemente. Uma vez instaladas, evitam olhar para trás, olham fixo para a rua ou procuram entabular conversa com as vizinhas que, como elas, vão à cidade fazer compras. As mães de famílias imigrantes, em geral vestidas de maneira tradicional, com longas *djelabas* de cores vivas, na maioria das vezes pegam o ônibus com mais duas ou três, instalam-se na frente também, mas um pouco atrás das mulheres "francesas", com as quais em geral não trocam cumprimentos. Falam na língua delas, em voz alta. Os adultos, e mais exatamente os pais, evitam naturalmente o grupo "do fundão". Uma barreira invisível separa o espaço interior do ônibus, onde dois universos parecem conviver sem se conhecer. Do lado dos "velhos", predominam o temor e o retraimento, o silêncio ou o discurso em voz baixa, dando a impressão de quererem parecer menores; do lado dos "jovens", a bravata, o discurso transbordante, a visibilidade no espaço e em geral um ar de provocação que pode redundar (raramente) em agressão.

As cenas no ônibus permitem captar ao vivo, através dos usos "naturais" do espaço, as posturas corporais de uns e de outros, o jogo dos olhares, as práticas de esquiva dos velhos em resposta à estratégia de instalação "agressiva" dos jovens, a tensão permanente que existe entre o grupo dos antigos moradores do bairro (os *established* vindos das regiões rurais circunvizinhas ou dos países de imigração antiga, como Espanha e Portugal) e o dos "recém-chegados", sobretudo famílias imigrantes magrebinas ou turcas (o grupo dos *outsiders*). Essa tensão nem sempre consegue se exprimir pela palavra, mas é muito sensível nas expressões e nos olhares reprovadores, nos gestos de exasperação ou irritação, no medo visível em diferentes movimentos de recuo, nas marcas minúsculas de desconfiança diante dos "filhos de imigrantes"[19]. Podemos constatar também a degradação no decorrer dos anos: algumas barras metálicas dos assentos foram arrancadas e, por cansaço, não foram substituídas; os bancos, que antes eram limpos, estão cada vez mais sujos. O nível de provocação dos "jovens do fundão" é elevado: alguns fumam "baseados" ostensivamente, na frente de todo mundo, mas isso não parece chocar mais ninguém; falam cada vez mais alto, como que para se apropriar do ônibus. A violência que se praticava contra os objetos desloca-se para as pessoas: uma senhora do bairro foi agredida recentemente por jovens; isso provocou uma grande comoção em Grandval, mais um limite foi ultrapassado...

---

[19] Essas múltiplas exasperações contra os imigrantes não encontram estruturas associativas ou pessoas que lhes deem forma e as expressem coletivamente. Só podem ser ditas em modo privado, em conversas da vida cotidiana, com vizinhos que estão no mesmo barco ou com terceiros estranhos ao bairro.

4. A respeitabilidade operária, a verdadeira questão das tensões racistas

Em seus trabalhos sobre a politização operária, Olivier Schwartz define a militância como uma "recusa à autoexclusão operária", como uma forma de contra-aculturação por parte daqueles que não tiveram acesso à cultura escolar:

> Tendencialmente, a politização operária significa em primeiro lugar a estima reconquistada por sua própria capacidade de julgar, isto é, o questionamento dessa certeza de indignidade que se enraizou tão profundamente na imagem que os membros das classes populares fazem de si mesmos.[20]

Ora, ao longo dos últimos quinze anos, aqueles mesmos que deveriam representar os operários começaram a olhá-los com uma mistura de compaixão e de resignação consternada ("Apertem o cinto", "Aguardem em silêncio o fim do túnel"[21]). Podemos nos perguntar se a adesão à Frente Nacional de um número crescente de operários não sairia ganhando se fosse interpretada como uma forma amarga de protesto, ou mesmo desesperada, contra o "moralismo de esquerda". Para a maioria desses operários atraídos pelas "ideias" da Frente Nacional – em geral temporariamente –, não se trata de uma posição ideológica firme. Ao contrário, esse alinhamento ocorre cada vez mais com dúvida e peso na consciência, com um raciocínio que poderíamos formular da seguinte maneira: já que "nós" (os operários) somos tão "estúpidos", "arcaicos" e "inconversíveis", e já que "vocês" (os dirigentes, os "socialistas") não cansam de nos dizer ou de nos fazer sentir que não entendemos nada de nada, que somos "burros", que nossos filhos não são "instruídos", "abertos", "nós não vamos continuar deixando que vocês nos enganem impunemente, vamos mostrar a vocês o que somos capazes de fazer, vamos afirmar de outro modo o que a nossa única força – a força do número – faz, votando em Le Pen ou ameaçando constantemente votar nele"[22]. É "botando medo neles" que "nós", os operários, finalmente poderemos ser levados a sério.

Parece-nos importante insistir no aspecto eminentemente "reativo" do voto em Le Pen: existe aí uma forma visceral de manifestar o ódio social que invade cada vez mais os operários; é também uma forma – amarga e pouco gloriosa, sem dúvida – de se vingar da maneira como se sentiram (mal)tratados ao longo dos últimos anos.

---

[20] Ver Olivier Schwartz, "Sur le rapport des ouvriers du Nord à la politique: matériaux lacunaires", *Politix*, n. 13, 1. trim. 1991, p. 81.

[21] Uma fração das "elites" (em especial na CFDT e no PS), em parte oriunda do mundo operário, converteu-se ao realismo: militantes conhecidos da CFDT ou da CGT transformaram-se em consultores "sociais". Por seu rápido progresso social e político nos anos 1970, bom número de eleitos socialistas de origem operária ou da pequena burguesia desligou-se pouco a pouco do "povo". Eles se trancaram na torre de suas prefeituras, receando cada vez mais ir aos bairros populares, tornando-se como surdos aos protestos de sua antiga base operária, procurando desesperadamente substitutos nos bairros formados por conjuntos habitacionais. Com a proximidade das eleições, "atraíram" filhos de imigrantes (universitários ou trabalhadores sociais) nesses bairros a fim de captar um pretenso "voto étnico", de certo modo instrumentalizando esses jovens, que na maioria das vezes haviam se afastado para sempre, por "desgosto", ou haviam passado para a RPR [Reunião pela República], que, ao contrário, exibia claramente suas ambições...

[22] Devemos lembrar também que, por outro lado, a maioria não tem ilusões a respeito do personagem Le Pen e de seu partido, mas apreciam sua maneira franca de falar e sua "arte" de dizer o que pensa a todos esses "poderosos" (de direita ou de esquerda) que menosprezam as classes populares.

O que está em jogo no voto a favor da Frente Nacional é exatamente a respeitabilidade de pessoas que trabalharam duro uma vida inteira para adquirir uma casa, educar bem os filhos, construir uma reputação etc. Essa respeitabilidade, que pode parecer irrisória para os que estão distantes dos meios populares, os operários podem perdê-la brutalmente. De diversas maneiras: pelo desemprego que atinge o casal; pela desqualificação de seu local de *habitat* (como os que, vinte ou trinta anos atrás, construíram suas casas num lugar que hoje está ameaçado pela pauperização social ou compraram um apartamento em conjuntos habitacionais que estão "à deriva"); mas também pela contestação difusa de seu sistema de valores, seja o localismo, seja a autoctonia, desqualificados em proveito do cosmopolitismo ou da "mestiçagem", ou ainda pelo questionamento da divisão sexual do trabalho[23]. Ora, essa respeitabilidade operária, que foi conquistada e conservada graças ao trabalho político das gerações passadas e presentes, ao capital político e simbólico acumulado (dos representantes na fábrica, dos eleitos "de esquerda" locais e nacionais), não é tão bem defendida hoje em dia e parece fortemente ameaçada.

E quando se trata de uma "decepção" com a esquerda nesses meios populares, é necessário examinar em detalhe de que é feita essa decepção. É claro que a esquerda não manteve suas promessas, porém, acima de tudo, seus eleitos começaram pouco a pouco a evitar ir fisicamente ao encontro das classes populares[24]. Muitos operários tiveram a impressão de que os representantes de esquerda estavam interessados em causas mais nobres ou "humanistas" (a cultura, a luta contra a pobreza ou contra o racismo...), enquanto as "classes populares" sofriam bem debaixo de seus olhos, se é que podemos dizer assim.

O que alimenta, por exemplo, a exasperação dos operários franceses que moram nas vilas operárias da região é o contraste entre o discurso dos políticos sobre a imigração – a suspensão da imigração legal e a luta prioritária contra a imigração clandestina – e a realidade local. De sua parte, os moradores dos bairros formados pelos conjuntos

---

[23] O que, em troca, suscita reações muito violentas de operários homens que parecem atingidos em uma das dimensões essenciais de sua identidade social, em seu "senso de classe". Encontramos um bom exemplo nessa espécie de aversão entre os militantes inseridos na velha tradição operária à personagem de Nicole Notat, secretária-geral da CFDT. Se nas manifestações de dezembro de 1995 ela conseguiu reunir tanto ódio entre os manifestantes (como se sabe, ela foi rudemente atacada e ofendida como mulher pelos operários grevistas), é porque ela corporifica em sua pessoa social – mulher, ex-professora, distante do mundo operário por suas origens sociais (filha de agricultores da Lorraine) – uma parte das "fobias" sociais ligadas a uma velha herança operária: o ódio àqueles que "vivem dando lição", aos "professores", a todos esses detentores de um pequeno capital cultural que tendem espontaneamente a dar lições de moral nos operários. Estreitamente associado a isso, existe um apego muito vivo à estrita divisão sexual do trabalho e ao que poderíamos chamar de "antifeminismo".

[24] Um exemplo típico dessa incompreensão cada vez maior entre a "esquerda" e uma parte do mundo operário é a indicação disparatada de hierarcas socialistas (parisienses) em terras operárias que durante muito tempo se supôs território conquistado; eles são acusados pelos operários locais de estarem muito pouco presente na região: quantas vezes durante nossas estadas em campo, em Sochaux, entre 1985 e 1995, não ouvimos protestos dos operários (para quem não passam nada na fábrica, a quem pedem que estejam sempre "disponíveis" etc.) contra o absenteísmo da deputada indicada do PS (Huguette Bouchardeau), que, à parte, publicava livros... Isso é uma coisa que é sentida como um sinal de menosprezo, uma falta de consideração mínima dos mandatários.

282 Retorno à condição operária

habitacionais têm a impressão de que novos imigrantes continuam chegando ("Eles chegam o tempo todo", "Não acredito que pararam com a imigração"), como mostra o fato – sinal indiscutível aos seus olhos – de que as escolas estão abrindo novas turmas de "primo-chegados"[25]. Esses novos imigrantes, que chegam na maioria das vezes no âmbito do reagrupamento familiar, são suspeitos de terem recorrido a outras vias (ilegais ou paralegais), em especial ao casamento com franceses(as) de origem imigrante[26]. O abismo entre os discursos e a realidade dá a esses operários franceses a prova da mentira oficial, doutamente orquestrada pelo "Estado" e pelos políticos, que não se atrevem a dizer a verdade sobre a imigração. Essa mentira consegue, mais uma vez, "ludibriar" os trabalhadores. Se essa nova imigração é recebida com desconfiança, não é necessariamente por um reflexo "racista", mas porque, aos olhos dos moradores desses bairros, ela só vai agravar os problemas estruturais que se veem na escola e no bairro. Se efetivamente o mecanismo da imigração é ligado "de mansinho" e rega sempre os mesmos bairros, é compreensível que o discurso sobre a "integração" suscite uma hostilidade cada vez maior. É em reação às promessas não mantidas e aos discursos moralizadores das "elites" que se desenvolve essa espécie de cinismo operário contra os valores universalistas e republicanos defendidos pelos "intelectuais" (no sentido usual), que são acusados de esquecer ou negar as formas mais concretas da concorrência social com que os operários – os "pequenos" – são confrontados no dia a dia.

5. O igualitarismo operário e a "preferência nacional"

Jérôme, de cerca de 30 anos, trabalha na RC1 e é representante de oficina da CGT há mais ou menos um ano. Faz parte da nova onda de jovens militantes cegetistas – cerca de dez – e está profundamente envolvido na luta contra a Frente Nacional. Numa entrevista realizada em julho de 1997, voltamos a questão do racismo na fábrica:

---

[25] Isto é, filhos vindos do país de origem no âmbito do reagrupamento familiar. Acontece de crianças de 14 a 15 anos serem inscritas em turmas de quinta série sem falar absolutamente nada de francês. A manutenção dessas turmas de primo-chegados nas escolas de ensino fundamental é a prova irrefutável de que o fluxo de imigração não se esgotou.

[26] A suspensão da imigração legal e a pressão crescente de emigração no Marrocos e na Argélia (especialmente depois do desencadeamento da "guerra civil") contribuíram para o desenvolvimento de estratégias complexas para chamar as famílias a partir das brechas do direto dos estrangeiros. Na medida em que é cada vez mais difícil obter atestados de residência e as possibilidades de emigrar para a França se reduziram dramaticamente, o casamento de membros mais ou menos próximos da família com um(a) "imigrante" aparentado que tenha documentos franceses surge como um dos últimos meios para instalar-se legalmente no país. É preciso relacionar essa estratégia à situação crescente de exclusão dos filhos de imigrantes na França: as garotas que fracassaram na escola encontram uma saída no "casamento tradicional" (elas oferecem um asilo na França aos candidatos à emigração e obtêm o status honroso de mulher casada), enquanto os garotos, desempregados ou estagiários, honram a família procurando uma "mulher na aldeia" (como eles dizem) e recuperam, dentro de uma lógica de compensação, uma posição de dominação masculina de que podem se valer na vida doméstica. No quadro de um bairro em que o mexerico tem um importante papel de veículo de informação e de análise, essas diferentes estratégias acabam sendo conhecidas ou finamente dissecadas. Nossos diferentes informantes no local conseguem entender em detalhe o caso dessa ou daquela família cujos filhos entraram nessa lógica.

Enfraquecimento do grupo operário e tensões racistas 283

[Os franceses] acham absolutamente normal que um operário francês tenha mais pontos de qualificação que eles, isso é uma coisa, uma reação que a gente vê sempre que tem problema nos pagamentos. De vez em quando, nós [os representantes] vamos à área de descanso e mostramos de propósito uma folha de pagamento. Com isso, a gente tenta recompor a solidariedade. Só quando o Mohamed, digo isso como exemplo, fica com 190 pontos [na tabela de classificação] e o Christophe fica com 180 pontos, é que o Christophe começa a chiar. Mesmo que ele [Mohamed] faça o mesmo serviço que eu e tenha sido contratado ao mesmo tempo que eu, se por uma razão qualquer ele receber mais do que eu, tem um monte de gente que vai chiar porque um árabe recebeu mais do que eles – além do mais, o sistema de promoção na Peugeot é tão irracional que qualquer um pode subir de qualquer jeito...

O problema, talvez, é que hoje ele vai chiar abertamente, enquanto numa outra época existia uma forma de censura em cima dele...

Exatamente... E depois, tem o período do ramadã. É o período mais terrível nesse sentido. Aí, as brincadeiras são pesadas: religião, carne de porco... Por esses dias [meados de julho de 1997] começam as férias postergadas – "licença não remunerada" é o nome –, então, em cada setor tem sempre um ou dois operários que começam a chiar: "Eles [os árabes] têm direito de tirar folga, mas eu, se pedisse, não ia ter!" [...] Acho que existe uma radicalização em praticamente tudo. E para voltar ao racismo [de que falamos alguns minutos antes], existe uma radicalização que eu mesmo vi. Porque durante dois anos parei de trabalhar na cadeia de produção e fui trabalhar num setorzinho antigo, que se manteve praticamente nas mesmas condições dos anos 1960. Não tinha mais chefe, a gente praticamente se autogeria no nosso cantinho de fábrica... Então, quando voltei para a oficina [para a cadeia de produção], ainda por cima com um mandato de representante que me permitia ir falar com os caras nos postos deles, a coisa ficou realmente patente. Uma radicalização pavorosa em todos os níveis! Não sei mais com quem eu estava conversando... porque existe uma noção que nunca vi numa investigação. É a noção, eu diria, de sabotagem indireta. Quer dizer, um cara, quando cansa de chiar ou de se queixar porque ninguém vem substituí-lo [na cadeia de produção], ele produz três defeitos e passa para a frente! Isso quer dizer que os caras realmente sabotam o serviço deles... Querem fumar um cigarrinho... Pronto, três defeitos! Eles marcam... vão fumar um cigarro... Não existe mais "chamada" do monitor. E isso, eu acho, é uma posição bastante radical...

E ao mesmo tempo não existe uma lógica de solidariedade com os que estão com problemas...

Exatamente! Seja com o operário abaixo deles ou com o monitor... Com o chefe, é compreensível, mas, tanto com o operário abaixo deles quanto com o monitor, eles não estão nem aí. Cada um com a sua merda! E, isso, a gente vê mais ainda agora que eles [a direção] estão fazendo todo um discurso para dizer que o monitor deve ser avisado quando tem um carro que chega de fora com um defeito qualquer. Por mais que a gente explique: "Cuidado, se tem um defeito, você mesmo coloca o cabo daquele lado, por exemplo, porque o operário que está do outro lado não vai ter tempo de fazer isso" etc... não, eles chamam o monitor! Estão de saco cheio! É esse tipo de coisa que arruína completamente o clima e faz que de fato não exista mais solidariedade. Se a gente tirar uma média, acho que hoje, por operário, o máximo de relações de amizade não deve ultrapassar a equipe [uns dez operários], quando muito... Os caras não se conhecem mais. É só ver nos ônibus, antes eu conhecia fulano porque eu conversava com ele no ônibus. Agora, acabou! Antes, os operários da Peugeot se conheciam, se visitavam. Agora, ninguém mais conhece ninguém! [...]

284 *Retorno à condição operária*

Hamid me falou também da exasperação dos franceses com a ideia de aumento do bônus de início de ano letivo, que vai beneficiar principalmente os imigrantes, porque eles têm famílias grandes...

Isso, então, é terrível! Tudo que tem a ver com o número de filhos! Faz um ano, quando virei representante e comecei a passar as reivindicações para o CE, percebi isso. "Sou AQF e tenho um filho, ele tem quatro, cinco, seis, sete..." A gente cai sempre no mesmo debate... aqui no civil, entre aspas – vamos militarizar um pouco a Peugeot [risos]. Em todos os níveis da Peugeot, seja por causa dos ingressos de cinema... Como também distribuo os ingressos do CE – olha a que ponto eu cheguei [risos] –, conheço um pouco a situação das pessoas. Então, sei que fulano [imigrante] tem tantos moleques, que esses moleques vão ao cinema, então dou um talão. Mas quando vou falar com um trabalhador francês que só tem um filho, ele sempre dá um jeito de reclamar, porque não dei o suficiente. Com o tempo, acaba ficando bastante irritante...

Essa questão é central: nós somos a favor da igualdade, mas é essa igualdade que é rompida em favor dos imigrantes, a quem se dá um tratamento privilegiado...

É. Para eles, existe uma noção de "subcidadão", de "sub-homem", de "sub-humano", de não sei mais o quê. Eles não podem ser como nós. Nós temos direitos que eles não podem ter. [...] Para voltar à ideia de preferência nacional, a gente se dá conta de que a argumentação da Frente Nacional invadiu a fábrica a uma velocidade espantosa; mesmo o exemplo justamente do bônus de início de ano, ele está mais ou menos calcado no sistema do auxílio-família. Toda vez que alguém pega um bônus ou uma coisa qualquer que leva em conta o número de filhos... toda vez eu me pergunto se grande parte dos operários não repete a argumentação, imbecil como ela só, do Le Pen: é preciso suprimir aquilo que favorece particularmente os imigrantes. [...] A gente vê que a "lepenização" das mentes já começou... Dias atrás, uma operária que conheço há dois anos... sem qualificação... por volta dos quarenta, mas "moderna"... que vive em concubinato, tem um filho etc... pode-se dizer que é uma mulher moderna, mas de esquerda... A gente frequentemente entra em pequenos debates nos dez minutos de intervalo que deixam para a gente... Ela me veio com uma reflexão que me fez bastante mal. A gente estava falando sobre as eleições de maio-junho e ela disse claramente: "De todo jeito, não votei pelos estrangeiros, votei pelos franceses". E aí eu entendi que ela votou na Frente Nacional. Ela não disse, mas queria que eu entendesse. Foi a primeira vez na minha vida, ali, que vi o esquerdo-lepenista médio. E uma mulher! Que com certeza vota na CGT nas eleições para representante de oficina, participou recentemente de greves, o que é bastante raro atualmente. "Não voto pelo estrangeiro, voto pelo francês."

A hostilidade dos operários por tudo aquilo que possa assemelhar-se a uma discriminação positiva em relação aos imigrantes remete, na verdade, ao medo que os tortura de serem precipitados numa degradação social insuportável para eles, que vinte anos atrás pensavam em "subir" (tornar-se operário profissional, passar a contramestre, ter uma casa própria, melhorar o destino de seus filhos). Diante desse agravamento da concorrência social e dos crescentes esforços exigidos para simplesmente "se manter", muitos operários adotam diferentes estratégias – residencial: sair dos conjuntos habitacionais, comprar uma casa; escolar: evitar os estabelecimentos "ruins", escolher os que são frequentados pelos filhos das classes médias ou altas. Essas estratégias podem se voltar contra eles – são obrigados a endividar-se fortemente, a "privar-se" – e contra os filhos – se ficarem para trás na escola, com o tempo desanimam. Esses possíveis fracassos agravam sua decepção e os levam a dirigir seu ressentimento contra os "imigrantes". Convém analisar o conjunto dos processos que conduzem operários não inteiramente hostis aos "imigrantes"[27] a transformá-los em bodes expiatórios. Não saberíamos insistir o suficiente no descompasso entre o discurso oficial a respeito da modernização ao longo dos anos 1980 e o que os operários sentem intimamente: a ameaça que pesa sobre eles, o medo da invasão. Os estrangeiros corporificam uma ameaça multiforme feita de medo diante do futuro, medo de ser abandonado, de ser ignorado pela sociedade. Nesse sentimento difuso entra a consciência de estar exposto a múltiplas pequenas injustiças – o modo como as pessoas caçoam da maneira de ser operária, o sofrimento que sentem por estarem confinados num universo de mesquinharias e de baixezas por falta de dinheiro –, de modo que muitos OE acabam fixando sua atenção em questões que podem parecer irrisórias (os presentinhos da fábrica, os ingressos de cinema para os filhos que "beneficiam" mais os imigrantes porque são mais numerosos...). Essa sensibilidade aos temas da igualdade, da injustiça, das preterições, até pouco tempo atrás era levada em conta e defendida pela oferta política tradicional da esquerda francesa. Mais que a expressão de um racismo operário, pode-se considerar o voto operário na Frente Nacional uma última tentativa de diferenciação e de reivindicação do direito à existência num contexto de desqualificação estrutural do grupo operário.

BOX 1 **Questão de método: os "intelectuais" e o "racismo operário"**

Como falar hoje da relação entre operários franceses e imigrantes com um mínimo de distanciamento e de rigor científico, sem anatematizar certas categorias ou minimizar o problema? Na medida em que esse tema, objeto de paixões sectárias, "cai" de certo modo na armadilha das facilidades da descrição sumária e da denúncia moralizadora, convém em primeiro lugar evocar os impasses mais comuns da pesquisa sobre o "racismo" em meio popular. Focando a atenção em palavras e expressões ouvidas "em campo" e no mesmo instante rotuladas de "racistas", esquece-se tudo que essas palavras devem ao seu contexto preciso de enunciação e abstraem-se as condições materiais de existência dos entrevistados, a história dos locais e dos grupos sociais ou profissionais. Aquilo que poderíamos chamar de "viés intelectualista" faz com que, na maioria das vezes, haja uma sobreinterpretação dos fatos e queira-se analisar frases, palavras ou expressões sem nenhuma referência a um contexto preciso. É necessário ter em mente, em especial, que certos discursos extremamente violentos a respeito dos imigrantes (pais, mas sobretudo filhos), que uma vez reproduzidos são motivo de indignação, são feitos em geral diante de pessoas consideradas "intelectuais", isto é, postas do lado daqueles que são protegidos por seu capital cultural. Diante delas, toda

---

[27] A maioria dos operários abertamente racistas ou dispostos a votar na Frente Nacional (ou que já votaram) tem o sentimento de estar renegando alguma coisa, de estar em ruptura total com o que a escola diz, com o discurso político tradicional; uma espécie de vergonha, como se tivessem o desejo de provocar sem chegar a dizer de outro modo que não seja dessa maneira desesperada.

286 *Retorno à condição operária*

uma gama de atitudes torna-se possível: desde a submissão (o que não impede que pensem mal delas...) até a provocação que os leva a "exagerar". Como falar diante de pessoas – de "intelectuais" – que não podem avaliar o medo deles diante do futuro, que têm sempre uma visão moralizadora e, apesar de pensarem em termos de relações de forças, consideram que os imigrantes, por definição, são sempre os "fracos", enquanto boa parte dos operários franceses sentem intensamente sua desvalorização material e simbólica? Como não recear que a mínima palavra um pouco mais forte ou a mínima atitude decorrente daquilo que os antropólogos chamam de "relação de brincadeira" não seja imediatamente interpretada como prova irrefutável de "racismo", atestada pelas palavras empregadas, e acarrete uma condenação social e cultural ("proletários bitolados e racistas")?

A observação prolongada dos locais e dos homens, num meio de trabalho ou num espaço de residência, permite ouvir palavras e ver atitudes que tendem a ser censuradas na presença de um "estranho", mais ainda quando este é percebido como um "intelectual". No que concerne ao "racismo", as condições da coleta dos dados são determinantes: devem estar em primeiro plano para guiar e conter a interpretação. Não há nada mais inútil (e falso) do que proclamar e denunciar a existência de um grupo homogêneo constituído de "racistas". Na análise dos discursos feitos sobre os imigrantes, é preciso que a relação entre entrevistador e entrevistado esteja no centro da análise. Todo discurso "racista" deve ser cuidadosamente decifrado. Deve ser vinculado tanto a uma história – a de um bairro, de um conjunto habitacional, de um grupo profissional – como à história pessoal daquele que o faz. Lembrar os efeitos do contexto não é minimizar ou atenuar o alcance desse discurso. Essas palavras podem ferir, aliás, é o que tentam fazer. Mas é preciso avaliar a dimensão provocadora de certas palavras ou gestos, que ganham sentido dentro de um contexto preciso.

De que fundamentalmente essas atitudes dão testemunho? De uma aversão contra os imigrantes, mas também de uma hostilidade contra os "intelectuais", que "despencam" de repente no meio dos operários e não só se metem sem nenhum constrangimento em seus assuntos, como também estão sempre inclinados a superestimar a desgraça dos imigrantes, ao passo que ignoram tudo da complexidade das relações sociais, no trabalho e fora dele, nos meios populares. Podemos comparar essa atitude desconfiada e desafiadora diante dos "pesquisadores" movidos por uma boa vontade antirracista à "velha" atitude dos operários profissionais "stalinistas" dos 1960 e 1970, que não queriam ver os "intelectuais" metidos no que acontecia nas fábricas, mas aceitavam seu apoio – de longe. Estaríamos aqui diante de uma forma degradada dessa atitude, que encontramos ainda em muitos dos velhos "profissionais" sob forma menos virulenta. Portanto, é preciso dar atenção especial ao fato de as acusações de "racismo", sempre moralizadoras, funcionarem como injúrias sociais que encerram essas pessoas em essências sociais redutoras. Por exemplo, as campanhas "contra o racismo" parisienses e com ampla cobertura midiática (como as do SOS Racismo, com fraca ancoragem local) irritaram numerosos operários – e isso é incontestável. A hostilidade dos operários a essa política de "jogadas midiáticas" não é em absoluto um sinal ou uma prova de "racismo": eles simplesmente têm a impressão de que seus próprios problemas, suas próprias dificuldades de vida são considerados casos perdidos e os "imigrantes" (sobretudo os filhos de imigrantes) aparecem como as únicas "vítimas". Encontramos aqui um tema fundamental do estrago causado ao igualitarismo operário. Florence Weber observou cenas de concorrência entre operários franceses e imigrantes no campo borgonhês, onde estudou o "trabalho secundário" dos operários de metalúrgica na metade dos anos 1980, em especial por causa da atribuição dos jardins públicos pelo prefeito, então comunista, de uma cidadezinha de Côte-d'Or. Ela analisa da seguinte maneira o sentido da expressão "eu sou racista" dita por uma operária para ela:

> Os discursos racistas enunciados por operários politicamente à esquerda, quando da atribuição dos jardins, decorrem em parte de uma reação ao antirracismo militante exibido pela autoridade comunista local. Para encontrar uma saída aceitável, a situação objetiva de concorrência no grupo de interconhecimento deve ser regulada por um igualitarismo rigoroso (esse é o sentido do sorteio). Ora, o antirracismo do prefeito suscita o receio de distorções, secretas ou imaginárias, a essa regra igualitária. Ademais, o caráter provocador da frase "eu sou racista" a faz assemelhar-se a um "eu sou pobre" ou a um "eu sou uma besta": as pessoas assumem para si a tara de que são suspeitas, endossam a injúria com a provocação.[28]

BOX 2   **"Às vezes eu me pego sendo racista, é verdade"**

As palavras transcritas aqui e recolhidas em 1994 de um operário da fábrica de Sochaux em seu domicílio – André, OE, militante comunista, origem italiana, 46 anos, pai de quatro filhos, morador de uma casa pequena num loteamento de uma vila operária perto da fábrica onde ele trabalha – mostram bem a complexidade das relações hoje entre franceses e imigrantes nas classes populares – talvez melhor do que numerosas análises acadêmicas a respeito do voto operário a favor da Frente Nacional.

> [...] Na CGT, eu dizia frequentemente: "Cuidado, pessoal, é melhor ter cuidado". Ainda ouço o que a minha mãe dizia sobre a escalada do fascismo na Europa, com Mussolini, porque as pessoas, em vez de se revoltar contra quem provoca a crise, preferem jogar a culpa num bode expiatório. Hoje é contra os magrebinos, amanhã vai ser contra quem...

> *Mas em B. teve perto de 20% de votos no Le Pen.*

> Não tenho as estatísticas, mas posso apostar que boa parte do eleitorado comunista votou no Le Pen, porque tem muita gente que foi para o Partido Comunista por revolta, não por ideologia. Essas pessoas não entraram para o partido por ideologia, foi por revolta. E quando é por revolta, é fácil fazer as pessoas mudarem de opinião, porque muitas acham que estão brincando com elas...

> *Na fábrica, há pessoas que têm um discurso claramente racista e que não teriam, por exemplo, dez anos atrás?*

> Tem, não dá para negar. Tem. Mas mais do que antes? Talvez em relação ao trabalho, ao desemprego. Eles vão dizer: "Em vez de pagar para esse pessoal pela Assedic˙, a gente devia

---

[28] Ver Florence Weber, "Des intellectuels de gauche face au racisme populaire", *Critiques sociales*, n. 2, p. 25.

˙ Associação para o Emprego na Indústria e no Comércio, criada em 1958 para garantir aos desempregados uma indenização complementar ao auxílio pago pelo Estado. (N. T.)

mandar todo mundo de volta para a terra deles". Mas digamos que não é muito difundido. A gente trabalha junto, rala junto. Mas, por outro lado, acho que, mesmo assim, tem cada vez mais gente que fica zangada porque a gente defende esse pessoal... Não é violento, mas mesmo assim eu sinto que não é do mesmo jeito que era dez anos atrás. Antes, tinha as brincadeiras, era "devagar com o camelo", coisas assim... Agora é mais centrado na política, no contexto atual. Antes, não ia muito longe... Antes, se pensavam, nem sempre diziam. Agora, eles dizem.

Mas já que estamos falando dos imigrantes, quem fala em direitos também fala em deveres, e a questão da integração... Pessoalmente, se eu estivesse em outro país, não ia tentar impor aos outros a minha cultura e a minha maneira de viver, ia tentar viver com eles. Acho que existe uma resistência... [dos imigrantes] Tem muitos que resistem... os turcos, por exemplo... Mas as coisas também são feitas de propósito para dar destaque. Por exemplo, a feira da primavera em Audincourt, todo ano. Na foto do jornal, todos os anos, só tem magrebino. Para os caras que compram o jornal, isso reforça a ideia de que os magrebinos estão por toda a parte. A reação dos caras é: "Você vai na feira, só dá eles". Eu digo que o jornalista, se não é racista, mesmo assim sabe o que está fazendo. E é igual nos artigos: em vez de dizer Mohammed de tal, eles dizem "residente marroquino" ou "francês de origem magrebina". O que isso tudo quer dizer? Tem gente que diz que tem de "mandar de volta", eu digo: "Mas muitos foram mandados de volta com o contrato ONI* e isso não só não gerou empregos como o comércio da região ainda sofreu...". Quando a gente usa argumentos desse tipo, se não convence, pelo menos faz pensar.

[Alguns minutos depois, ele acrescenta:] Às vezes eu me pego sendo racista, é verdade... Depois me arrependo. É engraçado, porque X me deu o disco de Gilles Servat, "Je ne hurlerai pas avec les loups", que fala de um combate em que ora se perde, ora se ganha. É um pouco o que acontece comigo... Vou dar um exemplo. Aqui, no loteamento, tem famílias magrebinas: meus garotos brincam fora e às vezes acontece de eles brigarem; nessas coisas de garotos, eu não me meto. Só que várias vezes, quando são os meus que dão uns tapas nos outros, os pais vêm na minha casa. Se fosse um garoto de 14 anos e um de 7 que tivessem saído no braço, seria normal, mas quando são garotos da mesma idade que brigam entre eles, a gente não chama a polícia! Só que eles batem na nossa porta para se queixar e brigar, e isso provoca sentimentos racistas em mim. Os filhos deles podem fazer tudo, é normal! Mas quando são os nossos, não! Eu fui da comissão de imigrantes no CE quando ela ainda existia, justamente para defender os interesses, as diferenças deles, e quando vejo que eles vêm quase me tratando de racista, isso me dói. Penso: "Por que você briga por eles?". Não espalho isso aos quatro ventos, não está escrito na minha testa que eu aceito as diferenças. O essencial é que não me encham o saco. Eles podem viver como quiserem, isso não me incomoda nem um pouco, o essencial é que não venham me encher o saco. E que deixem meus filhos sossegados, que não levem meus filhos para o mau caminho, porque isso vai rápido...

---

* Secretaria Nacional de Imigração, criada em 1945 para regularizar a entrada de mão de obra na França; só aqueles que tinham contrato de trabalho podiam entrar e permanecer no país por períodos pré-determinados. (N. T.)

BOX 3   Nos "bairros", pais de sobreaviso

Jacques – Está virando um bairro... [ele para antes de dizer a palavra] em outras palavras, está ficando "arriscado". Você passa à noite, bom, se tem um grupo de jovens, não olha para eles. Mesmo conhecendo um no grupo, você vai levar.

Levar o quê?

Jacques – Uma surra. Eles vêm em quatro para cima de você e se divertem...

Mireille – Porque você olhou torto para eles! Para eles, isso é olhar torto...

Jacques – Ah, sim [em voz baixa], isso está acontecendo aqui agora. Teve um tempo em que eles começavam com 20, 22 anos... Aí iam trabalhar com os horticultores do Midi, pela Avenir [uma associação]. Agora, eles começam com 16, 14, 12, e a idade diminui cada vez mais. Tem uns até com 10, 12 anos, que formam bandos e não param...! [Silêncio.] E na cidade, em Barcourt, está cada vez pior também. Tem extorsão... De que jeito? Eles roubam as bolsas das senhoras de idade e tudo. A gente não via isso cinco anos atrás, não via, nem aqui no bairro. Aparentemente, no nível do ginásio, meu filho nunca me disse que tinha extorsão, mas já andei desconfiado. [...]

Vocês estão protegidos, entre aspas, porque estão nas associações, participam das atividades, mas deve ter famílias que devem desenvolver uma espécie de psicose...

Jacques – Ah, sim, tem famílias que se preocupam por qualquer coisinha, estão sempre atrás.

Mireille – Sei que Karine, lá debaixo, por causa da menina dela, que todo dia brigava com as outras crianças, teve uma crise de nervos. Ela veio falar comigo e tudo, depois começou a chorar. "Quero ir embora, não aguento mais." Porque a menina, todo santo dia, voltava para casa chorando. Eu disse a ela, palavra de honra: "O que você tem de fazer? Ir falar com o diretor!". Ela me disse: "Eles não estão interessados; eu vou até lá, digo a eles e não é por causa disso que dois dias depois a minha menina não vai passar por tudo de novo. Mesmo que vigiem os garotos, eles vão acabar brigando, vai começar tudo de novo e, se não for na escola, vai ser na rua". Aí ela teve uma crise de nervos, não aguentava mais. É, tem casos assim.

Jacques – E aí, para não ficar psicótico, eu não fico pendurado na janela. Mas quando vejo o meu garoto indo para um canto, eu chamo. Faço: "Psiu!". Fico com a sensação de que vai acontecer alguma coisa com ele. Bom, tem os provocadores, não é [fácil]. Tive uma discussão recentemente com um estrangeiro... Pff! Ele chamou a polícia! [...] Ele é jovem, mas é meio louco, estava se metendo com meninos de 2 anos, 3 anos, eu resmunguei da janela, quis bancar o zeloso. Bom, ele chamou a polícia porque assustei os meninos... [Silêncio.] É isso... [num tom desolado] "Vai ameaçar os seus filhos." A gente conversou e aí o policial foi embora. É um bairro assim... [Silêncio.] É por isso que agora, quando vejo o garoto saindo, eu vejo para onde está indo, o que está fazendo. É por isso que é raro eles saírem à noite... Bom, agora estão de férias, podem ficar vendo tevê, mas não saem.

Mas podem sair enquanto está claro...

Jacques – Olha...! [Cético.]

Mireille – Às vezes, até às 9h30... quando você está no serviço e eles ficam aqui na frente. Existem algumas condições. E se por azar eu não vejo onde eles estão, eu desço e eles entram.

Jacques – Isso gera conflito... E eles sabem disso, né! Em todo o pedaço, é triste dizer isso, mas eles são os únicos três franceses desse pedaço. Os outros todos são imigrantes, então sai de baixo! Eles caem em cima deles. Aí, como eu me conheço, sei que vou me meter. Então, eu evito essas coisas, chamo e digo: "Não foi nada, vêm para dentro...".

BOX 4   Um filho de imigrantes que procura seu lugar na França

Malik tem 24 anos, seu pai é OE numa fábrica de tecidos. Mais velho de uma família de seis filhos moradora de Grandval, fez faculdade de economia. A entrevista foi realizada em julho de 1990, num momento em que estava desempregado havia dez meses e começava a perder a esperança de algum dia conseguir emprego.

Você tem nacionalidade francesa?

Não, argelina. Bom, eu fiz o pedido de naturalização, mas estou esperando... Faz um ano e meio, agora. Ainda vou ter de esperar um pouco, seis meses, um ano, no máximo. Então, por esse lado, vou ter de conviver com isso. Fora isso, o serviço militar... sou convocado todos os anos a me apresentar no consulado, na Argélia.

Você vai prestar na Argélia?

[Suspirando.] Nem sei mais. Nem sei mais porque... Bom, fico me perguntando se o meu lugar é aqui ou lá, na verdade.

Ah é, você tem dúvidas em relação a isso?

Ah, tenho! Mas na verdade... Como estou vendo todas as portas se fechando, fico me perguntado se o meu lugar é aqui. Entende o que eu quero dizer? De tanto bater em portas que depois se fecham, você acaba achando depois de um tempo... [Silêncio.]

Você veio com que idade para cá?

Puxa! Com que idade? [Ele pensa.] Cinco anos. Cinco ou seis anos. Cinco ou seis anos.

Então, o seu lugar deveria ser aqui...

É o que eu penso. Me sinto bem na França, porque na verdade é o meu país. É o meu país. Mas... nem por isso... de qualquer maneira, eu não me desliguei das minhas raízes, elas sempre estiveram muito fortes dentro de mim. Mas, se quer saber, quanto mais eu avanço, mais eu me pergunto se existe realmente uma política de inserção, se existe alguma coisa desse tipo. Porque o árabe, na verdade, todo mundo gosta dele enquanto ele fica na fabriquinha dele, enquanto está varrendo, aí todo mundo gosta dele, fazem tudo para... Mas no dia em que você tenta subir um pouco, você se dá conta de que, na verdade, existe uma tremenda barreira. Uma tremenda barreira! É insano, né! É insano, insano, insano...

Porque afinal você tem um diploma de nível superior. A priori, não existe nenhum problema...

É, é isso que... Mas você não vê esse problema enquanto está na faculdade. Você não vê, você vê depois. Você vê quando começa a ser chamado para as entrevistas, você vê... [Silêncio.] Você vê nas recusas diárias, na verdade. Recusas diárias... Bom, se você se candidata a um posto no serviço público, nem vale a pena esperar alguma coisa daí. Você tem todo o serviço público, todos os concursos... Não vale a pena prestar concurso; então sobra o setor privado. No setor privado, as vagas são raras... E, além do mais, vou lhe dizer, eles torcem o nariz para tudo que é endereço... Quando você mora num bairro como esse...

Enfraquecimento do grupo operário e tensões racistas 291

[conjunto habitacional] Vi isso muito claro... [Falamos de sua procura por emprego, da ANPE, da APEC*.] Quando você descola uma entrevista, é porque a pessoa ficou interessada em você. Mas depois, na sequência, eu não sei o que acontece. Porque, bom, a lógica diz que, em cada dez entrevistas, você descola um emprego. Não tem mistério nenhum aí... Então, quando você faz dez, trinta, umas trinta entrevistas, você pensa [estalando os dedos]: "Tem alguma coisa errada por trás disso". É verdade que, nas primeiras entrevistas, você mete um pouco os pés pelas mãos, tropeça, avança passo a passo... Mas, depois de um tempo, você adquire uma certa experiência... Então, o problema não está aí. Eu não sei onde está o problema. Queria muito saber... Isso me martiriza! Me martiriza mesmo, eu queria muito saber o que é que pega quando faço uma entrevista com alguém, fico me perguntando onde estou errando, queria muito saber. Mas o problema é que eles nunca dizem o que acontece, o que está certo, o que está errado. Isso permitiria ver, se corrigir, se tem alguma coisa que está pegando, tentar se corrigir. Mas... [suspiro] a única resposta que dão, sabe, é a clássica carta: "Lamentamos informar..." blablablá...

Você nunca tentou telefonar?

Já, já. Mas eles dizem: "Olha, nós achamos que o seu perfil não era muito próximo, encontramos um perfil melhor". É essa a resposta. E quando você tenta saber um pouco mais: "Não estou com muito tempo, telefona outra hora". Na verdade, eles mandam a gente passear... "Já temos alguém, não tente entender..."

Na sua opinião, o fato de não ter nacionalidade francesa prejudica você?

Ah, sim. Não, nesse sentido, está muito claro... claro como o dia, né... Ninguém diz, mas a gente vê, sente. [Com mais força.] Quando você faz trinta entrevistas e não consegue descolar um emprego, é porque tem alguma coisa errada por trás! Bom... se eles selecionam o seu CV, é porque ficaram interessados em você. Então, já é um grande avanço... quando você consegue descolar uma entrevista. Quando você está na entrevista, você vê que se garante, está garantido, está seguro de si, não tem mais problema, mas depois, quando você recebe a carta, você pensa: "Nossa... o que foi que pode ter pegado?"... Você pensa, repensa e cai no problema da origem... Quando fui fazer uma entrevista numa companhia de seguros em Paris – está vendo, isso é para você ver que eu estava disposto a me mexer, e me mexi –, fiquei ali conversando com o cara e tudo... E, no fim, quando disse que não tinha nacionalidade francesa... "Ah, mas você não sabe que nós somos um órgão semipúblico e não sei mais o quê...?" A prova que o problema está aí é que eu tinha um contrato de duração determinada com essa companhia de seguros... [em Belfort] [sorrindo] e com eles, lá em Paris, eu não podia... Era a mesma empresa, era a mesma empresa. Por que eles aqui me aceitaram e eles lá não? Problema de cabeça, ou passa ou não passa.

Mas mesmo dizendo que, por exemplo, que você está a caminho de se naturalizar?

Ah, mas eu disse isso. Eu disse isso, falei, foi a primeira coisa que falei. Eu disse: "Bom, tenho nacionalidade argelina no momento, mas entrei com o processo de naturalização". "Sim, claro, mas, entenda, nós estamos procurando alguém que possa começar imediatamente..." Não insisti, porque estava de cabeça quente. Olha só, você paga a viagem até Paris, é um gasto a mais... chega lá, está completamente exausto... e, ainda por cima, tem de ouvir uma idiotice dessas... Aí fiquei de cabeça quente, nem insisti. Não, nem insisti... Ao contrário, estava mais disposto a mandar pastar do que outra coisa qualquer... Para você ver. [...]

---

* Associação para o Emprego de Executivos. (N. T)

Pode-se dizer que, no seu caso, a procura por um emprego provocou, em troca, um questionamento sobre a sua identidade... Argelino? Francês?

Ah, sim, exatamente. Exatamente. Porque esse problema não existia antes. Eu era argelino, ponto final...

Você era argelino vivendo na França...

Era, e ponto final. Eu gostava daqui, me sentia bem na França, não me preocupava com isso... Foi depois desse negócio... Bom, na verdade foi um choque... Levantou a questão, são as duas cadeiras, o problema das duas cadeiras, o problema da balança, de que lado vai pender... Meu lugar é aqui, é lá? Depois, no fim [sorrindo], quando converso com os meus amigos, a gente diz que, na verdade, talvez fosse melhor ir para a Lua. Não ia mais ter encheção de saco...

CONCLUSÃO

OS OPERÁRIOS APÓS A CLASSE OPERÁRIA

Desvalorização do trabalho operário, enfraquecimento da resistência coletiva, enfrentamento das gerações na fábrica e nas famílias, crise da militância sindical e política, escalada das tensões racistas contra um fundo de desemprego em massa e de vulnerabilidade crescente: certo "grupo operário" sobreviveu, o dos operários da indústria, organizados sindicalmente e constituídos politicamente, herdeiros de certo modo da "geração singular"[1] que se construiu nas lutas sociais de 1936 e no imediato pós-guerra. Sem querer ceder aqui à ilusão retrospectiva e largamente anacrônica de uma idade de ouro operária – a condição operária sempre foi uma condição sofrida, sujeita à necessidade –, nem por isso é menos verdade que os operários dos tempos da "classe operária" dispunham de um capital político acumulado (os partidos "operários", os sindicatos), de um conjunto de recursos culturais (associações que se referiam sem nenhuma vergonha à palavra "operário") e simbólicos (o orgulho de ser operário, o sentimento de pertencer à "classe"), que permitiam defender coletivamente o grupo, inclusive os "conservadores", e assim limitar a influência da dominação econômica e cultural.

Fora da fábrica, também existia o que podemos chamar de "sociedade operária", que permitia aos seus membros viver no interior de um grupo que dava proteção e segurança, em que desabrochava uma cultura específica cujos traços se aproximavam dos descritos por Richard Hoggart[2], a propósito dos operários ingleses dos anos 1950: oposição entre o mundo dos outros ("eles") e o "nós" comunitário, liberdade concedida aos filhos, realismo escolar e divisão tradicional dos papéis entre o casal. Nesse mundo integrado, diversas instâncias de socialização (círculos laicos, Juventude Comunista ou Juventude Operária Cristã, colônias de férias, atividades culturais e de lazer nos comitês de empresa) enquadravam a juventude nas zonas urbanas e con-

---

[1]   Gérard Noiriel, *Les ouvriers dans la société française* (Paris, Seuil, 1986, col. Points), cap. 4.

[2]   Richard Hoggart, *La culture du pauvre* (Paris, Minuit, 1970).

tribuíam para a transmissão dos mesmos valores. Esse longo período durante o qual a existência da classe operária parecia algo óbvio, hoje, parece ter acabado. A "classe operária" enquanto tal estilhaçou-se sob o impacto de diferentes forças centrífugas: desindustrialização da França, perda de seus bastiões tradicionais (o Norte, a Lorraine, o Loire, a Renault-Billancourt), informatização da produção e queda da demanda por trabalho não qualificado, divisão geográfica do espaço operário, diferenciação sexual do grupo, declínio contínuo e acelerado do Partido Comunista Francês, perda da esperança coletiva e diminuição correlativa do sentimento de pertença à classe, sem esquecer o desinteresse, agora notório, dos intelectuais por tudo aquilo que diz respeito ao mundo operário.

Os operários tendem assim a transformar-se num grupo "objeto", progressivamente despossuído de seus instrumentos de luta[3] e inspirando ora menosprezo, ora compaixão. As forças que os unem agora são negativas: o envelhecimento, o medo do desemprego e da desqualificação social. As velhas "atitudes políticas" foram desqualificadas, assim como a linguagem política que chama para a "classe". Hoje, muitos operários se distanciam dos modos antigos e de certas formas de sociabilidade que sentem como arcaicas, e esforçam-se para destacar-se do que parece "operário" demais. A reivindicação difusa para não serem excluídos de práticas e atividades sociais antes reservadas às outras classes corresponde, em especial, à profunda exigência de igualdade que anima um número crescente deles. Essa influência cada vez maior do modelo meritocrático é menos uma prova de seu aburguesamento do que a expressão de sua recusa em retomar por conta própria uma identidade social puramente operária – construída desde muito, mas desvalorizada – para impor uma imagem mais positiva de si mesmos.

Se a constatação desse estilhaçamento da classe operária tem nuances de pesar e de nostalgia, não é porque obriga a pôr luto pela "classe operária" – aliás, é preciso dizer que sua elevação à categoria de mito, inclusive por certos sociólogos, foi durante muito tempo um obstáculo de peso à compreensão sociológica das transformações que afetavam o mundo operário –, mas porque mostra que a perenidade da cultura operária encontra-se fortemente ameaçada. Ora, é essa cultura antiga, profundamente politizada, construída por meio de lutas, que permitia conservar e afirmar um mínimo de autoestima.

1. A nova condição operária

Apesar do desmoronamento da classe, o mundo operário não desapareceu. Contudo, como constatamos, a condição operária mudou profundamente nesses últimos vinte anos: perdeu parte de seu assento no mundo industrial e desenvolveu-se, sobretudo, no setor terciário, em virtude da proletarização dos funcionários(as) (o caso "típico ideal" aqui são os caixas).

---

[3] Ver o conjunto das teorizações de Pierre Bourdieu sobre as classes populares, em especial "La paysannerie, une classe objet", *Actes de la recherche en sciences sociales*, n. 17-18, 1978.

Se tomarmos o caso da indústria, veremos que há alguns anos vem se instalando uma nova divisão do trabalho ligada à terceirização das atividades de baixo valor agregado e à generalização dos fluxos tensos. De um lado, as grandes fábricas transformaram-se em pontos de agrupamento do trabalho de concepção, de concentração de massa cinzenta, que emprega assalariados de nível escolar elevado e com forte potencial e, ao mesmo tempo, conserva um núcleo importante de operários. De outro, pequenas unidades de produção que fabricam componentes e são povoadas por trabalhadores jovens, que recebem salário mínimo, em geral são diplomados, mas estão expostos a uma forte precariedade (contratos temporários ou de duração determinada). O "*just in time*" é um modo de organização da produção economicamente eficaz, talvez, mas humanamente muito custoso, na medida em que gera uma tensão permanente: entre quem manda e subcontratado, entre chefe e operário e, por fim, entre os próprios operários, sobre os quais recai uma parte das contradições não resolvidas do sistema de produção.

Nessa nova configuração industrial, a amálgama social (gerações, qualificações), característica da grande fábrica fordista, tende a desaparecer em proveito de uma homogeneização social e profissional dos assalariados. Nessas unidades de produção cada vez mais especializadas, a ruptura entre gerações se acelera e a triagem seletiva permite, de um lado, afastar os operários "não empregáveis" ou "incômodos" (por exemplo, os que ainda se atrevem a falar de sindicato) e, de outro, manter apenas os que, acredita-se, são susceptíveis de curvar-se às novas exigências. Assim, os novos critérios adotados para contratar os jovens operários são a "competência", a "adaptabilidade", a "reatividade" e o "potencial". Por trás do jargão desse novo modo de gestão, que se baseia largamente numa lógica de flexibilidade, o que se encontra são julgamentos de ordem técnica e social[4].

Nossa investigação em campo, que desde 1996 se concentrou no caso das novas pequenas empresas instaladas nas imediações do centro de Sochaux (os "fornecedores" da indústria de automóveis), revela uma forte degradação das condições de trabalho nessas fábricas: recurso maciço ao trabalho precário (temporário e de duração determinada), seleção quase que exclusiva de jovens, em geral com bac e contratados para ocupar os postos de "operador", horários extremamente variáveis, imposição de ritmos de trabalho intensos, individualização desmedida e marginalização sindical. O salário mínimo é o único horizonte salarial possível; a própria ideia de progressão salarial e de carreira operária parece excluída, ou mesmo inconcebível. A enorme concorrência entre jovens para ocupar esses empregos basta para manter uma forte pressão salarial. Esse modo de organização do trabalho[5], na ausência de um contrapoder, intensifica as lutas de concorrência e obstrui a construção das formas de solidariedade. A sociabilidade operária é impossível nesses universos profissionais atomizados, em que tudo

---

[4] Ver o conjunto dos trabalhos de Gabrielle Balazs e Jean-Pierre Faguer sobre a Hewlett-Packard, em especial "L'évaluation", *Actes de la recherche en sciences sociales*, n. 114, set. 1996.

[5] Ver as investigações de Armelle Gorgeu e René Mathieu sobre os subcontratados da indústria de automóveis.

parece organizado para que os operadores não se encontrem (intervalos curtos, horários de trabalho que mudam de um dia para o outro) e não se falem (os operadores são muito absorvidos por "sua" produção). Além disso, essa precariedade institucionalizada – a rotatividade da mão de obra é muito elevada – compromete qualquer forma de enraizamento na fábrica e impede a transmissão da cultura de trabalho: é assim que, nas raras empresas onde os representantes sindicais atuam, o trabalho político dia a dia tornou-se extremamente difícil; em consequência, o desânimo toma conta dos(as) militantes.

Dois grupos operários convivem nas oficinas dessas pequenas empresas. Os primeiros, operários com bac que frequentaram algum tempo o ensino superior, vivem dia a dia sua condição de trabalhador naquilo que ela tem de mais limitadora no plano físico e intelectual, de frustrante do ponto de vista das relações sociais. Imbuídos por um tempo na cultura estudantil, agora eles têm de participar de discussões de oficina que no dia a dia lhes dão a medida de sua relegação num universo social com o qual quiseram romper por meio da escola. Consideram sua condição de operário provisória, um primeiro emprego de inserção que lhes permite – "até lá", como dizem – atenuar o choque do confronto com o mercado de trabalho. Essa maneira de se negar a se projetar num futuro "operário" e a distância cultural que os separa dos outros operadores os privam do sentimento de pertencer a uma comunidade de destinos. O que impressiona neles é a recusa a se queixar, a tendência a aceitar esse trabalho como um acaso feliz. O segundo grupo é composto de operários pouco ou não diplomados que, apesar do *handicap* escolar, conseguiram cavar seu lugar na fábrica, resistindo à concorrência dos mais diplomados. Eles são mais frágeis socialmente e em geral moram em conjuntos habitacionais. Numerosas nessa categoria, as mulheres em geral sustentam sozinhas os filhos. A empresa "pega" essas mulheres por esse lado, porque elas não podem se dar ao luxo de serem demitidas. As pequenas empresas conhecem cada vez melhor a situação pessoal dos operários, oficialmente por razões de disponibilidade de trabalho. Na verdade, a direção tende a usar essa situação de fragilidade social para impor, sem nenhuma vergonha, condições de trabalho deploráveis. Os jovens operários qualificados da região não se iludem: os que escolheram positivamente o contrato temporário falam desses empregos como "serviço de cão", que não aceitariam nem por todo o dinheiro do mundo.

Ao término dessa evocação certamente sumária, podemos nos perguntar sobre a racionalidade e a viabilidade desse modo de gestão da mão de obra. De tanto ir cada vez mais e mais longe, de tanto "espremer a laranja", os processos de flexibilização e de precarização não correm o risco de se revelar contraproducentes? Podemos nos perguntar se uma das fragilidades estruturais do novo capitalismo francês não será constituída pelo fortíssimo enfraquecimento do status operário nas empresas, que nos parece contraditório com as novas exigências de qualidade dos produtos e dos componentes. Se olharmos para a Alemanha, perceberemos que o sistema industrial (o famoso "modelo renano"), por mais que se diga o contrário, continua apoiado numa forte profissionalização operária na fábrica e num grande reconhecimento social do status operário na sociedade. E, no fundo, se a nova questão operária volta à ordem do dia na França, é precisamente por causa das consequências sociais e industriais dessa precarização do status operário[6].

2. A obliteração da questão operária

O paradoxo da situação atual deve-se finalmente ao fato de que a questão operária, nos fatos, está mais do que colocada, ao passo que, no espaço político, ela é ocultada ou mesmo negada. À medida que a "crise" se aprofundou e a taxa de desemprego aumentou, novos recortes do mundo social se impuseram. É o caso, por exemplo, das categorizações em termos de oposição entre "incluídos" e "excluídos" (ou *in/out*) e entre franceses e imigrantes, que aos poucos encobriram a questão operária e acabaram por dissolvê-la.

Como consequência do surgimento da problemática da exclusão, os operários viram-se colocados do lado dos *in*, dos que têm emprego (dos "privilegiados" e dos "direitos adquiridos", não hesitarão em dizer os adeptos da vulgata neoliberal). Se bem que no centro desse processo de fragmentação social, a questão operária viu-se relegada à categoria de problema secundário ou anexo. Tradução no campo científico: as sociologias da exclusão e da imigração suplantaram pouco a pouco a sociologia do mundo operário, que se reduziu gradualmente (a evolução é ainda mais acentuada entre os historiadores franceses). Consequência prática e ideológica: no espaço público, tornou-se impróprio e quase um tabu referir-se aos problemas do mundo operário, mesmo na esquerda. Três casos são testemunhas disso: a lei das 35 horas, o papel dado à inspeção do trabalho e a questão do salário operário.

35 horas. O desconhecimento da realidade operária atual poderia ser exemplificado pela implantação do programa de 35 horas. É como se os operários tivessem *a priori* de estar convencidos do interesse de dividir seu trabalho, como se tivessem de se conformar em ver suas condições de trabalho se degradar mais ainda sob o impacto da aplicação da lei das 35 horas, quando na verdade, durante anos, a esperança dos militantes se agarrou à perspectiva de diminuir o tempo de trabalho. Na Peugeot, o acordo de 1999 prevê a incorporação do tempo de intervalo (25 minutos por dia) ao tempo de trabalho efetivo, o pagamento do trabalho aos sábados não como hora extra (como era antigamente) etc. A maioria dos operários da fábrica vê isso como um retrocesso, e os militantes da CGT, como uma maneira disfarçada de rever as conquistas obtidas pela luta dos "antigos (as greves de 1961 e de 1964 permitiram a incorporação dos intervalos ao tempo de trabalho). Os operários teriam assim de se conformar em ver a questão material como acessória, como se tivessem de desistir de obter uma melhoria em seus ganhos. Em nome da divisão do trabalho, eles parecem condenados a ter de se manter na linha de flutuação, sob ameaça permanente de cair do lado dos novos *working poor* e dos que vivem de salário mínimo.

---

[6]   Ver os trabalhos do Laboratório de Economia e Sociologia do Trabalho dos anos 1970 a 1980 e, hoje, os de Myriam Campinos-Dubernet, Lucie Tanguy e Éric Verdier.

298   *Retorno à condição operária*

Inspeção do trabalho. Todas as investigações estatísticas mostram que os acidentes de trabalho aumentaram e as condições de trabalho se degradaram. Ao mesmo tempo, os fiscais de trabalho são em número tão insuficiente na França que não conseguem cumprir seu ofício com eficiência. Por exemplo, no departamento de Doubs, há apenas dois fiscais de trabalho, um dos quais – auxiliado por um controlador e uma secretária que trabalha meio período – é responsável pelo conjunto da zona de emprego de Sochaux-Montbéliard (35 mil assalariados). Além disso, Martine Aubry, ministra do Trabalho e dos Assuntos Sociais, exige dos fiscais de trabalho respeito estrito à obrigação de sigilo, como se quisessem silenciá-los e diminuir seu poder de controle (já fortemente reduzido). O fato de os poderes públicos nunca terem cogitado aumentar o número de fiscais de trabalho desde 1981 e nunca ter havido um debate público a respeito dessa questão parece altamente significativo.

Salário: last but not least. A estagnação dos salários dos operários e a diminuição dos salários de contratação são fenômenos muito malvistos. As famílias têm um sentimento muito agudo de pauperização material e de desatrelamento dos grupos sociais mais próximos (as classes médias baixas e os funcionários de escritório, cuja luta em dezembro de 1995 ficou longe de ser unanimidade entre os operários do setor privado). A multiplicação dos salários baixos e a subida do desemprego produziram uma clientela cativa nas lojas de desconto: bem adaptadas a uma freguesia popular a caminho da proletarização, elas proliferam nas regiões operárias (como as lojas de comida barata).

3. Qual será o futuro da militância operária?

Como dissemos, os operários hoje estão isolados, fragmentados, em geral privados de meios de defesa coletiva. Estão condenados à derrota e à invisibilidade por causa disso? A herança operária, feita de lutas e de resistências (grandes e pequenas), ainda tem alguma chance de ser passada adiante? O que restará da moral de classe, esse suporte identitário que dava armas aos operários para enfrentar o menosprezo que os grupos sociais mais favorecidos sempre lhes votaram? Que futuro terá uma cultura operária privada de sua dimensão política? A última frase do livro de Georges Navel, ex-operário que se tornou escritor, diz: "Existe uma tristeza operária que só passa com a participação política"[7]. Essas questões ultrapassam o quadro do mundo operário e interrogam o modo de recomposição da sociedade francesa como um todo, tamanha foi a importância do papel do movimento operário, por sua combatividade passada e pelas conquistas sociais que arrancaram das classes dominantes, na constituição e na consolidação de uma "sociedade salarial" que se estendeu à maioria da população ativa. É só pensar na aquisição e na consolidação dos direitos sociais: direito do trabalho, Previdência Social, direitos sindicais.

A questão que se coloca aqui é a do futuro da militância operária. As oposições que permeavam o grupo (qualificado–não qualificado, homens–mulheres, franceses–

---

[7]   Georges Navel, *Travaux* (Paris, Gallimard, 1979, col. Folio; 1. ed. 1945), p. 147.

imigrantes, velhos–jovens) eram mascaradas pelo trabalho de unificação conduzido pelos militantes. A representação que faziam do mundo (fossem filiados à CGT ou à CFDT, marxistas ou cristãos...) estava fundamentalmente ligada a sua fé num aumento progressivo de poder de um grupo unido e solidário. E é somente em referência a essa tradição que se pode compreender a extrema dificuldade que sentem os militantes operários para se converter às novas formas de luta.

Por exemplo, se a CGT se uniu à luta dos "ilegais" desde a ocupação da igreja de Saint-Bernard, foi sob fortíssimas resistências da base, que achava que, recusando-se a considerar essa luta prioritária, estava agindo conforme a *tradição*. Do mesmo modo, os "velhos" militantes, atingidos no mais profundo de suas crenças pela queda do Muro de Berlim e pela ruína da escatologia comunista, podem ficar tentados a se retrair no Partido Comunista Francês. Não foi o caso daquele operário comunista entrevistado pelo programa *Vingte heures* [vinte horas] num campo de bocha, após as eleições europeias de junho de 1999, que para justificar sua oposição à linha reformadora de Robert Hue declarou: "A foice e o martelo são a nossa bandeira... A gente não vai desistir assim da nossa bandeira". Evidentemente é compreensível que essa retração no passado afugente os jovens operários, cada vez mais alheios a essas referências que, em comparação com o que vivem, lhes parecem bizantinismo. Apesar de muitos se recusarem a submeter-se às novas exigências das empresas, nem por isso estão dispostos a adotar o antigo vocabulário operário e a reivindicar a tradição. O sucesso do Partido Verde entre os jovens é testemunha disso.

Como modernizar essas antigas maneiras de pensar e de agir? Evitando em primeiro lugar um duplo escolho: o primeiro consiste em negar as possibilidades de entendimento que existem entre as gerações; o segundo, em abraçar a "modernidade" sem reserva crítica – sem compreender, por exemplo, que o sindicalismo não ganhará um novo vigor se continuar isolado e acantonado na defesa de seus interesses tradicionais, se não agir com eficácia no nível da zona de emprego, se não conseguir levar em consideração as transformações do sistema de ensino (a elevação do nível de estudo dos jovens e a evolução de suas aspirações) e os abandonados à própria sorte do novo modelo produtivo, em especial os jovens imigrantes desempregados.

De fato, desse ponto de vista, a questão do modo de politização dos jovens imigrantes nos parece central. Ora, de tanto olhar para os imigrantes como uma entidade à parte, acabamos esquecendo que, nas regiões operárias onde as empresas apelaram maciçamente para os trabalhadores estrangeiros, a questão da reprodução da classe operária, por razões morfológicas, está estreitamente ligada à questão do devenir dos filhos de imigrantes. Historicamente, os numerosos estrangeiros (poloneses, italianos, espanhóis, argelinos) recrutados pelo patronato da indústria francesa nas fases de forte expansão econômica do século XX integraram-se por intermédio do trabalho, sem dúvida, mas também pela luta sindical e política. Bom número de filhos de imigrantes (siderúrgicos italianos do leste da França, mineiros poloneses do Norte) tornaram-se verdadeiras figuras militantes, sindicalistas da CGT e/ou eleitos locais do PCF. Hoje, são os filhos de imigrantes – pouco ou não diplomados, vítimas de certas formas insidiosas de discriminação na hora da contratação – os mais atingidos pelo desem-

300 *Retorno à condição operária*

prego. Daí o hiato entre os velhos militantes operários e essa fração dos filhos da classe operária que mora nos conjuntos habitacionais e é descendente, em geral, de pais imigrantes, muito embora as disposições desses jovens, socializados no bairro, os predisponham à contestação e à mobilização política. E, o que é mais pernicioso ainda, desde o início dos anos 1990 (a guerra do Golfo provocou uma ruptura fundamental nas relações entre franceses e imigrantes oriundos do mundo árabe), uma parte crescente de filhos de imigrantes sente-se rechaçada para o universo cultural de seus pais e frequentemente levada a adotar formas ostensivas de apego ao seu país de origem – o que podemos chamar de encenação de um "arabismo" simbólico – ou efetuar um certo retorno ao "religioso", percebido como último recurso pelos filhos "perdidos" dos conjuntos habitacionais (ver o caso tragicamente exemplar de Khaled Kelkal, filho de operário da região de Lyon). Por todas essas razões, abriu-se um fosso entre os "franceses" e uma fração dos filhos de imigrantes que não deseja viver a vida de "árabes superexplorados" que tiveram seus pais.

Um dos paradoxos da situação atual é que, em consequência do enfraquecimento do movimento sindical, são os membros das classes superiores (em especial os professores, os artistas e os pesquisadores) que reivindicam certos valores antigos do mundo operário (como o internacionalismo, o igualitarismo e a solidariedade) e cada vez menos os filhos dos operários.

É por isso que uma das tarefas principais de um movimento operário que queira se manter fiel à sua história e, ao mesmo tempo, impulsionar o curso das coisas seria reatar os laços entre as gerações, estreitar as relações nos universos sociais (funcionários, técnicos, profissionais da cultura) próximos do mundo operário e tirar lições das outras formas de luta que se desenvolvem longe das oficinas.

ANEXO 1

OS DESAFIOS DO MÉTODO DE INVESTIGAÇÃO: O TRABALHO DE CAMPO

Não relataremos aqui os detalhes do desenrolar da investigação nem os diversos caminhos que tomou, porém insistiremos em sua duração. Começou em 1983, quando Michel Pialoux iniciou um trabalho por entrevistas com um OE da fábrica de Sochaux: Christian Corouge, militante cegetista e representante numa oficina da fábrica de carroceria[1]. O objeto desse trabalho biográfico consistia em estudar as formas particulares que a militância assumia numa oficina de OE. De certo modo, tal pesquisa abriu os caminhos que a reflexão tomaria em seguida. A investigação prosseguiu em diversas direções: mudanças do trabalho operário na fábrica de carroceria, atitudes dos operários e dos militantes sindicais diante da modernização. A partir de 1988, teve início a colaboração com Stéphane Beaud, realizada na esfera de um contrato de pesquisa com a Mipe (Missão Interministerial de Pesquisa e Experimentação do Ministério do Trabalho[2]). Depois de três anos de trabalho em comum sobre os operários da fábrica e o mercado de trabalho, nossas pesquisas tornaram-se autônomas, de certa maneira. Um prosseguiu sua investigação sobre as transformações da fábrica de carroceria com diferentes categorias de operários e o outro aprofundou a investigação sobre o sistema de formação inicial e as trajetórias escolares dos filhos de operários.

---

[1] Michel Pialoux conheceu esse militante por intermédio do cineasta Bruno Muel, que fez alguns filmes em Sochaux entre 1969 e 1973 e com quem Christian Corouge manteve contato. Na época, ele estava numa situação de enorme aflição sob diferentes aspectos: tinha a sensação de estar sendo perseguido pela "direção" da fábrica, estava com problemas familiares e sentia-se numa situação ambígua diante da maioria de seus camaradas militantes. O volumoso trabalho realizado em comum, afinal, tomou a forma de uma montagem de entrevistas, guiada por um fio teórico. Essa investigação resultou nas seguintes publicações: "Chroniques Peugeot", *Actes de la recherche en sciences sociales*, n. 52-53, 54, 57, 60, 1984 e 1985; e *Le militantisme ouvrier...*, relatório para o Comissariado geral do Plano, 1985.

[2] Esse contrato resultou num relatório de pesquisa: Stéphane Beaud e Michel Pialoux, *Ouvriers de Sochaux: l'affaiblissement d'un grupe. Hantise de l'exclusion et rêve de formation*, abr. 1993, 2 vol.

302   *Retorno à condição operária*

Contudo, ao longo dessa investigação a dois, nós nos preocupamos em estabelecer sistematicamente a relação entre as transformações ocorridas dentro e fora da fábrica (em especial as transformações no campo escolar local).

1. Uma investigação em diferentes dimensões do espaço social

Um trabalho do tipo monográfico, como o nosso, parece-nos constituir um quadro de pesquisa apropriado na medida em que oferece uma espécie de lente de aumento das evoluções que as estatísticas nacionais ou regionais não dão a perceber tão claramente, tornando possível assim a construção de esquemas de explicação que fazem aparecer mais nitidamente as lógicas sociais emaranhadas na complexa rede das mais diferenciadas zonas de emprego. Também permite captar, quase em estado de épura, os traços pertinentes do funcionamento do mercado de trabalho (uma região monoindustrial e uma empresa localmente muito dominante, como a fábrica de Sochaux) e inserir as transformações identificáveis durante certo lapso de tempo na história da fábrica, do grupo operário e da zona de emprego. Um trabalho do tipo monográfico ajuda a captar em suas interdependências as mediações sociais pelas quais entram em relação as empresas locais e o sistema de formação.

Portanto, tivemos incessantemente a preocupação de ligar entre elas as diferentes dimensões do espaço social. A pesquisa de campo, em particular por ter sido realizada a dois, permite estudar num mesmo espaço-tempo processos sociais habitualmente separados pela especialização dos objetos da sociologia (sociologia do trabalho, da escola, do *habitat*, do consumo etc.). Com isso, ela força o sociólogo a estabelecer a relação entre esses diferentes domínios, é um convite permanente à comparação e ao raciocínio em termos de relações sociais (entre grupos e subgrupos) e opera assim como que um instrumento de vigilância que alerta contra a tentação permanente de reificação dos grupos sociais. Situando os pesquisadores em diversas cenas sociais da vida cotidiana das classes populares – o domicílio das famílias operárias entrevistadas ou locais do espaço público como os supermercados, a praça do conjunto habitacional (onde residimos), as ruas comerciais de Montbéliard etc. – e da vida militante – o espaço sindical da CGT na fábrica, as reuniões do comitê de greve em 1989 no recinto da fábrica, a festa anual do *Lion Rouge*, as partidas de futebol organizadas pela CGT, o processo Fallot no Tribunal de Justiça etc. –, a pesquisa de campo ajuda a ver e a compreender que, por trás do operário produtivo ou do militante (o "trabalhador" aclamado pelos discursos de emancipação política operária), existe também o pai de família, o cidadão, o responsável pela associação, o torcedor de futebol, o consumidor. Pelas múltiplas facetas de um mesmo personagem social que ela deixa entrever, em momentos e em contextos sempre diferentes, a prática do "campo" regular, se não intensa, facilita o rompimento com a visão monolítica dos mundos sociais e, no caso em questão, do mundo operário.

Foi essa postura de pesquisa que ofereceu meios para refletirmos sobre o processo de estruturação–desestruturação do grupo operário que observamos durante quinze anos, graças em especial à constituição das trajetórias operárias (trajetórias escolares,

Os desafios do método de investigação: o trabalho de campo 303

profissionais, residenciais, políticas). Foi essa postura também que nos levou a tomar alguma distância da temática da "exclusão", hoje predominante. Graças a uma presença longa em campo, a numerosas entrevistas realizadas ao longo de quinze anos com os membros das diferentes gerações operárias locais, nós procuramos, no trabalho de reconstituição dos dados de campo, fazer com que se sentisse o peso da história coletiva (história social das famílias, do grupo e da militância operária, mas também a história da empresa e do sistema escolar), que continua a incidir fortemente do ponto de vista material e da consciência dos indivíduos[3].

2. A duração como recurso de investigação[4]

O trabalho de investigação esforçou-se por captar no tempo esses diferentes fenômenos e, em especial, por medir as temporalidades próprias de cada um dos setores estudados: da fábrica (que deve ser diferenciada segundo os setores), do sistema de formação inicial (ensino profissionalizante e ensino geral), das instituições de gestão social, mas também dos agentes sociais e das famílias. Situando no centro de nossa reflexão a questão das defasagens temporais entre séries de eventos mais ou menos interdependentes, procuramos ir além da visão objetivista e compreender a maneira como experiências sociais subjetivas, vividas em diferentes campos da vida social, podem quadruplicar as transformações objetivas do mercado de trabalho local ou do sistema de educação nacional, cristalizando-se num certo tipo de atitude social e contribuindo para mudar as aspirações dos indivíduos.

A inserção da investigação no tempo, assim como o trabalho a dois, permitiu variar os pontos de vista sobre um mesmo objeto. Por exemplo, no início da investigação sobre a formação, conhecemos os entrevistados graças a diferentes redes que eram todas mais ou menos próximas do núcleo original de militantes OE. Os operários entrevistados tinham, na maioria, entre 35 e 50 anos e pertenciam a uma mesma geração operária e militante, muito marcada pela intensidade das lutas dos anos 1970, ainda que se diferenciassem por suas origens sociais e geográficas. O que mais impressionava era a semelhança dos pontos de vista coletados então: esses "velhos" OE penavam para manter o ritmo de trabalho, praguejavam pelos cantos contra as novidades organizacionais e empurravam os filhos em direção a uma fuga da fábrica. Surgiam constantemente nos discursos deles uma espécie de amargura, o sentimento de terem sido ludibriados, a mágoa pela perda de status e pela falta de consideração. Porque era partilhada pelos outros membros da família, tivemos uma enorme dificuldade para sair dessa representação da fábrica como polo repulsivo: tanto os cônjuges, que durante as

---

[3]   É o caso, em especial, do paternalismo. A Peugeot imprimiu sua marca na paisagem industrial, geográfica (as vilas operárias construídas entre as duas guerras ou após 1945, as antigas Ravi, isto é, as mercearias Peugeot, as mansões das diferentes gerações da dinastia patronal) e intelectual dos operários locais. Durante muito tempo, o paternalismo protegeu e fez esses operários viverem.

[4]   Sobre esse tema, ver Olivier Schwartz, "L'empirisme irréductible", em Nels Anderson, *Le hobo: sociologie du sans-abri* (Paris, Nathan, 1993), p. 265-308; e Stéphane Beaud e Florence Weber, *Guide de l'enquête de terrain* (Paris, La Découverte, 1997).

304   Retorno à condição operária

entrevistas vinham com frequência confirmar as palavras do entrevistado com um ou outro caso, como as crianças ou os adolescentes, que reivindicavam a recusa a serem "escravos" e o ódio pela fábrica ("Não sei por quê, mas aqui todo mundo tem alguma coisa contra a Peugeot", diz um dos alunos de ensino médio).

As entrevistas aprofundadas com OE menos politizados que os militantes, e sobretudo com jovens temporários de fora da região, permitiram relativizar a visão da fábrica que esses "antigos" nos davam. E foi cruzando sistematicamente essas entrevistas que pudemos enriquecer nosso ponto de vista. Para os jovens temporários que conheceram o "aperto", a grande fábrica aparecia como um local de trabalho desejável. Desse modo, saíamos de uma visão "interna" e politizada da fábrica, isto é, constituída a partir de sua história (história das oficinas, dos "chefes", dos militantes, dos confrontos) e habitada por uma memória coletiva política, tecida no decorrer do tempo. Memória essa que pesa fortemente sobre a reinterpretação dos eventos contemporâneos e tende de forma quase natural a opor uma idade de ouro (da juventude, das lutas, do salário acima da média, do orgulho dos operários Peugeot, em resumo, da força do grupo) aos tempos atuais, pensados unicamente em termos de degradação.

Outra vantagem da duração da investigação: ela opera como que um *comparatismo em ato*, permite captar as evoluções no tempo, acompanhar trajetórias individuais e certa trajetória coletiva. O passar do tempo faz o papel de variável de controle dos dados coletados em campo. As entrevistas tomam verdadeiramente sentido no interior da cronologia dos acontecimentos da investigação. A duração ajuda a romper com pares de oposições que, apesar de às vezes terem valor heurístico (estáveis/instáveis), impedem que se compreenda que os mesmos indivíduos estão sempre "divididos" entre vários polos. A observação de trajetórias profissionais ao longo de quatro anos permite ver, por exemplo, como certos operários se envolvem numa formação, desistem dela e afundam pouco a pouco ou, ao contrário, conseguem se restabelecer socialmente. Isso permite aplicar uma série de variáveis (oriundas do trabalho de campo) e provar seu valor explicativo.

Essa maneira de "trabalhar em campo" não pressupõe a existência de um grupo operário homogêneo ou a referência a um operário abstrato, mas, ao contrário, convida continuamente a reportar-se à história, a levar em consideração de maneira imediata e deliberada a morfologia de um grupo, seus diversos componentes, seu ordenamento (que muda sem parar no decorrer da história). Somente o acompanhamento no tempo das trajetórias individuais de membros dos diferentes subgrupos (operários especializados, operários qualificados, chefes de equipe e contramestres; homens e mulheres, franceses e imigrantes...) oferece meios para estudar a maneira como as identidades coletivas se desconstroem e se reconstroem em contextos que mudam rapidamente. A investigação de longa duração faz surgir pouco a pouco tempos diferentes na evolução dos indivíduos, das famílias, dos grupos profissionais, das instituições. Essas diferenças de tempo produzem descompassos e reajustes de identidade que, com o tempo, ocorrem com cada vez mais dificuldade, geram contradições, sofrimentos e aflições. Nesse sentido, a investigação sobre a transferência dos operários do acabamento para a nova oficina de Roupagem de Carcaça foi exemplar: mostrou que, se as reorganizações técnicas e hierárquicas se desenvolvem em ritmo muito rápido sob o imperativo dos ganhos de produtividade, as mudanças nas estruturas do grupo operário ou nas estruturas de personalidade evoluem de maneira muito mais lenta.

3. Militantes operários e operários "comuns"

Ao longo desses anos de investigação, nós estivemos regularmente presentes em campo (em especial nos meses de julho e setembro de cada ano). Fizemos numerosas entrevistas, realizamos diferentes tipos de observação (observação participativa no liceu profissionalizante e no centro de apoio ao emprego, observação não participativa no bairro onde residimos, no grupo de militantes, nas famílias operárias etc.) e mantivemos regularmente, cada um por si, um diário de campo. Na maioria das vezes, nós nos hospedamos na casa de Christian Corouge (ele morou de 1983 a 1992 num apartamento do conjunto habitacional e, a partir de 1992, numa casa), em quem nos apoiamos consideravelmente para realizar a investigação. Graças a ele e a sua esposa, conhecemos em condições muito diversas numerosos operários que trabalhavam em diferentes setores da fábrica e em pequenas empresas dos arredores. Partindo do núcleo dos militantes OE da fábrica (CGT e CFDT), nós nos afastamos pouco a pouco para conhecer operários e assalariados que não estivessem inseridos numa tradição militante. Tratava-se não de distanciar-se dos militantes – aliás, ao longo de toda a investigação (e ainda hoje) mantivemos relações estreitas com eles, relações agora mais de pesquisador e informante ou "aliado"[5] –, mas de poder coletar pontos de vista sobre a fábrica e o mundo operário que haviam se constituído de modo diferente. Assim, realizamos uma série de entrevistas com o que podemos chamar de "operários comuns", tanto homens como mulheres que não são nem porta-vozes nem representantes, mas falam por si mesmos. Nós os conhecemos como vizinhos, "conhecidos de conhecidos" (na fábrica, no bairro, nessa ou naquela associação) e em geral de improviso, apenas por força de nossa presença regular em campo (por "contatos" em festas locais, reuniões, partidas de futebol etc.). Essas entrevistas, de tom muito diferente daqueles feitas com os militantes, têm o interesse de entremostrar a existência de outra cultura operária, muito distante daquela encarnada pelas frações sindicalizadas e politizadas das fortalezas operárias[6].

---

[5] Revendo-os regularmente no campo, enviando-lhes textos que havíamos escrito e sobre os quais pedíamos sua "reação".

[6] Retomamos aqui as observações de Jean-Noël Retière: "A busca por uma comodidade de investigação, que logicamente, mesmo de maneira inconsciente, pode incitar à opção por campos habitados pelo número e apontados pela reputação, não basta para explicar essas escolhas. De fato, parece-nos bem mais determinante a representação que durante muito tempo os sociólogos fizeram do operário, impensável e inencontrável, exceto como encarnação da classe mobilizada: a partir daí, onde encontrá-lo a não ser nesses locais consagrados da produção e da residência propícios à mitificação que foram a mineração, a construção naval, a siderurgia... e os faróis mencionados? Não resta dúvida de que as pesquisas feitas nesses campos induziram a maneira como a cultura operária era percebida. O alto grau de institucionalização que o grupo apresentava aí não devia levar necessariamente o pesquisador a identificar o operário sob o uniforme do trabalhador fortemente integrado em seu universo profis-

Na maioria das vezes, interrogamos esses operários em suas casas, em seu local de residência, sem focar a questão do trabalho. Falávamos tanto da escola como da política ou do bairro, tentando ver, sobretudo, como esses diferentes temas se combinavam entre si, como "apareciam" em certos momentos, de determinada maneira, e como, em outros, não chegavam a ser expressos. Além da observação variada e regular das pessoas e dos lugares (meio familiar, diversos espaços públicos nos bairros formados pelos conjuntos habitacionais, espaços sindicais, cerimônias, festas e, em alguns momentos, nas oficinas da fábrica, como, por exemplo, durante a greve de 1989 e em visitas à fábrica), a técnica privilegiada, tanto na investigação sobre a fábrica como na enquete sobre a escola, foi a das entrevistas repetidas (durante anos) com diversas pessoas, prestando atenção nos desvios, nas variações, nos deslizes, no "jogo" entre o que é dito num primeiro momento e o que é dito depois. A repetição das entrevistas com uma mesma pessoa permite compreender, em especial, de que modo, com o tempo, os indivíduos ajustam e adaptam sua estratégia a novas situações ou a novas conjunturas, por exemplo: como se conformam ou tentam lutar, esboçam "golpes" em matéria de promoção ou desistem dela. E também como indivíduos podem ou não falar a respeito, "dissimulam", ou se escondem de si mesmos, e num desvio de conversa acabam "confessando", fazendo confidências. Por exemplo, a dificuldade para falar de uma busca de promoção na fábrica, da conquista de uma posição de chefe ou monitor, a hesitação em inscrever-se ou não na lista de representantes de oficina etc. Foi em torno em geral dessas variações, dessas hesitações, dessas tensões, que tentamos organizar o trabalho de reflexão.

4. O sentido das entrevistas

O risco inerente a todo trabalho sociológico realizado, principalmente, por meio de entrevistas e num período limitado no tempo é congelar as atitudes e os comportamentos, "sobreinterpretar", não dando atenção suficiente ao contexto dos discursos feitos naquele momento pelos entrevistados. A força (heurística) da entrevista etnográfica reside na possibilidade de uma imersão longa do pesquisador no meio pesquisado. Nesse tipo de trabalho, a repetição das entrevistas com as mesmas pessoas é uma espécie de substituto de uma presença longa em campo (materialmente impossível): a comparação de entrevistas efetuadas em momentos diferentes do tempo permite corrigir e relativizar interpretações fundadas numa única entrevista aprofundada e fazer surgir a ação do tempo, a influência da "conjuntura" (nacional e local). Na maioria das vezes, as entrevistas que realizamos estavam atreladas a uma observação atenta do que estava acontecendo durante a entrevista e em torno dela. Demos muita atenção à situação da investigação, isto é, às relações de forças (ou de troca) que se estabelecem entre o pesquisador e os membros do grupo que ele pesquisa. As entrevistas não aparecem –

---

sional ou ainda sob o uniforme do militante sindical ou do homem de partido?", Jean-Noël Retière, "Regards sur la sociabilité en territoire ouvrier", *Cahiers du GRHIS, Sociabilité et culture ouvrières*, Universidade de Rouen, n. 7, 1997.

Os desafios do método de investigação: o trabalho de campo 307

ou não aparecem somente – como a ilustração de um modelo teórico previamente construído, mas antes são um instrumento essencial de investigação, uma ferramenta de construção de hipóteses sempre em transformação, como uma espécie de trampolim para a reflexão. A reflexão sobre as identidades remete incessantemente à reflexão sobre as estruturas sociais e à maneira como estas se transformam com o tempo. Pois o que nos interessa é, em outras palavras, a ligação entre o "subjetivo", que se capta bem nas entrevistas, e o "objetivo", tal como se pode circunscrever pelo estudo de uma documentação estatística, por documentos escritos. É o jogo também entre o que pode ser dito em certo momento num certo "contexto" e que não pode ser dito em outro, mas talvez o seja mais tarde, num "contexto" diferente[7]. Portanto, a análise da forma e do conteúdo de uma entrevista não pode ser separada do conhecimento da história do grupo considerado e de uma reflexão mais ampla sobre seu modo de existência. O recurso às entrevistas obriga a apreender junto a relação com o trabalho, com a formação, com a política, com o futuro, e não a delimitar os diferentes campos da existência. Parece capital, por exemplo, cruzar várias entrevistas reportando-se a um mesmo processo e pesquisar documentos mais objetivos reportando-se a esse processo. Ao mesmo tempo, entrevistar de novo as mesmas pessoas é buscar romper com a ideia de que se deve "arrancar" a verdade das pessoas entrevistadas.

5. Trabalho e além-trabalho

Desde o início do trabalho que realizamos em Sochaux, nós adotamos uma perspectiva que não era a da empresa, a de seus problemas e "necessidades", ao contrário do que fazem muitos economistas e sociólogos, mas sim de um "grupo" social, do grupo operário, da desconstrução–reconstrução das identidades coletivas e individuais dos membros do grupo. Devemos insistir no fato de que nosso trabalho não teve ligação com a empresa ou com a direção da Peugeot. Não solicitamos nenhuma autorização para entrar nas oficinas. Isso parecia impossível nos anos 1980, dadas as circunstâncias (o trabalho anterior com Christian Corouge havia sido publicado e havia circulado na empresa) e também a tradição da Peugeot de se fechar para os pesquisadores ("sigilo", proibição muito mais clara em relação às ciências sociais). Mas usamos muito a rede sindical que havíamos formado ao longo do tempo, o que nos permitiu ter acesso à abundante literatura que circulava na empresa e nas oficinas: de um lado, os jornais da empresa (em especial o *Journal d'Information Peugeot* e os documentos divulgados pelo controle) e, de outro, os panfletos sindicais (CGT, CFDT, mas também FO, CTC, Siap), gerais ou "setoriais" (panfletos distribuídos unicamente num setor). Graças a militantes sindicais, membros do comitê de empresa, tivemos acesso às atas das reuniões bimestrais do comitê. Essas atas, taquigrafadas e integralmente retranscritas, são documentos riquíssimos para captar a atmosfera das relações sociais na empresa. Vemos opor-se aí a palavra administrativa à palavra militante, ficamos sa-

---

[7] É claro que essa forma de refletir implica também que o pesquisador fale do modo como ele próprio está implicado na entrevista, na vida do grupo operário.

308 *Retorno à condição operária*

bendo como, para os militantes, os desafios se hierarquizam etc. Ainda que no trabalho de reconstituição dos dados de campo nós tenhamos privilegiado as entrevistas com os operários, estas foram conduzidas em estreita relação com a série de informações evocadas nessa documentação.

Portanto, não efetuamos observações no local de trabalho, mas pudemos conhecer as oficinas em nossas numerosas visitas à empresa (organizadas todos os dias no centro industrial de Sochaux) e durante a greve de 1989, quando os militantes sindicais nos colocaram dentro da fábrica[8]. No âmbito da pesquisa sobre o trabalho na fábrica, procedemos por meio, sobretudo, de entrevistas que realizamos fora dela, na maioria das vezes na residência dos entrevistados (operários, mas também agentes de controle e executivos). Uma das especificidades das entrevistas com os operários da fábrica deve-se ao fato de que não foram conduzidas numa perspectiva estrita de sociologia do trabalho, uma vez que as perguntas nunca se restringiram ao que acontecia no mundo da oficina. Ao contrário, tentamos de imediato estender as perguntas aos problemas relacionados ao futuro individual e familiar, ao emprego, à escola, à formação, à vida familiar, enfim, à esfera do "além-trabalho". No próprio transcorrer da entrevista, os entrevistados passavam insensivelmente de um tema para outro (quando não havia controle, vigilância ou censura[9]), vinculavam os problemas da vida ao trabalho na fábrica, à maneira como vivem suas vidas em casa, fora da fábrica, em família, ao modo como se sentem "presos" nas redes de sociabilidade, como foram escolarizados, como viveram ou ainda vão viver. Assim, aquilo de que falávamos quando abordávamos a questão do trabalho era também, e indissociavelmente, a questão da relação deles com o futuro.

Paradoxalmente, parece que encontramos mais violência e *páthos* no discurso dos operários contactados no âmbito da pesquisa do Ministério do Trabalho[10] que no dos sindicalizados acionados pela rede militante. Os operários próximos dessa rede e em geral sindicalizados não são os que se exaltam com mais violência contra a fábrica, em todo caso, não numa primeira entrevista. Esse "paradoxo", no fundo, explica-se com facilidade. Os operários contactados pela rede militante pressupõem que os pesquisadores conhecem certo número de coisas a respeito da fábrica, a lógica de conjunto que regula seu funcionamento e sua evolução, o desenvolvimento de seus grandes "problemas", tal como definidos e recortados comumente – automação, produtividade, espaço para o sindicalismo, relações de forças dentro da fábrica. Por isso, muitos em

---

[8] Ver o relato de observação que fizemos em Stéphane Beaud e Michel Pialoux, "Permanents et temporaires", em Pierre Bourdieu (org.), *La misère du monde* (Paris, Seuil, 1993), p. 317-29. [Ed. bras.: *A miséria do mundo*, 5. ed., Petrópolis, Vozes, 2003.]

[9] Como acontece com certos sujeitos entrevistados (técnicos, agentes de controle), que conhecem profissionalmente, de certo modo, a necessidade de separar bem a questão das condições de trabalho da questão relativa às outras esferas da vida.

[10] No âmbito da investigação sobre as pós-condições de trabalho, entrevistamos pessoas que, um ano antes, haviam respondido a um longo questionário do Instituto Nacional de Estatística e Estudos Econômicos sobre as condições de trabalho. Quando o primeiro questionário foi passado, eles aceitaram ser entrevistados novamente no âmbito de uma entrevista aprofundada.

Os desafios do método de investigação: o trabalho de campo 309

geral só falam sobre certo número de pontos por alusão, atribuindo conhecimentos ao entrevistador que nem sempre este tem, pressupondo entre entrevistado e entrevistador uma espécie de conivência de ordem política (que habitualmente não é desmentida...). Conhecendo mais ou menos nosso status de professores universitários e sabendo que trabalhamos já há um bom tempo em Sochaux, eles se veem levados, na verdade, a evitar os discursos genéricos demais e quase a desconfiar deles. Ainda que empreguem certos estereótipos, seu discurso não é "vazio". Remete a realidades vividas por todos: empobrecimento, cansaço, medo, sentimento de humilhação. Retoma uma temática conduzida e articulada nos e pelos panfletos (que em Sochaux, devemos insistir, não é vivida como uma temática imposta "de cima"). Existe nesses operários próximos do polo militante uma relutância em abordar outros temas além daqueles evocados pelos panfletos, em especial os que poderiam contribuir para quebrar a imagem de um grupo relativamente solidário ("ciúme", "questões pessoais", "desavenças" ou ainda "rivalidades") e ameaçam passar a imagem pouco digna de um grupo esfacelado por lógicas de concorrência ativadas pela direção; ou de um grupo pego numa lógica de rebaixamento social (álcool, formas diversas de miséria). Aliás, são perfeitamente compreensíveis as razões que, no nível existencial ou identitário, impelem os sindicalizados a, de certo modo, negar-se a concentrar sua atenção nessas questões. Portanto, é preciso muito tempo até que se suspendam certas censuras sobre esses temas. Embora sejam pródigos em "casos", em especial os que põem os agentes de controle (os "chefes") em questão, muitos falam de suas condições de trabalho com precisão, mas, como por pudor, hesitam em se lançar num discurso violentamente denunciador, que sentem que pode ricochetear e atingi-los, a eles ou ao grupo "deles".

Já os operários contactados no âmbito da pesquisa sobre as pós-condições de trabalho, depois de desfazerem certas preocupações iniciais e se certificarem de que o pesquisador (nesse caso, Michel Pialoux) não era um agente da empresa, falam da fábrica e das relações de poder dentro dela, em geral, com uma brutalidade e uma violência que surpreendem, e que, apesar de não termos encorajado, também não tentamos conter. É como se a situação de entrevista deixasse a porta aberta para uma lógica de denúncia das práticas da fábrica que remete a um sentimento de degradação multiforme (mas sempre presente) e à expressão de um sofrimento relativo ao presente (embora contido) e de uma preocupação relativa ao futuro. Num primeiro momento, essa denúncia parece ser feita mais no registro ético do que no registro diretamente político. Em geral, tem-se a impressão de que a pessoa entrevistada se dirige, antes de mais nada, ao senso moral do interlocutor (nesse caso, o pesquisador), quando denuncia a facilidade com que a empresa desrespeita regras "elementares" de justiça às quais o pessoal estava acostumado, recusa-se a manter as promessas que fez e pratica uma política "arbitrária", de "favoritismo": as escolhas que parecem "racionais" numa lógica administrativa são fatalmente percebidas, aqui "embaixo", como "arbitrárias".

O que também impressiona é que as discussões com os militantes sindicais do sexo masculino quase nunca ocorreram num quadro de discussões em família. Na maioria das vezes, quando a esposa estava presente, ela permanecia calada ou participava com comentários soltos meio ao acaso na conversa. Na investigação sobre as pós-condições

310 *Retorno à condição operária*

de trabalho, a situação quase sempre era diferente. O encontro envolvia, geralmente, outros membros da família e, em primeiro lugar, o cônjuge. Muitas entrevistas, iniciadas por volta das 15 horas (por causa do turno de 2x8), prosseguiam até às 18 ou 18h30 na presença de outros membros da família, e em geral depois que o gravador havia sido desligado... E, de fato, era toda a situação do grupo familiar que estava envolvida na questão: sua história, seu passado, suas dificuldades atuais, mas também suas perspectivas de futuro.

Enquanto os militantes operários excluem "casos" e "histórias" pessoais, e prudentemente deixam de lado "histórias" de relações conflituosas entre assalariados de mesmo nível – disputas por postos de trabalho ou promoções mais ou menos perdidas –, nas entrevistas para a pesquisa do Ministério do Trabalho esses casos e histórias aparecem bastante rápido e de maneira quase "natural". Basta que o pesquisador estimule o interlocutor com perguntas que manifestem interesse por certo tipo de "detalhe", demonstre por sua atitude e por seus gestos que não vê essas "historinhas" como mexericos sem importância, mas, ao contrário, como casos significativos. Portanto, é evidente que, numa investigação desse tipo, o problema do "lugar" do pesquisador, da posição objetiva (como também subjetiva) que ele toma, da definição que seus interlocutores fazem dele, da percepção que tem de seu papel, de seu poder, é central. Daí vem, por exemplo, a importância da carta de apresentação (na qual ele se define mais como representante da administração pública ou mais como professor universitário, mas em ambos os casos como agente do Estado...).

6. O trabalho sobre a escola

Para estudar a relação das famílias operárias com a escola, nós procedemos essencialmente por entrevistas aprofundadas, às vezes repetidas, com pais operários[11]. Em sua maioria, os pais trabalhavam na fábrica de Sochaux. As famílias residiam nos dois principais bairros formados por conjuntos habitacionais (Grandval e Hauts-de-Court). Havia nessas entrevistas uma forte recorrência de temas: as dificuldades do acompanhamento escolar, o embaralhamento das classificações escolares, certa perplexidade em relação ao funcionamento das escolas, uma visão muito crítica do trabalho dos professores, o medo do futuro etc. Foi por essa razão que nos pareceu importante enfatizar duas entrevistas na análise, realizadas com um ano de intervalo, com aqueles que chamamos de Jacques e Mireille (capítulo 5). A riqueza e a pertinência das questões que essas entrevistas suscitaram nos incitaram a interpretá-las de forma aprofundada. Aliás, elas serviram de fio condutor na reflexão sobre as relações entre a escola e o bairro. Utilizamos também uma longa entrevista com três mães de alunos, representantes da FCPE, igualmente muito rica para a investigação. Reproduzimos

---

[11] Paralelamente à investigação por entrevistas e observações, nós realizamos em 1992 uma investigação por questionário com 1,2 mil alunos de 15 escolas de ensino fundamental da região de Montbéliard. Dirigia-se a alunos de oitava série no momento em que estavam saindo do ginásio. Tratava, em especial, dos desejos e das aspirações desses alunos (dois terços deles eram filhos de operários) em relação aos estudos.

Os desafios do método de investigação: o trabalho de campo   311

apenas certos excertos dessas entrevistas, embora apenas o todo permita apreender com mais exatidão (em especial pela maneira constrangida, embaraçada, elíptica de falar dessas questões) a visão complexa e contraditória que os pais têm da escola e do futuro de seus filhos.

Os pais entrevistados são os que aceitam entrar no jogo da investigação[12] e, mais exatamente, ousam enfrentar as perguntas do entrevistador e se sujeitam à prova de uma entrevista sobre um assunto que, como tudo que diz respeito diretamente à escolaridade dos filhos e indiretamente à deles, coloca-os na desconfortável posição de "dominados". É preciso ter um mínimo de recursos sociais e simbólicos para colaborar com a investigação; consequentemente, todos os pais operários que entrevistamos pertencem àquela fração de pais mais envolvidos com a escolaridade dos filhos, portanto mais aptos a dizer algo sobre esse tema[13]: eles militam de perto ou de longe na associação dos pais de alunos (a FCPE) e formam grupos de inter-conhecimento no nível do bairro ou da cidade. Assim, as outras famílias do bairro encontram-se fora do campo da pesquisa etnográfica. Pode-se supor legitimamente que os resultados obtidos com esses entrevistados – mais diplomados que os outros (em especial no caso das mães), mais informados sobre a situação escolar, em contato mais direto com o mundo do ensino, mais por dentro das carreiras e das estratégias escolares etc. – valem *a fortiori* para as outras famílias operárias. A aflição e a incerteza diante do futuro, o sentimento de impotência diante das novas exigências escolares crescem à medida que aumenta a distância das famílias populares em relação à cultura escolar. No decorrer da investigação e das estadas em campo, vimos que a situação de observação era o meio mais adequado para captar de perto as práticas escolares e compreender a relação das famílias populares com a escola. Todavia, o trabalho indireto de observação parece difícil de reconstituir. Alojando-se várias vezes com uma mesma família, compartilha-se de parte de sua vida cotidiana, situação que permite observar naturalmente as práticas comuns (alimentares, culturais, corporais). Algumas podem ser descritas e analisadas com facilidade; em compensação, as que dizem respeito à questão da educação dos filhos, e em especial à escola, parecem mais "particulares". Descrevê-las acarretaria tornar públicas práticas que levam a penetrar amplamente na intimidade social da família e revelam atitudes "instintivas", herdadas diretamente dos pais ou dos avós e profundamente enraizadas num "*habitus*" familiar transmitido a várias gerações. Essas práticas educacionais e culturais observadas no núcleo familiar

---

[12]   A investigação estatística evita o principal viés de qualquer investigação etnográfica sobre a relação das famílias populares com a escola, e concerne apenas a uma população reduzida e fortemente pré-selecionada. Ver a riquíssima investigação do Instituto Nacional de Estatística e Estudos Econômicos dirigida por F. Héran, "Efforts éducatifs des familles", *Résultats INSEE*, set. 1994; ou, mais distante no tempo, a investigação realizada por F. Bonvin e J.-C. Chamberedon sobre os processos de difusão cultural, *Transmission culturelle et utilisation des instances de diffusion culturelle* (Centro de Sociologia Europeia, mimeografado, 1973).

[13]   Pais imigrantes também se envolvem com a escolaridade dos filhos, mas o contato com o entrevistador raramente resulta nums entrevista gravada, por causa do obstáculo da língua ou, mais precisamente, do constrangimento provocado pelo domínio inseguro do francês.

são aquelas mesmas a partir das quais o sociólogo, depois de atravessar as portas do domicílio de seus anfitriões, pode avaliar em seu trabalho de investigação a distância e a inadequação em relação aos valores do sistema escolar, aos preceitos aplicados nas famílias que possuem um forte capital cultural. De um lado, a observação – limitada no tempo – permite entrever a profundidade social das técnicas de educação. De outro, é particularmente difícil nesse caso passar da observação para o diagnóstico ou aconselhamento. De fato, por seu trabalho de observação, o pesquisador é levado a avaliar rapidamente os prováveis "custos" (posteriores) dessa educação sobre o sucesso escolar dos filhos, mas não pode passar para os pais os frutos desse trabalho. O esforço de objetivação e de restituição do sociólogo chega aí ao seu limite: descrever práticas educacionais e culturais da esfera privada permite desvendar os aspectos da existência social mais ocultos na identidade de classe (uma identidade e um "senso de classe" que se formaram ao longo de várias gerações, no cruzamento da história familiar com a história sociopolítica e nacional do grupo operário). Observa-se aí o que certamente existe de mais "transmitido", mais "adquirido" na personalidade social (pensamentos automáticos, reflexos sociais, atitudes "instintivas"), transmitidos naturalmente aos filhos.

ANEXO 2

QUADRO CRONOLÓGICO

Cronologia para o estudo das transformações do grupo operário
na região de Sochaux-Montbéliard (1880-1994)

História do grupo Peugeot e da fábrica de Sochaux	História do grupo operário na região de Montbéliard (total do pessoal, composição, modo de vida)	História das transformações do modo de gerir a mão de obra (evoluções técnicas na fábrica)	História do movimento operário na região de Montbéliard	História do ensino e do campo escolar local
1880-1920				
1913-1920: criação das primeiras fábricas (fundição) em Sochaux	Tradições industriais muito antigas na região de Montbéliard (séculos XVIII e XIX): Japy, Peugeot (influência do protestantismo luterano). *Operários altamente qualificados:* mecânica, relojoaria... Operários camponeses.			1874: fundação do ginásio municipal Cuvier.
1920-1930				
1927: ampliação da área industrial de Sochaux. Introdução do taylorismo (sob estímulo do engenheiro Mattern).	Forte imigração: italianos e espanhóis, mas também poloneses e ucranianos. Qualificação, politização.			
1945-1960				
Reconstrução rápida da fábrica de Sochaux após a guerra (10 mil assalariados). Proporção elevada de OP. Lançamento do modelo 203 e em seguida do 403 (política do "modelo único"). A Peugeot responde por 16,5% a 18,5% do mercado nacional de carros de categoria intermediária.	Crescimento rápido da população operária a partir de 1955. A população do distrito dobra entre 1954 e 1979 (de 70 mil para 140 mil). 1959: criação do distrito urbano da região de Montbéliard (25 comunas).	Organização tayloriana. Altos salários. Agentes de controle numerosos. Disciplina rígida.	Após a guerra e a resistência, poder da CGT dominado por OP e técnicos. Desenvolvimento rápido do Partido Comunista nos anos 1950, com a conquista de várias municipalidades.	

História do grupo Peugeot e da fábrica de Sochaux	História do grupo operário na região de Montbéliard (total do pessoal, composição, modo de vida)	História das transformações do modo de gerir a mão de obra (evoluções técnicas na fábrica)	História do movimento operário na região de Montbéliard	História do ensino e do campo escolar local
ANOS 60				
1966: lançamento do modelo 204. Fabricação simultânea de dois modelos. A Peugeot aumenta sua participação no mercado europeu e mundial.	Crescimento rápido do número de OE, em geral oriundos dos departamentos rurais do leste (Vosges, Doubs, Haute-Saône). Grande proporção de operários camponeses. Os salários são 20% a 30% mais elevados que nas fábricas vizinhas. Desenvolvimento de um conjunto habitacional de qualidade "medíocre" (entre 1949 e 1976: 17 mil habitações construídas).	Papel capital da escola profissionalizante da Peugeot, que forma a maior parte dos OP e dos técnicos. Lojas Ravi. Instituições "paternalistas". Até a metade dos anos 1960, a Peugeot busca estabelecer um consenso com os sindicatos, sobretudo com a CGT (elo entre os avanços da empresa e a melhoria da situação dos operários).	1962: guerra da Argélia; tensão na CGT e na CFDT. Fundação e desenvolvimento do Partido Socialista Unificado. 1964: desconfessionalização da CFDT. 1965: greves dos OE. Desacordo entre OE e OP (deixaria muitas e vivas lembranças).	1970: fechamento da escola profissionalizante da Peugeot e desenvolvimento dos centros de formação tecnológica, em especial no setor de mecânica (sobretudo CAP).
1968-1973				
1971: construção da fábrica de Mulhouse e rápido desenvolvimento (logo atinge 15 mil operários). Aparece como muito "moderna", automatizada. Crescimento rápido, demanda muito alta, os modelos Peugeot que se diversificam fazem sucesso. As exportações crescem.	Crescimento rápido do número de operários: de 26 mil em 1968 para 36 mil em 1973. Entre 1968 e 1974: 10 mil habitações construídas na região de Montbéliard. Contratação maciça de imigrantes: argelinos, em seguida iugoslavos, portugueses e, por fim, marroquinos e turcos (sobretudo a partir de 1974). A população imigrante na região de Montbéliard é de cerca de 20%. Os salários da Peugeot continuam mais elevados que os praticados na região. 1973: não renovação dos contratos temporários dos iugoslavos.	A direção fica desorientada com a violência do movimento de 1968. Depois de maio de 1968, "retração repressiva": a direção procura neutralizar e curto-circuitar os sindicatos. Os quadros superiores são antigos oficiais. Administração repressiva. Combate sistemático aos sindicatos "revolucionários" e apoio aos sindicatos "participativos", sobretudo nos setores de OE. A organização do trabalho é hipertayloriana, o poder dos chefes de equipe redobra. Preocupação: romper os coletivos de trabalho, espalhar os operários "combativos"... Os imigrantes devem alojar-se juntos, são dispersados nas cadeias de produção. Recurso intenso ao trabalho temporário. 80% dos operários fazem horas extras.	Maio de 1968: a fábrica demora a entrar no movimento, mas será uma das últimas a retomar as atividades. Conflitos muito violentos, dois mortos. Os jovens participam maciçamente. Clima de grande tensão, confrontos frequentes e violentos, sobretudo nas oficinas de OE (carroceria e estampagem). 1969: greve dos condutores de trens, acarreta o *lockout* de 20 mil assalariados. Surgimento da CFT: "milícias patronais" ("Nicenses"). Confrontos CGT esquerdistas. Desenvolvimento da luta operária. 1972: crise da CFDT (cisão).	

História do grupo Peugeot e da fábrica de Sochaux	História do grupo operário na região de Montbéliard (total do pessoal, composição, modo de vida)	História das transformações do modo de gerir a mão de obra (evoluções técnicas na fábrica)	História do movimento operário na região de Montbéliard	História do ensino e do campo escolar local
1974-1978				
1974: primeiro choque do petróleo, a produção da indústria francesa de automóveis sofre uma forte queda (-4,5% em 1974 e -10% em 1975). 1975: lançamento do modelo 604 em Sochaux. 1976: a Peugeot "absorve" a Citroën. 1977: lançamento do modelo 305. 1978: absorção da Talbot. A fábrica de Sochaux torna-se um entre outros centros. O centro de Mulhouse continua a crescer. Clima social muito calmo.	1974: contratação suspensa em Sochaux, o pessoal cai em cerca de mil. Não há demissões, mas redução de horários.		1975: em consequência dos escândalos provocados pela Confederação Francesa do Trabalho (fábricas de Bart, de Saint-Étienne), a direção vira a casaca e apóia a FO e a CFTC, que obtém um terço dos votos nas eleições para representante de oficina. No conjunto da fábrica, a CFDT obtém cerca de 20% dos votos e a CGT, 45%.	
1979				
O número de operários em Sochaux atinge seu máximo (42 mil assalariados). O centro de Mulhouse continua a crescer: implantação de novas tecnologias.		Implantação de equipes de pesquisa para a melhoria das condições de trabalho; são formadas por operários não sindicalizados e um chefe de equipe, sob controle dos chefes de oficina.		
1980				
1980-1982: anos muito difíceis. A produção recua 30%. A Peugeot perde parcelas grandes de mercado na Europa e na França. Acabamento ruim, pouca confiabilidade... Forte endividamento. Situação catastrófica.	Primeira convenção FNE (seguida de duas outras em 1981 e 1984), atingindo o pessoal com mais de 55 anos. Saída maciça de imigrantes.	A direção "explora" novos sistemas de gestão das relações sociais, primeiro nas oficinas de estampagem e em seguida nas oficinas de mecânica. 1980: a Peugeot batiza 1980 de o ano da "qualidade."	1980-1984: diminuição progressiva do peso dos setores (ferramentaria, mecânica) onde estão concentrados os OE. As máquinas não são renovadas. O total de operários diminui.	1980-1985: segregação crescente do público ginasial. Exemplo: a abertura de um ginásio num bairro residencial de Valentigney traduz-se pela concentração de filhos de operários na escola do conjunto habitacional.

História do grupo Peugeot e da fábrica de Sochaux	História do grupo operário na região de Montbéliard (total do pessoal, composição, modo de vida)	História das transformações do modo de gerir a mão de obra (evoluções técnicas na fábrica)	História do movimento operário na região de Montbéliard	História do ensino e do campo escolar local
1982				
Saída de Jean-Paul Parayne e chegada de Jacques Calvet (ex-chefe de gabinete de Valéry Giscard d'Estaing).		Implantação de "grupos de melhoria da qualidade" e de "equipes de produtividade". Temática da gestão participativa, generalização de um novo vocabulário: cadeia/linha, equipe/módulo, OE/operador. A direção transforma as equipes de produtividade em círculos de qualidade.	Eleições para o comitê de empresa, a CFDT alia-se à FO e à CFTC.	Novembro: abertura do centro de apoio ao emprego, sob estímulo da municipalidade socialista (equipe permanente "à esquerda").
1983				
Violentos conflitos em Poissy e Aulnay. Inicia-se uma recuperação.		Acordo salarial de 1983: individualização dos salários (a qualificação não está mais ligada ao posto). O acordo também dá uma "minicarreira" aos OE. Desenvolvimento da gestão participativa, primeiro na estampagem e em seguida na carroceria.	As direções da CGT e da CFDT forçam a entrada dos militantes e dos sindicalizados em grupos de expressão (lei Auroux). Pouco entusiasmo, sobretudo entre os OE. Desmoralização dos militantes; dessindicalização, sindicatos em situação ambígua.	
1984				
Sucesso do novo modelo 205 fabricado em Mulhouse. Apelo maciço às novas tecnologias, primeiro na lanternagem.	Desenvolvimento do trabalho precário, do trabalho de utilidade coletiva.	A direção inventaria as habilidades da casa, os "macetes", analisa-os e compra-os, oferecendo bônus: "Uma parte da inteligência deve ser devolvida aos postos de trabalho". Simultaneamente, apelo a "cronometristas" vindos da Talbot, da Citroën e de consultorias estrangeiras com o intuito de retomar as gamas e rever os tempos.	O comitê de empresa passa para as mãos de uma coalizão entre CGC, FO, CFTC e CSL-Siap.	Primeiro Salão de ofícios e formações de Montbéliard (alunos de oitava série do distrito urbano de Montbéliard). 1981-1985: os dois liceus de ensino profissionalizante continuam a formar alunos de CAP de mecânica geral (ajustadores, fresadores, soldadores, cortadores), que começam a não encontrar mais trabalho quando saem da escola. Classificação dos principais bairros de habitação social em ZEP.

História do grupo Peugeot e da fábrica de Sochaux	História do grupo operário na região de Montbéliard (total do pessoal, composição, modo de vida)	História das transformações do modo de gerir a mão de obra (evoluções técnicas na fábrica)	História do movimento operário na região de Montbéliard	História do ensino e do campo escolar local
1985-1986				
Lançamento do modelo 305. Decisão de modernizar o centro de Sochaux. São fabricados 1,8 mil veículos por dia. O grupo Peugeot ambiciona tornar-se a maior fábrica europeia de automóveis.	27 mil assalariados na Peugeot. 1986: convenção entre a Peugeot e a Secretaria Nacional de Imigração: saída de 1,6 mil assalariados. Criação de um PLH (Programa Local de Habitação). A Peugeot vende suas lojas Ravi.	A Peugeot patrocina a convenção nacional sobre a qualidade: de 357 projetos de pôsteres enviados em nível nacional, 142 são do grupo Peugeot. Retomada muito fraca da contratação em 1986.		1985-1990: onda de democratização das escolas de ensino médio da região. Afluência de alunos no primeiro ano, o liceu técnico não consegue receita, crise de recrutamento nos LEP.
1987-88				
Melhoria contínua da situação do grupo: 8,9 bilhões de benefícios em 1988. Calvet torna-se uma vedete midiática. A metamorfose do centro Peugeot-Sochaux continua: Sochaux do ano 2000 deve basear-se numa nova maneira de produzir (fluxos tensos, flexibilidade). Aceleração do pagamento das dívidas do grupo.	Subida rápida da inadimplência (em 1986, mais de 3 mil famílias endividadas). Em alguns bairros, a taxa de imigrantes atinge 50% a 60% da população (45% em Bethoncourt). Em 1987, 23 mil assalariados. Surgimento de novas categorias de técnicos contratados para trabalhar nas novas instalações. Outubro de 1987: lançamento do modelo 405 em Sochaux (primeiro carro concebido e produzido em Sochaux em dez anos). Grande show: 20 mil assalariados da fábrica estavam presentes. O nível dos salários continua muito baixo: 2% de aumento geral em 1988. Os sindicatos estimam a defasagem dos salários em relação ao custo de vida em cerca de 20%, desde 1979. A situação dos OE decai no mesmo ritmo que a dos OP. Aceleração do ritmo de trabalho, envelhecimento, fadiga, trabalho aos sábados... Endividamento de numerosas famílias, em especial das que se aventuraram na compra de uma casa.	Desenvolvimento dos círculos de qualidade e relativo sucesso destes. Ênfase na qualidade técnica: "defeito zero". Retomada da contratação no centro Peugeot-Sochaux: de junho de 1987 a junho de 1988, 1,1 mil pessoas são contratadas, das quais 630 operários, em geral, com BEP (às vezes CAP ou bac profissionalizante). É implantada uma formação na fábrica (chamada de terceiro tipo), centrada acima de tudo na preparação para as novas tecnologias. O pessoal da fábrica, se quer entrar na corrida, deve fazer um "esforço individual considerável" ("desafio cultural"). Círculos de qualidade cada vez mais numerosos (150 na carroceria). São dirigidos por agentes de controle reciclados (em geral sindicalizados da CGC ou da FO). Os representantes sindicais tendem a ser isolados ou marginalizados. Dos chefes de equipe e dos monitores, exigem-se qualidades de animadores.	Crise na CFDT. Contestação da linha Maire. Saída de velhos militantes... Março de 1988: avanço da CGT nas eleições para representante de oficina. Ligeiro recuo da CFDT. O comitê de empresa da CGT é quase todo composto de OE. Dezembro de 1988: nas eleições para o comitê de empresa, a coalizão CGT-CFDT espera ganhar. A Peugeot joga todo o seu peso a favor da aliança entre CGC, FO, CFTC e Siap, que ganha por pouco. Desmoralização dos militantes. Muitos continuam a resistir "sem acreditar" realmente. Muitos militantes têm a sensação de que a "Peugeot ganhou". É quase impossível para os sindicatos recrutar jovens.	1986: primeiro acordo de convênio entre a Peugeot e o Ministério da Educação. 1987: criação do bac de robótica no LEP Niepce. Ginásios de ZEP cada vez mais frequentados somente por alunos que moram em conjuntos habitacionais (turmas de oitava série compostas unicamente por filhos de imigrantes de Grandval).

História do grupo Peugeot e da fábrica de Sochaux	História do grupo operário na região de Montbéliard (total do pessoal, composição, modo de vida)	História das transformações do modo de gerir a mão de obra (evoluções técnicas na fábrica)	História do movimento operário na região de Montbéliard	História do ensino e do campo escolar local
1989				
Junho: início de operação das novas oficinas – pintura-verniz (turnos de 3x8) e roupagem de carcaça (turnos de 2x8; 1,1 mil assalariados em dezembro). Setembro: greve em Mulhouse e em seguida greve em Sochaux. Lançamento dos modelos XM e 605. Fusão da AOP e da Cycles Peugeot para a criação de uma nova sociedade, a Écia.	Uma parte do pessoal das novas oficinas é selecionada fora das antigas oficinas. Desses assalariados selecionados, exige-se uma espécie de disponibilidade total. Desenvolvimento de novos modelos de trabalho em grupo. A linha hierárquica é reduzida. Os operários não qualificados representam 40,5% dos candidatos a emprego (contra 22% na França). Desemprego feminino particularmente alto (10% dos assalariados da fábrica são mulheres).	Desenvolvimento rápido dos contratos temporários: 1,3 mil temporários em junho, colocados em sua quase totalidade nos setores de fabricação. Greve: os OE da carroceria participam maciçamente.	O Partido Socialista perde a prefeitura de Montbéliard para L. Souvet, ex-gerente de pessoal em Sochaux. Seus assessores são executivos da Peugeot. A greve de setembro de 1989 resulta num aumento importante dos salários dos menos qualificados. O grupo militante (OE) e, em menor medida, o grupo operário ganham moral. O número de sindicalizados da CGT cresce um terço (600); em 1992, volta ao nível de antes de julho de 1989 (400). A CGT aumenta e conserva seu público nas novas oficinas (60). Lenta queda da CFDT.	Criação do bac profissionalizante de manutenção (LEP Niepce).
1990				
	Setembro: fim dos temporários, os problemas são resolvidos com a nomeação de outros operários de outros setores para as cadeias de produção (transferências contínuas).	Inverno de 1989-1990: a transferência da antiga oficina de acabamento para a nova oficina (RC1) ocorre em condições difíceis (as equipes antigas são dispersadas e novos "grupos" são formados). A direção tenta converter os OE aos novos valores do grupo (estágio em Morvillars). Paralelamente: bônus, individualização dos salários.	Desestabilização da antiga cultura política da oficina. Dificuldade dos dirigentes sindicais para definir uma estratégia coerente diante das iniciativas da direção; dificuldade dos representantes de base para tomar posição diante das iniciativas do controle, daí as posições pragmáticas: limitar as invasões no dia a dia... O trabalho de politização e de unificação, que bem ou mal havia funcionado até então, é cada vez mais difícil. Divisão intensa das forças políticas "de esquerda". Claro aumento de votos a favor da Frente Nacional nas diversas eleições, mas ausência de expressão pública na fábrica. Aumento do voto ecológico. A esquerda perde a maioria de seus bastiões.	Criação da universidade técnica de Sévenans (entre Belfort e Montbéliard).

História do grupo Peugeot e da fábrica de Sochaux	História do grupo operário na região de Montbéliard (total do pessoal, composição, modo de vida)	História das transformações do modo de gerir a mão de obra (evoluções técnicas na fábrica)	História do movimento operário na região de Montbéliard	História do ensino e do campo escolar local
1991				
Querela entre Aubry e Calvet sobre o custo das pré-aposentadorias e o destino reservado aos assalariados mais velhos e cansados.	O gerente de recursos humanos declara: "As novas tecnologias são apenas uma parte da modernização; nosso desafio: fazer nossos assalariados compreenderem que para sobreviver é preciso trabalhar *de outro modo*". Várias subcontratantes se instalam no distrito, por exemplo: Foggiani, fabricante de peças plásticas. A partir do fim de 1990, novo aumento do desemprego dos jovens e do desemprego de longa duração.	Peso cada vez maior dos técnicos na fábrica e envelhecimento físico, social e moral dos OE e dos OP. No entanto, problemas na qualidade dos carros: os controles e os retoques são reintroduzidos.		Criação de um CFAI (Centro de Formação de Aprendizes Industriais) ligado à Peugeot. Criação da licença para formações individualizadas.
1992				
Rápido avanço da Renault, que lança novos modelos. A Peugeot perde espaço no mercado francês e ganha no estrangeiro. Os lucros obtidos pelos dois grupos franceses estão entre os mais elevados do mundo. A Peugeot não tem modelos realmente inovadores. O objetivo de ganhar 12% de produtividade ao ano é mantido.	Crescimento forte do desemprego feminino. Degradação das condições de vida nos "conjuntos": endividamento, delinquência, roubos frequentes às lojas dos centros comerciais, fechamento do supermercado num dos maiores bairros formados por conjuntos habitacionais.	Durante o inverno e a primavera, no momento da transferência para a RC2, a direção desiste de impor sua concepção de "grupo". Os planos sociais são mantidos, o "grupo" da primavera de 1992 prevê pela primeira vez desde a fundação da fábrica "demissões a seco". A perspectiva de uma fábrica com 15 mil assalariados ressurge. O medo está sempre presente.	Os operários oscilam incessantemente entre duas tentações: entrar no jogo do comprometimento nos novos "grupos" ou se retrair nos modos antigos de defesa operária e de solidarização com os representantes.	Criação da nova oficina de plasturgia no liceu Niepce. Aceleração do movimento de polivalência dos liceus. O Ministério da Educação incentiva as meninas a escolher empregos industriais. O ensino técnico é fortemente desvalorizado. Declínio dos resultados nos bacs A e B, em especial no liceu Curie. Abertura de um Instituto Universitário de Tecnologia e construção de alojamentos para estudantes em Montbéliard.

História do grupo Peugeot e da fábrica de Sochaux	História do grupo operário na região de Montbéliard (total do pessoal, composição, modo de vida)	História das transformações do modo de gerir a mão de obra (evoluções técnicas na fábrica)	História do movimento operário na região de Montbéliard	História do ensino e do campo escolar local
1993				
Primavera: inauguração da fábrica da Peugeot Sével-Nord (automatização menor, seleção exclusiva de jovens operários a partir dos arquivos da Anpe).	São criados alguns empregos no setor terciário, mas as únicas e pouco numerosas empresas industriais criadas são subcontratantes da Peugeot.	A fábrica torna-se uma espécie de polo repulsivo, para o qual os jovens nem cogitam entrar.		Criação de uma sucursal universitária (Línguas Estrangeiras Aplicadas) em Montbéliard. Deterioração contínua dos ginásios de LEP. "Estamos decaindo lentamente", diz um diretor.
1994				
	É cada vez mais difícil para os jovens do centro de apoio ao emprego encontrar estágio ("Estamos na rabeira").	Apoio dos sindicatos operários (CGT, CFDT, FO) à greve contra o contrato de inserção profissional. Mão estendida aos estudantes de ensino médio, que a recusam.	Junho: o time profissional do Futebol Clube Sochaux cai para a segunda divisão.	Março: manifestações dos estudantes de ensino médio contra o contrato de inserção profissional, organizadas pelos estudantes de bac A e B. A coordenação dos estudantes se recusa a se manifestar ao lado dos operários.

BIBLIOGRAFIA

1. Trabalhos sobre a zona de emprego de Sochaux-Montbéliard

Na medida em que esta pesquisa é fruto de um longo trabalho de investigação e redação, nós nos autorizamos a fazer referência aos textos que publicamos anteriormente em diferentes revistas ou em relatórios de pesquisa.

Textos já publicados a respeito da investigação em Sochaux

Artigos

BEAUD, Stéphane; PIALOUX, Michel. Être OS chez Peugeot: changements techniques et usure au travail. *Critiques sociales*, n. 1, 1991.

_____. L'esclave et le technicien. *Autrement, Ouvriers et ouvrières*, jan.-fev. 1992.

_____. Permanents et temporaires. In: BOURDIEU, Pierre (org.). *La misère du monde*. Paris, Seuil, 1993. [Ed. bras.: *A miséria do mundo*, 5. ed., Petrópolis, Vozes, 2003.]

_____. Notes de recherche sur les relations entre Français et immigrés dans l'usine et le quartier. *Genèses*: sciences sociales et histoire, n. 29, 1998. (Retomado de forma modificada no capítulo 9.)

BEAUD, Stéphane. Le rêve de l'intérimaire. In: BOURDIEU, Pierre (org.). *La misère du monde*. Paris, Seuil, 1993. [Ed. bras.: *A miséria do mundo*, 5. ed., Petrópolis, Vozes, 2003.]

_____. L'école et le quartier: des parents ouvriers désorientés. *Critiques sociales*, n. 5-6, jan. 1994. (Retomado de forma modificada no capítulo 5.)

_____. Stage ou formation? Les enjeux d'un malentendu. Notes ethnographiques sur une mission locale de l'emploi. *Travail et Emploi*, n. 68, 1996.

_____. Un ouvrier, fils d'immigrés, "pris" dans la crise: rupture biographique et configuration familiale. *Genèses*: sciences sociales et histoire, n. 23, 1996.

324 *Retorno à condição operária*

_____. Scolarisation et insertion professionnelle des enfants d'ouvriers de Sochaux-Montbéliard. *Le mouvement social*, n. 175, 1996.

_____. Les "bacs pro": la désouvriérisation du lycée professionnel. *Actes de la recherche en sciences sociales*, n. 114, 1996. (Retomado de forma modificada no capítulo 4.)

_____. Le temps élastique: étudiants "de cité" et examens universitaires. *Terrain*: carnets du patrimoine ethnologique, n. 29, 1997.

PIALOUX, Michel; COROUGE, Christian. Chroniques Peugeot. *Actes de la recherche en sciences sociales*, n. 52-53, 54, 57, 60, 1984 e 1985.

PIALOUX, Michel. Peugeot-Sochaux: le sens d'une grève. *Collectif*, n. 9, nov. 1989. (Entrevista com militantes.)

_____. Crise du syndicalisme et dignité ouvrière. *Politix*, n. 14, 2. trim. 1991. (Entrevista com Florence Weber.)

_____. Alcool et politique dans l'atelier: une usine de carrosserie dans la décennie des années 1980. *Genèses*: sciences sociales et histoire, n. 7, mar. 1992.

_____. Le vieil ouvrier et la nouvelle usine. In: BOURDIEU, Pierre (org.). *La misère du monde*. Paris, Seuil, 1993. [Ed. bras.: *A miséria do mundo*, 5. ed., Petrópolis, Vozes, 2003.]

_____. Le désarroi du délégué. In: BOURDIEU, Pierre (org.). *La misère du monde*. Paris, Seuil, 1993. [Ed. bras.: *A miséria do mundo*, 5. ed., Petrópolis, Vozes, 2003.]

_____. L'ouvrière et le chef d'équipe ou comment parler du travail? *Travail et Emploi*, n. 62, jan.-mar. 1995.

_____. Stratégie patronale et résistances ouvrières. *Actes de la recherche en sciences sociales*, n. 114, 1996-1998. (Retomado de forma modificada no capítulo 2.)

_____; GORGEU, Armelle; MATHIEU, René. Organisation du travail et gestion de la main-d'oeuvre dans la filière automobile. *Dossier du Centre d'Études de l'Emploi*, n. 14, 1998.

Trabalhos de divulgação limitada

BEAUD, Stéphane; PIALOUX, Michel. *Ouvriers de Sochaux: raffaiblissement d'un groupe* – Hantise de l'exclusion et rêve de formation. Relatório de pesquisa n. 400-90 para a Missão Interministerial de Pesquisa e Experimentação, abr. 1993.

BEAUD, Stéphane. *L'usine, l'école et le quartier*: itinéraires scolaires et avenir professionnel des enfants d'ouvriers de Sochaux-Montbéliard. Tese de Doutorado em Sociologia, Paris, Escola de Altos Estudos em Ciências Sociais, 1995. (Sob orientação de Jean-Claude Chamboredon).

_____. *Jeunes diplômés et petits boulots dans une région ouvrière*: dire et gérer le déclassement. Relatório de pesquisa para a Direção da Animação de Pesquisa, Estudos e Estatísticas (Ministério do Trabalho), programa "Precariedades" da Missão Interministerial de Pesquisa e Experimentação, mar. 1999.

PIALOUX, Michel. *Ouvriers, ouvrières et militants du bassin d'emploi de T*. Relatório de pesquisa do Serviço de Investigações Estatísticas do Ministério do Trabalho, 1993.

Outras publicações relativas à zona de emprego

COHEN, Yves. L'espace et l'organisation: Ernest Mattern (1906-1939). *Le mouvement social*, n. 4, 1985.

DURAND, Jean-Pierre; HATZFELD, Nicolas. L'efficacité de la tradition: l'usine Peugeot-Sochaux. In: DURAND, Jean-Pierre; STEWART, Paul; CASTILLO, Juan José (orgs.). *L'avenir du travail à la chaîne*: une comparaison internationale dans l'industrie automobile. Paris, La Découverte, 1998.

DURAND, Marcel. *Grain de sable sous le capot*. Paris, La Brèche, 1990.

GOUX, Jean-Paul. *Mémoires de l'enclave*. Paris, Mazarine, 1986.

LOUBET, Jean-Louis. *Automobiles Peugeot*, une réussite industrielle (1945-1974). Paris, Economica, 1990.

PAGANELLI, Serge; JACQUIN, Martine. *Peugeot*: la dynastie s'accroche. Paris, Éditions Sociales, 1975.

2. Bibliografia geral

Tomamos o partido de seguir o mais próximo possível nosso material de campo, limitando assim as referências em notas de rodapé ao longo do texto. Esta bibliografia temática e seletiva, que mistura livros e artigos de revistas, permite citar aqui os textos dos autores que nos ajudaram a construir o objeto de nossa pesquisa.

Em relação ao objeto e à construção da investigação

BENSA, Alban. De la micro-histoire vers une anthropologie critique. In: REVEL, Jacques (org.). *Jeux d'échelle*: la micro-analyse à l'expérience. Paris, Gallimard-Seuil, 1996. [Ed. bras.: *Jogos de escalas*: a experiência da microanálise, Rio de Janeiro, FGV, 1996.]

BOLTANSKI, Luc. *Les cadres*: la formation d'un groupe social. Paris, Minuit, 1982.

BOURDIEU, Pierre. *Esquisse d'une théorie de la pratique* (precedido de *Trois études d'ethnologie kabyle*). Genebra, Droz, 1972. [Ed. port.: *Esboço de uma teoria da prática*, precedido de *Três estudos de etnologia cabila*, Oeiras, Celta, 2006.]

_____. Les modes de domination. *Actes de la recherche en sciences sociales*, n. 2-3, 1976.

_____. Le mort saisit le vif: les relations entre l'histoire réifiée et l'histoire incorporée. *Actes de la recherche en sciences sociales*, n. 32-33, 1980.

_____. Espace social et genèse des classes. *Actes de la recherche en sciences sociales*, n. 52-53, 1984.

_____. Reproduction interdite: la dimension symbolique de la domination économique. *Études rurales*, n. 113-114, 1989.

_____. *Méditations pascaliennes*. Paris, Seuil, 1997. [Ed. bras.: *Meditações pascalinas*, 2. ed., Rio de Janeiro, Bertrand Brasil, 2007.]

BURAWOY, Michael. *Manufacturing Consent*: Changes in the Labor Process Under Monopoly Capitalism. Chicago, Universidade de Chicago, 1979.

CASTEL, Robert. *Les métamorphoses de la question sociale*: chronique du salarial. Paris, Fayard, 1995. [Ed. bras.: *As metamorfoses da questão social*, 4. ed., Petrópolis, Vozes, 2002.]

CHAMBOREDON, Jean-Claude; LEMAIRE, Madeleine. Proximité spatiale et distance sociale dans les grands ensembles. *Revue française de sociologie*, vol. 11, n. 1, 1970.

CHAMBOREDON, Jean-Claude. Le temps de la biographie. In: FRITSCH, Philippe. *Le sens de l'ordinaire*. Paris, Presses du CNRS, 1981.

CHAMPAGNE, Patrick. La reproduction de l'identité. *Actes de la recherche en sciences sociales*, n. 65, 1986.

COMBESSIE, Jean-Claude. Marche du travail et valeurs de classe. *Actes de la recherche en sciences sociales*, n. 41, 1982.

_____. *Au sud de Despenaperros*: pour une économie politique du travail. Paris, Éditions de la MSH, 1991.

COTTEREAU, Alain. Introdução. In: POULOT, Denis. *Le sublime*. Paris, Maspéro, 1980 (1. ed. 1870).

_____. Usure au travail, destins masculins et destins féminins dans les cultures ouvrières, en France, au XIXᵉ siècle. *Le mouvement social*, n. 124, 1983.

ELIAS, Norbert. Prefácio – Histoire et sociologie. In: *La société de cour*. Paris, Flammarion, 1989 (Col. Champs). [Ed. bras.: *A sociedade de corte*, Rio de Janeiro, Jorge Zahar, 2001.]

_____; SCOTSON, John. *Logiques de l'exclusion*. Paris, Fayard, 1997 (1. ed. 1965). [Ed. bras.: *Os estabelecidos e os outsiders*, Rio de Janeiro, Jorge Zahar, 2000.]

GOFFMAN, Erving. *Stigmate*: les usages sociaux des handicaps. Paris, Minuit, 1975. [Ed. bras.: *Estigma*: notas sobre a manipulação da identidade deteriorada, 4. ed., Rio de Janeiro, LTC, 1988.]

GRIBAUDI, Maurizio. *Itinéraires ouvriers*: espaces et groupes sociaux à Turin au début du XXᵉ siècle. Paris, Éditions de l'EHESS, 1987.

GRIGNON, Claude; PASSERON, Jean-Claude. *Le savant et le populaire*. Paris, Seuil-EHESS, 1989.

HALBWACHS, Maurice, *La mémoire collective*. Paris, PUF, 1968 (1. ed. 1950). [Ed. bras.: *A memória coletiva*, São Paulo, Centauro, 2006.]

HOGGART, Richard. *La culture du pauvre*: étude sur le style de vie des classes populaires en Angleterre. Paris, Minuit, 1970 (1. ed. 1959).

LUDTKE, Alf. Le domaine réservé: affirmation de l'autonomie ouvrière et politique chez les ouvriers d'usine en Allemagne à la fin du XIXᵉ siècle. *Le mouvement social*, n. 126, jan.-mar. 1984.

_____. La domination au quotidien: sens de soi et individualité des travailleurs en Allemagne avant et après 1933. *Politix*, n. 13, 1. trim. 1991.

MUEL-DREYFUS, Francine. *Le métier d'éducateur*. Paris, Minuit, 1983.

NOIRIEL, Gérard. *Immigrés et prolétaires à Longwy (1880-1980)*. Paris, PUF, 1984.

_____. *Les ouvriers dans la société française*. Paris, Seuil, 1986 (Col. Points-Histoire).

_____. *Le creuset français:* histoire de l'immigration XIXᵉ-XXᵉ siècles. Paris, Seuil, 1988.

PUDAL, Bernard. *Prendre parti*: pour une sociologie historique du PCF. Paris, Presses de la FNSP, 1989.

SAYAD, Abdelmalek. *L'immigration ou les paradoxes de l'altérité*. Bruxelas, De Boeck, 1991. [Ed. bras.: *A imigração ou os paradoxos da alteridade*, São Paulo, Edusp, 1998.]

THOMPSON, Edward Paul. *La formation de la classe ouvrière anglaise*. Paris, Gallimard-Seuil, 1988 (1. ed. 1963).

WEBER, Florence. *Le travail à côté*: étude d'ethnographie ouvrière. Paris, Éditions EHESS-INRA, 1989.

_____. Nouvelles lectures du monde ouvrier: de la classe aux personnes. *Genèses*: sciences sociales et histoire, n. 6, 1991.

Em relação ao trabalho e à gestão da mão de obra

BALAZS, Gabrielle; FAGUER, Jean-Pierre. Jeunes à tout faire et petit patronat en decline. *Actes de la recherche en sciences sociales*, n. 26-27, 1979.

_____. À l'école de l'entreprise: bac d'entreprise et transformation de l'esprit Maison. *Actes de la recherche en sciences sociales*, n. 69, 1987.

BOURDIEU, Pierre; DARBEL, Alain; RIVET, Jean-Pierre; SEIBEL, Claude. *Travail et travailleurs en Algérie*. Paris-La Haye, Mouton, 1963.

BOYER, Robert (org.). *La flexibilité du travail en Europe*. Paris, La Découverte, 1986.

_____; DURAND, Jean-Pierre. *L'après-fordisme*. Paris, Syros, 1998.

CAMPINOS-DUBERNET, Myriam. La gestion des sureffectifs: la fin des illusions des ressources humaines. *Travail et Emploi*, n. 49, 1995.

COUTROT, Thomas. *L'entreprise néolibérale, nouvelle utopie capitaliste?* Paris, La Découverte, 1998.

DESROSIERES, Alain; GOLLAC, Michel. Trajectoires ouvrières, systèmes d'emplois et comportements sociaux. *Économie et statistique*, n. 147, 1982.

_____; PIALOUX, Michel. Rapports sociaux et gestion de la main-d'oeuvre. *Critiques de l'économie politique*, n. 23-24, 1984.

GOLLAC, Michel. Le capital est dans le réseau: la coopération dans l'usage de l'informatique. *Travail et Emploi*, n. 68, 1996.

HENRY, Odile. Entre savoir et pouvoir: les professionnels de l'expertise et du conseil. *Actes de la recherche en sciences sociales*, n. 95, 1992.

KERGOAT, Jacques; BOUTIER, Josiane; LINHART, Danièle; JACOT, Henri. *Le monde du travail*. Paris, La Découverte, 1998 (Col. L'état des savoirs).

LINHART, Danièle. *La modernisation des entreprises*. Paris, La Découverte, 1994.

MARUANI, Margaret; REYNAUD, Emmanuèle. *Sociologie de l'emploi*. Paris, La Découverte, 1993.

MAURICE, Marc; SELLIER, François; SILVESTRE, Jean-Jacques. *Politique de l'éducation et organisation industrielle en France et en Allemagne*. Paris, PUF, 1982.

MORICE, Alain. *Les pions du bâtiment au Brésil ou quand le capital se fait rebelle au salariat*. *Genèses*: sciences sociales et histoire, n. 7, 1992.

PIALOUX, Michel. Jeunesse sans avenir et travail intérimaire. *Actes de la recherche en sciences sociales*, n. 26-27, 1979.

ROPE, Françoise; TANGUY, Lucie. *Savoirs et compétences*: de l'usage de ces notions dans l'école et l'entreprise. Paris, L'Harmattan, 1994. [Ed. bras.: *Saberes e competências*: o uso de tais noções na escola e na empresa, 5. ed., Campinas, Papirus, 2004.]

SUPIOT, Alain. *Critique du droit du travail*. Paris, PUF, 1994.

328 *Retorno à condição operária*

VERDIER, Éric. Politiques de formation des jeunes et marche du travail: la France des années 1980. *Formation-Emploi*, n. 50, 1995.

_____. L'insertion des jeunes "à la française": vers un ajustement structurel? *Travail et Emploi*, n. 69, 1996.

VOLKOFF, Serge. Les stratégies d'entreprise en matière de vieillissement au travail en France et en Allemagne. *Travail et Emploi*, n. 69, 1996.

WACQUANT, Loïc. La généralisation de l'insécurité sociale en Amérique, restructuration d'entreprise et crise de reproduction sociale. *Actes de la recherche en sciences sociales*, n. 115, 1996.

WOMACK, J.; JONES, D.; ROOS, T. *Le système qui va changer le monde*. Paris, Dunod, 1992. [Ed. bras.: *A máquina que mudou o mundo*, Rio de Janeiro, Campus, 2004.]

ZARIFIAN, Philippe. *La nouvelle productivité*. Paris, L'Harmattan, 1990.

Em torno da democratização escolar

BAUDELOT, Christian; CARTIER, Marie; DETREZ, Christine. *Et pourtant il lisent*. Paris, Seuil, 1998.

BEAUD, Stéphane; WEBER, Florence. Des professeurs et leurs métiers face à la démocratisation des lycées. *Critiques sociales*, n. 3-4, nov. 1992.

BOURDIEU, Pierre. Avenir de classe et causalité du probable. *Revue française de sociologie*, vol. 15, n. 1, 1974.

_____; CHAMPAGNE, Patrick. Les exclus de l'intérieur. In: BOURDIEU, Pierre (org.). *La misère du monde*. Paris, Seuil, 1993. [Ed. bras.: *A miséria do mundo*, 5. ed., Petrópolis, Vozes, 2003.]

BRIAND, Jean-Pierre; CHAPOULIE, Jean-Michel. *Les collèges du peuple*. Paris, INRP-CNRS-ENS, 1992.

_____. L'institution scolaire et la scolarisation: une perspective d'ensemble. *Revue française de sociologie*, vol. 34, n. 1, 1993.

BROCCOLICHI, Sylvain. Un paradis perdu. In: BOURDIEU, Pierre (org.). *La misère du monde*. Paris, Seuil, 1993. [Ed. bras.: *A miséria do mundo*, 5. ed., Petrópolis, Vozes, 2003.]

_____. L'engrenage. In: BOURDIEU, Pierre (org.). *La misère du monde*. Paris, Seuil, 1993. [Ed. bras.: *A miséria do mundo*, 5. ed., Petrópolis, Vozes, 2003.]

_____. Orientations et ségrégations nouvelles dans l'enseignement secondaire. *Sociétés contemporaines*, n. 21, 1995.

CAMPINOS-DUBERNET, Myriam. Le baccalauréat, une innovation? *Formation-Emploi*, n. 49, 1995.

CHAMBOREDON, Jean-Claude. Classes scolaires, classes d'âge, classes sociales: les fonctions de scansion temporelle du système de formation. *Enquête*, n. 6, jun. 1991.

CHAUVEL, Louis. *Destins de générations*. Paris, PUF, 1998.

GISSOT, Claude; HERAN, François. *Les efforts éducatifs des familles*. Paris, Insee, 1994 (Col. Insee Résultats).

GRIGNON, Claude. De l'école du peuple au lycée de masse. *Critiques sociales*, n. 3-4, nov. 1992.

LAHIRE, Bernard. *Tableaux de familles*: heurs et malheurs scolaires en milieux populaires. Paris, Gallimard-Seuil, 1995.

LEGER, Alain; TRIPIER, Maryse. *Fuir ou construire l'école populaire?* Paris, Méridiens-Klincksieck, 1986.

MASSON, Philippe. *Les coulisses d'un lycée ordinaire*. Paris, PUF, 1999.

MERLE, Pierre. *L'évaluation des élèves*: enquête sur le jugement professoral. Paris, PUF, 1996.

MOREAU, Gilles. Filles et garçons au lycée professionnel. *Cahiers du Lersco*, n. 15, 1994.

OEUVRARD, Françoise. Démocratisation ou élimination différée? *Actes de la recherche en sciences sociales*, n. 30, 1979.

_____. L'orientation en lycée professionnel: du choix positif à l'acceptation résignée. *Données sociales*, 1990.

PROST, Antoine. *L'enseignement s'est-il démocratisé?* Les élèves des collèges d'Orléans de 1945 à 1980. Paris, PUF, 1992.

QUEIROZ, Jean-Manuel de. Les familles et l'école. In: SINGLY, François de (org.). *La famille*: l'état des savoirs. Paris, La Découverte, 1991.

TANGUY, Lucie. *Quelle formation pour les employés et les ouvriers en France?* Paris, La Documentation Française, 1991.

_____. *L'enseignement professionnel en France*: des ouvriers aux techniciens. Paris, PUF, 1991.

TERRAIL, Jean-Pierre. Parents, filles et garçons, face à l'enjeu scolaire. *Éducation et Formations*, n. 30, jan.-mar. 1992.

_____ (org.). *La scolarisation de la France*: critique de l'état des lieux. Paris, La Dispute, 1997.

TESTANIERE, Jacques. Chahut traditionnel et chahut anomique. *Revue française de sociologie*, vol. 8, 1967.

THIN, Claude. *Les familles populaires et l'école*. Lyon, PUL, 1998.

WILLIS, Paul. L'école des ouvriers. *Actes de la recherche en sciences sociales*, n. 24, 1978.

Revistas

FORMATION-EMPLOI. *Le système dual en France et en Allemagne, fissures et dynamiques*, n. 44, 1993.

LE MONDE DE L'EDUCATION. *La course aux diplômes*, n. 271, jun. 1999.

MOUVEMENTS. *École, passer de la massification à la démocratisation*. Paris, La Découverte, n. 5, set. 1999.

Mundos operários, sindicalismo...

ALVIM, Rosilen; LEITE LOPES, Sérgio. Familles ouvrières, familles d'ouvrières. *Actes de la recherche en sciences sociales*, n. 96, 1994.

BAUDELOT, Christian; MAUGER, Gérard (orgs.). *Jeunesses populaires*: les générations de la crise. Paris, L'Harmattan, 1994.

CABANES, Robert; COPANS, Jean; SELIM, Monique. *Salariés et entreprises dans les pays du Sud*: contribution à une anthropologie politique. Paris, Karthala-Orstom, 1995.

CHARASSE, David. L'usine, l'écriture et la place: savoirs techniques dans les transports sidérurgiques (1945-1989). *Genèses*: sciences sociales et histoire, n. 7, 1992.

CHENU, Alain. Une classe ouvrière en crise. *Données sociales*, 1993.

CORCUFF, Philippe. Le catégoriel, le professionnel et la classe: usages contemporains de formes historiques. *Genèses*: sciences sociales et histoire, n. 3, 1991.

_____. La France est malade des corporatismes : le prêt-à-penser anti-corporatiste. In: CLUB MERLEAU-PONTY. *La pensée confisquée*. Paris, La Découverte, 1997.

FOSSE-POLLIAK, Claude; MAUGER, Gérard. La politique des bandes. *Politix*, n. 14, 1991.

FRIDENSON, Patrick. Un tournant taylorien de la société française. *Annales ESC*, vol. 42, n. 5, 1989.

GARCIA, Afrânio. *Libres et assujettis*: mode de domination dans le Nord-Est. Paris, Éditions de la Maison des Sciences de L'Homme, 1989.

GROUX, Guy; LEVY, Catherine. *La possession ouvrière*: du taudis à la propriété (XIXᵉ-XXᵉ siècles). Paris, L'Atelier, 1993.

LAMOUREUX, Christian; RETIERE, Jean-Noël. Ouvriers d'ici. *Cahiers du Lersco*, n. 13, 1990.

LEPOUTRE, David. *Coeur de banlieue*. Paris, Odile Jacob, 1997.

LABBE, Dominique; OLIVIER, Laurent. La fédération CGT des métaux depuis 1945: audience et organisation. *Travail et Emploi*, n. 70, 1997.

LOJKINE, Jean. *Le tabou de la gestion*: la culture syndicale entre contestation et proposition. Paris, L'Atelier, 1996. [Ed. bras.: *Tabu da gestão*, São Paulo, DP&A, 1999.]

MAUGER, Gérard. Le monde défait des ouvriers. *Actes de la recherche en sciences sociales*, n. 115, 1996.

_____. La reproduction des milieux populaires "en crise". *Ville-École-Intégration*, n. 113, 1998.

MOLINARI, Jean-Paul. *Ouvriers communistes*. Paris, L'Harmattan, 1995.

MONTLIBERT, Christian de. *Crise économique et conflits sociaux*. Paris, L'Harmattan, 1989.

MOULINIE, Véronique. La passion hiérarchique: une ethnographie du pouvoir en usine. *Terrain*: carnets du patrimoine ethnologique, n. 21, 1993.

OFFERLE, Michel. Illégitimité et légitimation du personnel politique ouvrier en France avant 1914. *Annales ESC*, n. 4, 1984.

AUTREMENT. *Ouvriers, ouvrières: un continent morcelé et silencieux*, série Mutations, n. 126, jan. 1992

PENEFF, Jean. Autobiographies de militants CGTU-CGT. *Cahiers du Lersco*, n. 1, 1989.

_____. L'observation des ouvriers par le patronat. *Revue française de sociologie*, vol. 34, n. 4, 1993.

PENNETIER, Claude; PUDAL, Bernard. Écrire son autobiographie: les autobiographies communistes d'institution, 1931-1939. *Genèses*: sciences sociales et histoire, n. 23, 1996.

_____. La certification scolaire communiste. *Politix*, n. 35, 1996.

PINÇON, Michel. *Désarrois ouvriers*. Paris, L'Harmattan, 1988.

POLITIX. *Le populaire et le politique*, n. 13 e 14, 1991.

RETIERE, Jean-Noël. *Identités ouvrières*: histoire sociale d'un fief ouvrier breton (1909-1990). Paris, L'Harmattan, 1994.

_____; SCHWARTZ, Olivier. Où en est la classe ouvrière? *Problèmes politiques et sociaux.* Paris, La Documentation Française, n. 727, 1994.

SCHWARTZ, Olivier. *Le monde privé des ouvriers*. Paris, PUF, 1991.

_____. Sur le rapport des ouvriers du Nord à la politique: matériaux lacunaires. *Politix*, n. 13, 1991.

TERRAIL, Jean-Pierre. *Destins ouvriers: la fin d'une classe?* Paris, PUF, 1990.

VERRET, Michel. *La culture ouvrière*. Paris, L'Harmattan, 1996 (1. ed. 1988).

A condição operária hoje

ALONZO, Philippe. Les rapports au travail et à l'emploi des caissières de la grande distribution, des petites stratégies pour une grande vertu. *Travail et Emploi*, n. 76, 1998.

APPAY, Béatrice; THEBAUD-MONY, Anne. *Précarisation sociale, travail et santé*. Paris, Iresco, 1997.

BALAZS, Gabrielle; FAGUER, Jean-Pierre. Une nouvelle forme de management, l'évaluation. *Actes de la recherche en sciences sociales*, n. 114, 1996.

BAUDELOT, Christian; GOLLAC, Michel. Le salaire du trentenaire. *Économie et statistique*, jun. 1997.

DEJOURS, Claude. *Souffrances en France*. Paris, Seuil, 1998.

DUBAR, Claude. *L'autre jeunesse*: jeunes stagiaires sans diplôme. Lille, Presses Universitaires de Lille, 1987.

ECKERT, Henri. L'émergence de l'ouvrier bachelier. *Revue française de sociologie*, vol. 40, n. 2, 1999.

FASSIN, Didier; MORICE, Alain; TERRAY, Emmanuel. *Les lois de l'inhospitalité*. Paris, La Découverte, 1998.

GOLLAC, Michel; VOLKOFF, Serge. Citius, altius, fortius, l'intensification du travail. *Actes de la recherche en sciences sociales*, n. 114, 1996.

GORGEU, Armelle; MATHIEU, René. Les ambiguïtés de la proximité. *Actes de la recherche en sciences sociales*, n. 114, 1996.

GOUX, Dominique; MAURIN, Éric. La nouvelle condition ouvrière. *Notes de la Fondation Saint-Simon*, n. 100, set. 1998.

LEFEBVRE, Bruno. *La transformation des cultures techniques*. Paris, L'Harmattan, 1998.

MOUVEMENTS. *Flexibilité, travail, vies en morceaux*, n. 2, 1998.

SOCIETES ET REPRESENTATIONS (sob a direção de Rémi Lenoir). *Le social en questions*, n. 5, 1997.

SOBRE OS AUTORES

Michel Pialoux nasceu na cidade francesa de Rauzan em 1939 e, durante a juventude, engajou-se na luta pela libertação da Argélia. Em 1965, a leitura de *Héritiers, les étudiants et la culture* (Paris, Minuit, 1964), de Pierre Bourdieu e Jean-Claude Passeron, marcou-o profundamente e levou-o à sociologia. Seus primeiros trabalhos abordavam a questão das parcelas pauperizadas da classe operária na França, como "Jeunesse sans avenir et travail intérimaire" [Juventude sem futuro e trabalho temporário], publicado em 1979 na revista *Actes de la recherche en sciences sociales* (n. 26-27). Hoje, Pialoux atua como pesquisador do Centro de Sociologia Europeia (CNRS) com temas ligados aos grupos operários, à cultura operária e ao sindicalismo. É autor, entre outros, dos seguintes livros:

> *Violences urbaines, violence sociale: genèse des nouvelles classes dangereuses* (Paris, Fayard, 2003 – coautoria com Stéphane Beaud).

> *Retour sur la condition ouvrière: enquête aux usines Peugeot de Sochaux-Montbéliard* (Paris, Fayard, 1999 – coautoria com Stéphane Beaud).

Stéphane Beaud nasceu em novembro de 1958 na cidade francesa de Annecy, região Ródano-Alpes. Professor de sociologia na Universidade de Nantes e na Escola Normal Superior (Paris), seus trabalhos destacam-se pela abordagem das transformações de grupos operários e da identidade social de filhos de imigrantes. Integra o comitê de redação da revista *Genèses: sciences sociales et histoire*. É autor dos seguintes livros, entre outros:

> *80% au bac... et après? Les enfants de la démocratisation scolaire* (Paris, La Découverte, 2002).

> *Pays de malheur!: un jeune de cité écrit à un sociologue* (Paris, La Découverte, 2004 – coautoria com Younes Amrani).

> *Guide de l'enquête de terrain* (Paris, La Découverte, 1997 – coautoria com Florence Weber).

C O L E Ç Ã O
Mundo do Trabalho
Coordenação **Ricardo Antunes**

ALÉM DA FÁBRICA
Trabalhadores, sindicatos e a nova questão social
Marco Aurélio Santana e José Ricardo Ramalho (orgs.)

A CÂMARA ESCURA
Alienação e estranhamento em Marx
Jesus Ranieri

O CARACOL E SUA CONCHA
Ensaios sobre a nova morfologia do trabalho
Ricardo Antunes

A CRISE ESTRUTURAL DO CAPITAL
István Mészáros

DA GRANDE NOITE À ALTERNATIVA
O movimento operário europeu em crise
Alain Bihr

DA MISÉRIA IDEOLÓGICA À CRISE DO CAPITAL
Uma reconciliação histórica
Maria Orlanda Pinassi

A DÉCADA NEOLIBERAL E A CRISE DOS SINDICATOS NO BRASIL
Adalberto Moreira Cardoso

A DESMEDIDA DO CAPITAL
Danièle Linhart

O DESAFIO E O FARDO DO TEMPO HISTÓRICO
O socialismo no século XXI
István Mészáros

DO CORPORATIVISMO AO NEOLIBERALISMO
Estado e trabalhadores no Brasil e na Inglaterra
Angela Araújo (org.)

A EDUCAÇÃO PARA ALÉM DO CAPITAL
István Mészáros

O EMPREGO NA GLOBALIZAÇÃO
A nova divisão internacional do trabalho e os caminhos que o Brasil escolheu
Marcio Pochmann

O EMPREGO NO DESENVOLVIMENTO DA NAÇÃO
Marcio Pochmann

ESTRUTURA SOCIAL E FORMAS DE CONSCIÊNCIA
A determinação social do método
István Mészáros

FILOSOFIA, IDEOLOGIA E CIÊNCIA SOCIAL
Ensaios de negação e afirmação
István Mészáros

FORÇAS DO TRABALHO
Movimentos de trabalhadores e globalização desde 1870
Beverly J. Silver

FORDISMO E TOYOTISMO NA CIVILIZAÇÃO DO AUTOMÓVEL
Thomas Gounet

HOMENS PARTIDOS
Comunistas e sindicatos no Brasil
Marco Aurélio Santana

LINHAS DE MONTAGEM
O industrialismo nacional-desenvolvimentista e a sindicalização dos trabalhadores (1945–1978)
Antonio Luigi Negro

MAIS TRABALHO!
Sadi Dal Rosso

O MISTER DE FAZER DINHEIRO
Automatização e subjetividade no trabalho bancário
Nise Jinkings

NEOLIBERALISMO, TRABALHO E SINDICATOS
Reestruturação produtiva no Brasil e na Inglaterra
Huw Beynon, José Ricardo Ramalho, John McIlroy e Ricardo Antunes (orgs.)

NOVA DIVISÃO SEXUAL DO TRABALHO?
Um olhar voltado para a empresa e a sociedade
Helena Hirata

O NOVO (E PRECÁRIO) MUNDO DO TRABALHO
Reestruturação produtiva e crise do sindicalismo
Giovanni Alves

A PERDA DA RAZÃO SOCIAL DO TRABALHO
Maria da Graça Druck e Tânia Franco (orgs.)

POBREZA E EXPLORAÇÃO DO TRABALHO NA AMÉRICA LATINA
Pierre Salama

O PODER DA IDEOLOGIA
István Mészáros

RIQUEZA E MISÉRIA DO TRABALHO NO BRASIL
Ricardo Antunes (org.)

O ROUBO DA FALA
Origens da ideologia do trabalhismo no Brasil
Adalberto Paranhos

O SÉCULO XXI
Socialismo ou barbárie?
István Mészáros

OS SENTIDOS DO TRABALHO
Ensaio sobre a afirmação e a negação do trabalho
Ricardo Antunes

SHOPPING CENTER
A catedral das mercadorias
Valquíria Padilha

A SITUAÇÃO DA CLASSE TRABALHADORA NA INGLATERRA
Segundo as observações do autor e fontes autênticas
Friedrich Engels

A TEORIA DA ALIENAÇÃO EM MARX
István Mészáros

TERCEIRIZAÇÃO: (DES)FORDIZANDO A FÁBRICA
Um estudo do complexo petroquímico
Maria da Graça Druck

TRANSNACIONALIZAÇÃO DO CAPITAL E FRAGMENTAÇÃO DOS TRABALHADORES
Ainda há lugar para os sindicatos?
João Bernardo

Este livro foi composto em Adobe Gara-
mond Pro corpo 10,5/12,6 e impresso em
papel Pólen Soft 80g/m² pela gráfica Prol
para a Boitempo Editorial, em setembro de
2009, com tiragem de 1.500 exemplares.